易(역)學(학)으로 풀어보는

대한민국

역학易學으로 풀어보는 대한민국

발행일   2015년 6월 5일
지은이   송재국
발행처   상생출판
주 소   대전시 중구 중앙로 79번길 68-6
전 화   070-8644-3156
팩 스   0505-116-9308
홈페이지 www.sangsaengbooks.co.kr
출판등록 2005년 3월 11일(175호)

ISBN 979-11-86122-04-4(03910)

국립중앙도서관 출판예정 도서목록(CIP)

역학(易學)으로 풀어보는 대한민국 / 지은이: 송재국. -- 대
전 : 상생출판, 2015
    p. ;   cm

ISBN 979-11-86122-04-4 03910 : ₩20000

역학(주역)[易學]
한국(국명)[韓國]

188.5-KDC6
133.3-DDC23   CIP2015008771

易^역學^학으로 풀어보는

대한민국

|송재국 著|

상생출판

삼가 天意을 모시며: 이제 때가 되었으니, 힘껏 鐘을 치세.

　인류 문명사에 출현하신 위대한 성인 孔子께서는 周易을 비롯한 여러 경전을 통하여, '인류사와 우주사의 同伴的 전개'에 대한 人文的 豫言을 남기셨으며, 한민족 근대사에서의 정신적 宗師이신 一夫 金恒 선생께서는 易學의 本來 眞面目을 새붉힘한 正易을 撰述하여 '우주사와 인류사의 생명적 성장 과정에 대한 度數的 解法'을 闡明하셨다.

　앞선 성인 孔子께서는 인류의 미래적 실상을 미리 내다보고, 인류사의 생명적 근거인 우주사와 함께 할 수 있는 인간의 삶의 도리(마땅히 따라야 할 때의 원리: 時宜. 時義)를 주역의 四象構造로 풀어주신 것이니, 이것이 先天의 인간 心法과 道德 원리이며, 공자 이후 2500년이 지나 現世하신 一夫 大宗師께서는 인류사의 당면적 실존을 자각하여, 인간의 존재 근거인 우주사와 合德할 수 있는 인간의 존재 법칙(當爲的 天意)을 正易의 四曆變化原理로 解明하신 것이니, 이것이 後天의 우주 結實과 인류 사회의 開闢的 현상인 것이다.

　무릇 모든 天地 萬物의 생명적 존재 원리와 전개 법칙은, 各個의 存在相을 증거 할 수 있을 만큼 자라나서야, 비로소 그 存在相 자체를 보여주게 되는 것이고, 이로 인해 叡智的 존재인 인간도 그 존재 의미를 알게 되는 것이니(존재는 존재상으로 드러나야만 비로소 그 존재 자체를 曲盡히 알게 되는 것이니), 공자의 先天 心法이 一夫의 後天 度數로 '현실 세상에 나타났다(글로써 쓰여져 세상에 알려졌다)는 사실 자체'는, 바야흐로 우주사적 생명원리가 자기완성을 향한 현실적 頂点에 도달해 있음을 웅변하는 如實한 標證이라 아니할 수 없는 것이다.

　小學士는 孔子 先師와 一夫 宗師의 神明的 유전 인자를 계승한 東夷

韓民族의 後孫으로서, 觀中 柳南相 恩師의 引導에 따라, 聖學의 門徒에 入籍할 수 있는 一世의 光榮과 因緣을 얻게 되어, 삼가 성현의 가르침을 授受하는 末席의 一翼을 감당하게 되었다.

이에 素學士에게 주어진 일감을 차마 남에게 핑계할 수만은 없어, 生業을 바쳐 疏言 掌說이나마 지금까지 深慮하고 기록해 온 바 있었던 것이다.

이제 그 간의 몇 가지 易學時義를 간추려, 여기 한 묶음으로 세상에 내놓음으로써, 함께 살아가는 四海 同胞와, 더불어 사랑하는 天下 一族에게 "때가 가까이 이르렀음을 알리는 鐘치기 역할"을 이렇게나마 自任하려 한다.

이 작은 맨 손으로 어찌해야만 저토록 커다란 무쇠 종을 쳐서 삼가 천하에 울림이 되는 소리를 낼 수 있게 할 것인가?

다른 이의 귀에까지는 그 소리가 이르지 못한다 해도, 한 줌 내 영혼을 흔드는 작은 떨림이라도 나 스스로 體感하고 싶은 속내를 결코 외면할 수 없다 보니, 내 비록 알아주는 이 없다 해도, 정녕코 이 미숙하고도 고독한 춤사위를 이쯤에서 멈출 수는 없었음이라.

오, 나의 가녀린 팔을 기꺼이 들어 올려 주시는 봄볕의 따스함이여!

오호! 나의 작은 울림을 크고도 멀리 전달해주시는 가을날의 淸淨한 바람이시어!

보고 싶은 할아버지,

명절이 되어 차례를 지낼 때면 더욱 그립습니다.

아득한 그 때, 하늘 연못에서
물보라를 일으키시던 조상님들의 힘찬 육성이
지금 여기 내 영혼 속에 장단으로 들어와 귓가를 때립니다.
어디 메에 끈 없는 연(鳶)이 있어
저절로 하늘에 솟아 있으리오.
낙엽이 우수수 떨어질 때
겨울에 기나긴 밤 어머님 하고
당신의 체온을 덜어 화롯불을 피워 봅니다.
당신의 피붙이들이
여기 이렇게 엎드려 큰 절하며 발원(發願)하오니
부디 당신이 애초에 다져놓으신,
그 거름지고 빛나는 땅, 바로 이곳에서
아랫 마을 윗 동네 모두가 함께 노래하고 춤추며
더불어 살게 하소서.

오호라,
저리도록 밟아보고 싶은
붉은 꽃 수놓은 산자락이여!
메이도록 불러보고 싶은
비단 물결 지줄 대고 물오리 가득 넘쳐 나던
맑고도 푸르른 가람 마당이여!!

甲午載 蕤賓節 同樂齋에서   老姑 송 재 국   奉侍

차 례

* 檀君 神話의 易哲學的 解釋(1992. 北京大學校) _9

* 易學(正易)의 後天(開闢) 消息(2013. 相生放送) _123

* 主體 思想의 哲學的 評價 (1997. 大韓哲學會) _231

* 解釋과 判斷 (1994. 易學思想研究所) _263

　－ 김일성은 당장 選擇해야 한다 _314

　　：인민과 함께 살 것인가? 혼자 죽을 것인가? (월간조선 1994. 7월호)

　－ 한국 지식인의 無知와 僞善을 慨歎 한다 _330

　　：'배우고 가르치는 일'에 대한 동양적 규정

　－ 역사의 大統을 놓치면 大統領 노릇 그만두어야 한다 _352

　　：대통령의 역사관에 대한 공개 질의

　－ 周易으로 풀어본 韓半島의 文明 度數 _367

　　：시련과 고난이 큰 만큼 은혜와 축복도 크다

檀君 神話의
易哲學的 解釋

I

緒 言

역사는 과거적 사실의 기록인 동시에 이에 대한 현재적 인식의 내용이지만, 신화는 「역사 자체의 처음과 끝」을 이미 잉태하고 있는 역사의 「씨」이다.

또한 역사는 물리적 시간 위에 부여된 인간의 실존적 의지이지만, 신화는 그러한 인간의 삶의 궤적이 「왜 그렇게 전개될 수밖에 없는가?」에 대한 해답을 상징하고 있는 역사성(역사원리)의 「뜻」이기도 하다.

우리는 과거적 경험을 과학적으로 이해함으로써 미래적 삶의 기초를 마련해야 하며, 나아가 뜻으로서의 신화를 철학적으로 해석함으로써 미래적 세계에서 우리가 지향해야 할 삶의 목표로 삼아야 한다.

실로 신화에는 인류 문명의 「씨」로서의 太初的 始源性과 아울러 인류 문명의 「열매」로서의 終末的 完成性이 함께 내포되어 있기 때문이다.

역사란 어디까지나 인간의 생명적 의지의 우주적 體現이란 점에서 그것이 비록 과거적 사실의 기록이라 하더라도, 그 뜻에 있어서는 언제나 살아있는 실존적 삶의 원리가 될 수밖에 없다. 따라서 역사 자체를 하나의 생명적 구조로 이해하게 되면, 역사 탄생의 태초적 의의는 그대로 역사 완성의 종말적 이념과 일치하게 된다.

씨의 본질적 공능은 열매를 이루어 그 생명성의 완성을 추구하는 것이며, 열매의 본래적 의의는 씨의 發芽를 통하여 영원한 생명성을 계승하는 데 있기 때문이다. 그러므로 신화를 연구함에 있어서는 그 속에 담겨 있는「역사 탄생의 원리」와「역사 완성의 지향성」을 함께 논의해야만 할 것이다. 이 때 '씨에서 열매로'의 생명적 전개 과정이 곧 구체적(과거적) 역사 현상이 되며, 역사 현상을 가능케 하는 생명원리 자체는 이미 완성된 이치로서의 이념적(미래적) 지표라 할 수 있을 것이다.

그런데 과거적 사실의 근원이 되고 있는 신화의 태초적 의의는 이미 역사적 결과로 우리 앞에 現前되어 있는 것이기에 이는 과학적 방법을 통하여 검증 · 분석 · 정리 할 수가 있다. 그러나 미래적 이념을 담지하고 있는 신화의 종말적 의의는 하나의 형이상학적 역사원리(역사정신)이기 때문에, 이는 논리적 사유를 통하여 이해 · 논증 · 해석할 수밖에 없다. 그러므로 신화 자체가 내포하고 있는 뜻으로서의「終末的 理念性」을 究明하기 위해서는 철학적 해석이 불가피한 것이다.

이는 물론 韓國(朝鮮)의 檀君 神話를 연구함에 있어서도 예외일 수 없다.

그렇다면 한국인(조선인)에게 있어서 단군 신화는 어떠한 의미를 갖고 있는 것일까? 그것은 두말할 나위도 없이 한국인이 과거에서 현재까지 실증적으로 경험해오고 있는 역사 현상을「한국적 의미」로 보장해 주는 역사 정신이며, 또한 한국인이 미래적 세계에서 성취하고자 하는 이념적 목표라 아니할 수 없다. 그럼에도 불구하고 기존의 일반적인「단군 신화 연구」를 검토해 보면, 신화가 갖는 역사의 미래성, 즉 신화 속에 담겨 있는 韓民族의 志向性을 충실히 논증해 내지 못하고, 단지 과거적 역사현상의 사실적 근거를 신화 속에서 발견하려는 작업에 머무르고 있음을 보게 된다. 이는 신화를 과학적 탐구의 연장선에서만 토론함으로써 신화 자체가 갖고 있는 한국인의 원초적 의지를 철학적으로는 해명하지 못하고 있음을 지적한 것이다.

물론 신화의 내용 자체는 소박하고 유치하며 황당하기까지 하여 비현실적이고 비과학적이다. 그렇다고 해서 신화의 비현실성이 허구적이기만 하다거나 무의미·무가치한 것은 아니다. 오히려 신화의 비과학성이야말로 신화에 참여한 人間群의 원초적 의지를 담기에는 유용하고도 유일한 방법이었던 것이며, 고대인들의 정서는 바로 이러한 신화의 상징성으로 응축되어 인류의 정신세계에 면면히 전승되어온 것이다. 따라서 신화 연구는 그 비과학성을 과학적 방법으로 분석해 내어야 하는 것이며, 그러한 비과학성의 과학적 탐구의 필요성 때문에 보편학적 이론 체계를 근간으로 하는 철학적 해석이 요청되는 것이다. 본 논문에서 단군 신화를 철학적으로 해석하려는 근본 의도는 여기에 있는 것이다.

이에 필자는 한국의 단군 신화를 「易哲學的 地平」에서 해석하고자 한다. 따라서 본 논문에서는 무엇보다도 먼저, 필자는 왜 단군 신화를 「역철학적 관점」에서 논의하고자 하는가?에 대한 연구 방법상의 기본 입장을 검토하게 될 것이다(Ⅱ장). 이어서 역철학의 근본 명제와 기본이론 체계를 새삼 정리해 봄으로써, 단군 신화의 主題意識과 結構方式을 역학적으로 이해할 수 있는 논리적 근거를 마련할 것이다(Ⅲ장). 이러한 사전 논의를 토대로 하여 단군 신화의 내용과 형식을 분석함으로써 「檀君」과 「朝鮮」이 한국인에게 있어서 어떠한 意味網을 형성하고 있는가에 대하여 토론할 것이며, 그러한 논의의 결과에 따라 韓國的 主體性의 原型이 자연스레 結晶化되어 引出될 것이다(Ⅳ장). 이상의 「한국적 의미」가 단순히 知的 탐구의 과정에서 作爲的으로 도출된 것이 아니기 위해서는, 한국의 정신사에 있어서 「한국주체성의 원리」가 계속적으로 發用된 증거를 확인해야 할 것이다. 이에 한국의 전통 사상을 검토해 봄으로써 「한국적 본질성」의 역사적 전개를 검증하게 될 것이다(Ⅴ장). 이러한 「한국의 본질적 의미」는 그대로 우리의 미래적 삶에도 원리와 표준으로서 적용될 것이기에, 이어서 오늘의 한국 상황을 남·북한의 두 입장에서 구분하여 인식·진단함으로서, 우리가 극복해야 할 당위적 명제와 그 처방을 제시할 것이며(Ⅵ장), 나아가 미래의 인류 사회에서 한민족이 담당해야 할 세계사적 사명이 무엇인가에 대하여 豫察하고자 한다(Ⅶ장).

이상의 논구를 통하여 우리는 한국인이 한국인으로서 삶을 꽃피워 온 근본 원리가 무엇이었으며, 앞으로 한국인이 주체적으로 완성시켜야 할 이념적 지표가 어떠한 것인가를 입체적으로 조감할 수 있을 것이다. 이러한 학문적 작업이 선행되어야만 韓國學(朝鮮學)의 諸研究는 한국적이라는 의미 범주에서 벗어나지 않게 될 것이며, 나아가 지구촌의 세계에서 우리 한민족이 담당해야 할 「한국적 사명」의 보편적 당위성과 정당성도 근거 있게 정립할 수 있을 것이다.

「가장 한국적인 것이 가장 세계적인 것이다」라는 문구가 단순히 修辭的 標語만이 아니라, 하나의 철학적 命題일수도 있음을 이 논문은 증거하고자 한다.

II

儒學思想과 古朝鮮과의 관계

1. 유학의 연원과 人方文化

한국의 柳承國 교수는 「유학사상 형성의 연원적 탐구－人方文化와 관련하여 甲骨文을 중심으로－」라는 논문[1]에서, 유학의 연원이 고조선을 포함하는 人方(東方)文化에 근거하고 있음을 논증하고 있는데, 그 핵심적 논지를 요약하여 소개하면 다음과 같다.

① 유학은 堯·舜을 祖述하고 文·武를 憲章으로 하는 孔·孟사상을 말하는 것임에도, 1898년 甲骨片이 발견되기 이전까지는 요·순의 시대는 역사적으로 인정받지 못하였고, 따라서 학문적으로도 논의되지 못하였다. 그러나 갑골문의 연구성과에 힘입어 시간적으로는 殷代 이전의 夏代와 요·순 시대의 상고사를 실증할 수 있게 되었고, 공간적으로는 고대 漢族과 東夷族과의 관계를 규정함으로써, 황해 연안지대인 山東·발해·요동·서북 조선을 연결하는 고대 동방문화권이 존재하였음을 알게 되었다. 甲骨 卜辭를 통하여 孟子가 말한 「舜生於諸馮, 遷於負夏, 卒於鳴條

---

1) 유승국, 동양철학연구, 근역서재, 1983, 제1부 참조.

東夷之人也」가 확인되어, 순의 역사적 실재성과 그가 동이족임이 판명된 것이다. 중국학자 傅斯年은 「夷夏東西說」에서 「東漢末 이래의 역사는 남·북으로 분열·대립하였고, 夏·殷·周 三代와 그 이전은 항상 東·西로 대치된 갈등의 역사이다 … 민족을 분류하면 東夷와 商은 東方系이고 夏와 周는 西方系에 속한다」하였고, 勞幹은 「중국 민족은 三代를 거쳐 발달해 온 西方의 華夏族이요, 東方에서는 三代 이전부터 일찍기 발달한 非漢語族이 있었으니 바로 동이족이다. 동이족은 서방의 채도 문화에 대하여 흑도 문화를 갖고 있어 고고학적으로도 다르다」하여, 중국 문화의 開明期에는 「동이족의 문화권」이 별도로 實在하였음을 言明하고 있다. 특히 갑골학자 동작빈은 은허 복사를 연구하여 은대 이전의 선행 문화가 있음을 고증하였고, 徐亮之는 「中國史前史話」에서 중국의 灰陶 文化는 동이족이 창조한 것이라 하면서, 중국 동부에 있는 萊夷·徐夷·淮夷 등은 동이족임을 논증하였으며, 한국의 김원룡 박사도 「石器와 土器를 통하여 보면 요동과 남만주와 한반도, 그리고 산동 지방과 華北 지방은 문화적으로 일련의 관련성이 있음이 증명된다」고 하여 東方 문화권의 존재를 설명하고 있다. 이러한 일련의 사실은 殷 武丁時의 동이 정벌에 관한 卜辭가 춘추 좌전 昭公11年 「紂克東夷而殞其身」의 기록과 일치하는 데서도 확인할 수 있는 것으로, 卜辭에서의 東夷는 지리적으로는 山東과 淮水 일대를 말하는 것이다.

② 유학의 조종으로 받들어지는 요·순의 역사적 시기는 단군 신화의 시대적 배경과 거의 일치하고 있다. 맹자는 역대 성왕의 탄생 연대를 약 500년으로 말하고 있는데, 요·순에서 湯까지가 500여년, 탕에서 文王까지가 500여년, 문왕에서 孔子까지가 500여년으로 보았으니, 요·순 시대는 대략 B.C 2000년경이 된다. 이는 동작빈의 「中國上代年代表」의 舜

元年인 B.C 2233과 거의 일치한다.

한편 帝王韻記에서는「却後 一百六十四 仁人聊復開君臣」이라 하여 기자 조선이 시작되기 164년 전에 단군이 아사달로 들어가는 것으로 되어 있는 데, 이것을 동작빈의 갑골문과 天文曆法에 의거한 中國史와 연계하여 살펴보면, 적어도 B.C 1286년 이전에는 단군 고조선 사회가 계속되어 왔음을 증명할 수 있다. 그런데 고조선과 관련된 명칭이 바로 요 · 순 시대에 등장하고 있으니, 呂氏春秋의 「禹東至鳥谷青邱之鄕」은 이를 말함이다. 또한 산해경에서 갑골문과 일치하는 「大荒東經條」에는 「青邱之國」「君子之國」등이 나타나고 있는데, 여기서 고증되는 복사는 B.C 1400년 이전의 것인 만큼 이들 國名은 적어도 B.C 1400년 이전의 것이라 아니할 수 없다. 「대황동경조」는 箕子 東來(B.C 11세기)보다 앞선 史實의 기록이므로 箕子의 東來로 인하여 君子之國이라는 칭호가 생겼다고는 볼 수 없다. 이로써 青邱國과 君子國은 기자 조선 이전의 上古 朝鮮으로서, 중국의 夏代와도 병행하였으니, 이는 단군조선(고조선)이라 아니할 수 없다.

③ 지리적으로 볼 때에도 齊의 景公(B.C 6세기)이 일찍이 青邱之國에 와서 사냥을 하였다고 하였고, 漢의 服虔은 「青邱國在海東三百里」라 하였으니, 齊(산동반도)에서 동으로 300리라 하면 요동반도를 가리키는 것이 분명해진다. 한편 종족의 측면에서 살펴보면, 일본학자 鳥居龍藏은 「선사 시대 유적의 연구에 의하면 산동 · 요동 · 조선 지방은 漢族의 이동 이전에 文化上 동일형의 주민이 살고 있었다」고 하여 東夷族과 漢族과의 연관성을 시사해 주고 있다. 한국 상고사에 있어서 문제가 되고 있는 濊와 貊에 대하여 살펴보더라도, 이들이 모두 人方 文化의 주체였으며, 나아가 단군 신화의 배경이 되는 고조선과도 직접 관련되어 있음을 알 수

있다. 後漢書 東夷傳 濊條에서 濊族은 虎를 숭상하고(祠虎以爲神) 貊은 곰과 관련이 있음을 언급한 것(獸名似熊)도 이를 설명해 주고 있는 대목이다. 이상에서 알 수 있듯이 단군 조선의 문화는 동방 문화권에 속한 것으로서, 人方 文化와 마찬가지로 고조선의 문화 역시 유학 사상의 모태가 되고 있음을 알 수 있다. 孔子가 배를 타고 夷方에 가서 살고 싶다고 말하면서, 夷方에 대하여「君子居之 何陋之有」라 한 것은「儒學—東夷—君子國—古朝鮮」의 상호 관계성을 살필 수 있는 총체적이고도 상징적인 一話라 할 것이다.

2. 伯文化와 古朝鮮

중국학자 劉 節은 중국 고대사회의 본질적 성격과 정황에 대하여 宗族의 문제를 중심으로 연구한 결과「中國古代宗族移殖史論」[2]을 발표하였는데, 그는 이 책에서 중국 문명의 기원이 동이족에 해당되는 伯族에 의해 創發되었음을 밝히면서, 유학의 철학적 핵심인 易思想 또한 伯族에 의한 伯文化에 기인하고 있음을 논거하였다. 여기서 伯文化[3]라 하면 桓·韓·古朝鮮의 문화와 상관되는 것으로, 중국학자에 의해 중국 문명의 시원이 韓族에 있음을 논구해 낸 사실은, 우리 한국인에게는 특별히 주목되는(주목해야 하는) 학문적 성과라 아니할 수 없다. 이제 그 논지를 개략적으로 소개하면 다음과 같다.

---

2) 유 절, 中國古代宗族移殖史論, 대만, 正中書局, 民國 37.
3) 동이족에 의해 전개된 고대문화를, 지리적 입장에서 말하면 人方文化이고 종족적 입장에서 말하면 伯文化인 것이다.

① 춘추시대 이후의 학자들은 고대의 역사를 虞·夏·殷·周의 四代로 나누었다. 이는 고대에 이미 근거가 될만한 역사적 사실이 있었던 것이며, 후세 사람들이 임의로 규정한 것은 아니다. 그런데 고대에는 夏라 하지 않고 康 혹은 唐이라 하였다. 夏는 西周 이후의 사람들이 쓰던 명칭으로서, 후대인들은 夏·殷을 병칭하였으나 고대에는 虞·殷을 병칭하였다.

西周人들이 알고 있던 夏는 「肆于時夏」(周頌·時邁), 「陳常于時夏」(思文)의 時夏로서 이는 곧 康 혹은 唐을 칭한 것이다. 이들이 활동하던 지역은 山西·河東 일대로서 그 이전 시대에는 虞人과 더불어 있었으며, 따라서 康·虞가 동칭이 된 것이고, 그 이후에는 殷人과 더불어 있었으니, 左傳에서도 商·唐은 동칭으로 쓰이고 있는 것이다. 또한 國語(鄭語)에서 보듯 幕·禹·契·棄는 모두 各代의 시조들이다.

② 그런데 西周 以前 직접 殷代로 올라가면 古事에 관하여 그들은 虞·夏·殷·周로 배열하지 않았음을 알 수 있다. 그들은 古代 역사에는 「伯世」라는 것이 있었음을 분명히 하고 있다. 伯世 이후에는 仲世(中古), 그리고 仲世와 병립하였던 叔世, 이후 문명이 가장 발달한 季世가 있었다. 이러한 伯·仲·叔·季 四世는 그대로 虞·夏·殷·周 四代로 대치할 수 있다. 伯·仲·叔·季의 네 글자는 모두 甲骨文에도 있으며 이들은 주로 인명이나 지명으로 쓰이고 있다. 특히 伯은 白으로도 통용되고 있는데, 이러한 白의 뜻을 연구해 보면, 白은 고대에 있어서는 一種의 國族임이 분명해진다. 例로써 관자 七法篇, 여씨춘추 秋決勝篇 등에 나오는 「白徒」를 분석해 보면, 이는 바로 고대의 貊族(貊貉族)임을 알 수 있다. 楚辭(天問), 漢書 등에 나오는 百林·佰林·伯落 등이 모두 貊貉에서 나온 것이며, 고대의 많은 名物制度가 貊 또는 貉을 어근으로 삼고 있는 것이

다. 즉 중국 고대문화의 초기에는 貊貉族이 크게 흥기하였고, 이 시기를 「伯世」라 하였으며 「伯人」이 거주하던 지역을 「柏人」이라 한 것이다. 左傳의 「臣聞盛德必百世虞之世數未也」(소공 8년), 禮記의 「虞人致白祀之木」(단궁), 楚辭의 「伯强何處」(天問), 「有天下者祭百神」(祭法) 등에 나오는 白神·伯强 등은 모두 國語·左傳에서 말하는 幕이며 이는 그대로 虞代의 먼 조상으로서 사실상 貊族의 대표이다.

③ 伯世의 사람들은 靜穆하고 有德하였다. 그 文化는 陶器 시대였고, 주로 수렵으로 생활하였으며, 또한 처음으로 보리를 심기 시작하였다. 仲世는 이러한 伯世의 계승으로서, 貊族이긴 하되 문화가 높아짐에 따라 仲의 명칭으로 불리워졌다. 中은 仲이며, 갑골문에서의 仲丁·仲任 또한 마찬가지로서, 中의 가장 오래된 뜻은 「中央의 깃발」(中旗)이다. 周易의 「易之興也 其於中古乎 作易者 其有憂患乎」(계사전 下)에서의 中古는 中世(中葉)로서, 中世에 이르러서는 우환이 있어서 作易하였음을 말한 것이다. 여기서 中葉은 殷代를 일컫는 것으로 이 때에는 伯世로부터 내려온 보리심기가 보편화된 농경 사회였다. 그러다 보니 殷·周시대의 생활 방식은 크게 두 가지로 구별되는 데, 토착 생활 중심(邑人·邑國)과 유목 생활 중심(行人·行國)이다. 易經의 「行人之得 邑人之災」(无妄卦)는 行人이 邑人을 통치함을 나타낸 것으로, 周易은 곤란을 당하고 있는 우환 의식 속의 邑人의 입장에서 쓰여진 것이다. 여기서 殷人은 行人의 문화이고 周人은 邑國의 문화인 데, 周易이 쓰여진 것은 「文王與紂之事」의 殷·周 갈등 속에서 배태한 것이라 할 수 있다.[4]

---

4) 周易은 「象」을 위주로 하여 易理를 표상한 「卦爻 중심의 역학」으로서, 周人에 의하여 爲書된 易思想을 말한 것일 뿐, 역학 자체가 周代에 이르러서야 비로소 처음으로 생겨난 것은 아니다. 殷代 이전부터 이미 전승되어 온 易思想은 「數」를 위주로 하여 역리를 밝힌 「圖書중심의 역학」으로 볼 수 있으니, 殷代의 사상을 담고 있는 書經의 홍범편에서 卜筮와 함께 曆數가 제시되고 있음을 이를 시사하고 있는 것이다.(筆者注)

④ 中은 中旗로서, 旗에는 각 씨족의 토템이 그려진 「物」이 있었다. 그 당시에 있어서 武事는 「射」였고, 文事는 「史」였는데, 中旗를 쏘는(射) 이유는 무엇이었을까? 射中은 周末期의 일로써, 古代에는 다른 뜻의 中이 있었으니, 射中의 근원이 된 것은 射天·射日·射革이다. 革은 貊族을 대표하는 것으로서 「革을 쏘았다」는 것은 中世 사람이 伯世 사람을 적대하였음을 말한다. 이러한 射革은 동방에서 시작된 것으로, 가장 대표적인 것이 「夷羿」로서, 이는 論語(羿善射)와 孟子(逢蒙學射于羿)에도 보이고 있다. 회남자의 「堯之時十日並出…堯乃使羿…上射十日」(본경훈)에서의 射日은 射革이며, 射革은 「피가 가득찬 가죽 부대를 매달아 놓고 활을 쏘는 것」이다. 후대의 사람은 羿의 故事를 함부로 말하고 있지만 羿의 일은 伯世와 仲世 사이에서 나온 것으로 보아야 한다. 한편 「羿焉彃日 烏焉解羽」(天問)에서 보듯이 日은 곧 「鳥翼」이니 旗에다가 革鳥를 그려 놓고 이를 쏘는 것을 射革鳥라 한다. 이로써 쏘아 맞히면 中이 되는 것이니, 그러므로 中이란 화살이 새를 꿰뚫은 모습과도 같은 것이다.

⑤ 그런데 殷族은 동이족으로서 새를 토템으로 삼고 있다. 詩經의 「天命玄鳥 降而生商」(天命), 左傳의 「郯子來朝…少皞氏鳥名官何故也…吾祖也」(소공 17년), 「若出於東方觀兵於東夷」(희공4년), 「紂克東夷 以喪其身」(소공 11년)은 이를 말한 것이며, 杜預는 「東夷 郯莒徐夷也」라 注하였으니, 殷紂는 동방(산동지방)을 정벌하는 데 골몰하였음을 알 수 있다. 한편으로 羿는 「夷羿」라고 하였고 「仁羿」라고도 하였다. 그러므로 射革이란 같은 동족인 貊族을 죽이는 일과 다름 없다. 그 이유가 무엇일까? 그것은 伯世 종족 중의 일부가 仲世로 내려 오면서 그들의 토템을 鳥로 바꾸고는 羿 일족을 쫓아낸 것이며, 쫓겨난 일족은 새 토템을 갖고 있는 仲世의 사람들(殷族)을 射鳥하였던 것이다.

⑥ 射天이란 「日月을 쏘는 것」이며, 說文·古文·甲文 등을 함께 검토해 보면, 「日月」은 「恒」이 된다. 고대의 中山은 中世 사람들이 옮겨 살았던 곳으로 恒山이라고도 말했으며, 周禮(司常)에는 「日月爲常」이라 하였는데, 여기서 常이란 中旗의 일종을 말한 것이다. 또한 易經에는 「日月得天而能久照」 「能久中也」(恒卦)라 하였는데 訓詁로 말해도 恒은 常이 된다. 이로써 보면 中·恒·常·日月은 하나의 계통인 것이다. 한편 說文易部에는 「易 蜥易蝘蜓 守宮也 象形」이라고 하였고, 秘書에는 「日月爲易」이라고도 하였으니, 易이란 日月을 말함과 동시에, 도마뱀 토템을 상징한 것임을 알 수 있다. 즉 새를 토템으로 삼은 中世의 殷族은 도마뱀을 토템으로 삼았던 先代인 伯世의 후손이 되는 것이다. 여기서 새(鳥)토템이 도마뱀(易)토템에서 나오는 과정을 살펴보면, 爾雅 釋鳥에 「鷗, 鳳其雌皇)(鷗, 鳳의 암컷을 皇이라고 한다)라 하였으니 鷗은 「翰音登于天」(中孚卦)의 翰이며, 그 음운을 검토하면 鷗은 匿을 따르는 글자이니, 이는 원래 蝘에서 나온 것임을 알 수 있는 것이다.

⑦ 中世의 문화 중심은 東方에 있었으며 中世人도 東人이라 칭해졌고, 東字와 中字는 모두 中世를 가리키는 것이니, 그 뜻은 동방의 해뜨는 곳을 말함이다. 高句麗 시조 「朱蒙」에 대하여 論衡 吉驗篇과 後書 扶餘傳에는 모두 「東明」이라고 되어 있는 데, 그러므로 朱方은 곧 東方인 것이다. 論語에서는 「夫顓臾 昔者 先王以爲 東蒙主 且邦城之中矣」(季氏)라 하였는데, 이상의 東蒙·東明은 東方에 있는 하나의 氏族神인 것이다. 이로써 보면 虞는 殷의 조상이 되고 夏는 周의 조상이 된다.

⑧ 周本記에는 또 다른 토템의 轉化 과정이 보이는데, 夏의 神龍이 天黿(자라 또는 맹꽁이)이 되어 周의 토템으로 바뀌고 있다. 左傳에서 「堯殛鯀於羽山 其神化爲黃熊 以入於羽淵 實爲夏郊 三代祀之」라 한 것

을 보면, 夏에 앞서서는 곰(熊)토템이 있었음을 알 수 있다. 즉 虞의 熊이
夏에서는 龍으로, 또 周에서는 黿으로 변전되고 있는 것이다.

한편으로 甲骨文과 六甲(干支) 그리고 說文과 음운을 상호간에 종합하
여 분석해 보면, 干支(六甲文化)의 창제는 북방의 貊貉族에서 비롯된 것이
며, 그들은 자신들이 섬기는 토템을 十二支 중에서 맨 앞에 놓은 것이
다. 그러므로 巳(뱀)토템 이후에 子(쥐)토템은 나온 것으로, 巳姓에서 偃
姓이 나왔으니, 중국 역사에서 가장 오래된 토템은 伯世人들의 도마뱀
(蝘蜓)토템이라 아니할 수 없다.

⑨ 貊貉族과 같은 족속이면서 이름을 달리한 「貜」「狙」이 있는데, 이
들은 본래는 동방에서부터 서쪽으로 옮겨온 것으로 狙과 같다. 즉
貊·貉·貜·狙은 모두 고대의 原人을 말하는 것으로, 중국의 漢族도 모
두 이들로부터 진화된 것이다. 또한 「匽族·易族·昜族」은 원래 모두 하
나의 계통이며, 여기서 匽侯는 곧 燕侯를 말한다. 詩經(韓奕)에는 「孔樂
韓土 川澤訏訏…有熊有羆 有貓 有虎…溥彼韓城 燕師所完…王錫韓侯其
追其貊(韓나라 땅은 냇물 넘쳐 흐르고…곰도 있고 호랑이도 있으며…韓
나라 성은 燕나라 사람들이 완성시킨 것으로…韓侯는 貊까지 다스리네)
라 하여 韓·燕·熊·貊이 상호 관련되어 언급되고 있음에도 이를 시사
하고 있다. 「韓國」이라는 말은 고대 「殷八師」「揚六師」가 합해서 이루어
진 것으로, 「韋」는 「殷」을 대신하고, 「軑」은 「揚」을 대신한 것이니, 「韓」
이란 바로 누 개의 部族이 합해진 國族인 것이다. 또한 「北燕」과 「南燕」
은 본래 하나의 부족이 나누어진 것으로 「北匽」과 「韓」은 성질상 동일하
다. 실로 韓族이 전래된 것은 대단히 오래된 上古의 일로서, 조선에서 辰
韓의 「辰」이란 바로 龍토템을 말함이며, 弁韓의 「弁」字 역시 蛇(뱀)토템
에서 나온 글자이다.

이상에서 伯·貊·狟·韓·易·辰·巳·東의 상호 관계성을 분석함으로써 한국의 고대 사회가 白文化의 범주 속에 있었음을 확인할 수 있었다.

한편으로 한민족의 시원이 되고 있는 고조선에 대한 직접적인 연구 성과를 간략히 살펴보면, 남한의 윤내현 교수와 북한 학자 이지린의 견해가 대표적이라 할 수 있는데, 두 사람의 견해는 거의 일치하고 있다.

먼저 윤내현 교수의 주장을 보면 「고조선의 위치는 한반도의 북부가 아니며, 지금의 발해 북쪽에 있었으며, 당시의 요동은 지금의 난하 동북쪽이었는데, 그 대부분이 고조선에 속해 있었다.」[5]면서 그 시기에 대해서는 「최근의 고고학적 발굴에 따르면 지금의 요령성 지역에는 중국 황하 유역과는 다른 독립된 청동기 문화가 있었음이 확인 되었는데, 그 개시 년대는 대략 기원전 23~4세기 경으로서 황하 유역에서 가장 오래된 청동기 문화인 二里頭文化와 비슷하거나 앞선 것임」[6]을 고증하였다.

다음으로 이지린의 견해를 살펴보면 「오늘날 지리학에서는 요동이 요하의 동쪽 지역을 말하지만 고대에는 현재의 요동이 아니라 요하의 서쪽 지역, 즉 난하의 동쪽인 요서 지방이며, 史料에는 列陽이 燕의 동북쪽이라 하였는데, 이 때의 列陽은 지명이 아니라 洌水의 북방을 의미하는 것으로, 열양은 燕이 지배한 조선의 서쪽이니, 기원전 1,000년 대에는 요동이 지금의 위치보다 훨씬 서쪽이며, 따라서 洌水를 포함하는 고조선의 위치도 서쪽으로 확대된다」[7]고 주장하고 있다.

즉 두 학자의 견해는 난하를 포함하는 요동을 고조선의 중심 강역으로

---

5) 윤내현, 한국고대사신론, 일지사, 서울, 1988, p.56.
6) 윤내현, 윗책, p.97.
7) 유 엠 부찐, 고조선, 이항재·이병두 역, 소나무, 서울, 1990, pp.24~25.

제시하고 있다는 점에서 크게 일치하고 있는 것이며, 이는 앞서 소개한 人方文化(伯文化)의 시대적, 지리적 배경과도 대체로 일치하는 것이다.

3. 易學思想과 단군 신화

이상의 2개 節에서 소개한 논의를 함께 관련지어 정리하면 다음과 같은 잠정적인 결론으로 요약할 수 있다.

① 유학 사상은 역사상 실재했던 요·순으로부터 연원하는 것이며, 중국에는 三代 이전부터 이미 발달된 동이족의 문화권이 존재하였다. 이는 虞·夏·殷·周 四代에 있어서는 虞代이며, 伯·仲·叔·季 四世에 있어서는 伯世로서, 중국 문명의 시원이 되는 人方文化는 곧 伯族에 의해 주도된 伯文化이다.

② 伯文化의 創發 주체는 貊族으로서 그들의 최초의 토템은 昜(도마뱀)이었고, 이는 仲世로 내려오면서 殷族의 鳥 토템으로 전화되었으며, 이 과정에서 생겨난 射日·射天·射革의 夷族間의 갈등 구조 속에서 易思想은 興作하였다.

③ 伯(貊·狛·韓)族이 堯(慕·虞·康)의 시대에는, 한편으로 龍(能)토템이 존재하였고, 이는 夏代의 龍, 周代의 黿(자라)로 전화되었으니, 이로써 보면 伯世의 곰 토템은 후대로 내려가면서 용과 자라로, 도마뱀 토템은 새로 전변되었음을 알 수 있다. 따라서 上古代에 있어서의 易(龍·蛇) 토템과 熊 토템은 모두 하나의 伯文化權에 속해 있던 것이다.

④ 干支(六甲)의 창제는 伯族의 문화적 소산이었으며, 干支란 고대의

紀時法이었다는 점에서, 시간의 변화 원리를 본질로 하는 易理(易學思想)가 興起할 수 있는 文化的 배경이 되고 있다. 따라서 시간의 존립 근거가 되는 日・月・星・辰의 운행법칙에 따라, 「日月爲易」의 易道를 인류 문명사에서 최초로 문제 삼은(자각한) 문화 주체는 易 토템과 熊 토템을 가졌던 貊(伯・韓)族이었음을 알 수 있다.

⑤ 伯族은 東夷族으로서 산동 반도・요동 지방을 근거로 하여 虞・殷代를 중심으로 문화를 꽃피워 온 것이며, 이는 韓族의 시원이 되고 있는 古朝鮮의 공간적・시간적・종족적 배경과도 대체로 일치하고 있다. 따라서 단군 신화 속에 담겨 있는 고조선에 관한 本質的 意味는 중국 상고 시대의 伯文化的 성격과 함께 동일한 시각에서 탐색되고 이해되어야 할 것이다.

⑥ 중국 문화의 철학적 수렴처는 仲世의 中思想(中正思想・中和思想)으로 대표되며, 이는 伯世의 易思想的 배경(干支 문화・易 토템)에 근원한 것이다. 中國의 中思想이 보편학적 이론 체계로 완성된 것은 춘추시대 孔子가 출현하여, 변화 원리로서의 易道를 十翼 등으로 천명하고, 時中之道로서의 유학 사상을 人事와 관련하여 철학적으로 集大成하면서부터이다. 유학의 集成者로서의 孔子에 의해 언급된 「君子之國」은 그대로 유학의 시원지로서의 「韓國」「靑邱之國」등 古朝鮮과도 직접 상관되어 있음을 시사해 주고 있다.

이제 이러한 잠정적인 결론을 근거로 할 때, 「단군 신화」라는 이야기를 만들어내고, 이를 수용・계승・전파하였던 고조선 사람들(韓族)의 사유 구조 속에는, 유학의 근원이 되고 있는 易思想的 意識이 심층적 低流를 이루고 있었다고 아니할 수 없다. 따라서 본 논문에서 단군 신화의 의미를 철학적으로 해석함에 있어 易學的 고찰을 선택한 것은 그 巨視的 관점에서 볼 때 타당성을 갖는다고 할 것이며, 보다 적극적으로 말한다면 단군 신화를 철학적으로 이해하고자 할 때는 易學的 시각이야말로 가장 유용하고 합당한 통로라고 말할 수도 있을 것이다.

　이러한 필자의 접근 방법에 대하여 물론 비판적인 견해가 있을 것이다. 특히 학자들에 의해 상호간 널리 인용(논쟁)되고 있는 (이미 발표된) 고조선에 관한 엄청난 양의 연구 논문은 아직도 고조선의 實相이 안개 속에 잠겨 있음을 반증하는 것이기도 하다. 그런 점에서 특정 학자의 주장이 그대로 「학문적 공증」이 될 수는 없는 만큼, 本章에서 소개된 몇몇 학자의 所見역시 입장에 따라서는 전면적으로 부정될 소지도 없지는 않을 것이다. 이러한 경우 或者는 앞서 소개된 논문의 입장에 공감하면서 論旨를 세우려는 본 논문의 학문적 가치를 크게 貶下하려는 선입견을 가질 수 있을 것이다. 이러한 或間의 우려에 대하여 필자는 다음과 같은 몇 가지 기본 인식을 존중하면서 본 논문을 전개시키고자 한다.

　① 문헌이나 字義의 고증에 있어서 설령 微視的 관점에서 오류나 곡해가 있다 하더라도, 유승국 교수와 유 절 선생의 古代史에 대한 거시적 조감은 확실히 韓·中간의 太古的 관계성을 규명하는 새로운 시각을 제공하고 있다고 본다.

　② 그렇다고 해서 이러한 기존의 연구 성과가 본 논문이 존립할 수 있는 직접적인 기초나 절대적인 전제가 되는 것은 아니며, 이는 어디까지나 「단군 신화를 역철학적 관점에서 해석하고자 하는 필자의 연구 태도」에 대한 서설적 안내로써 소개된 것임을 분명히 하고자 한다. 보다 엄격하게 말하자면 本章에서 인용된 견해와 주장의 사실적 공정성이나 논리적 정

합성 여부가 본 논문에서 제시하려는 필자의 견해를 학문적으로 보증해 주는 충분 조건은 아니라는 점이다. 왜냐하면 본 논문은 단군 신화에 대한 고고학적 설명이나 고증학적 탐구가 아니라, 이른바 철학적 해석이기 때문이다.

③ 철학적이란 이미 그 논리 체계에 있어서 보편성을 확보하고 있는 것이며, 역철학적 관점 역시 특정 시대와 일정 공간에 구속받지 않는 하나의 공인된 학문적 통로이다. 신화는 종교적으로, 神話學적으로, 정치·사회적으로, 민속학적으로, 기타 다른 여러가지 입장에서 얼마든지 다양하게 논의될 수 있는 것이며, 필자는 다만 이를 易理에 근거한 철학적 관점에서 해석하려는 것이다. 그러므로 「고조선 사회가 실제로 易思想的 문화 배경 속에 있었는가」의 여부가 학계에서 널리 공인되지 않았다고 해서 「단군 신화를 역철학적 관점에서 해석하려는 필자의 학문적 태도 자체」(연구방법 자체)마저 비판받을 이유는 없는 것이다.

④ 오히려 단군 신화를 해석해 본 결과. 그 내용과 형식에 있어서 「易哲學的 틀」에 온전히 정합될 수 있음이 확인된다면, 이는 단군 신화에 참여한 우리의 조상들이 易思想的 문화 범주 속에서 살아 왔음을 증거하는 하나의 명백한 근거가 될 수 있을 것이다.

III

易思想의 基本 理論體系와
그 哲學的 意義

前章을 통하여 단군 신화를 역철학적 관점에서 해석하려는 필자의 기본 입장에 대하여 언급하였다. 이제 本章에서는 易思想의 기본 이론체계와 그 철학적 의미가 무엇인가를 간략히 검토함으로써, 다음 章에서 단군 신화의 내용과 형식을 분석하기 위한 이론적 토대를 마련하고자 한다.

1. 陰陽 合交와 萬物 創生

易學의 理論體系가 陰陽的 構造를 근간으로 하고 있다는 사실은 周知하는 바와 같다. 陰陽論에 관한 一般的인 陳述은 대체로 두 가지 입장으로 代表되는데, 「陰陽對待性」과 「陰陽相補性」이 그것이다.

對待性이란 「대립하면서도 서로 끌어 당기는 관계로서 상대가 존재함에 의하여 비로소 자기가 존재하게 되는 관계, 즉 상호 대립하면서도 상호 의존하는 관계」[8]를 말하는 것이며, 相補性이란 개념은 「두개의 다른

座標系를 통하여 동일한 사태를 한꺼번에 볼 수 있는 상황을 기술하는 것으로, 이 두개의 좌표계는 서로 배제하는 것이지만 그러나 또한 相補하기도 하여 이 두 개의 모순되는 좌표계의 兩立이 있고 나서야 비로소 현상의 출현에 관한 완전한 관찰이 가능하게 된다,[9]고 보는 견해이다. 실로 「陰과 陽이란 原型的인 兩極으로서 이 對立者의 相補性을 表象하는 것」[10]으로 보아, 陰陽의 상보성이란 「모든 사물은 스스로가 불충분하기 때문에 그 완성을 위하여 상대방이 반드시 필요한 것」[11]이라는 인식 위에서 설명되고 있다. 이러한 여러 견해를 다시금 정리해 보면 「모든 사물은 陰과 陽이라는 두 가지 대립 개념으로 존재하는데, 陰과 陽은 각각 독립적으로는 불완전한 것이며, 반드시 서로에게 의지하여야만 비로소 완성되는 것이기에, 陰陽 對待 관계는 상호 배타적인 것이 아니라 상호 보완적인 것이다.」라고 종합할 수 있다.

음양론에 관한 이러한 설명은 일단 현상적 차별 세계의 모순성을 극복하고, 그 전체성과 조화성을 통일적으로 인식할 수 있다는 점에서 正當한 진술일 수 있다. 다시 말하자면 存在者의 세계를 파악하는 인식론적 차원에서는 유용한 記述인 것이다.[12] 그러나 易學에서 제시된 陰陽論은 이러한 인식론적 차원에만 국한되는 것이 아니라, 오히려 그 易哲學的 의의는 「存在 자체의 존재 방식을 존재론적으로 보장해 줄 수 있는 이론 체계가

---

8) 金谷治, 易の話 pp.150~150 ; 崔英辰, 역학사상의 철학적 탐구, 성균관대학교 박사학위논문, 1989, p.70에서 再引用.
9) W.Heisenberg, Der Teil und das Ganze, Munchen. 1969 p.133 ; 김용정, 제3의 철학, p.195에서 再引用.
10) F.카프라, 현대 물리학과 동양사상 (The TAO of Physics) 이성범 외 譯, (주)범양사, p.186.
11) 李正勇, 易과 기독교사상, 한국신학 연구소, 정진홍 역, pp.16~17.
12) 例를 들면, 남자는 여자라는 상대를 전제로 삼을 때만이 비로소 남자라는 인식 근거를 확보할 수 있음을 말한 것이다.

바로 음양론」이라는 점이다. 다시 말하면 존재 원리가 자신을 현상 세계로 開示하는 존재 방식이 「음양적 구조」라는 것이다.

周易의 「一陰一陽之 謂道」[13] 「立天之道曰 陰與陽」[14]에서 보면, 陰陽이 문제되는 것은 道의 본질을 밝히기 위함이며, 바로 그 道를 立論함에는 陰과 陽이라는 두 범주로 가능함을 말한 것이다. 그런데 道란 본래가 量的으로는 완성된 존재이며 質的으로는 完全한 존재이다. 이러한 絕對性을 본질로 하는 道가 한 번은 陰으로, 또 다른 한번은 陽으로 자신을 드러내는 것이다. 道가 陰으로 나타날 때 이것은 「完全한 存在」의 陰的 현상이며, 또 동시에 陽으로 나타날 때에도 「完全한 存在」의 陽的 현상이 된다. 이 때 「동시에」라는 말은 물리적 시간의 동일점을 지칭함이 아니라 동일 사물(사태)을 두고서도 동시적으로 두 가지 대립되는 개념이 모순되지 않고 적용될 수 있음을 말한다. 그러므로 存在的 차원에서의 陰과 陽이란 서로를 기다려서야 완성되는 것이 아니라, 그 자체가 이미 완성된 道의 自己 顯示일 뿐이며, 다만 이를 인간이 현상적으로 인식함에 있어서는 陰 또는 陽으로 구분ㆍ표현함을 말한 것이다.[15]

「易有太極 是生兩儀」에서 太極과 兩儀를 道와 陰陽으로 규정할 때, 道(○)는 음(●)과 양(◎)으로 드러나는 것이며, 이것을 存在의 차원에서 하나의 그림으로 表象한 것이 太極(☯)인 것이다. 陰과 陽의 관계를 存在的 次元에서 이해하지 못하고 그 현상 사물을 인식하는 차원에서만 논외

---

13) 繫辭傳 上, 5章.

14) 說卦傳, 2章.

15) 즉 남자란 여자를 전제로 할 때만이 완전한 인간이 되는 게 아니다. 남자는 남자로서 여자는 여자로서 인간의 존재진리를 완전하게 보존ㆍ發揚하는 주체로 이해해야 함을 말한 것이다. 남ㆍ여가 합쳐져야만 참다운 인간이 완성된다면 실존하는 모든 인간상은 모두가 불완전한 존재로 전락하게 될 것이다. 남ㆍ여가 합쳐진 中性으로서의 인간은 본래 존재하지 않기 때문이다.

하게 되면 「陰(●)과 陽(◐)이 합쳐져 道(◑)를 이룬다」[16]는 식의 오류가 발생하게 되어, 현상계의 사물은 모두가 불완전한 존재로 규정되고 마는 것이다.

易道의 陰陽的 전개는 乾道와 坤道로 집약되는데, 「大哉 乾元」[17] 「至哉 坤元」[18]에서 분명하게 밝히고 있듯이, 乾도 「元」이며 동시에 坤도 元이니, 즉 陰도 「元」이요 陽도 「元」인 것이다. 「元」이란 완전한 道體를 말함이니, 陰·陽은 모두가 동시에 道의 自己 表現이 되는 것이다. 易道를 陰的 입장에서 규정하면 坤道가 되는 것이요, 陽的 입장에서 규정하면 乾道가 되는 것일 뿐, 乾道와 坤道가 합쳐져야만 온전한 易道를 완성시키는 것은 아니기 때문이다. 그렇다면 道가 陰陽的 構造를 통하여 자신을 開示하는 근본적인 意義는 어디에 있는 것일까?

天道 自體를 陰陽的 構造로 규정하면 天地가 되는 데, 易學의 理論은 「天地之大德曰生」[19]에서 알 수 있듯이 「우주적 생명성의 끊임없는 자기 전개」에 있다고 할 수 있으니 「生生之謂易」[20]은 이를 단적으로 말한 것이다.

인간을 포함한 萬物은 모두가 天地間의 陰陽的 合德을 근본 地平으로 삼고 있는데, 「天地交而 萬物通也」[21] 「天地感而 萬物化生」[22] 「天地合而后 萬物興焉」[23] 「陰陽相摩 天地相蕩…百化興焉」[24] 등은 이를 말한 것이다.

---

16) 이러한 方式의 言表가 되려면 「陰與陽謂道」라고 해야 할 것이다. 그러나 유가 경전에서는 이러한 사고방식을 발견할 수 없다.
17) 乾卦 彖傳.
18) 坤卦 彖傳.
19) 繫辭傳 下. 1章.
20) 繫辭傳 上. 5章.
21) 泰卦, 彖傳.
22) 咸卦, 彖傳.
23) 禮記, 郊特牲.
24) 上同, 樂記.

따라서 道가 그 자신의 생명 원리를 現象化시키는 기본 구조가 陰陽的 구조이며, 현상 세계에서의 음과 양은 合德 · 相通 · 交感의 과정을 통하여 太極이 갖는 生命的 意志를 天地間에 萬物로써 充滿시키는 것이다. 다시 말하여 天地之意가 「萬物創生의 과정」을 통하여 현상 세계로 전개되는 것이라면, 그러한 生命創化의 功能을 보장해 주는 形而上學的 구조가 바로 음양적 구조인 것이다.

역학은 그 본의가 變化之道에 있는 것으로, 여기서 변화지도라 함은 공간적으로 경험 · 계측할 수 있는 사물적(물리적) 변화 법칙이나 그 질서만을 말함이 아니라, (물론 그러한 현상적 측면의 변화 법칙도 포함한다) 공간적 변화 현상을 가능케 하는 시간의 변화 원리를 말한 것으로, 이는 天道의 변화 원리(天行 · 天時)를 인간이 주체화하여 자신의 생명적 의지와 일치시킨 이른바 「時間의 生命性化」의 내용이다. 그런데 「時間性의 生命的 體得」(이는 바꾸어 말하면 生命性의 時間的 自覺이라 할 수 있다)이 가능한 것은 인간이 天道 自體를 「生命的 力動性」으로 이해하고 있는 「陰陽的 思惟 構造」 때문인 것이다. 따라서 역학의 陰陽合交理論은 天道 자체가 갖는 萬物創生의 공능을 이론적으로 보증하는 데에 그 철학적 의의가 있다 할 것이다.

2. 三才原理와 天道의 人格主體化

天地 · 陰陽의 交合으로써 만물의 생명적 전개가 가능하다면 만물 중의 하나인 인간은 천지 간에서 어떠한 존재 의의가 있는 것일까? 이에 易學에 있어서의 人格性이 갖는 철학적 의의를 三才之道를 중심으로 검토

해 보고자 한다. 주역의 계사전에는,

「古者 包犧氏之王天下也, 仰則觀象於天 俯則觀法於地 觀鳥獸之文與地
之宜 近取諸身 遠取諸物 於是 始作八卦 以通神明之德 以類萬物之情」[25]

이라 하여 「인간(포희씨)은 天道(天·地·鳥獸·身·物)를 살핌으로써
(觀), 천도운행의 법칙과 그 마땅함(法·宜)을 근거로 易理(卦·象)를 확
립하고, 이로써 하늘의 神明한 德에 관통하고, 이로써 땅의 만물을 그 情
義로써 다스리게 되었음」을 밝히고 있다. 이는 易學의 철학적 성격을 「天
道의 존재 원리를 卦象의 이론 체계로 밝힌 것」이라고 설명하고 있는 것
인 동시에, 인간의 의의를 「천도 자각의 주체」로서 규정한 것이다. 다시
말하면 인간은 역철학적 지혜를 발견함으로써 한편으로는 神의 의지(志)
를 神明之德으로 체득하여, 하늘의 뜻(天命)과 상통(通)하는 주체가 될 수
있었으며, 또 한편으로는 天地 萬物의 存在 意義(宜)를 인간적 입장(人情)
에서 분류(類)·稱名하여 이를 萬物之情으로 삼음으로써, 萬物을 다스리
는 利物의 주체가 될 수 있었던 것이다.

여기서 「德」과 「情」이라는 말은 어디까지나 인간적 입장을 전제로 하
여 표현된 개념이니, 자연적 天地 그 자체로서는 有德·無德이나 有情·
無情의 구분이 있을 수 없기 때문이다. 또한 以通神明之德에서의 「通」이
란 절대계인 神明 원리를 인격적 본질인 德과 相通시키는 일이기에, 이는
인간에게 있어서는 인식과 자각의 문제이며, 以類萬物之情에서의 「類」란
상대계인 만물을 인격적 본질인 情으로 다스리는 일이기에, 이는 인간에

---

25) 繫辭傳 下. 2章

게 있어서 실천과 行事의 문제가 된다. 따라서 인간은 神明에 대해서는 자각의 주체가 되는 것이며 萬物에 대해서는 利物의 주체가 되는 것이다. 서경에서는 「惟天地 萬物父母, 惟人 萬物之靈」[26]이라 하여, 天道는 萬物을 낳은 부모이며 인간은 단순히 만물 중의 한 個物이 아니라 만물을 관리 경영하는 주관자임을 말하고 있다. 예기에서도 「天子라는 것은 天地와 더불어 함께 참여하는 존재이다. 그러므로 德은 天地에 짝하며, 겸하여 만물을 이롭게 다스린다.」[27]라 하여, 인간이 天道와 관계함에 있어서, 天地와는 德으로써 합하고 萬物과는 다스림으로써 함께함을 말하고 있다. 周易의 大象傳에는 卦象을 근거로 삼아서 인간이 해야 할 마땅한 일을 크게 두 가지 입장에서 언급하고 있는데, 神性에 근거하여 天命의 뜻을 自覺하는 일, 즉 「以通神明之德」과, 物性에 근거하여 人事를 실천하고 萬物을 다스리는 일, 즉 「以類萬物之情」이 그것이다.[28]

이상에서 알 수 있듯이 주역에서는 인간을 神明의 자각 주체인 동시에 萬物의 경영 주체로 이해하고 있다. 인간이 神德과 物情의 동시적 주체라는 사실은 人性의 본질이 神性과 物性을 동시적 내용으로 삼고 있다는 뜻이기도 하다. 이미 前節에서 乾坤合德의 原理가 만물 창생의 근거가 됨을 검토하였는데, 이는 天地之大德을 陰陽的 입장에서 규정하여 乾元과 坤元으로 이해한 것이다. 인간 역시 만물과 마찬가지로 天地 交感에서 創生되는 것이니, 이에 대하여 禮記에서는 「사람이란 天地의 德이 합한 것이

---

26) 書經, 泰誓上.

27) 禮記, 經解 「天子者 與天地參 故 德配天地 兼利萬物」

28) 64卦 大象傳에서의 「以」는 모두가 「以通神明之德」과 「以類萬物之情」의 各論이라 할 수 있으니, 「大人以 繼明照于四方」(離卦), 「君子以 自昭明德」(晉卦)는 前者의 대표적인 例로 볼 수 있고, 「君子以 作事謀始」(訟卦), 「君子以 厚德載物」(坤卦)는 後者의 例라 할 수 있다.

고 음양의 交合이며 귀신의 모인 바이고 오행의 빼어난 정기이다. 하늘은 陽을 잡아서 해와 별빛을 드리우고 땅은 음을 잡아서 산과 강에다가 구멍을 열어 地氣를 통하게 한다.」[29] 「인간은 천지의 중심이며 오행의 本源이다.」[30]라 하여 천도의 모든 정기가 인간의 본질로 내면화되고 있음을 언급하고 있다.

그런데 여기에서 天과 地의 공능을 구분해 본다면, 天은 시간(日星)의 주재자이니 天道의 시간성을 상징하는 것이고, 地는 天道의 공간성(山川)을 상징하는 것이다. 인간생명의 두 원천인 天과 地는 神性과 物性으로 차원이 전환되어 인간의 내면 세계에 인격성으로 정착되는 것이니, 이제 天·地의 의의를 神·物의 의미와 관련하여 살펴보면, 神明은 절대적 세계로서, 天道를 인격적으로 표현한 것이기에 天의 시간성과 관련시킬 수 있으며, 萬物은 상대적 세계로서, 天道를 物形으로 드러낸 것이기에 地의 공간성과 관련시킬 수 있는 것이다.

인간이 天地之所生者라 함은 하늘을 아버지로 땅을 어머니로 삼아 생명을 얻었음을 말함인데, 天道의 음양적 공능인 乾과 坤이 이미 乾元이요 坤元이니, 이는 天의 神明性을 乾元之父로 삼고, 地의 萬物性을 坤元之母로 삼아서 인간이 태어났다고 규정하지 않을 수 없다. 이렇게 태어난 한 인간을 아버지의 정기와 어머니의 정기로 半分할 수 없듯이 인간의 본질 또한 神性과 物性으로 나눌 수는 없는 것이다. 父의 精氣는 완전하게 子의 生命源으로 전환된 것이며, 동시에 母의 血氣도 완전하게 子의 생명원으로 전환된 것이다. 그러므로 인간에게는 天之神性이 완전하게 인간의

---

29) 禮記, 禮運 「人者 其天地之德 陰陽之交 鬼神之會 五行之秀氣也 故 天秉陽 垂日星 地秉陰 竅於山川」
30) 上同 「人者 天地之心也 五行之端也」

본성으로 전환된 것이며, 동시에 地之物性이 완전하게 인간의 본성으로 정착된 것이다. 인간의 본질을 神性이냐 物性이냐의 양자 택일로 결정하려는 것은, 예를 들면 어떤 아이를 두고서 아버지의 자식이냐 어머니의 자식이냐를 따져 묻는 것 만큼이나 어리석고 무모한 일이다. 그 아이는 전적으로 아버지의 자식인 동시에 어머니의 자식이기 때문이다. 이렇게 되면 지금까지 인간의 본질을 규정함에 있어서 야기되어 오던 창조론적 시각과 진화론적 시각 사이의 갈등과 대립은 원천적으로 解消된다. 따라서 인간은 철저하게 하늘의 뜻을 자각할 수 있는 神性을 갖춘 영혼적 존재인 동시에 철저하게 땅의 질서에 따라 生을 영위해 가는 육체적 존재임이 분명해진다. 이상에서 보듯 인간의 본질 내용으로서의 人性을 天道의 존재 구조를 이해하는 陰陽的 입장에서 규정하면 天之神性과 地之物性이 완전하게 妙合 一致된 우주적 인격성이라 할 수 있을 것이다.

한편으로 易學에서는 天地合德과 인격성의 관계를 三才之道로써 설명하고 있다. 즉 음양론이 天·地 간의 생명적 交感을 중심으로 하여 「天道의 生命性」을 규정한 것이라면, 三才論은 이러한 우주의 생명 원리를 「인격성」을 중심으로 천명한 것이다.

인간의 본성을 神性과 物性의 統一·妙合體로 규정하게 되는 易哲學的 통로는 이미 앞에서 言及한 바 있듯이 聖人의 作卦, 즉 卦爻로 구성된 易象을 세움(立象)에 있었다. 또한 易象이란 三爻 單卦를 중첩한 六爻 重卦로 되어 있는데, 이제 卦爻의 구성과 易理의 내용을 관련지어 살펴 보면 「옛날 성인이 易을 지으실 적에 장차 이로써 性命之理를 따르게 하고자 한 것이다. 그러므로 天道를 세움에는 陰과 陽으로 하고 地道를 세움에는 柔와 剛으로 하며 人道를 세움에는 仁과 義로써 하였다. 이 세가지의 道를 겹쳐서 각각 둘로 나누었으니 易이 六爻로 그어져서 卦를 이루게

된 것이다.」[31] 「易理가 글로 되니 넓고 커서 모두를 갖추게 되었다. 易에
는 天道가 있고 人道가 있고 地道가 있으니 이 세가지를 함께 둘로 나누
어서 6爻가 된 것이다. 그러므로 6이란 것은 다른 것이 아니라 바로 세가
지 道를 일컫는 것이다.」[32] 「六爻의 움직임이란 三極의 원리를 드러내는
것이다.」[33]라고 하여 卦爻로써 표상된 易道는 우주 만물의 존재 원리를
다 담고 있는 것이며, 그 구체적인 내용은 天·地·人 三才之道로 구분·
설명되고 있다. 위에서 三才之道는 그 현상적(才) 입장에서 易道를 표현
한 것이라면, 三極之道는 그 원리적(極) 입장에서 易道를 표현한 것이라
할 수 있다. 그런데 天·地·人 三才를 이론적으로 論議하자면(立論)
天·地·人의 순서이지만, 그 존재 의의(道)를 중심으로 논의하자면 天·
人·地의 순서가 된다.[34] 이 때 易道의 내용을 天·人·地의 次序로 기술
하고 있는 철학적 의도는 무엇일까?

이는 天地 간에 존재하는 인간의 존재 의의와 그 우주적 位相을 분명
히 설정하기 위한 것으로써, 이미 앞에서 하늘의 神性이 인간에 의해 자
각되고 땅의 物性이 인간에 의해 경영됨을 검토하였는데, 天·人·地를
그 공간적 구분으로 이해한다면, 天은 위요 地는 아래이며 人은 그 가운
데가 되기 때문이다. 따라서 하늘의 의지(神德)는 인간에게 와서야(공간
적으로는 내려온다고 생각할 수 있다) 비로소 밝혀지는 것이고, 땅의 질
서(物情) 또한 인간에게 와서야(공간적으로는 올라온다고 생각할 수 있

---

31) 說卦傳, 2章「昔者 聖人之作易也 將以順性命之理 是以 立天之道曰 陰與陽 立地之道曰 柔與
剛 立人之道曰 仁與義 兼三才而兩之 故 易六劃而成卦」
32) 繫辭傳 下,10章「易之爲書也 廣大悉備 有天道焉 有人道焉 有地道焉 兼三才而兩之 故六. 六
者非他也 三才之道也」
33) 繫辭傳 上, 2章,「六爻之動 三極之道也」
34) 위의 註31)은 天·地·人의 순서를, 註32)는 天·人·地의 순서를 나타내고 있다.

다) 비로소 다스려지는 天－人－地의 공간적 구조가 자리잡게 되는 것이다. 이러한 말은 단순히 우주를 天·人·地로 三分하고 그 위상을 공평하게 설정하였다거나, 그 관계를 이해함에 있어서 상호간에 주종 관계 등을 설정한 것이 아님을 분명히 말하는 것이다. 그러므로 天은 전적으로 人에게 내려오고, 地는 전적으로 人에 의해 경영되는, 天－人－地의 인간 중심적 존재 구조를 밝히고 있는 것이다. 주역에서 「天地睽而 其事同也 男女睽而 其志通也 萬物睽而 其事類也」[35]라하여 天地·男女·萬物의 순차로 설명하고 있는 것은 天·人·地의 순서와 일치하며, 춘추 좌전에서 「君은 아래로는 땅을 밟고 위로는 하늘을 이고 있다.」[36]고 말한 것도 天－君(人)－土(地)의 공간적 구조를 따르고 있다.

이상의 논의를 그림으로 그려 정리해 보면 다음과 같다.

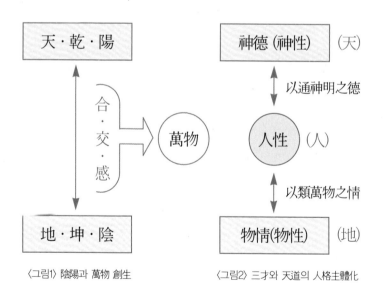

〈그림1〉 陰陽과 萬物 創生   〈그림2〉 三才와 天道의 人格主體化

---

35) 睽卦, 象傳.

36) 春秋左傳, 僖公 15年, 「君履后土而 戴皇天」.

3. 道濟天下와 天下文明

앞의 二個 節에서는 만물과 함께 인간이 태어나는 원리, 그리고 이미 태어난 인간의 우주적 의미가 무엇인가에 대하여 논의하였다. 다시 말하면 人格性의 과거적 생성 근거와 현재적 존재 의의에 대한 역학적 검토였던 것이다. 그렇다면 실존적 인간이 추구하는 미래적 지향처를 역학에서는 무엇으로 제시하고 있는 것일까?

儒學의 성립은 백성의 실질적인 삶의 문제를 해결하기 위한 聖王의 治天下之事業으로부터 시작되었다고 볼 수 있으니, 堯의 「黎民 於變時雍…敬授人時」, 舜의 「無相奪倫 神人以和」, 禹의 「德惟善政 政在養民」은 모두 이를 단적으로 증거하는 것들이다.[37]

聖人이 作易한 본래적 의도 역시 「古者 包犧氏之王天下也…於是 始作八卦」[38]에서 보듯 王天下之事에 있다. 계사전에서는 이어서 말하기를 「作結繩而爲網罟 以佃以漁 盖取諸 離」라 하여, 복희씨는 자신이 作卦한 易道에 근거하여 그물을 만들어 사냥하는 법과 고기 잡는 법을 백성에게 가르쳤다. 비단 복희씨만이 아니라 神農·黃帝·堯·舜 등 역대 성왕들은 모두가 益卦·乾 坤卦·觀卦·隨卦 등 易理의 여러 가지 구체적 성격에 근거하여 쟁기질하는 법, 옷 입는 법, 마차 만드는 법 등 백성의 일상생활을 윤택하게 해 주는 제도와 방법을 마련하여 천하를 다스리고 있다.[39] 이것은 한마디로 말하여 「易道에 근거하여 (易理로써) 天下 인류 세계를 다스림」을 말한 것이다. 이것을 주역에서는 「道濟天下」로 규정하고

---

37) 書經, 堯·舜典·大禹謨참조.
38) 繫辭傳 下. 2章.
39) 上同.

있는데, 계사전에 보면 「易 與天地準 故 能彌綸天地之道…與天地相似 故 不違. 知周乎萬物而 道濟天下 故 不過」[40]라 하여, 易道는 天地를 모두 통섭하고 그 품 안에서 天下 세계를 남김없이 모두 구제하고 완성시킨다는 것이다. 이 때 「道濟天下」에서의 道는 易道를 말함이고 濟란 구제하여 완성한다는 의미이며 天下란 인간의 세계를 말함이니, 이는 「易道로서 天下 인류 세계를 구제하고 인간의 이상을 완성 시킴」이라 요약할 수 있다. 그렇다면 「道」가 「濟」하여 완성시키고자 하는 이념적 지향처로서의 「天下」는 과연 어떤세계인가?

역학에서는 이를 인간에 의하여(以通神明之德의 자각 원리에 근거하여) 敎化되고, 인간에 의하여(以類萬物之情의 실천원리에 근거하여) 다스려지는 「天下文明世界」로 규정하고 있으니 「見龍在田 天下文明」(坤·文言), 「大有…其德剛健而文明」(大有), 「謙亨 天道下濟而光明」(謙), 「賁…文明以止 人文也…觀乎人文以 化成天下」(賁), 「艮…動靜不失其時 其道光明」(艮) 등은 이러한 例이다.

이상의 검토를 통하여 易道란 「인간이 天道의 생명원리를 깨달아 이를 인간의 이상인 문명세계에서 완성하기 위한 유학의 철학적 체계임」을 확인할 수 있었다.

---

40) 繫辭傳 上. 4章.

IV

檀君神話의 易哲學的 解釋

前章에서는 역학의 근본 이념과, 그 이념을 보장해주는 이론 체계를 검토하였는데, 이제 이러한 역철학적 기초 위에서 단군 신화의 이념과 의의를 분석·논구해 볼 차례이다.

1. 단군 신화의 主題 意識과 結構 方式

우선 삼국유사에 기록된 신화의 내용을 단락을 지어 소개해 보면 다음과 같다.

단락	원　　문	국　　역	요　지
①	魏書云 乃往二千載 有壇君王儉 立都阿斯達 開國號 朝鮮 與高同時	위서에 이르기를, 지금으로부터 2,000년 전에 단군왕검이 있어서 아사달에 도읍을 세우고 나라를 열어 조선이라 하였는데 (중국의 요임금) 때와 같다.	단군이 조선을 세우다. (총론)

②	古記云 昔 有桓因庶子 桓雄 數意天下 貪求人世 父知子意 下視 三危太伯 可以 弘益人間 乃授 天符印 三箇 遣往理之	고기에 이르기를, 옛날 환인의 아들 환웅이 있어서 여러 번 천하에 뜻을 두고 인간세계를 탐구하니, 아버지가 아들의 뜻을 알아주어, 아래로 삼위태백을 내려다보니 가이 인간을 널리 이롭게 할만하여, 이에 천부인 세개를 주어서 내려 보내어 다스리게 하였다.	하늘에 있는 환인이 환웅을 인간 세계로 내려 보냄. (환인이 주체가 되어 하늘의 뜻을 펼침)
③	雄 率徒三千 降於太伯山頂 神壇樹下 謂之神市 是謂 桓雄天王也 將風伯 雨師 雲師而 主穀 主命 主病 主刑 主善惡 凡主人間三百六十餘事 在世理化	환웅이 삼천의 무리를 이끌고 태백산정 신단수 아래 내려와 신시라 이르니, 바로 환웅천왕이다. 풍백·우사·운사를 거느리고 곡식·생명·질병·형벌·선악을 주관하여, 무릇 인간 360여사를 다스리니, 인간 세상에 머물러서 이치로써 교화하였다.	땅에 내려온 환웅이 인간만사를 직접 다스림. (환웅이 주체가 되어 이치로써 교화함)
④	時 有一熊一虎 同穴而居 常祈于神雄 願化爲人	그때에 곰 한 마리와 호랑이 한마리가 같은 굴에 살면서, 인간이 되게 해달라고 항상 신웅에게 기원하였다.	곰과 호랑이가, 인간으로 변화되길 기원함.
⑤	時 神遺靈艾一炷 蒜二十枚 日 爾輩食之 不見日光百日 便得人形 熊虎 得而食之 忌三七日 熊得女身 虎不能忌而 不得人身	이에 신웅이 영험 있는 쑥 한 묶음과 마늘 스무개를 주면서, '너희들이 이것을 먹고 백일동안 햇빛을 보지 않으면 곧 인간이 되리라' 하였다. 곰과 호랑이는 이것을 먹었는데, 21일 만에 곰은 여자가 되었으나 계율을 참아내지 못한 호랑이는 인간이 되지 못했다.	환웅이 곰과 호랑이에게 인간되는 계율을 내려주어 이를 지킨 곰은 인간이 됨. (환웅이 곰의 뜻을 이루게 함)

⑥	熊女者 無與爲婚 故 每於壇樹下 呪願有孕 雄乃 假化而婚之 孕生子 號曰 檀君王儉	웅녀는 함께 혼인할 사람이 없어 매일 신단수 아래에서 아이배기를 주문하였는데, 환웅이 잠깐 인간 모습으로 변화하여 혼인을 해주어 아기를 낳으니 이가 곧 단군왕검이었다.	하늘에서 내려온 환웅과 굴속에서 나온 웅녀가 결혼하여, 인간인 단군이 태어남. (환웅과 웅녀가 주체가 되어 단군을 낳음)

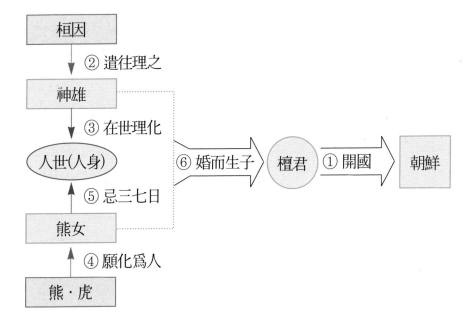

〈그림 3〉

2. 「檀君」의 易哲學的 理解

前節에서 알 수 있듯이 단군은 하늘의 신명성을 상징하는 神雄을 아버지로 하고, 땅의 萬物性을 상징하는 熊女를 어머니로 하여 태어난 人格的 존재이다. 이로써 보면 한민족의 始祖는 하늘님(하느님)과 땅님(따님)의 후손임이 분명해진다. 이는 그대로 乾元之父와 坤元之母의 陰陽合交로 탄생하는 역학적 인간관과 일치한다. 이제 天之神明性과 地之萬物性이 어떻게 단군의 人格性으로 전환되는가를 역철학적 지평에서 검토해 보자.

1) 神의 物化志向性과 物의 神化志向性

환웅은 天에 존재 근거를 두고 있는 天神이다. 유학에서의 天은 이미 물리적 天이 아닌 「뜻으로서의 天」인데, 이러한 「天意」의 神話的 이해가 桓因 또는 桓雄으로 상징화된 것이다. 여기서 雄은 물론 陽이며, 父이며, 乾元이다. 그런데 뜻으로서의 神意는 形而上者的 존재(道)로서, 일정한 형태(꼴·모양)가 없기 때문에, 그 뜻을 現象化하기 위해서는 부득이 形而下者的 存在者(器)에로의 氣化를 필요로 한다. 이 때 天意가 만물적 존재로 전환되기 위해서는 地氣와 相合해야 하는 데, 그러다 보니 天氣는 下降할 수밖에 없다. 그러므로 환웅이 貪求人世하여 下視인 太伯에 下降한 것은 天神이 人形化를 추구한 것을 상징한다. 人形이란 그 현상적 측면에서 보면 어디까지나 하나의 物形的 존재이기도 한 것이니, 이는 神雄이 物形化를 지향한 결과가 人形으로 나타난 것으로 볼 수 있다. 필자는 이를 「神의 物化志向性」으로 규정하고자 한다.

한편으로 熊·虎는 땅에 근거를 두고 있는 地物이다. 形而下者的 器物

로서의 熊·虎는 굴속에서 나와 願化爲人을 추구하였고, 그 중에서 熊은 끝내 人身이 된다. 즉 地氣가 人形으로 전화되어 物性과 人性이 함께하는 熊女가 된 것이다. 이 때 熊女는 陰이며, 母이며, 坤元이다. 그런데 地物이 人身으로 전환되는 계기는 일차적으로는 熊의 意志에 있으나, 그 뜻을 이룸(成)은 곰 스스로의 自力에 의한 것이 아니라, 어디까지나 天神이 내려준 戒律을 지키는 데 있다. 여기서 계율을 지킨다는 것은 天意를 믿고 따름으로써, 物志가 神意에 相合함을 말하는 것으로, 이는 땅의 기운이 하늘로 오르는 것과 다르지 않다.[41] 즉 地氣는 天意를 근거로 하여 人形을 성취한 것이다. 필자는 이를 「物의 神化志向性」으로 규정한다.

이렇듯 神意와 物志가 서로를 志向한 결과, 「단군」이라는 인격적 존재가 화생된 것이다. 이는 人身을 통해서만이 하늘은 그 뜻을 物形化시킬 수 있으며, 땅도 그 物性을 인격적 차원으로 승화시킬 수 있음을 상징하고 있다. 그러므로 天神과 地物이 人形으로 化生되는 기본 틀은 이미 논의한 바 있는 역학에서의 음양적 구조와 완전히 일치하고 있음을 알 수 있다. 특히 주역에서는 上經의 首卦에서 「乾의 天行」과 「坤의 地勢」를 직접 문제 삼음으로서, 易學의 근원을 天道로부터 연역하였고, 이어 下經의 首卦는 「咸」과 「恒」으로 전개시켜, 만물 속에서 人間이 化生되는 의미를 다루었으며, 마지막에는 「旣濟」와 「未濟」를 두어, 이른바 인간사에 있어서의 완성의 문제(종교적 구원)로 결론짓고 있다. 序卦傳에서는 이를 보다 분명히 설명하여 「有天地然後 萬物生焉」(上)이라 하였고, 이어서 「天地-萬物-男女-夫婦-父子-君臣-上下-禮義」(下)의 次序로 易道를 제시하고 있으니, 天地 萬物에 근원하여 化生된 인간 존재는 궁극적으로

---

41) 禮記, 樂記, 「地氣上齊 天氣下降」은 天地兩氣가 서로 만나기 위해 運氣하는 방향을 말하고 있는데, 이는 天雄과 地熊이 서로 상합하는 방향과 같다.

도덕 세계로서의 예의적 사회를 지향하고 있음을 일목 요연하게 말해 주고 있는 것이다. 여기서 유념해야 할 것은 「有天地 然後 萬物 生焉」에서의 「有」이다. 사실 인간과 만물이 생겨나기 이전부터 이미 天地는 있어왔다. 인간은 이미 존재해 온 천지에 대하여 「천지는 왜 있는가? 어떻게 있게 되었는가?」를 물을 수는 있다. 그러나 그 대답의 결과가 어떠하든 간에 이미 있어 온 천지의 존재 사실자체는 조금도 달라지지 않는다. 이 엄연한 사실—이미 완성된 모습으로 운행되고 있는 천지 만물의 자연함 그 자체를 인간은 엄숙하게 수용하고 전제해야 한다. 이러한 「천지의 존재함에 대한 무조건적 전제 삼음」은 모든 근원적 물음을 반성적으로 거듭해야 할 철학함의 임무를 포기한 것이거나 懈怠하는 일이 아니라, 오히려 철학하는 자세를 정직하게 갖추는 일이다.[42] 이렇듯 「천지의 있음」을 전제로 하여 여기서부터 만물이 생겨나고 있음을 주역에서는 「屯」괘에서 구체적으로 설명하고 있다. 즉 天地의 陰陽的 交合으로 만물이 創生되는 과정을 64序卦의 제3괘 「屯」에서 「雷雨之動 滿盈」으로 요약하여 「物之始生」을 言明하고 있는 것이다.

이러한 역학적 化生원리를 단군 신화에서는(비록 소박하지만) 매우 분명하게 상징해 주고 있다.

단군 신화에서도 이야기를 선도하는 두 가지 주체로서의 桓雄과 熊虎는 모두 「有」(있음)를 전제로 하고 있는데, 「有 桓因庶子 桓雄…」 「有 一熊一虎…」는 이를 말힘이니, 이것을 역학적 입장에서 이해하면 「有桓因·熊虎 然後 壇君 生焉」이라 할 수 있는 것이다.

---

42) 인간이 이성적 기능을 지나치게 신뢰하여 억지로 최후의 완전한 해답을 추구하다 보면, 天地보다 앞선 또 다른 근원 존재를 설정하게 되는데, 이는 인간이 갖는 「관념적 사유의 즐거움」을 만족시킬 수는 있을지 몰라도, 새로운 허구로서의 대상적 神을 창조하게 되는 오류를 피할 수가 없다.

이상에서 보듯 天地의 음양적 구조가 만물창생의 기본 원리가 되고 있듯이 단군 化生의 기본 구조는 天을 상징하는 桓因과 地를 상징하는 熊・虎의 상호 지향성에 있는 것이다. 그렇다면 굳이 天界에 있어서 桓因과 桓雄을 구분하고, 地界에 있어서 熊・虎와 熊女를 구분하는 이유는 무엇인가?

인간은 일차적으로 물리적 天地로부터 所産된 존재이며, 이러한 物形的 존재가 인간의 세계로 전이되는 과정에는 반드시 "人格性을 自覺하는 契機"가 있어야만 한다. 그러므로 인간이 자신의 본성을 자각하게 되는 「인격적 化生의 과정」을 단군 신화에서는 桓雄과 熊女로 상징화 한 것이다.

유학에서는 이 문제에 대하여 「天命之謂性」[43]의 입장에서 이해하고 있는데, 유교사상에 있어서 天命의 철학적 의의를 검토해 보면, 인간 化生의 존재론적 근거가 天命에 있음을 다음과 같이 이해할 수 있을 것이다.

인간은 인간 자신을 「인간」이라고 이름 붙이는 데서부터 비로소 만물과 구별될 수 있었고 나아가서는 소나무를 소나무로, 강아지를 강아지로 이름 부르게 되었을 것이다. 그러나 인간에 의해서 인간・소나무・강아지라고 이름이 붙여지기 이전에도 그때 거기에는 그러한 存在物들이 이미 있어 왔을 것임은 분명하다. 그렇지만 그때 거기에 있었던 것들은 인간도 소나무도 강아지도 아닌 그냥 「어떤 것들」이었을 것이다. 따라서 인간이 주체가 되어 만물을 만물로, 인간을 인간으로 稱名하는 데서부터 비로소 만물과 인간은 化生될 수 있었다고 볼 수 있을 것이다. 이러한 「이

---

43) 中庸, 1章.

름 붙임」은 인간과 만물을 상호간에 구별시켰고 동시에 그 관계에 있어서도 새로운 질서를 잡아주었다. 그러므로 철학적 의미에 있어서의 萬物創生의 始源과 창생된 만물의 존재 방식은 인간의 언어적 공능에 근거한 것이라 할 수 있으니, 인간의 「이름 붙이는 작업」이 곧 만물의 창생 근거가 된 것이며, 「질서 세우는 작업」이 곧 만물의 존재 방식이 된 것이다. 이것은 「태어나는 원리」가 곧 「살아가는 질서」와 다르지 않음을 말한 것이다. 그런데 만물은 이미 하늘의 所生者들이기 때문에 인간은 이름 붙은 모든 것을 「하늘이 그렇게 이름 붙여 주고 그렇게 살아가도록 허락해 준 것」으로 이해하였던 것이다. 하늘이 이름 붙여 줌으로써 만물을 만물로 化生시키는 일—이것이 바로 하늘의 명령인 「天命」이 갖는 만물 창생의 권능이라 할 것이다.[44]

이런 관점에서 볼 때, 인류 역사에 있어서 아직 인간 자신을 무엇이라고 스스로 自覺·自名하기 이전의 단계, 즉 前歷史 단계를 단군 신화에서

---

44) 기독교 성경에는 「태초에 하나님이 천지를 창조하시니라 땅이 혼돈하고 공허하며 흑암이 깊음 위에 있고 하나님의 신은 수면에 운행하시니라. 하나님이 가라사대 빛이 있으라 하시매 빛이 있었고 그 빛이 하나님의 보시기에 좋았더라」 (창세기 1장 1~4). 「태초에 말씀이 계시니라 이 말씀이 하나님과 함께 계셨으니 이 말씀은 곧 하나님이시니라. 그가 태초에 하나님과 함께 계셨고 만물이 그로 말미암아 지은바 되었으니 지은 것이 하나도 그가 없이는 된 것이 없느니라」(요한복음 1장 1~3)라 하여 하나님이 혼돈(Chaos)에다가 명령(Order)를 내림으로써 우주는 비로서 천지 만물로서의 질서(Order)를 갖게 되었음을 말하고 있으며, 老子는 「有物混成 先天地生…可以爲天下母, 吾不知其名 强字之曰道」 (25장). 「無名天地之始, 有名萬物之母」 (1장)라 하여, 무어라고 이름 붙일 수 없는(無名) 道 자체야말로 存在의 始源이며, 인간이 이름을 불러 줌(有名)으로써 天下 萬物은 비로소 전개되고 있음을 闡明하고 있다.
여기서 기독교의 「말씀」은 그 창조적 주재성을 담고 있는 종교적 命令으로 이해할 수 있고, 老子의 「道」는 존재 원리 자체를 언급한 哲學的 命題로 이해할 수 있는데, 儒敎哲學에서의 「天命」은 이상의 두 가지 의의를 모두 포함하고 있는 개념이라 할 수 있을 것이다. 또한 인간은 「天命」에 의하여 「生命」을 얻은 존재로서, 하늘의 「命名」에 따라 (그 「이름」에 걸맞게) 살아가는 삶의 모습이 곧 「使命」인 것이다. 유교의 「宗敎性」의 철학적 근거는 여기에 있는 것이다.

의 「환인」과 「一熊一虎」의 음양적 구조로 이해한 것이고, 인격적 자각이 이루어진 단계(역사시대)를 단군의 탄생으로 표현한 것이라 할 수 있으며, 桓雄과 熊女는 「神의 物化지향성」과 「物의 神化지향성」을 통하여 인간이 化生되는 (陰陽合交와 雷雨之動의) 「탄생 과정」을 상징한 것으로, 그 철학적 의의는 神·物 兩性이 人性으로 전환되는 「변화의 계기」에 있다 할 것이다. 그러므로 神雄과 熊女는 모두가 「在世理化」「願化爲人」 「假化而婚之」라는 「化」의 과정에 참여하고 있는 것이다. 그렇다면 단군이 탄생하게 되는 「化의 계기」에는 어떠한 철학적 근거가 있는 것일까?

2) 人格性의 哲學的 根據로서의 「化生原理」

만물이(인간을 포함해서) 태어나는 원리(존재 원리)에 대한 역학적 해답을 陰陽論이라고 한다면, 五行論은 인간이 인간답게 살아가는 법칙(존재 방식)에 대한 유학적 해법이라고 말할 수 있다. 五行論이란 「天行의 생명 원리에 근거하여 人道의 時義性을 밝힌 이론 체계」로서, 유학에 있어서의 「五行的 思惟의 틀」은 書經에서의 「堯之王事」와 「舜之巡守」, 그리고 禮記·月令篇에서의 「天時와 人事의 五行的 구조」에서 다양하게 확인할 수 있다.

五行이 하나의 理論이나 說로서 불리워지게 된 시기는 물론 儒學의 출발점과 멀리 떨어진 後代이다. 「鄒衍의 五德說이 생기기 전에는 근본적으로 五行의 系統的인 理論을 찾을 수가 없다」[45]고도 볼 수 있기 때문이다. 그렇다고 해서 「五行的 思惟의 틀」 자체가 전국 시대에 와서야 發生한 것은 아니다. 중국인에 있어서의 「五行的 思惟」는 실로 고대 중국 철

---

45) 何新, 神의 起源, 홍희譯, 동문선, 1990, p.344.

학의 출발과 함께 하고 있는 것이니 「오행적 사유」가 가능했기 때문에 중국 정신은 儒學 思想으로 가장 크게 結實을 맺게 되었다고도 말할 수 있는 것이다. 그런데 儒學의 철학적 체계를 제공하고 있는 周易의 全篇에서는 「五行」을 직접적으로 言及한 곳이 없으며, 이 때문에 五行說이란 易學과는 별개의 논리 형식이라고 말해지기도 한다. 그러나 이는 易學의 근본 사상인 「中」의 개념을(앞서 살펴본 바와 같이) 「天道 자각의 인격적 주체」라는 우주적 구조 속에서 이해하지 못한 데에서 기인하는 것이니, 주역에서 乾道를 직접 天行으로 규정하면서, 이를 元·亨·利·貞 四象으로 表題하고 있는 것 자체가, 인간을 우주적 중심처로 전제하여(中을 體로 삼아), 天道의 四時와 四方을 인간의 삶의 터전으로 삼고 있음(四行을 用으로 운용함)을 명백히 언급한 것이다.[46] 이제 이러한 천도의 五行的 운행 구조 속에서 인간이 자신의 본질(인격성)을 자각하는 계기를, 「化의 원리」를 중심으로 하여 검토해 보자.

만물이 생겨나는 근거는 天·地 간의 음·양 相合으로써도 충분하다. 그러나 만물 중에서 인격적 존재로서의 인간이 탄생하는 계기는 陰·陽, 男·女의 交感만으로는 부족하다. 거기에는 만물적 존재에서 인격적 존재에로의 質的 變化의 契機가 반드시 요구되기 때문이다. 단군 신화에서 神雄이 假化하여 인간의 형태로 變化되었고, 熊 또한 願化爲人하여 女身으로 변화되었으며, 이들이 相合하여 단군을 낳았다는 이야기는, 天意와 地志가 모두 「化의 계기」를 근거로 하여 人性의 차원으로, 전화되고 있음을 말하는 것이다. 진화론적 시각에서 인류의 발생을 이해하면, 인간은 동물에서 변화된 존재일 뿐이다. 이를 한 인간이 생장 과정에 비추어 보

---

46) 天道와 인간의 관계를 규정할 때 三才說은 天道의 수직적 공간구조를 위주로 하는 입장이며, 五行論은 그 수평적 공간구조를 위주로 하는 입장으로 구분할 수 있을 것이다.

면, 갓 태어난 유아는 한동안은 동물적 본능성만을 가지고 살아간다. 그러나 점차 성장하면서(제도적인 교육의 수혜 여부와는 무관하게) 인격적 존재로 변화됨으로써 동물과는 차원을 달리하는 質的 差異를 나타낸다. 이는 실존적 인간의 성장 과정에서는 보편적으로 확인되는 변화의 실상이다. 그렇다면 과연 이러한 변화의 철학적 근거는 무엇일까?

인간의 생명적 전개 법칙이 天行의 사시 운행 원리에 근거한다는 五行的 구조 속에서 보면, 天道와 人道를 일관하는 생명성의 질적 변화 계기를 「化」의 문제에서 파악할 수 있다. 필자는 이것을 「人格性의 철학적 (天道的) 근거로서의 化生原理」라고 규정하면서 다음과 같이 설명하고자 한다.

주역의 건괘 文言傳에서는 天道의 四象(元・亨・利・貞)에 근거하여 人道의 四德(仁・禮・義・智)이 전개되는 이른바 天・人 관계의 필연성과 보편성에 대하여 설명하고 있는데[47] 이는 「우주적 생명성의 자기 전개 법칙」과 「인간의 인격적 삶의 원리」를 상관시켜 말한 것이다. 우주적 생명원리를 具象化시켜 이해하면 식물의 생명 현상으로 비유할 수 있으니, 생명의 씨(仁)가 열매(果)로 전환되는 과정에는 반드시 꽃(花)을 피우는 계기가 있게 마련인데, 여기서 씨를 生命의 「始生」으로 보고 열매를 生命의 「完成」으로 보면, 꽃은 生命의 「成長」 과정으로 볼 수 있다. 인간의 생명적 전개에도 이러한 生・長・成의 과정은 필연적인 것으로, 長의 단계에 해당되는(花를 피우는) 변화(化)의 계기를 통하여 인격적 존재에로의 化生은 가능해지는 것이다. 이제 四象과 四德의 관계성 속에서 「化」의 보

---

47) 周易, 乾卦, 文言傳 「元者 善之長也 亨者 嘉之會也…故曰 乾 元亨利貞」 참조.

편성에 대하여 자세히 살펴보기로 하자.

하나의 씨는 싹이 터서 꽃을 피우고 열매를 맺는다. 씨가 열매로 전개되는 전 과정이 생명 현상이며 그 과정에서 모든 생명체는 스스로「꽃을 피움」으로써 씨를 열매로 전환시킨다. 꽃을 피우는 일은 陰・陽의 交接을 말함이며 이러한 陰・陽 交合을 통하여 새로운 생명체는 잉태하는 것이다. 이는 만물의 생명적 근거인 天道 자체가「天地合德」,「陰陽相盪」,「雷雨之動」을 통하여「天地之大德」으로서의「萬物之始生」을 전개시키고 있기 때문이다. 그러므로「亨者 嘉之會也」(乾・文言)에서의「亨」이란 天과 地가 서로 相通하는 天地 相摩를 일컫는 것이며, 이러한 天・地의「서로 만남」은 天地가 함께 모이는 일로서의「會」인 것이다. 그런데 그러한「會」는 天・地간에 節度가 있어야만 한다. 왜냐하면 天・地는 우주의 陰陽的 구조이기에 서로 간에는 주종 관계가 아닌 互惠的이고 쌍무적인 관계에 있기 때문이다. 天地交感의 현상적 力動性을 雷雨之動이라 하였으니, 그 구체적인 기상 현상을 예로 들어 설명해 보면, 비가 내리고 바람이 불며 벼락이 치는 것은 모두가 하늘과 땅이 만나는 일이다. 이러한 만남이 알맞게 조화되고, 순화되고, 정연할 때는 만물은 번성하지만 폭우와 폭서, 가뭄과 혹한 등의 天災가 생겨서 天道 운행이 일정한 질서를 벗어나면 생명은 오히려 떠내려가고 말라 죽고 얼어 죽게 된다. 따라서 天地가 음양 교감작용을 통하여 생명 창생의 위대한 공능을 발휘하기 위해서는 길시 있고(節) 아름답게(嘉) 만나고(合) 모여야(會)만 한다. 이것이「嘉之會」이다. 그런데 인간에게 있어서의 생명은 남・여의 交合에서 始生된다. 따라서 男・女가 交合하여 人格的 생명을 잉태하는 일에도 조화와 節度가 있어야 한다. 이러한 人格的 만남의 節度를 禮라 한 것이니, 이는 天地會合에 근거한 男女相合을 말한 것이다. 그러므로 人性에 있어서 禮의 존재론적 근거는 天道之亨에 있는 것이다. 이것이 바로 「嘉會 足以合禮」의 내용이다. 이 때 人性之禮의 근거인 亨이란 단순히 물리적 天·地 間의 相通만을 말한 것이 아닌, 天·人의 亨通을 모두 포괄하는 개념이라 할 수 있다. 즉 天行과 인간의 삶의 질서가 서로 조화되고 相通되는 포괄적 지평을 「亨」으로 해석한 것이다. 인간이 살아가기 위해서는 天道 운행과 일체감을 가져야 하는데, 이에 대한 인간의 노력은 卜筮와 祭禮로 집약되고 있다. 인간이 하늘에 대하여 갖는 겸손하고 조심하는 태도, 그리고 하늘의 節度에 알맞게 인간의 行爲 질서를 마련하는 일 등이 모두 祭禮가 추구하는 「亨」이며 이는 人性에 있어서는 「禮」의 모습으로 나타난 것이다. 주역에서의 「履虎尾不咥人 亨」[48] 「君子以 非禮不履」[49] 「節亨 苦節 不可貞」[50], 예기에서의 「節者 禮也」[51]에서 보면, 禮·亨·節·履 등의 개념이 모두 인간의 근신하는 삶의 태도와 상관되어 있음도 이러한 이유 때문이다. 그런데 생명성의 성장 과정에 해당되는 「花」는 「化」의 역할을 담당하는 것으로, 五行論에서 보면 「火」가 된다. 고대인들이 火로써 祭物을 익혀(亨) (김을 위로 올리며) 제사를 지내는 것도 하늘과 상통하려는 인간의 염원을 표현한 것이다.[52] 따라서 「化」(火)란, 天-人을 형통시켜 궁극적으로는 「인간의 삶」을 보장받으려는 인격적 의지의 실현 과정이 되는 것이다. 한편 「化」의 원리가 인격성의 존재론적 근거가 되고 있음은

---

48) 履卦, 卦辭.

49) 大壯卦, 大象傳.

50) 節卦, 卦辭.

51) 禮記, 喪服四制.

52) 주역의 鼎卦에서 「鼎…以木巽火亨 飪 也, 聖人 亨 以享上帝」라 하여 솥에다 불을 때서 음식을 삶아 하느님께 제사 지내는 일을 언급하고 있음은 이러한 例가 될 것이다. 五行에서 火가 亨에 해당되는 것은, 四象·四德·五行의 관계를 함께 살펴볼 때 「亨-禮-夏-南-赤-火」로 상관되어 있기 때문이다.

다음에서도 확인되고 있다. 禮記에서는,「人生而靜 天之性也 感於物而動 性之欲也. 物至知知 然後 好惡形焉. 好惡無節於內 知誘於外 不能反躬 天理滅矣. 夫物之感人無窮而 人之好惡無節 則是物之而 人化物也. 人化物也者 滅天理而窮人欲者也」[53] (인간은 태어나면서 靜한 것이 天性인 데, 이것이 外物에 感하여 움직이게 되면 人欲이 되는 것이다. 사람의 마음이 外物에 이르르면 知性에 의해 그 物을 알게 되고 그렇게 되면 好·惡가 생기게 된다. 이러한 好·惡가 인간의 내면세계에서 節度를 갖지 못하면, 知力이 外物의 유혹에 빠지게 되어 자신을 반성하지 못하게 되고, 이로써 天理(天性)가 滅하게 된다. 대저 外物(萬物)과 인간(人性)과의 相感에는 무궁한 바 있으니, 인간이 好·惡의 人欲을 節度있게 다스리지 못하면 이것이 곧「物」과 다르지 않은 것으로, 이는 인간이 物質로 化한 것이라 할 수 있다.「人化物」이 되면 天理를 잃고 人欲을 따르게 되는 것이다)라 하여 人格性과 萬物性의 본질을 天理(天性)과 人欲으로 구분하고, 그 사이의 관계성을「化」의 문제로 설명하면서, 그「化」의 과정이 有節(有禮)이면 物性이 人性으로 전환되는 것이고, 無節(無禮)이면 人性이라도 萬物性으로 떨어지게 됨을 언명하고 있는 것이다. 이를 한마디로 요약하자면 人性과 物性의 分岐점은 禮節의 有無 즉「化의 방향」에 있는 것이다. 禮記에서는 이어서 말하기를「化不時則不生 男女無辨則亂升 天地之情也, 及夫禮樂之極乎天而蟠乎地 行乎陰陽而通乎鬼神」[54] (化함에 있어서 때가 맞지 않으면 만물은 始生하지 못하고, 남·여에 있어서도 分辨(節度)이 없으면 음란에 빠지는 것이니 이것이 곧 天地의 情理이다. 이에 禮樂이란 天에 퍼지고 地에 번져가며, 陰陽간에 운행하고 鬼神에 相通하는 것이다)

---

53) 禮記, 樂記.
54) 上同.

라 하여 「化」의 功用과 「禮樂」의 節度가 모두 天·地, 陰·陽 사이에 運行하면서, 人格性의 존재론적 근거가 되고 있음을 밝히고 있다. 이상의 논의를 그림으로 그려서 이해하면 다음과 같다.

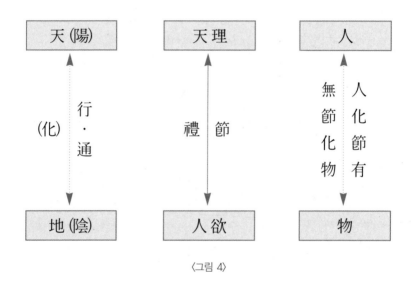

〈그림 4〉

위에서 분명히 알 수 있는 것은 「人이라도 無節이면 化物」이 되고 「物이라도 有節이면 化人」이 된다는 사실이다. 이제 이상의 유학적 化生 원리를 바탕으로 단군 신화에서 제시된 「化」의 의미를 해석해 보자.

먼저 神雄이 化人되는 계기를 살펴 보면, 神意로서의 理가 化되는 「理化」의 과정으로 나타난다. 즉 뜻으로서의 이치가 현상으로서의 인격적 삶의 모습(人世)에서 구현되는 것이다. 환인이 환웅을 보내어 인간 세계를 다스리게 한 것은(遣往理之) 환웅의 數意天下 食求人世로 상징된「天 자체의 意志」에 근거한다. 이러한 天神의 뜻은 구체적인 物形化를 통해서만 실현이 가능한 것이기에, 熊女를 상대로 假化 · 婚之함으로서, 인간 세계를 다스릴 수 있는「天神의 인격체」인 단군을 生子하였던 것이다. 그러므로 형이상학적 뜻의 차원인 神雄은 理化로서 다스린 것이고, 실존적 인격체인 단군은 人事를 직접 주관 · 경륜한 것이다. 다시 말하면 神雄의 뜻이 단군의 경륜으로 실천 · 구현되는 이른바「神性의 人格性化」를 말하고 있는 것이다. 여기서 理致로서의 神意는 이미 (양적으로는) 완성된 존재인 동시에 (질적으로는) 완전한 원리를 말함이다. 그러므로 존재 원리 자체는 그 무엇으로부터 근원하거나 그 무엇에 의지해야만 자신의 뜻을 전개시킬 수 있는 제한적인 존재가 아니며, 天 자신의 의지를 절대적 권능으로 개시할 수 있는 것이다. 따라서 天神의 인간 세계에 대한 사랑과 권능은, 웅녀와 혼인하여 단군을 낳는 (낳게 하는) 것으로 모두 표현된 것이다.

다음으로 物熊이 化人되는 과정을 살펴보면, 地物로서의 熊 · 虎 역시 願化爲人의 의지를 갖고 있다. 그러나 地物은 그 자신의 自力만으로는 결코 人化가 될 수 없기에, 오로지 天神에게 의탁하여 (기도하는 방법을 통하여) 그 의지를 실현코자 한다. 이에 天神은 地物에게 化人되는 구체적 통로를 내려주었는 데, 쑥과 마늘을 먹고서 백일 동안 햇빛을 보지 말라는 계율이 그것이다. 생명의 근원인 日光(태양에너지)을 보지 말라는 것은, 생명을 담보할 만큼의 각오로 하늘의 뜻을 믿고 따르라는 강력한 誠命이지만, 熊은 이를 끝까지 참고 견딤으로써, 끝내 人形을 얻은 熊女로 化身된 것이다.

이렇듯 하늘이 내려 주신 계율에 전적으로 의탁하고 따르는 행위는 고대인들이 卜筮와 祭禮를 통하여 하늘의 뜻을 받들고 이에 순종하는 (인류 보편의) 태초적 정서와도 일치한다. 땅에 근거한 곰이 하늘의 뜻에 대하여 군건한 종교적 믿음을 가지고 참기 어려운 계율도 지켜내는 謹愼·節制·恐懼하는 자세는 物性이 人性으로 승화되는 「化生의 계기」를 말한 것이며, 이는 인간 세계에 있어서는(앞서 검토한 바 있듯이) 天-人간의 亨通을 가능케 하는 禮와 節의 본래적 의의와도 일치하는 것이다.

周易의 益卦에서는 「天施地生 其益无方」(彖)이라 하여, 하늘이 그 은혜를 베풀고 땅은 이를 받아들여 만물을 生産시키니 그 은혜로운 혜택(益)이 天地 간에 가득하다고 말하고, 이어서 「有孚惠心 勿問之矣 惠我德 大得志也」(九五象)라 하니, 이는 天·地의 관계를 天·人의 입장에서 이해한 것으로 「인간이 하늘의 施惠를 믿고 따르면 하늘은 인간에게 사랑(德)을 내리시어 크게 그 뜻을 이룬다」는 뜻으로 이해할 수 있다. 이로써 보면 天意와 人德의 相通함에는 「믿음(孚)의 有無」가 관건임을 알 수 있으니, 周易에서의 「孚」와 단군 신화에서의 「쑥과 마늘의 상징성」은 그 철학적 본의에 있어서 일치하는 것이다.

이상으로 「단군」의 역철학적 분석을 통하여, 「神의 物化 지향성」과 「物의 神化지향성」은 그 天神과 地物사이의 「化生原理」를 계기로 하여 「神·物 兩性이 모두 人格性으로 전환되고 있음」을 살펴 보았다. 이러한 단군 신화의 化生 原理는 앞서(Ⅱ章) 검토한 바 있는 역학의 명제, 「三才原理와 천도의 인격 주체화」와도 직접적으로 相通하고 있음을 알 수 있다.

3. 「朝鮮」의 易哲學的 理解

조선은 단군이 開創한 「나라」의 명칭으로서, 조선의 의미를 분석해 보면 한국인의 태초적 의지가 현실 세계에서 어떻게 전개되고 있으며, 그 추구하는 이상 사회의 성격(한민족의 미래적 지향)은 무엇인가를 가늠할 수 있을 것이다. 이제 단군의 인격적 의지가 실현되는 공간적 지평으로서의 「조선」이라는 「나라」에 대하여 易哲學的 관점에서 분석해 보고자 한다.

1) 한민족의 삶의 터전으로서의 太伯

天之神意와 地之物志는 人之人性으로 전환되면서, 구체적으로는 실존적 인물로서의 「단군」이라는 인격적 존재로 化生되어, 한민족의 역사적 지평에 등장하였다. 神雄과 物熊이 단군으로 化生된다는 이야기는 「天地之意(天地之情)의 人格主體化원리」에 대한 한민족의 신화적 상징이라고 볼 수 있으며, 단군이 조선을 개국하였다는 이야기는 한민족의 이념을 실존적 삶의 터전 위에다 실천·구현하려는 의지를 상징한 것으로 볼 수 있다. 그러므로 「조선」이라는 삶의 터전(場)에는 한민족이 지향하는 미래적 세계에 대한 목표와 이상이 담겨 있는 것이며, 단군 신화에서는 그 이념을 「太伯」(밝고 맑음)으로 상징하고 있는 것이다. 다시 말하면 神雄이 貪求한 人世가 太伯이었다는 사실은 天意의 본래적 의도가 「太伯의 사회」를 설계하고 있었음을 상징한 것이다.

한편으로 암흑의 동굴 속에 살던 熊이 추구한 理想世界 역시 햇빛이 가득한 「밝은 세계」였으니, 「日光을 보지 말라」라는 하늘의 계율은, 곰이 「光明한 세계」를 추구하는 의지가 얼마나 크고 강렬한 것인가를 시험한 것이라 해석할 수 있는 것이다. 그러고 보면, 神雄과 物熊의 자손인 「단군」이 「빛나는 광명의 세계」를 추구하여 그가 설계한 「삶의 터전」을 「朝鮮」으로 稱名한 것은 지극히 자연스럽고도 당연한 것이라 할 수 있는 것이다.

周易에서는 屯卦를 통하여 「天地 萬物과 인간 세계의 開始」에 대하여 다음과 같이 언급하고 있다.

「屯 元亨利貞 勿用有攸往 利建侯」(卦辭)

「屯 剛柔始交而難生…雷雨之動 滿盈 天造草昧 宜建侯」(彖辭)

「初九 磐桓 利居貞 利建侯」(爻辭)

「雲雷屯 君子以 經綸」(大象)

「雖磐桓 志行正也 以貴下賤 大得民也」(爻象)

「有天地然後萬物生焉 盈天地之間者 唯萬物 故受之以屯 屯者盈也 屯者物之始生也」(序卦傳. 上)

위의 내용을 정리해 보면
① 屯卦는 두 가지 입장에서 萬物의 創生 문제를 언급하고 있는데, 하나는 시간적 지평에서의 「始生」이며, 또 하나는 공간적 지평에서의 「滿盈」이다. 즉 屯卦의 원리에 근거하여 萬物은 天地 간에 처음으로 생겨나고 또 가득차게 된다는 것이다.
② 屯은 天道(元亨利貞)를 근거로 하여 인류 세계가 開始됨(建侯)을 말함으로써 역학의 이념이 「인간 세계의 완성」에 있음을 보여주고 있다.
③ 天의 의지는 雷雨之動 하는 力動的인 陰陽交合(剛柔始交)를 통하여, 시간적으로는 인류의 역사를 전개시키고(宜建侯), 공간적으로는 만물

을 번성시킨다(造草).

④ 「侯」란 인류의 역사에 나타난 최초의 실존적 經綸者(治者·王者)를 말한 것으로, 侯가 주체가 되어 蒙昧한 인간의 무리(草昧)를 하늘의 뜻에 따라 다스려서(志行正), 인격적 삶의 지평인 「국가의 백성」으로 教化시킨다.(大得民)

이상에서 알 수 있듯이 「天造草昧 宜建侯」의 역학적 지향은, 天神과 地物이 合交하여 檀君王儉(經綸者·王者)를 탄생시키고, 조선(나라)을 개국시키는 단군 신화의 이념과 본질적으로 다르지 않다. 특히 屯卦에는 「磐」(盤·槃으로도 통용된다)과 「桓」이 並記되어 있는데, 이미 제 Ⅱ章에서 검토 하였듯이 桓이란 韓과 동일하고 '환하다'(밝다·白·明·光)와도 상관되는 것이며, 또한 중국의 천지 창조 신화인 「盤古의 이야기」가 한국의 「桓因 이야기」와 마찬가지로 인류 역사의 태초적 정황을 상징하고 있다는 점에서, 磐과 桓의 並用은 上古代 中·韓의 文化的 동질성을 시사해 주는 하나의 증거라 아니할 수 없다. 즉 중국과 한국의 동시적 문화 근거가 伯文化(韓文化·易文化)이며, 동시적 문화 주체가 伯族(동이족·韓族)이라는 앞서의 논의를 긍정적으로 수용할 수 있는 하나의 중요한 단서가 바로 인류 역사의 시원성을 철학적 입장에서 규정하고 있는 주역 屯卦에서 발견할 수 있다는 사실에 우리는 다시 한번 주목해야 할 것이다. 더 나아가 중국 분명의 始源이 「太陽神 崇拜」에 있음을 논구한 중국학자 何新의 다음과 같은 주장은 이를 더욱 뒷받침하고 있다.

「중국 고대에서는 인군의 가장 존귀한 칭호로 天神을 사용하고 있다. 예를 들면 神明·皇·帝·王·昊·天·華 등은 모두 태양 신앙과 관계가 있다. … 중국 上古의 文飾 중에 흔히 나타나는 十字形 圖紋은 太陽 빛이 사방으로 퍼지는 모습의 象形이다 … 태양신의 형상들이 古文과 金文 중의 皇子와 흡사하다. 이 두 글자는 중국 고대에 태양신의 존귀한 칭호로 사용되었다. 古文學者 王國維는 皇子의 金文은 햇빛이 비치는 모양이라고 말한다. … 郭沫若은 卜辭 자료에 근거하여 殷·商 사람들은 매일 아침 저녁으로 해를 맞이하고 보내는 예배 의식을 행하였다고 단정했다. … 문헌의 기록에 의하면 殷·商人과 고대에 태양을 숭배했던 東夷民族(지금의 일본과 한국을 포함)은 모두 흰색을 존귀한 복색으로 여기는 습속이 있었다. … 중국의 갑골문과 암각화 중에는 수많은 羽人의 형상이 있다. 羽人은 태양신의 또다른 상징이 아니겠는가?」(神의 起源, pp.18~44참조.)

이로써 보면 단군이 세운 「아침 햇빛이 비치는 나라」로서의 「朝鮮」은 고대 동북아 문화권(伯文化)의 보편적 의지를 「현실적 세계」로 표현한 것이라 해석할 수밖에 없다. 이러한 해석은 단군 신화에서 제시된 한민족의 이상과 목표가 단순히 특정 지역·특정 시대·특정 종족의 소박한 상징으로만 그치는 게 아니라, 인류가 지구상에서 그 인격성을 자각하면서부터 추구해 온 범인류적 보편 이념을 그대로 상징하고 있음을 말해주고 있는 것이다. 또한 光明 세계를 지향하고 있는 단군 신화의 이념은 앞서(Ⅲ장) 논의한 역학의 이념, 즉 「道濟天下와 天下文明」과도 완전히 일치하고 있음은 더 말할 나위도 없다.

2) 한민족의 삶의 법칙으로서의 「理化」

한민족의 삶의 터전을 太伯(朝鮮)으로 稱名한 것은 그 현실적 삶의 법칙 또한 「伯化」, 즉 「밝음의 구현」에 있었음이 분명하다. 밝음의 구현이란 天地神明性의 人格主體化인 「以通神明之德」을 말하는 것으로, 이는 大學의 「明明德於天下」와도 상통한다. 밝음의 원리로서 인간세계를 다스린다는 말은 光明의 근거, 즉 日月之道(易道)로서 천하 세계를 敎化하려는 역학의 명제와 조금도 다르지 않은 것으로, 다만 단군 신화에서는 이것을 「理化」라고 표현한 것이다.

그런데 단군은 인간 세계를 다스림에 있어서, 그 실질적 경륜 법칙을 360이라는 數와 상관하여 제시하고 있으니, 그렇다면 단군 신화에서의 「數」는 과연 무엇을 상징하고 있는 것일까?

周易의 계사전(上·9章)에서는 數에 대하여 다음과 같이 언급하고 있다.

「天一 地二 天三 地四 天五 地六 天七 地八 天九 地十, 天數五 地數五. 五位相得 而各有合. 天數二十有五 地數三十. 凡天地之數 五十有五 比所以成變化而行鬼神也」

「乾之策 二百一十有六 坤之策 百四十有四 凡三百有六十 當期之日. 二篇之策 萬有一千五百二十 當萬物之數也 … 天下之能事畢矣 顯道神德行 … 子曰 知變化之道者 其知神之所爲乎」

위를 정리해 보면

① 天道를 數로 규정함에는 天數인 양수 1·3·5·7·9와 地數인 음수 2·4·6·8·10의 열 개이다.

② 天地之數(55)는 천지 만물의 변화 현상을 이루어내는 원리로서, 이러한 數理 법칙에 근거하여 하늘의 뜻은 현실로 드러나고(顯道) 神의 의지는 실현된다(神德行).

③ 天道의 陰陽的 發用인 乾策數 216과 坤策數 144는 서로가 合德하여 1
년의 운행수인 360數를 이루고, 이 數理에 근거하여 萬物의 운행과 天
下의 인간 만사가 모두 능히 완성되는 것이다.

이상에서 보듯 360이라는 數는 「일년 曆數」(생명의 기본주기 數)에서
자각된 하나의 「原理數」이며, 이러한 天之度數에 근거하여 인간 만사
(360餘事)는 전개되는 것이니, 단군은 天道의 운행 원리를 이치로 삼아
서 조선이라는 인간세계를 경륜 · 주관하였음을 알 수 있다. 즉 天道가 인
간 세계로 「理化」되면 人間 360餘事로 드러나는 것이니, 이는 日月之道
인 易理가 文明世界인 太伯으로 구체화 되고 있음을 상징한 것이다. 따라
서 하늘의 원리(天道)를 인간이 주체적으로 자각하고, 이를 人事의 차원
으로 전환시켜 삶의 법칙으로 삼았던 단군 신화의 治世 원리는 「以通神
明之德 以類萬物之情」의 作易 정신과 조금도 다르지 않은 것이다.

한편으로 物熊 또한 物性에서 人格性으로 化生되는 변화의 근거를
「數理」에 두고 있으니, 「忌三七日」「不見日光百日」에서의 三 · 七과 百
은 이를 말하는 것으로, 「수의 법칙」에 의하여 곰이 인간으로 전환된다
는 신화의 이야기는, 인간은 數理에 의거하여 살아가는 존재임을 상징한
것으로 볼 수 있다. 한국의 南明鎭 교수는 이에 대하여 다음과 같이 언급
하고 있다.

「三七日과 百日의 관념은 모두 불교에 일찌기 있었던 것이다. 梵綱經
下卷에 의하면 上阿闍梨가 죽은 후 三七日에서 七七日까지 大乘經律을
講誦하며 求福의 齋를 올렸다 하는 바, 이로써 三七日忌의 불교 의례가
성립되었던 것이며, 百과 七七日도 이와 마찬가지인 것으로, 이것이 일찍

이 단군 신화에 습합되어져 혼입되었을 가능성도 배제할 수 없다. 그러나 불교에서의 三七日과 百日은 모두 죽은 이를 위한 의식으로써, 단군 신화처럼 인간모습으로서의 전환을 나타내는 의미와는 다르다. 그리고 七日을 단위로 하는 경우는 기독교의 創世 思想에도 보이고, 불교의 중국 유입 이전에도 여러 기록에 나타나는 바, 이는 역시 「三百六十餘事」의 의미와 연관하여 살펴볼 때, 曆數 原理的 의미가 있음을 알 수 있다. 즉 매일 마늘 하나씩을 먹고 마지막에 쑥 한 묶음을 먹는다면 이는 분명 3×7＝21일이 되는 것으로, 이는 동물적 생명에서 「온」(온전함·완전함·완성됨·온갖·모든·전체 등의 뜻을 갖고 있으며, 訓蒙字會·月印釋譜 등에서 확인되듯이 한국어의 古語에서는 百을 온이라고 칭함)의 상태로 완성되기 위한 (百을 이루기 위한) 단계의 日數로 이해할 수 있다. 또한 三은 三才思想에서의 세번째인 사람의 모습이 생겨남을 상징하는 계기, 즉 「天의 生」·「地의 生」에 이은 「人의 生」이라는 3번째 단계를 말하는 것으로 볼 수 있으며, 또는 道生一·一生二·二生三·三生萬物 하는 道家的 우주 생성 논리의 3의 단계를 상징한다고도 볼 수 있다. 그러므로 3·7·100은 모두 우주생성의 數理的인 논리를 인간이 주체화하는 과정을 數的 節度의 상징성으로 표현한 것이라 말할 수 있는 것이다. 물론 여기서 말하는 「數」는 사물의 생성 변화의 율동을 수적으로 규정한 역수 원리를 신화적으로 상징한 것이며, 특정 시간 단위로서의 「日」에 국한되는 것은 아니다.」[55]

---

55) 남명진, 「단군 신화에 나타난 한국인의 원초적 시간관에 관한 연구」, 제3회 한국철학자 연합학술대회, 대회보, pp.27~30참조.

주역에서는 직접 「反復其道 七日來復 天行也」(復卦)라 하여 七數를 「天行의 생명성을 보장하는 기본 주기(단위)로 규정하고 있으니, 復卦(䷗)의 初爻를 仁(씨)로 삼고, 剝卦(䷖)의 上爻를 果(열매)로 삼아, 「씨와 열매」(始와 成)의 생명적 순환 주기를 七數로 규정한 이유도 여기에 있는 것이다.

前節에서 살펴 보았듯이 인격성의 존재 근거가 「化生원리」에 있는 것이라면, 인격성의 자기 구현 법칙 또한 化生 原理가 天下의 인간 세상에 구현되는 「理化」에 있다 할 것이다.

이상에서 볼 때 한민족의 原本的인 삶의 법칙(역사전개 법칙)은 易哲學的 변화원리에 근거하고 있음을 알 수 있는 것이다. 이는 易學의 創發 主體가 人方族으로서의 伯族이었다는 앞서의(Ⅱ章) 검토와 상관해 볼 때, 한민족에 의해 설계되고 構圖된 太初의 세계관은 단순히 특정 종족에 의해 제시된 「원시적 세계관 중의 하나」가 아니라, 보편 원리로서의 易哲學的 이념에 근거를 둔 「凡人類的 세계관의 하나」가 될 수 있음을 증거해 주고 있는 것이다.

4. 韓國的 主體性의 原型

이상의 「단군」과 「조선」에 대한 易哲學的 理解를 통하여 우리는 한국인의 본질성(한국인의 원초적 의지)이 무엇인가를 대체로 분석·논의해 보았다. 이제는 이러한 論究를 근거로 하여 한국적 주체성의 원형을 도출해 냄으로써 「한국적이라는 의미」를 보다 명료화·체계화 해 볼 차례이다. 한국의 유남상 교수는 이 문제에 대하여 이미 다음과 같이 정리한 바 있다.

「단군 신화는 한국 역사가 발원되기 이전의 神市 세계의 내용이다. 神市 세계는 地上의 인간 국가가 아닌 한국인의 정신 세계 속에 열린 태초적 국가의식이다. 따라서 단군 신화는 한국인의 先歷史的 역사 의식이요, 先國家的 국가 의식이요, 先世界的 세계 의식이라 할 수 있으니, 다시 말하면 우리 민족의 태초적인 自我 의식에 의한 철학적 사고 내용의 신화적 표현인 것이다. 그러므로 단군 신화의 분석을 통하여 한국 사상의 고유한 본질을 발견할 수 있으니,

첫째는 인간 중심적 우주관과 세계관의 문제이다.

하나님의 뜻을 상징하는 天上의 神이나 생물의 자연 본능성을 상징하는 地上의 동물이 모두 인간에 뜻을 두었다는 것은 이 신화 전체를 일관하는 人間志向的 우주관에 입각한 인간 중심적 세계관의 철학적 진리를 의미하는 것이다.

둘째는 변화 원리에 관한 문제이다.

이는 두 가지 측면에서 이해할 수 있는데, 그 하나는 神과 物이 각각 변화하여 神·物 統一體로서의 인간 존재가 生成되는 原理를 뜻하며, 또 하나는 인간 존재로 化生된 단군이 만물과 群生을 다스려 세계를 변화시킨다는 理化를 말함이다. 이 두 가지는 神이 인간에게 내려 준 天命에 근거한 도덕적 교화 원리를 말한 것으로 이는 인간 주체적 자각 원리를 근간으로 하는 진리관을 상징한 것이다.

싯째는 神과 物이 일체화 되어 인간이 化生되는 인간관의 문제이다.

인간은 天神과 地物의 一體化的 존재이며 人格은 神格과 物格의 통일체로 이해한 것이다.

넷째는 종교적 신앙을 바탕으로 한 倫理的 계율 사상이다.

天神은 全一性과 完全性을 상징하지만 땅의 群生은 完全性을 지향한

상대적 존재이다. 그런데 상대적 존재인 곰은 계율을 믿고 실천함으로써, 암흑 세계에서 인간의 신명적 세계로 뛰어 나온 것이다. 이는 한국인의 윤리관이 철저한 종교적 신앙에 근원하고 있음을 상징하고 있다.

다섯째는 神·物 兩性의 인간 주체적 자각에 의한 새로운 세계의 발견이다.

단군 신화의 핵심 문제는 자연의 세계와 자연의 역사에서 차원을 전환하여 새로운 인간의 세계와 인간의 역사를 여는 데(開闢)에 있는 것이니 이것이 바로 「새밝」사상이다. 神·物 兩性의 인간 주체적 자각이란 우주 원리의 인간 주체화를 말하는 것으로, 이를 통하여 새로운 세계상이 인간의 내면 세계 속에 開示되는 것이다. 이렇게 자각된 세계는 곧 한국인의 理想이기도 하다. 이는 바로 역사 창조의 생명적 원동력이 되는 동시에 역사의 방향을 결정하는 미래적 현실로서의 역사 지표가 되는 것이다. 그러므로 단군은 한민족의 역사가 발원함에 있어서 인간의 세계를 주체적으로 자각한 최초의 인물인 것이다. 따라서 그가 開國한 阿斯達은 한국인이 주체가 되어 인간의 세계를 「새로이 열어 밝힌」(새밝힘한·개벽한) 최초의 「나라」(인격적 삶의 공간적 지평)인 것이다. 이로써 알 수 있듯이 우주 원리의 인간 주체적 자각은 인간의 「자아 발견」과 동시에 「나라의 발견」을 가능케 한다. 또한 단군 신화에서 밝힌 자각의 내용은 「밝사상」으로 요약되고 있으니, 이는 시간적으로는 「아침의 밝음」(朝光)을 밝히는 새밝 사상이요, 공간적으로는 「동쪽의 밝음」(東明)을 밝히는 새밝 사상인 것이다.[56]

이상에서 소개된 유남상 교수의 단군 신화에 대한 분석과 이미 앞서

---

56) 유남상, 한국전통윤리 사상의 연구, 충남대학교 인문과학연구소 논문집 제XI권 2호, 1984.

논의된 필자의 역철학적 해석을 함께 결부시켜 한국인의 정신적 원형을 요약·정리해 보면 다음과 같다.

① 한국인은 그 태초적 인격성의 발원을 天神으로부터 연역하고 있으며, 이는 한민족의 정서 속에 天孫 의식이 자리하고 있음을 상징한다. 따라서 한국인의 존재 원리는 天神 이념으로서의 「神明性」[57]에 그 철학적 근거를 두고 있으며, 이는 易學에서 제시한 天道 自覺의 원리(以通神明之德)와 상통되는 것이다.

② 단군을 天孫으로 이해하고 있는 동시에 物熊의 자손으로도 규정하고 있는 것은 한국인의 자기 해명 논리가 神性과 物性의 통일적 융합을 가능케 하는 「妙合性」에 있음을 증거하는 것이다. 이는 天·地의 陰陽交合이 三才之中의 인격성으로 化生되는 역학적 인간관과 상통되는 것이다.

③ 天意의 지향처가 太伯의 弘益에 있고 物志의 염원이 化人에 있으며,

_____

57) 단군 신화를 해석함에 있어서, 그 「神」의 본의를 제바르게 파악하지 못하여 한국인의 정신적 본질성을 잘못 규정하게 되는 경우가 있는데, 그 대표적인 例를 들어 보면, 한국의 김형효는 「神明」을 「신바람」으로 이해하여, 한국 고유의 사상이 接神脫我의 무속 신앙에 있음을 주장하고 있다. 이는 「신바람 난다」라는 (어감이 주는)무속적 정서를 사상적 지평으로까지 억지로 확대 해석함으로써 오히려 「神」의 철학적 의미를 밝히는 데 실패하게 되었고, 결국은 한국 사상의 본질을 非哲學的 차원으로 격하시키고 왜곡시키는 우를 범하고 있다. (金炯孝, 한국사상고, 一志社, 서울, 1985, pp.14~22참조) 또한 한국의 도광순은 「神」을 「神仙」으로 규정하여 한국 사상의 본질을 「神仙사상」으로 이해하고 있는데, 神仙이란 본래 중국의(道家에서 근원한) 道敎 사상과 맥을 같이 하는 것이다. (그는 신선사상의 발원지와 중심지를 한국이라고 주장하고 있지만) 道家의 「無爲自然之道」는 본질적으로 地物(땅)을 철학의 근본 명제로 삼고 있는 脫宗敎的(超宗敎的) 사상 체계로서, 이는 「종교적 신명성」을 본질로 하는 단군 신화의 「神」의 의미와는 정면으로 상치되는 것이다. 道敎的 관점에서 단군 신화를 해석하게 되면, 天神이 갖는 (인류세계를 향한) 구원과 완성의 보편 의지를 철학적으로 해명하지 못한 채, 단군을 단순히 현상적 物形으로서의 地仙(仙人)으로만 규정하게 되어, 결국은 한국의 원초적 인간상을 무당으로 곡해하게 된다(그 자신은 한국의 샤머니즘을 비판하고 있음에도 불구하고) (都光淳, 한국의 신선사상, 현대와 종교 제6집, 1983, 현대종교 문제연구소)

단군의 개국 의지가 光明세계인 「朝鮮」으로 나타난 것은, 자연적 天地의 존재 원리(天道)를 인간적 삶의 법칙(人道)으로 자각하여, 이를 현실 세계에 실천·구현하려는 한국인의 자아 실현 원리가 「理化性」에 근거하고 있음을 증거하고 있다. 이는 역학의 이념인 「道濟天下」와 상통하는 것이다.

④ 땅의 정기가 인격성으로 승화되는 계기에는, 天意를 믿고 그 계율을 지켜야 한다는 엄격한 종교적 신념이 전제되고 있다. 이는 한국인의 정신 속에 강력한 종교 의식이 자리하고 있음을 증거하는 것으로, 이 또한 易學에서의 「有孚惠德」과 상통하는 것이다.

⑤ 단군이 경륜하고자 하는 현실적 삶의 터전을 나라(國)라는 개념으로 규정한 것은, 한국인의 의식 속에는 「나라를 중심으로 하여 자아를 실현하고자 하는 국가 의식」이 이미 태초적 의지로 자리하고 있음을 증거하는 것이다. 이는 역학에서 언급된 宜建侯·大得民의 본래적 의미와도 상통하는 것이다.

이상으로 필자는 단군 신화의 역철학적 해석을 통하여, 한국인의 본질성을 존재근거로서의 「神明性」, 존재 방식으로서의 「妙合性」, 존재 실현으로서의 「理化性」, 정서적 본질로서의 「종교의식」, 자아 실현의 공간적 규정으로서의 「국가 의식」이라는 다섯가지 定型으로 引出해 보았다. 이를 다시 요약하면 「天道의 인간 주체적 자각을 통한 새 밝힘의 사상」이라 규정할 수 있으니, 이는 그대로 한국 주체성의 원형이 되어 한국 역사의 태초부터 미래까지 「한국적 삶」의 전모를 지탱해 주고 있는 것이다. 그렇다면 단군 신화에서 규정된 한국적 본질(한국인의 주체 의식)이 역사적으로는(구체적으로는) 어떻게 구현되어 왔는가?

V

韓國 傳統思想의 歷史的 展開

　한국인의 삶을 꾸려 온 역사 원리로서의 「씨」가 철학적으로 해명되었다면, 씨가 싹이 터서 꽃이 피어나는 과정 또한 그 「씨」의 성격과 마땅히 부합되어야 할 것이다. 이는 한국 정신의 원형이 한민족의 精神史 속에서 어떻게 전개되어 왔는가를 검토해 봄으로써 확인할 수 있을 것이다. 이제 한민족의 원초적 의지가 思想史的으로는 어떤 모습으로 發用되어 왔는가를 간략히 살펴보고자 한다.

1. 三國의 建國說話에 나타난 仙道思想의 主體的 수용

　한국적 神明性을 주체로 하고 외래적 문화를 妙合的으로 수용하여, 새로운 한국적 주체성으로 정립해 나간 한국 사상의 역동적 자기 전개 과정을 유남상 교수는 「새밝힘(再自覺)의 원리」로써 일관하여 설명하고 있는데, 그 중 「三國의 건국설화와 仙道사상」에 관하여 요약·소개하면 다음과 같다.

고구려의 東明 설화에 보면 天帝의 아들인 神人 해모수와 中國의 黃河 水神 河伯의 딸인 仙女 柳花가 熊神山 아래 압록강변에서 交婚하고, 柳花가 日月의 光明을 받아 잉태하여 한개의 알을 낳으니 이것이 부화되어 동명왕이 태어났으며, 그가 뒤에 졸본주에 이르러 고구려를 건국하였다. 신라의 赫居世 설화에 보면 하늘에서 電光 같은 이상한 기운이 양산 아래 라정에 드리워졌으며 그 蘿井 가에는 白馬가 있었는데 그 말이 소리치고 승천한 후, 그 곳에 한 개의 紫卵이 있었다. 그 알이 부화하여 赫居世王이 되었다.

　이렇듯 羅 · 麗의 건국 설화는 그 사고 방식과 사상적 내용에 있어서 단군 신화의 밝사상을 계승한 것으로 볼 수 있다. 즉 한국 고유의 神道 사상을 주체로 하고 外來的인 중국 仙道 사상을 한국적으로 再自覺 · 수용하여 神과 仙 두 사상의 일체화를 성취시킨 것이다. 다시 말하면 한국 고유의 전통적인 神道的 由來素를 父系로 하고 中國의 仙道的 外來素를 母系로 規定하여, 이러한 內 · 外 두 요소가 조화 · 일치됨으로서, 한국 역사 위에 새로운 文化 세계가 생성 · 전개되고 있는 것이다. 그런데 설화에는 이러한 두 사상을 상징적으로 표현하고 있으니, 父系인 天神은 自然物인 日月과 日光등으로(物化되어) 나타나고, 母系인 自然物은 水神 등으로(神化되어) 나타나면서, 이러한 神 · 物 兩性의 상호 지향성이 東明王과 赫居世王으로 완성된 것이다. 또한 東明과 赫居世 등의 名稱 자체가 「밝음」을 이념으로 삼고 있으니, 이는 단군 신화의 「在世理化」를 계승하여 신라의 「光明理世」와 고구려의 「以道興治」사상으로 새밝힘한 것이다」(한국전통 윤리사상의 연구, pp.293~295 참조)

　위에서 알 수 있듯이 고구려와 신라의 건국 설화는 한국적 神明性을 주체로 하여, 역사 현실에서 유입되는 외래 사상을 배타적으로 거부하지 않고 妙合的으로 수용하여 한국적 주체성으로 정착시키고, 이를 근거로 한국적 삶의 터전(역사 현실)을 개척해 가는 「理化」의 모습을 보여주고 있으니, 이는 단군 신화에서 제시된 「한국적 본질을 지탱해주는 기본 성격」과 완전히 일치하는 것이다.

2. 佛敎思想의 韓國的 展開

三國 시대의 불교는 現法 涅槃과 理想 國土의 현실이라는 두 가지 기본적 성격을 띠고 발전하였다. 예를 들면 圓光의 "세속오계"는 부처의 "병에 따라 약을 준다"는 가르침의 정신을 살린 것으로 대승 불교의 보살 사상에 바탕을 둔 실천 덕목을 말한 것이며, 미륵 정토 사상은 그들의 현실적 국토를 이상화 하려는 백성들의 염원을 나타낸 것이다. 고구려의 僧朗은 三論宗의 開祖로서 中論 · 十二門論 · 百論을 중심으로 하는 우주와 인생에 관한 불교의 교의를 한국적 사상 체계로 확립함으로써 중국의 吉藏 등으로부터도 그 위덕을 크게 칭송받고 있다. 백제의 謙益은 佛敎의 三學인 계율 · 선정 · 지혜 중에서도 특히 실천적 윤리 행위를 강조하여 백제 불교의 계율 사상을 확립시켰다. 특히 신라 진평왕 30년, 고구려가 신라의 국경을 자주 침범하자, 왕은 수나라에 청병코자 圓光에게 乞師表를 지어 달라고 부탁했는네, 그는 말하기를 "승려로서 자기 나라를 이익되게 하려고 남의 나라를 멸망시킬 수는 없으나, 내가 신라의 국민이기 때문에 국민의 도리로서 왕의 명을 따른다"고 한 것은 신라의 국가관을 짐작케 하는 일화라 할 수 있다.[58]

---

58) 李平來, 한국전통윤리상의 연구, 충남대학교 인문과학 연구소, 논문집 제XI권 2호, 1984, pp.304~308 참조.

특히 元曉는「불교의 여러 전적을 통섭하면 萬流가 一味로 귀결되며, 佛意가 지극하여 公으로 전개되면 百家의 異諍이 모두 和合된다」(統衆典之部分 歸萬流之一味 開佛意之至公 和百家之異爭－涅槃經宗要)라 하여 化諍의 논리를 제시하면서, 여러 종파의 사상을 止揚하고 平常의 생활 속에서 생동하는 불교를 건설하고 있다. 즉 百家로 하여금 각기 그 고집을 버리고 和合·歸一케 하려는 것이 그의 적극적인 화쟁사상인 것이다. 이처럼 色空妙合·聖俗一如·一乘眞如 등의 특징을 갖고 있는 신라의 불교는, 고려에 들어와서도 禪敎妙合의 큰 줄기로 전개되고 있으니, 義天에 의해「敎觀兼修」로서 禪敎合一을 주장한 天台宗이 창건되었고, 知訥에 의해 習定과 均慧를 함께 닦는 이른바「定慧雙修」가 제창된 것은 이를 증거하는 것이다. 이러한 신라와 고려의 불교 사상이 갖는「조화성」과「統一性」은, 한국적 사유의 특징인「妙合性」에 근거하여 外來佛敎 사상이 한국의 주체성으로「새 밝힘」된 결과로 보지 않을 수 없으니, 이는 외래 사상의 한국 토착화가 성취된 모습으로 이해할 수 있는 것이다.

이상에서 살펴 본 한국 불교의 성격은 그러므로 敎理的 측면과 濟世的 측면의 조화와 合一을 추구하는 한국 전통사상의 큰 흐름을 형성하게 된 것이며, 특히 衆生 구제의 佛法은 일반 백성의 실존적 삶의 터전인「國家」를 수호해야 한다는 現世的 理念으로 구체화 되어, 「호국불교 사상」이라는 한국의 독특한 불교적 전통을 확립시키게 되었던 것이다.

한편 조선시대 休靜은 三家龜鑑을 저술하여, 儒佛道 三家가 각각 형식의 차이는 있다 하더라도 一心을 밝히는 데는 일치한다고 보아 三敎合一論을 주장하였는데, 이는 범인류의 보편 종교학적 차원에서 佛敎를 이해한 것이니, 이 또한 外來사상으로서의 三敎를 한국적 妙合性의 사유 구조 속에서 긍정적으로 수용·주체화하고 있음을 보여주는 것이다. 더욱이

휴정의 제자인 사명당은 임진왜란 때 승병장으로 활약하여 敎義와 호국
이념을 동시에 실천하고 있는 데, 이 역시 한국의 호국 불교적 특성을 증
거하는 一例라 할 것이다.

　이상에서 검토한 바와 같이 한국인은 외래 불교사상을 수용·전개함
에 있어서도, 그 어느 극단이나 일면에 치우치지 않고 「인간의 삶의 지평
에로의 妙合的 志向」을 통하여 (한국적 주체성으로 새밝힘 함으로서) 한
국의 전통 사상을 풍부하고도 일관성있게 형성해 왔던 것이다. 특히 한국
인의 원초적 의식 속에는 (이미 검토한 바 있듯이) 「국가 중심적 사상」이
그 사유적 특질로 잠재하고 있다고 볼 수 있으니, 한국 불교가 大乘的 호
국 불교로서의 특성이 강하여, 인도의 원시불교나 중국의 格義 불교와 대
비해 볼 때 독특한 불교 세계를 형성하고 있음도 이러한 한국인의 「잠재
적 국가의식」에서 기인한다고 이해하지 아니할 수 없다.

3. 性理學의 韓國的 展開

　조선 시대에는 抑佛崇儒의 정책에 따라 중국으로부터 유입된 新儒學
으로서의 性理學이 사상계의 주류를 이루게 되었는데, 퇴계와 율곡의 理
氣哲學은 중국의 성리학을 한국인의 주체성에 근거하여 새롭게 해석해
낸(새밝힘힌) 대표적인 학문적 결실이라 할 수 있다. 그 중에서도 특히 율
곡은 한국적 妙合性의 원리에 입각하여 「理氣之妙」를 제창함으로써, 朱
子學의 二元的 사유 체계를 一元的 세계로 일체화시키고 있는데, 이 역시
중국 성리학의 한국 토착화로 이해할 수 있다. 한국의 黃義東 敎授는 이
에 대하여 다음과 같이 정리하고 있다.

「율곡 직전의 성리학은 대체로 두 개의 큰 흐름으로 전개되어 왔는데, 하나는 晦齋와 退溪로 이어지는 主理 철학이며, 또 하나는 花潭 중심의 氣철학이다. 前者는 우주 자연의 문제보다는 인간의 心性과 義理를 문제 삼았으며, 後者는 인간의 윤리나 心性의 구조보다는 우주 자연의 원리에 관심을 집중하였다. 또한 화담은 氣一元論을 말하지만 은연 중 理氣의 極妙處를 암시하고 있으며 율곡은 이를 높이 평가하였다. 그러나 퇴계는 당시 사회의 불의와 비리를 체험하면서 의리의 확립과 가치 질서의 회복을 통감하게 되어, 인간 중심의 철학적 경향을 갖게 되고, 이로 인하여 그는 理氣를 가치 개념화 하여 分辨에 치중하게 되었다. 다시 말하면 율곡 직전의 분위기는 主理와 主氣, 義理學과 氣學, 人間學과 自然 哲學이 교차되는 상황이었던 것이다. 율곡은 이러한 배경을 딛고 그의 천재적 총명과 자질을 통하여 마침내 理氣之妙의 철학적 토대를 형성해 낸 것이다. 그런데 「妙」의 철학적 사유는 한국 사상의 특징이기도 하다. 최치원의 「鸞郎碑序文」에 나타나는 玄妙之道나 원효의 和諍 등은 한국 사상의 특징을 보여주는 妙의 사유들이다. 물론 理氣之妙란 말 자체는 율곡이 처음 사용한 것은 아니며 중국이나 율곡 이전의 先儒들에 의해서도 이미 쓰여져 왔다. 그러나 율곡은 이를 단순한 설명이나 수사적 어휘로 쓰지 아니하고 하나의 철학적 주제이며, 理氣철학을 이해하는 기본 틀로 삼고 있는 것이다. 그러기에 율곡의 理氣之妙는 단순히 理와 氣의 구조적인 合만을 의미하는 게 아니라 오히려 이 세계의 일체 존재는 반드시 理의 주재에 따라 氣의 현실성이 온전히 발휘되어 엄밀한 의미에서 理氣가 완전히 일치될 때에만 하나의 존재 성립이 가능함을 말하고 있다. 또한 존재에 있어서 뿐만 아니라 인간의 당위와 가치 체계에 있어서도 理의 가치와 氣의 가치가 완전하게 조화되어 인간의 본래성이 현실적으로 완전히 구현되어지는

의미에서만, 당위는 요청되는 것임을 언급하고 있는 것이다.[59]

조선조 성리학이 당시의 사회 상황과 결부되어 空論으로 치우치면서, 철학적 갈등과 소모를 조장한 부정적인 일면이 있었던 것도 사실이었으나, 대표적인 철학자 율곡에 의하여 「한국 고유의 妙合的 사유 구조」로 중국의 성리학이 새롭게 해석됨으로써 유학의 본래 정신을 한국적 입장에서 이해·주체화할 수 있었음은, 性理學의 한국적 전개 상황 역시 한국 전통사상의 큰 흐름에 깊이 착근하고 있음을 다시 한번 확인시켜주는 사례가 아닐 수 없다.

한편으로 舊韓末에 와서는 외세의 강점에 항거하여 衛正斥邪의 국민적 공감대가 형성되었고, 국가 생명의 침탈에 대항코자 하는 호국·애족의 열기는 의병 운동과 민족 종교 운동으로 전개됨으로써 끝내는 국권을 회복하고 한국인의 주체성을 재확립할 수 있었던 바, 이를 주도해 온 민족 주체 세력의 기본 정서 역시 「국가를 중심으로 大和合 할 수 있는 한국 고유의 大乘的 妙合性」에 깊이 뿌리내리고 있었던 것이라 할 수 있다.

---

59) 황의동, 栗谷哲學硏究, 經文社, 1987, pp.27~31 참조.

VI
韓國 主體性의 現在的 認識

　　인간은 모든 사물과 마찬가지로 어떤 역사적·사회적 상황 속에 존재한다. 그러나 인간만이 의미적 연관에 있어서 주어진 일정한 상황을 理解·所有하며, 동시에 인간 자신의 존재도 이러한 상황 속에서 자각할 수 있는 것이다. 換言하면 인간만이 철학할 수 있다는 것이다. 그러므로 모든 철학하는 목표는 최후에 가서는 자기의 현실적 자각의 문제로 귀결되는 것이다. 자기에게 주어진 일정한 상황 분석에 의하여 그 속에서 자기를 내적으로 자각할 때에 자기의 주체성이 확립되는 것이며, 나아가 자기 자각을 통하여 일정한 상황을 인식할 때에 미래적 現實 構成의 산 理念도 제시될 수 있는 것이다. 현실적 입장에서 한국인으로서 철학하는 데 있어서도 한국적 자기 자각의 원칙에서 예외일 수는 없다. 이에 현실의 한국을 자각하기 위해서는 우선 현재 한국에 주어진 일정한 상황을 문제로 삼을 수밖에 없는 것이다. 따라서 우리는 먼저 주어진 상황을 인식함으로써 현대와 현실에 살고 있는 한국인으로서의 주체적 자각을 가져야 하고, 다시금 그러한 주체성에 근거하여 미래적 상황에 대처할 수 있어야 할 것이다.[60]

---

60) 유남상, 한국사상의 본질탐구에 관한 방법론, 철학연구 제6집, 한국철학연구회, 1968, 5월호, p.41.

前章까지의 논의는 한국 정신의 근원성을 탐구한 것으로서 이는 한국 역사를 開始한 「씨」의 본래적 성격을 규명한 것이다. 이제 本章에서는 한국의 현실적 상황을 한국 고유의 정신사적 전통에 의거하여 분석·이해해 보고자 한다. 따라서 본 장에서의 논제는 한국적 본질로서의 「씨」가 한국적 이상으로서의 「열매」를 맺기 위하여, 지금 여기에서는 제바르게 성장하고 있는가에 대한 현실적 검증이 될 것이다. 이러한 자아 점검(자기 반성)의 결과에 따라, 한민족의 미래적 지향과 목표를 달성하기 위한 우리의 현실적 자세와 태도에 대해서도 근거있는 수정과 보완이 가능해질 것이다.

그런데 현재적 한국은 남·북 분열이라는 역사적 특수 상황에 놓여 있다. 따라서 한국 주체성에 대한 현실적 통찰을 위해서는 부득이 남한과 북한의 두 가지 입장으로 나누어, 각각의 현실성을 전제로 하여 분석·이해할 수밖에 없다.

1. 北韓의 思想的 倒錯性(物性의 강요된 神格化)

한국 주체성의 본질이란 神性의 物化 志向性과 物性의 神化 志向性이 人格的 存在 地平으로서의 人性에서 妙合·會通·合德됨으로써, 궁극적으로는 인간 중심적 세계관을 우주에 선포하는 「天道의 인간 주체적 자각 원리」에 있음은 이미 살펴본 바와 같다. 또한 이러한 한국 주체성은 현실적 삶의 터전인 「국가」를 통하여 인격적 삶이 내용으로 실천·구현되고 있으니, 단군이 조선을 개국한 「태초적 이념」에서부터 연원하여 한국의 전통 의식 속에 「국가 중심적 사유 방식」이 면면히 계승되어 왔음도 이미 살펴본 대로이다. 그러나 오늘날 북한의 삶의 절대적 원리이며, 최고의 가치 체계로서 전제되고 있는 소위 「(김일성)주체 사상」은 이러한 한국적 본질과는 정면으로 배치되고 있다. 이제 그 이유를 다음과 같이 비판·검토해 보고자 한다.

① 북한의 김일성 주체 사상은 그 修辭的 용어야 어찌되었건 그 본질적 성격은, 외래 사상으로서의 「유물사관에 입각한 공산주의 이념」을 한국인의 사상적 중심원리로 삼은 것이며, 이는 한국 주체성의 자기 부정인 동시에 외래 사상에 대한 변형된 형태의 사대적 종속이라 아니할 수 없다.[61]

한국의 주체성을(주체적으로) 당당하게 세우지 못하고 외래 사상을 추종하다 보면, 필연적으로 한국의 보편적인 정서와 전통 문화는 완전히 부정하게 되는 것이니, 현재의 북한 사회상은 엄격히 말하여 우리의 國祖 단군이 설계하고 이상으로 삼은 한국적 사회의 본래 모습은 더 이상 아닌 것이다. 북한의 思想的 虛構性에 대하여 柳南相 敎授는 다음과 같이 비판하고 있다.

「현재까지 나타난 북한의 한국철학사 연구 성과를 검토할 때에 북한의 정치 이데올로기로서의 이른바 主體 思想이 학문의 모든 분야에 걸쳐서 唯一 절대적 규범으로 적용됨을 알 수 있다. 「조선철학사상연구」 (최봉익著, 1975, 평양)에는 첫 머리에 "위대한 수령 김일성 동지의 혁명사상·주체사상은 조선철학사상사 연구의 유일한 지도적 지침"이라 하면서 "경애하는 수령 김일성 동지의 혁명사상·주체사상은 우리 시대의 혁명투쟁과 사회주의·공산주의 건설에 나서는 모든 리론 실

---

61) 북한의 주체 사상에 대하여 필자는 「주인을 사랑방으로 내몰고 나그네를 안방으로 모신 가장 非主體的인 사상」으로 비유하고자 한다.

천적 문제들에 대하여 전면적인 해답을 주고 있는 위대하고 독창적인 사상"이라고 설명하고 있다. 그런데 여기서 그들이 말하는 주체사상이란 우리 민족의 역사적 전통을 따라 계승·발전되어 온 민족 주체사상이 아니라, 실상은 김일성이 맑스－레닌주의 이론을 수입하여 조작해 낸 공산주의 혁명을 위한 정치 이데올로기로서의 "김일성 주체사상"임을 말하는 것이다. 위에 인용한 「조선철학사상연구」의 183쪽에서 "동식물과 우주전체의 운동을 비롯한 자연 현상은 변증법적 유물론의 견지에서, 정치·경제·력사·문화·예술을 비롯한 사회 현상은 력사적 유물론과 맑스주의 정치 경제학의 견지에서, 옳게 분석하고 평가하여 넣어야 한다는 것을 말한다"고 명기한 것은 주체 사상의 철학적 근거가 맑스의 변증법적 유물론과 역사적 유물론에 있음을 분명히 공언한 것이다.」[62]

다시 말하면 북한의 김일성 주체사상이란 외형적으론 「위대한 수령 김일성 동지께서 인류 역사에서 처음으로 창시하신 인류사상에서 가장 높고 빛나는 자리를 차지하는 위대한 철학사상이며 우리 시대 로동계급의 유일하게 정확한 혁명적 세계관이다」(조선철학사상연구 p.2)라고 주장하지만, 실제로는 정치적 이데올로기를 철학적으로 보장해 주기 위하여 외래 사상을 非主體的 자세로 수용하고, 이를 작위적으로 변용시켜 案出해 낸 사상으로서, 그 강요된 조작의 과정에서 한국석 본질로서의 민족 주체의식은 완전히 배격·상실되고 만 것이다. 따라서 북한의 주체사상은 그 속성상 非民族的·非傳統的·非主體的 사상으로 전략할 수밖에 없었던 것이며, 이것이 북한주민의 삶의 법

---

62) 유남상, 고조선 철학사의 유물론적 해석에 대한 비판, 동서철학 연구(논문집), 제5호, 1988, pp.75~77참조.

칙으로 강요되다 보니 북한의 사회상 자체가 反傳統的 삶의 모습으로
변질될 수밖에 없었던 것이다.

② 북한의 주체사상은 인류의 장래에 더 이상은 문명적 代案이나 이념적
지표가 될 수 없음이 이미 판명된[63] 맑스의 「변증법적 유물론」에 그
철학적 근거를 두고 있다는 점에서 인류 보편적 삶의 원리라는 측면에
서 볼 때에도 본질적으로 한계가 있는 사상이다. 유남상 교수는 이에
대하여 다음과 같이 지적하고 있다.

「일찍이 헤겔은 神과 인간과의 관계를 설명함에 있어서, 개인을 초
월한 세계 정신의 존재를 인정하면서, 이 신이 세계사를 통하여 자기
를 실현 전개시켜 나아가는 과정에서 개체로서의 인간은 한갓 도구에
불과하다고 규정하였다. 이에 反하여 포이엘바하는 神이 인간을 만든
것이 아니라 인간이 사유 작용에 의해서 신을 만들어냈다고 주장하
고, 다시 그는 형이상학적 입장에서 정신은 물질의 소산이며 인간은
본시 동물이 진화한 것이라고 하여 유물론 및 無神論을 주장하였다.
이에 맑스는 포이엘바하의 形而上學的 유물론에서 한걸음 더 나아가
사회 경제학적 차원에서 인간의 본질을 "物質的 生産力의 一定한 것"
이라고 보아, 인간을 사회 발전의 궁극적 원동력으로서의 물질적인
힘, 즉 사회경제적 노동력으로 규정하고, 이 경제적 생산 능력을 자연
과 인간을 매개하는 인간의 본질 능력의 外面的 表出로 파악하면서,
자연이 가진 인간적 본질과 인간이 가진 자연적 본질이 동일한 것이라

---

63) 공산주의 이념이란, 인류 문명이 성장하는 과정에 있어서 그 청소년기에 겪게 되는 한 때
의 정신적 방황이거나 실험적 시행 착오였음이 20세기 말에 들어서면서 확연해졌다. 인류 역
사에 있어서 이러한 집단적 홍역은 자기 성장을 위해서는 불가피하게 치루어야 하는 시련이었
다 하더라도, 이제 21세기 문턱을 넘어서는 이 시대에서는 그 뒷 마무리를 잘함으로써, 더 이상
의 후유증에 시달리지 않도록 지구 마을의 모든 식구들은 적절한 치유책을 공동으로 마련해야
할 것이다.

말함으로써 객관적인 물질적 자연과 생리적 인간을 본질적으로 동일시하는 「유물론」을 주장하였던 것이다. 한편 「변증법」은 헤겔 철학에 있어서의 인류 역사를 매개로 하여 정신과 자연의 관계를 다룬 형이상학적 이론으로서, 대체로 자연과 역사와 정신을 연속적인 발전 과정인 正→反→合의 3단계의 되풀이 과정으로 보았다. 여기서 기본적으로 모순관계에 있는 자연과 정신 사이에 인류 역사를 개입시킨다면 역사는 모순 법칙에 의하여 변호된다는 이론이 성립된다. 따라서 모순론을 내용으로 하는 역사 이론이 곧 변증법적 역사 이론인 것이다. 이에 反하여 맑스는 헤겔의 초월적 존재로서의 절대 정신을 위주로 한 변증법을 관념 변증법이라 하여 부정·배격하고, 다시 사회 경제학적 차원에서 물질로써 헤겔의 관념적 존재인 정신에 代替시킴으로서 유물변증법 이론을 체계화시켰다. 여기서 유물변증법은 헤겔철학에서의 정신과 자연과의 모순 관계 이론을 현대 자본주의 사회의 경제적 생산관계에 그대로 옮겨서 적용함으로써, 사회 경제적 구조 내에서의 자본가 계급과 노동자 계급간의 모순 관계법칙을 도출해 냈던 것이다. 따라서 프롤레타리아를 중심으로 하는 계급 투쟁 및 폭력 혁명론까지 주장하게 되었던 것이다.

그러나 이상에서 略述한 헤겔의 관념변증법과 맑스의 유물변증법을 종합하여 함께 검토해 보면, 철학의 중심문제인 「인간 존재」문제에 대히여 근본적인 한계가 있음을 발견하게 된다. 실로 모든 철학적 이론은 인간 존재론, 즉 인간관의 차이에서 서로 그 주장을 달리하게 되는 것이다. 그렇다면 과연 인간 존재란 어떻게 이해해야 옳은가? 무릇 인간이란 순수 정신적인 존재만도 아니요, 순수 물질적인 존재만도 아닌 본시 神·物 兩性의 일체적 존재이다. 또한 神性과 物性의 관계도 상호 모순적 관계가 아닌 調和的 관계로 이해하고 있는 것이 동양사상, 특히 한국 철학 전통의 기본적 이론이요, 본래적 사유 방식인 것이다. 그러므로 개인을 초월한 절대정신의 존재를 인정하는 헤겔적인 관념론은 인간을 신의 자기 구현의 도구로 전락시킴과 동시에 인간은 신에 의하여 소외될 수밖에 없는 것이며, 또한 인간 존재의 본질을 오직 객관적 자연으로서의 물질로 귀착시키는 맑스적 유물론은 인간을 단순한 감성적 동물로 타락시킴과 동시에 인간 자신은 물질에 의해 소외되고 마는 것이다. 그런 까닭에 본시 형이상학적 존재와 종교 내지 도덕 문화를 근본적으로 부정 · 배척하는 맑스주의에 입각하여 쓰여진 북한의 조선철학사는 철두철미 역사적 유물론 線에 무리하게 맞추어 기술하였으므로, 본래가 유물론이 아닌 한국 전통사상을 왜곡시켰으며 더 나아가서는 한국철학사의 근간을 이루어온 민족 고유사상 내지 儒彿仙 三敎 사상 등을 반동 사상으로 규정하여 한국사상사를 唯物論史로 변조하는데까지 이르게 된 것이다.[64]

이상에서 알 수 있듯이 북한의 「한국철학사상」 자체에 대한 반전통적 왜곡은 그대로 현재 북한 사회의 전반적인 삶의 질서에 강압적으로 적용되어, 북한 사회자체가 전통 문화와의 단절, 종교 문화와의 격리, 인류 문화적 정서와의 외면을 당연시하게 된 것이며, 그 결과 지구촌 세계에서의 문화적 고립 사태까지를 가져오게 된 것이다.

③ 북한의 주체사상에서 이해된 인간관은 단군 신화에서 해석된 우주적 중심 존재로서의 생명적 인간관과는 근본적으로 상치되는 것으로, 이는 북한사회가 공공연히 反人倫的 · 脫人格的 · 非宗敎的 사회로 전락

---

64) 유남상, 앞의 논문, pp.77~79 참조.

하게 되는 근본 요인을 제공하고 있다. 필자는 이를 「物의 神化志向에 있어서 그 인격적 주체성의 몰각으로 인한 결과」로 해석하면서, 북한 사회에서 인간성의 소외가 필연적일 수밖에 없는 이유에 대하여 다음과 같이 지적하고자 한다.

物은 일정한 形象을 가지고 있는 形而下的 器(氣)로서 그 생리적 의지는 神化에로의 지향성을 갖고 있기는 하되, 그 化生의 권능은 物形 그 자체가 보유하고 있는 것이 아니라 萬物의 창조 근원인 神意(天命)로부터 주어지는 계율에 있는 것이다. 이 때 物形은 상대적이고 현상적인 존재라면 神意는 절대적이고 超現象的인 존재로서, 현상적 존재로서의 物形이 초현상적 이치로서의 神意를 體現하기 위해서는 반드시 神意를 담지하고 있으면서도 구체적 형상을 갖고 있는 「人間의 모습」으로 현현되어야만 가능해진다. 이는 단군 신화의 역학적 해석을 통하여 「物의 神化 지향성이 人格性으로 완성되는 과정」에서 이미 살펴 본 바이다. 그러나 북한의 사상적 기저를 살펴보면, 物質의 본성에 일체의 철학적 근거를 두고 있으면서도, 이의 절대적 理致化를 추구해야 하는(形而上化를 지향하는) 인위적인 사유 기능에만 매달리고 있음을 알 수 있으니, 결국은 상대적인 물성의 본질을 억지로 절대적 神性의 경지로까지 끌어올려 고정화시키려는 공허한 작업에만 골몰하게 된 것이다. 그러다 보니 神性化될 수 없는 物性 자체를 억지로 神性化시키려는 존재론적 모순을 강요하기에 이른 것이다. 북한의 이러한 사상적 倒錯性은 인간성의 소외라는 근본적인 자기 한계를 노정시킬 수밖에 없는데, 북한에서는 이러한 치명적 결함을 김일성이라는 실존인의 「人性」을 중심으로 하여 일시적으로 은폐시키고 있는 것이다. 그것이 바로 형식적으로는 「주체사상이란 인간이 주체되는 사상」이라고 말하면서도, 본질에 있어서는 「인간주체사상이란 곧 김일성 수령님의 마음」임을 더욱 강조하게 되는 근본 배경이다.[65]

다시 말하면 북한의 학자들은 김일성이라는 정치적 지도자를 프리즘으로 하여 인류 보편의 인간 존재원리를 모두 설명해 냄으로써, 정권적 이념의 神聖化와 특정 지도자의 신격화 그리고 물성의 神性化를 모두 만족시키는 「북한 고유의 논리체계」를 만들어 놓고 이를 자기들끼리 향유·만족하고 있는 것이다.

김일성이란 한 개인은 (그가 비록 훌륭한 인물이라 하더라도) 어디까지나 실존인에 불과하며 인간 존재원리 자체가 될 수는 없는 것이다. 그럼에도 불구하고 時空的으로 제한된 특정인물을 超時空的 절대이치로 승격시키려다 보니 부득이 김일성 개인의 神格化가 불가피하게 되었던 것이다. 神性을 본질로 하는 종교 자체를 전면 부정하는 공산주의 사회인 북한에서, 그들의 지도자 김일성만은 유일하게 정치적 카리스마 이상의 가장 극단적인 종교적 신앙의 대상으로 추앙받고 있는 명백한 현실이 그들의 사상적 도착성을 여실하게 증거하고 있는 것이다.

物形에 神聖을 부여하거나, 神意를 특정한 物形의 모습으로 인식하려는 인간의 사고 방식은 원시적(미개한) 종교 집단이나, 狂信的 종교 생활에서 흔히 나타나는 일인데, 현재의 북한 사회는 이러한 인간의 原始性과 狂氣를 정치적으로 이용함으로써, 인간의 성숙된 자기 성찰

---

65) 북한의 「김일성 주체사상」은 「김일성에 의해 밝혀진 인간 주체원리」라는 철학적 의미보다는, 「절대 유일의 보편 진리를 증거하고 있는 실존인 김일성의 위대하심」을 보증하려는 현실적 선전문구로 더욱 크게 이용되고 있는 것이 이를 증거한다. 주체사상총서 제1권 「주체사상의 철학적 원리」(1985, 평양 사회과학 출판사)를 보면 그 출판 의도가 「철학적 원리의 해명」에 있다기 보다는 「위대하신 김일성의 증명」에 있음이 분명해진다.

이나 자아 회복의 통로를 원천적으로 차단하고 있다. 形而上的 神意가 특정 물체로 대표된다거나, 神明性을 가질 수 없는 공간적 物象이 억지로 그 형상을 이상하게 꾸며서 마치도 神性을 드러내고 있는 것처럼 보이게 하는 것을 우리는 「偶像」 또는 「도깨비」라고 말한다. 春秋左傳(宣公 15년)에서는 「天反時爲災, 地反物爲妖」 [하늘이 그 계절의 질서(시간 원리)를 어긋나게 하면 재앙이 되는 것이며, 땅이 그 물리적 形勢(공간 법칙)를 어긋나게 하면 요사스러움(도깨비)이 되는 것이다] 라 하였는데, 여기서 妖(도깨비)라 함은 「物性의 倒錯化된 神像」을 말하는 것이다.

북한에서는 특정 개인을 유일한 절대 이치로 강요하다 보니 실존적 인물의 우상화 작업이 불가피했던 것이며, 그 결과 북한 인민의 일반 의지는 무시되고 인민은 오로지 특정 정치이념이나 특정 정치 지도자를 장식하는 비인간적 도구로 당연시 되었던 것이니, 이 역시 오늘날의 북한 생활상이 명백하게 증거하고 있는 것이다.[66]

이상으로 필자는 북한의 사상적 倒錯性에 대하여 「物性의 神化지향성이 人格性으로 정착되지 못한 채 특정인을 모델로 하는 강요된 우상화로 고착되었고, 이로 인하여 북한 주민의 인간성이 소멸되고 말았음」을 지적·비판하였다.

이는 물론 한국인의 태초적 의지이며 한국정신의 본래적 성격인 「化生원리」와 「妙合원리」에서 볼 때, 脫한국적이며, 비주체적인 현상이

---

66) 북한을 여행한 서방의 기자나 학자들에 의하여, 북한은 이상한(妖) 나라이며 상식적으로 납득할 수 없는 사회임이 거듭하여 보고된 것은, 북한 주민의 생활 속에는 보편 의지로서의 인격성 자체가 정상적으로 대우받지 못하고 있음을 입증하는 것이다. 특히 북한에서 교조적 사회체제가 오래도록 유지되고 있는 이유에 대하여, 필자는 한국인의 「강렬한 종교적 심성」이 그 은밀한 토양을 제공해주고 있다고 판단한다.

라 규정하지 않을 수 없다.

　그렇다면 南韓의 현실은 「韓國的 主體化의 원리」에 따라 충실하게
전개되고 있는 것일까?

2. 南韓의 思想的 混沌性
(神・物 兩性의 脫人格的 相互 交錯性)

　북한을 이념적으로 지탱하고 있는 것은, 정치적으로는 社會主義이며
경제적으로 공산주의이다. 이에 비하여 남한에서는 정치적으로는 자유주
의이며 경제적으로는 자본주의이다. 자유주의의 기본 정신은 인간의 자
유 의지와 자율성을 천부적인 것으로 규정하는 데에 있으며, 자본주의의
기본 제도는 사유 재산의 허용과 시장 경제체제에 있다.

　자유주의 세계에서는 실존적 인간(개인)의 존엄성을 최고의 가치로 전
제하고 있으며, 비록 인간성의 존재론적 근거가 무엇인가에 대해서는 아
직까지도 神性이냐 物性이냐(창조론이냐 진화론이냐)의 論爭에서 벗어나
지 못한 미해결의 상태로 유보되고 있기는 하지만, 그러나 인간 자체를
물질적 범주 속에만 가두어 두고자 하는 唯物論的 인간 이해를 강요하지
는 않고 있다. 또한 경제적 불균형과 분배의 모순 구조, 그리고 법질서의
자의적 적용 가능성 등 제도 자체(민주주의 방식)의 불완전성이 있다 하
더라도, 法治를 통한 정의 구현이라는 일반론에는 시민 사회의 공감대가
넓고도 깊게 형성되어 있으며, 나아가 시민의 견해가 여론 장치를 통하여
세력화 될 수 있고, 자신들의 문제를 자신들이 결정하는 自治의 기회도
보장되어 있다. 그러므로 삶의 질 자체를 획일화시킨 이른바 사회주의의

강요된 量的 平等의 비극으로부터는 어느 정도 벗어날 수 있는 것이다.

그런 점에서 남한 사회는 북한 사회와 대비해 볼 때, 質的으로는 확실히 상대적인 우위를 향유하고 있는 것이다.[67] 그렇다고 해서 남한이 한국 전통사상이 굳건한 기초 위에서 한국 주체성을 유감없이 발휘하고 있다고는 그 누구도 장담할 수 없다. 비록 상대적으로는 북한보다 많은 장점을 갖고 있지만, 그 정신사적 입장에서 보면 여전히 근본적으로 비판받아야 할 요소가 상존하고 있음을 도처에서 발견하게 된다. 필자는 이를 남한 사회에 있어서의 「사상적 혼돈」으로 규정하면서, 그 본질적 성격을 「物의 神化志向과 神의 物化志向이 脫人格的 상태에서 상호간에 交錯·혼재된 정신적 부유 상태」로 이해하고자 한다. 이제 남한에 있어서의 한국정신사의 현재적 의의를 다음과 같이 정리해 보고자 한다.

① 남한의 자본주의는 기계적 편의성과 물질적 풍요성을 인간의 삶에 최고의 가치로 격상시켰다. 특히 가난의 질곡에서 오랫동안 고생해 왔던 한국인은 경제발전을 국정의 최우선 과제로 설정하고 이를 일관되게 추진하였으며 또 성공시켰다. 이 과정에서 이른바 자본주의의 천박한 속성(천민 자본주의적 요소)이 드러나게 되었고, 경제적 조건으로 인해 새로운 계층 간의 차등 구조가 고착화되었으나, 이는 경제 성장에 따라 오는 부득이한 부작용으로 보아 어느 정도는 관대하게 용인되기도 하였다. 그러나 도덕적(인격적) 차원에서, 또는 정치적 차원에서 이러한 자본주의의 모순점과 부조리를 건전하게 조절·통제하지 못하고 오랫동안 방치하다 보니, 서구의 「자본주의 경제이념」이 한국적으로 수용되는 데 있어서는, 오히려 (어느 제도나 主義에서도 있을

---

67) 이는 공산주의 사회의 몰락이라는 범세계사적 흐름에서 보더라도 더 이상의 논쟁거리는 아니다.

수 있는) 상대적 결점이나 부정적인 측면만이 강조되고 조장되어 결국은 「俗物的 拜金主義」로 전락하게 된 것이다. 경제적 가치만을 최고의 권위로 규정하게 되면, 인간은 物性을 神性으로 착각하게 되어 결과적으로는 인간의 주체성을 스스로 부정하고, 현실에 있어서는 어쩔 수 없이 재물의 도구가 될 수밖에 없으며, 심리적으로도 神化된 物質의 노예를 자청하게 되는 것이다. 이처럼 남한은 서구적 경제원리를 한국적 삶의 원리로 수용함에 있어서 아직도 그 妙合的 主體化(자본주의 이념의 한국 토착화)를 성취하지 못하고 있는 부유의 상태라고 아니할 수 없다. 특히 남한의 정치적 파행과 정치 행태의 미숙성(무책임·부도덕·무능력)은 이러한 경제 이념의 부유 상태를 더욱 부추기어 자본주의의 모순적 폐단만이 횡행하게 됨으로써, 자본주의 이념의 장점과 효율성이 한국적 토양에 착근하는 데에 커다란 어려움을 겪고 있는 것이다. 이 때문에 국가총생산(G.N.P)에 있어서는, 북한과는 비교도 될 수 없을 만큼의 월등한 富를 가졌음에도 불구하고, 심리적으로는 그에 상응하는 정도의 정신적 자부심이나 풍요함(안정감)을 누릴 수 없게 되는 것이다. 그러나 新계급적 구조가 고착화된 북한사회보다는[68] 비록 빈부간의 갈등 구조는 상존한다 하더라도 계층간의 교류 자체가 원천적으로 불가능한 것이 아닌(기회가 주어진) 남한 사회가 인간의 천부적인 삶의 의미를 보장·유지·계발하는 데는 더욱 정당한[69] 사회 현실이라고 아니할 수 없다.

---

68) 북한은 계급 타파와 절대 평등을 추구하는 공산 사회이지만, 실제로는 공산당 계급과 비공산당 계급으로 엄격히 분리되어 있으며, 그 간격은 매우 견고하여 상호 개방과 교류가 거의 불가능하며 공산당원들은 오히려 그들끼리만의 절대 차등을 독점적으로 향유하고 있다.

69) 이 문제에 대하여 필자는 우월 또는 열등이라는 차등 개념으로 이해하지 않고, 인간의 보편적 삶의 의지를 실현하기 위해서는 어느 것이 올바른 방식인가, 아니면 그릇된 방식인가의 기준으로 구분하고자 한다.

② 남한 사회의 脫人格的 혼란상을 가중시키는 또 하나의 요인은 이른바 世俗化된 神性이다. 남·북한의 사회 상황에서 가장 두드러진 차이를 나타내는 분야는, 북한에는 종교 활동이 전무하지만[70] 남한은 온 나라가 종교적 분위기에 휩싸여 있다는 사실이다. 그런데 남한의 종교 상황은(사회적 입장에서 진단해 볼 때) 世俗化·祈福化를 추구함으로써, 종교적 본령으로서의 경건주의·계율주의·겸허성 등을 결여 또는 상실하고 있으며, 따라서 神性의 聖스러운 권위마저 物性化되어가는 이른바 「종교 상업주의」의 경향이 일반화되어 있는 것이다. 한국 불교의 대표적인 종단인 조계종에서 끊임없이 내분이 일어나고 그 여파가 불교계 전체에 부정적 영향을 주고 있음은, 불법에 순교함으로써 중생의 불성에 꽃을 피우게 해야 할 불교의 본래적 사명보다는, 宗權의 行事에 치중하는 현실적 이해 다툼이 한국 불교계의 우선하는 관심사임을 그대로 보여주는 例라 아니할 수 없다. 또한 기독교가 전파된지 200년이 넘는 한국에서 그 量的(外的) 팽창은 세계적인 찬사를 받을 만큼 성장했으나, 그 내부에 있어서는 종파 간의 갈등과 敎理상의 대립이 심화되고 있으며, 보편적 인류애를 본질로 하는 그리스도의 멧세지를 특정한 집단의 이기심을 수식하는 편파적 述語로 이용하는 사이비성 교파들이 득세하고 있는 현실은, 서구의 기독교 정신이 아직까지는 한국적 주체성으로 토착화되지 못하였음을 보여주는 것이리 하겠다. 이는 하느님의 뜻까지도 계량적이고 현상적인 방법으로만 파악할 수밖에 없도록 훈련되어 온 현대인들의 기형적인 사고 방식에서 기인하는 것이긴 해도, 그 종교 현상이 결국은 우리의 삶의 현장과 동

---

70) 물론 북한에서도 종교 활동이 있기는 하지만, 이는 정도에 있어서 미미하다는 뜻에서가 아니라 북한의 종교 행사는 이미 전통적인 의미에 있어서의 참된 종교 활동은 아니기 때문이다.

일하다는 점에서, 필자는 이러한 남한의 종교 현실을 「인격성이 배제된 神性의 物性化 현상」으로 규정·비판하지 않을 수 없는 것이다.

③ 남한의 현실적 상황은, 경제적 측면(物性의 입장)이나 종교적 측면(神性의 입장)이 모두 자기 정체성을 제대로 정립하지 못한 채, 경제 가치는 변형된 신의 모습으로 오도되고, 신의 권위는 천박한 물적 형상으로 왜곡되는, 정신적 혼란과 이념적 부유의 상태라는 점에서, 따가운 비판을 면할 수는 없을 것이다. 그러나 「민주주의에 대한 이념적 신봉과 그 제도의 합리성에 대한 시민적 공감대가 형성되어 온 남한사회」에서는, 비록 「神·物 兩性의 상호 교착된 혼돈 상태」 속에서도 인간성 자체를 완전히 파멸시키는 자기 부정의 극단적 사태로까지는 귀착되지 않을 만큼의 기본적인 양식과 토양이 마련되어 있기 때문에, 남한의 국민들에게는 스스로의 장래를 주체적으로 설계할 수 있는 정도의 자신감과 정신적 여유가 존재하고 있다.

현대의 인류는 아직까지도 인간 자신의 본질에 관한 공인된 해답을 마련하지 못하였으며, 또 특정한 인간관을 한국사회에 적용시켜 만족할 만한 모범 답안을 도출해 내지는 못했다 하더라도, 인간의 존엄성에 대하여 긍정적인 신념을 갖고 있는 남한 사회는, 그러므로 현재와 같은 정신적 혼란기를 거친 후에는 반드시 神·物 兩性의 인격주체화를 성취할 수 있고, 나아가 인격적 삶의 원리를 구체적으로 실현할 수도 있을 것이다. 남한이 북한과 비교하여 상대적으로 큰 장점이 될 수 있고, 또 이로 인하여 미래의 한국 역사(남·북한을 포함한)를 선도하는 데 있어서도 책임적 역할을 담당할 가능성이 더 큰 이유는, 무엇보다도 남한에는 한국의 전통문화(전통 의식)가 보존되어 있고, 또 이를 존중하면서 계승하려는 민족적 의지가 상존하고 있다는 점이다. 실로 경제적·정치적 입장에서의 남·북한의 우열 논쟁은 시각에 따라서 무의미해질 수도 있다. 그러나 한국인의 핏속에 흐르고 있는 전통 의식과 정서 및 문화 의식, 그리고 한국인의 세포에 이미 원형질로 주어져 내려 왔으며 앞으로도 또 영원히 전승되어 갈 「한국적 주체성으로서의 본래적 성격」은 누가 뭐래도 남한 사회에서 보다 정직하게, 보다 풍부하게, 보다 정당한 방법으로 유지·보존·계승하고 있기 때문이다. 필자는 남한의 이러한 「민주주의 제도하에서의 인격성의 보장과 이에 근거한 전통 문화의식의 보존」을 향후 한국인의 자기 정체성 회복과 한민족의 자주적 역사창조에 가장 굳건한 밑거름으로 쓰이게 될 것을 확신하고 있다.

이상의 논의를 다음과 같이 도식화하여 보면 북한에서는 物性이 神性化된 사상적 倒錯性을 확인할 수 있으며, 남한에서는 神·物 兩性이 인격성을 배제한 채 상호 志向·交錯된 사상적 혼란상을 확인할 수 있을 것이다.

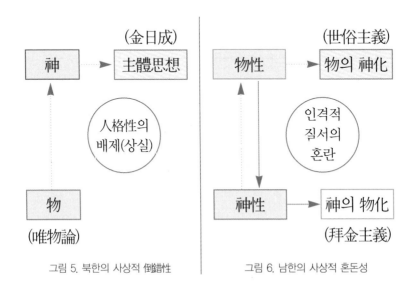

그림 5. 북한의 사상적 倒錯性   그림 6. 남한의 사상적 혼돈성

VII
韓國 主體性의 未來的 展望

　인류는 바야흐로 21세기를 향하여 신문명 시대의 문턱을 넘어서고 있다. 새로운 문명시대에는 그 시대에 걸맞는 새로운 삶의 모델(삶의 방식)이 제시되어야 하며 20세기의 끄트머리에 서 있는 우리는 이러한 미래적 삶을 예비해야만 한다.

　인류가 태초에 심은 문명의 씨앗은 그동안 무성하게 자라나고 화려하게 꽃을 피웠으며 언젠가는 알찬 열매로 결실할 것이다. 인류의 미래는 그러한 문명 수확의 시대가 될 것이다. 한국의 역사적 지평에서 볼 때에도 이러한 歷史性의 생명적 전개는 면면히 이어질 것이다. 그러나 남북 분단이라는 오늘의 특수 상황을 볼 때, 남한과 북한 모두가 「한국적 본질」을 제바르게 파악 · 정립하지 못함으로써 일대 정신사적 혼란과 분열의 시대에 당면하고 있음은 실로 민족적 고통이 아닐 수 없다.

　오늘의 남북 분단 현상에서 남 · 북한 공히 외래 사상을 주체화(토착화)시키지 못하고 있다는 필자의 비판적 진단은 일견 오늘의 한국(남 · 북한)이 한국역사의 정통적 범주에서 벗어나 있는 것처럼 보이기도 한다. 그러나 이는 역사 현실에 대한 현재적이고 미시적인 분석(인식)이 그러할 뿐이며, 미래적이고 거시적인 안목에서 본다면, 남 · 북한의 사상적 혼재성

역시 어디까지나 한국 역사의 도도한 흐름의 一脈일 뿐이다. 우리의 현실 자체가 다름 아닌 우리의 역사 원리의 자기 현현태임을 우리는 어떤 경우라도 부정할 수는 없기 때문이다.

다만 그 역사의 흐름 도중에 뜻밖에도 크고 깊은 여울을 만나 한 때나마 격류를 이루고 방향이 산만해졌으며, 또다시 암초와 부딪혀 물줄기가 갑자기 나누어진 현상으로 비유할 수는 있는 것이다. 그러나 그러한 두 갈래의 흐름 중에서도 역사정신의 主脈이 흐르는 깊고 넓은 정통의 本流가 있기 마련이니, 이는 이미 언급한 대로 남한의 전통 문화의 계승에서 그 本流를 찾을 수밖에 없다. 이제 우리는 남과 북이 본래는 하나의 물줄기였음을 상기하고, 다시금 합류하여 새로운 인류 문명의 大海를 향해 함께 흘러가게 될 것을 확신해야만 하며, 그러한 역사 원리에 대한 신념 위에서 「민족통일의 그 시대」를 올바른 자세로 맞이하기 위해 힘과 지혜를 모으고 더불어 노력해야만 할 것이다.

그렇다면 인류가 공동으로 지향하는 신문명 세계의 본질은 과연 무엇일까? 그것은 한마디로 神性 중심의 종교적 세계와 物性 중심의 과학적 세계가 상호간 배타적 志向을 止揚하고, 인간성 중심의 文明世界에서 서로간에 會通·調和·合德되는 「理化의 세계」를 말한다. 그동안 인류는 神性 혹은 物性의 兩極 中 어느 한 쪽만을 일방적으로 추구함으로써 인간성 자체를 스스로 분열·소외시켰을 뿐만 아니라, 인격적 삶의 질서(윤리) 자체가 해체되어 비인간적 삶의 방식을 어쩔 수 없이 받아들일 수밖에 없었던 것이다. 그러다 보니 종교는 對象的 神觀으로 편향되어 偶像만을 양산하면서, 神이 人間을(사랑하여) 구원하기 위해 메시아를 보낸 본래적 의의(생명 원리의 인격화)는 은폐되고, 오히려 신의 권능을 증거하기 위해(찬미하기 위해) 인간은 신의 노예나 장식품으로 전락하게 되는,

顚倒된 종교 행태를 역사적으로 실증해 왔던 것이며,[71] 과학의 이념 역시 인간 생명이 보호와 신장이라는 본래적 사명은 다하지 못하고 오히려 인간성 자체를 전면적으로 파괴할 수 있는 무서운 괴물로 등장하여 인류를 위협하고 있는 것이다.[72]

이제 인간의 존재 지평을 도외시하던 기성의(습관적인) 종교적 신념이나 과학적 방법으로서는 더 이상 인간 자신의 본래적 의지와 희망을 보장받을 수 없게 되었다는 엄연한 사실 앞에서, 인류는 지금 당황하고 있으며, 이와 함께 자신들이 물려 받은 문명적 유산에는 애초부터 「존재론적 한계성」이 누습되어 왔음을 솔직히 고백하게 된 것이다. 따라서 이러한 근본적 한계에 대한 자기 반성 및 자기 자각은 인류로 하여금 새로운 문명 세계의 성격이 어떤 지향점을 가져야 하는가에 대하여 웅변으로 지시해 주고 있는 것이다. 그런 점에서(앞서 논의된 바 있는) 「以通神明之德以類萬物之情」을 중심 내용으로 하여 「神·物 兩性의 人格主體化 원리」를 제시한 한국적(易學的) 인간 이해는 바로 이러한 인류 공동의 요청에 해답이 될 수 있는 것이며, 동시에 미래 세계를 건설할 수 있는 철학적(존재론적) 지평이 될 수 있는 것이다.

실로 인류의 장래를 걱정하는 정직한 서구의 학자들에 의해 이러한 주문과 예찰은 거듭되어 언급되고 있는 것이니, 종교 다원주의에 입각하여 기독교의 멧세지까지도 종교학 자체 속에서(타종교의 이념과 더불어 인간학적 입장에서) 논의하려는 현대 신학자들의 노력이 그러하고, 고전 물리학의 계량적(기하학적) 우주관을 극복하고 인간의 주체 의식에 근거하

---

71) 인류 역사상 인간이 저지른 가장 큰 自害 행위는 전쟁이며, 전쟁의 가장 큰 요인이 종교적 갈등에 있었음은 이를 대변하고 있다.
72) 동서양 진영의 대표적 지도자들이 한 때는 핵 에너지의 경쟁적 생산에 치중하였으나, 오늘에 와서는 핵 에너지의 경쟁적 폐기(조정)에 열중하고 있음은 이를 증거하는 사례 중의 하나이다.

여 새로운 時·空觀을 제시하고 있는 현대 물리학의 관점이 또한 그러한 것이다. 특히 미국의 李正勇 교수는 「동양적인 사유 방법과는 정반대인 排中律의 서구적 논리는 그 근본을 동양 문명에 두고 있는 기독교 신앙을 해석하기에는 적합하지 않다. 실상 희랍 철학으로부터 도출된 "이것이냐, 저것이냐" 하는 서구적 사유의 범주는 분명히 우주에 대한 기독교적 개념이 아닌 二元的인 세계관을 전제하고 있다. 이제 우리는 기독교 교의에 관한 서구적 논리의 교설, 서구적인 체계적 논술 모두를 철저히 재검토할 필요가 있다. 나는 머지않아 서구적인 논리적 사유에 의하여 독점되어 온 기독교의 멧시지가 陰陽原理의 범주인 동양적인 사유 방법에 의하여 근본적으로 재해석 되어야 하리라고 믿고 있다」[73]라 하여 易哲學的 방법을 통한 기독교의 새로운 해석을 제창한 바 있고, 미국의 카프라 교수역시 「정신과 물질이라는 二元論의 극단적인 공식화를 초래한 철학 사상의 발전이 근대 과학의 탄생을 先行하였는 데, 이러한 分割은 물질을 죽은 것으로 하여, 인간들과는 완전히 분리된 것으로 취급하고, 물질 세계를 하나의 거대한 기계로 조립된 제각기 다른 객체의 군집으로 보이게끔 허용하였다. 뉴우튼의 기계론적 우주 모형은 17세기 후반부터 19세기 말까지의 모든 과학 사상을 지배하였는데, 그것은 神聖한 法을 펼쳐 天上으로부터 이 세계를 지배한다는 專制的인 神의 이미지와 흡사한 것이었다. 이리하여 자연과학자들이 탐구하는 자연의 기본법칙은 이 세계를 지배하는 영원불멸한 신의 율법으로 보여진 것이다.[74]라 하면서 物理와 神性의 각질화된 도그마를 극복하는 데 있어서는 생명적 우주관에 기초한 동양 논리에 근거해야 함을 강조하고 있다. 신문명 세계를 맞이하기 위한 이러

---

73) 이정용, 易과 基督敎사상, 정진홍 역, 한국신학연구소, p.128.
74) F.카프라, 현대물리학과 동양사상, 이성범·김용정 역, 범양사, 1985, p.27.

한 예비적 노력들은 한국적 사유의 기본 틀인 「神·物 兩性의 人間主體的 妙合원리」와 그 이념적 지향을 같이 하는 것이다. 이와 같이 인류의 장래 문제와 한국적 본질의 공동 지평을 자각할 수 있어야만, 미래의 지구촌 시대에서 「한국이 담당해야 할 보편적 사명」이 보다 명쾌하게 도출될 것이며, 동시에 「수행해야 할 구체적 역할의 정당성」도 보장받게 될 것이다. 이제 필자는 남·북한을 구분하여, 이 시대 이 땅에서 살아가고 있는 우리들 한국인이 지금 여기에서 미루지 않고 해나가야 할 당위적 명제와 이념적 지향처를 다음과 같이 정리해 보고자 한다.

① 북한에서는 무엇보다도 먼저 「주체사상」이 가지고 있는 근본적인 오류를 자각·극복하여 북한의 철학 사상을 인간의 본래적 지평으로 끌고 나와야 한다. 북한의 학자들은 학문적 정직성과 민족적 자존심을 회복하여 더 이상 자신들조차도 설명하기에 궁색한 왜곡된 사상 체계를 고집하지 말고, 민족 정신의 本流인 인간 중심적 세계관으로 하루 빨리 복귀해야 할 것이다. 오늘의 북한 사회는 그 사상적 측면에서 볼 때, 비록 그 방향은 대단히 잘못되었고 북한의 주민은 물론 지식인들 조차도 그 철학적 허구성에 몰입되어 있다고는 하지만, 그 사상적 외형은 남한의 그것에 비하여 상대적으로 매우 질서 정연한 게 사실이다. 즉 오도되고는 있지만 그 모습은 매우 단순하다는 점이다. 따라서 북한의 지도층이 한민족의 주체성을 자각하고 그들의 사상적 체계를 제바르게 계도하려고 결단하기만 한다면 의외로 그 효과는 극대화 시킬 수 있을 것이다. 환언하면 북한의 사상적 분위기는 유치하고도 편협하지만, 그 순수성은 보다 잘 보존되어 있기 때문에(복잡하게 혼란스럽지 않고 획일적으로 安着되어 있기 때문에) 지도자들의 자기 자각과 자기 혁명적 노력여하에 따라서는 장래의 민

족사에 기여할 수 있는 하나의 중심적 토대를 제공할 가능성도 남아 있다는 사실이다. 물론 북한 사회에서 사상사적 자기 자각을 기대하기란 매우 요원한 일이다. 그렇다고 해서 북한사회를 개방시킨다는 명목 하에 그들의 사상적 단순성을 혼란시킬 수 있는 외래 사조를 강제적으로 주입하려한다면, 이 역시 한국 정신사적 입장에서 볼 때는 결코 바람직한 사태는 아니라는 점이다. 특히 남한 사회의 사유적 혼란과 삶의 천박성이 그대로 북한에 침투되는 상황은 미래의 통일된 한국 사회에서 매우 부정적인 측면을 야기시킬 우려마저 있는 것이다. 바람직한 것은 북한 사회자체가 자기들이 노력과 결단으로 민족 정통사의 主脈에 합류하는 것이고, 남한 사회는 그들의 이러한 자기 회복의 가능성을 지원·협조하는 자세를 견지하는 데 있다 할 것이다.

요약하면 物形에서 출발하여 神性에서 열매를 따려는 북한의 사상적 倒錯性은, 物志에서 출발하여 人格性에서 완성되는 한국적 妙合性과 理化性의 원리가 아니고서는 결코 극복되지 않는다는 철학적 명제에, 북한의 학자들은 숙연하게 동의함으로써, 하루속히 한국적 주체성의 큰 흐름에 동참해야 할 것이다.

② 남한에서는 우선 人格性의 神明的 근거를[75] 철학적으로 논증해 냄으로써, 인간세계에 있어서의 倫理的 의의가 단순히 인간의 사회적 필요성 때문에 개발된 시민 사회의 인위적 계약 질서의 범주에 한정되는 것이 아니라, 天意에 근거한 절대적이고 당위적인 삶의 원리임을 存在的 차원에서 해명할 수 있어야 한다. 神性과 物性이 상호 일방적으로만 志向하여

---

75) 中庸의 「天命之謂性」은 이에 대한 儒家的 命題이다.

인격적 지평에서의 만남이 이루어지지 않게 되면, 우주 내에서의 인간 존재는 끝내 자아 상실과 자기 부정으로 귀결될 수밖에 없는 것이며, 나아가 무서운 神像과 妖邪스런 物形만이 판치는「도깨비의 지배」하에 처할 수밖에 없는 것이다. 인류의 장래에 대한 이러한 비관적 조명과 우려는 이미 서구 사회에서는 꾸준히 제기되어 온 문제였으며, 그들은 이미 이에 대한 東洋的 解法을 정직하게 모색해 왔음에도 불구하고 정작 우리들(東洋人)은 이 문제에 대하여 심각하게 논의하기를 게을리 하였고 오히려 서구의 말폐적이고 부정적인 요소만을 앞장서서 도입하였으니, 아직까지도 한국의 주체성을 온전히 정립하지 못한 남한의 지식 사회는 크게 책망받아야 마땅할 것이다. 그런 사상적 혼돈 속에서도 남한의 현실 상황에는 크게 다행스러운 점이 있으니, 정치적으로는(비록 정도에 있어서 충분하지는 못하다 하더라도) 민주화의 큰 흐름이 거역할 수 없는 대세로 자리 잡기 시작하였으며, 경제적으로도 자본주의의 내적 모순 구조에 대하여 나름대로는 치열한 자기 실험과 자가 검증 및 다양한 시행 착오를 거침으로써 그 본래적 성격을 한국적으로 해석할 수 있는 기초 자료를 마련했다는 점 등이다.

이제 남한에서 우리가 기대해야 할 것은 오늘의 사회적 혼란과 무질서를 가닥잡아 줄 수 있는 도덕적 권위와 애국적 지혜를 겸비한 새로운 지도층(정부)이 출현함으로써, 한국 주체성의 철학적 해명을 통한 인간성 회복의 토대를 제도적으로 마련해주는 데 있다 할 것이다.

위에서 살펴본 바와 같이 남·북한이 한 뿌리라는 공동체 의식을 전제삼아, 우리 한민족이 공동으로 지향해야 할 이념적 목표와 지구 마을의 새 마당에서 한국인으로서 마땅히 주도해야 할 세계사적 일감을 종합하여 요약하자면, 「인격성이 배제된 神·物 兩性의 분리 현상을 한국적 사유 체계인 妙合원리로써 통일시키고, 이로써 밝혀진 인격적 토대 위에 한국인의 태초적 의지인 문명적 나라를 완성시킴으로써, 인류 역사의 성숙 단계를 한민족이 계도하는 일」이라 할 것이다.

이러한 「한국적 사명」을 달성하기 위해서는 가장 기초적인 조건이 충족되어야 하는데 그것은 두말할 나위도 없이 「남·북의 통일」이다. 통일된 한국의 모습을 전제하지 않고서 우리 한민족이 차지할 수 있는 세계사적 위상과 의미를 토론한다는 것은 매우 공허한 일이 아닐 수 없기 때문이다. 그런데 통일의 현장을 우리의 가까운 미래에서 성취할 수 있는가의 여부는 「미래의 우리들의 노력」에 달려 있는 것이 아니라, 전적으로 지금 여기에서 살아가고 있는 우리들(남·북한 모두)의 정직한 자각과 용기 있는 결단에 달려 있음을 우리는 공동으로 고백해야 한다.

보다 구체적으로 말하면 통일의 성사여부는 (남북한의) 정치지도자들의(정권적 차원이 아닌) 민족적 차원에서의 자기 혁명과 지식인들의 정직한 자기 반성에서 결정된다고 할 수 있을 것이다.

그런 점에서 「조선학 학술토론회」는 이 문제에 대한 진지한 토론의 마당이 되어야 하며, 이 논문은 물론 그러한 토론의 發題로서 쓰여진 것이다.

VIII

結 語

　우리 7천만 한민족은 다가오는 21세기의 신문명 시대를 맞이하기 위해 오늘 어떠한 몸가짐과 마음 다짐을 해야 하는가? 지금 여기에서 역사를 꾸려가고 있는 한국인(조선인)의 실존적 삶의 방식은 과연 우리의 본래 모습인가? 한국이 근거삼아야 할 태초적 국가 의식은 무엇이며 우리가 정직하게 받아들일 수밖에 없는 오늘의 아픔과 고민은 또 무엇인가? 역사가 물려 준 절박한 명제 앞에서 우리는 언제까지 이렇게 남·북으로 갈라진 채, 저 듣기 좋은 각각의 소리로만 독백하고 있을 참인가?

　이제는 이러한 민족 공동의 엄연한 물음 앞에 남과 북이 한 목소리로 응답해야 할 때가 되었다. 두말할 것 없이 「통일」이라는 글자가 그 대답의 맨 앞줄에 기록되어야 한다. 그리고 그 통일을 제대로 성사시키기 위해서 남과 북은 상호 간에 고착되고 혼란해지고 갈라진 생각들을 가즈런히 추스리고 바르게 고쳐 먹어야 한다.

　이 논문은 우리의 「본래 마음」을 찾아서 지금의 「잘못된 생각」을 따져 보고 내일의 「올바른 방향」을 정하기 위해 쓰여진 것이다. 다시 말하면 우리를 스스로 재(尺) 볼 수 있는 척도로서의 「우리의 참 모습」을 철학적으로 結晶化시켜 본 것이다.

그 과정에서 인류가 공동으로 지향하는 이상 사회의 모델이 이미 한민족의 태초적 의지 속에 「씨」로서 심어져 전승되어 왔음을 확인할 수 있었고, 그 씨가 꽃피고 열매 맺어 지구 마을의 새로운 糧食으로 쓰이도록 하는 것이 한국인에게 주어진 미래적 사명임도 함께 검토해 보았다.

이제 지금까지 논의된 핵심 논지를 다시 한번 정리 · 조감해 보면서 본 논문을 모두 마감하고자 한다.

① 인류 문명의 발상지인 고대 동북아는 伯族에 의해 開創된 儒學的(易學的) 문화권으로서, 이는 단군 신화로 표상된 한민족의 원초적 의지와 시기적 · 지리적 · 종족적으로 일치하고 있다. 이에 한민족의 태초적 시원성과 이념적 지향성을 究明하기 위하여 단군 신화를 易哲學的 관점에서 분석 · 해석해 보았다.

② 易思想의 기본 이론체계와 그 철학적 의의는, 인간과 만물이 생겨나는 원리로서의 「陰陽合交와 萬物創生」, 인간이 인간답게 살아가는 법칙으로서의 「三才原理와 天道의 人間主體化」, 그리고 인간의 이념적 지표로서의 「道濟天下와 天下文明」이라는 세가지 문제로 구분 · 집약할 수 있다. 이는 단군 신화에서 해석되어진 우주관 · 인간관 · 세계관과 모두 일치하고 있으니, 天之神性과 地之物性이 단군이라는 人之人性으로 志向 · 일체화 되는 陰陽合德의 이론 구조가 그러하고, 神 · 物 兩性이 人格的 次元으로 轉化되는 化生原理와 그 원리(數理)에 근거하여 人間萬事를 經綸하는 理化의 법칙이 그러하며, 밝음을 지향하여 光明세계를 이상으로 설정한 朝鮮의 開國이 또한 그러하다.

③ 이에 「檀君」과 「朝鮮」의 易學的 분석을 토대로 하여 한국인의 고유한 본래성과 그 철학적 의의를 定型化시켜 보면, 첫째 인간의 존재론적

근거를 「天之神明性」에서 연역하였고, 둘째 인간 존재로 化生되는 존재 방식을 神·物 兩性의 「人格的 妙合性」으로 이해하였으며, 셋째 인격적 삶의 법칙을 化生原理에 근거한 「理化性」으로 규정하였고, 넷째 한국인의 기본정서를 계율을 중심으로 하는 「종교적 심성」으로 특징 지었으며, 다섯째 한국인의 자아실현 의지를 밝은 나라를 지향하는 「국가 의식」으로 집약하고 있는 것이다.

④ 이러한 한국인의 原型的 성격과 志向性은 한국의 역사가 개시된 이래 지금까지 한국적 삶을 보증해 주는 중심 원리로 자리잡게 되었으니, 대표적인 외래 사상으로서의 仙道·佛敎·性理學 등을 한국적 妙合原理로 수용하여 이를 한국 고유의 전통사상으로 주체화(도착화)시켜 왔음이 이를 증거하고 있다.

⑤ 다만 한국 역사의 생명적 전개라는 통시적인 관점에서 현재의 남·북 분단이라는 제한적 상황을 인식해 보면, 남한과 북한은 모두 한국적 주체성의 도도한 흐름으로부터 일시적으로나마 벗어나 있으며, 그 때문에 심한 정신적 혼미를 경험하고 있다. 이러한 대립과 갈등 현상을 원천적으로 해소하기 위해서는 우주 원리의 인간 주체화를 가능케 하는 한국 고유의 妙合的 논리체계를 오늘의 역사적 時義性에 맞도록 재자각·재정립 해야만 할 것이다.

⑥ 특히 북한 사회의 절대적 지침이 되고 있는 김일성 주체사상의 본질을 해부해 보면, 인간의 존재 지평인 인격성을 도외시한 채, 形而下者的 物形에서 形而上者的 神性을 확보하려고 강요하다 보니, 보편 의지로서의 人倫은 부정되고, 그 대신 특정한 실존을 우상화 하게 되는 사유 체계의 轉倒를 자초하게 된 것이다. 이러한 북한의 사상적 倒錯性은 인류 역사가 성장하는 과정에 있어서 부득이 경험하게 되는 시행 착오

에서 파생된 것인 만큼, 북한의 지식인은 이를 억지로 고집할 게 아니라 보편 원리를 추구해야 하는 학자적 양식을 회복하여 주체사상의 한계와 오류를 정직하게 반성 · 고백하고 민족 고유의 사상적 체계로 하루 빨리 복귀해야 할 것이다. 따라서 북한의 자기 자각과 자기 결단이 빠르면 빠를수록 남북 통일의 실현도 그만큼 앞당겨 질 수 있다는 준엄한 민족적 요구에 북한의 지도층(학자와 정치지도자)은 마땅히 응답해야 할 것이다.

⑦ 남한에서도 역시 외래 사상과 제도를 수용함에 있어서 이를 한국적 사유의 원형에 근거하여 주체화시키지 못하고 있음은 마찬가지이다. 자본주의와 자유주의의 이념이 민주적 제도나 질서의 미숙한 운영으로 인하여 한국적 삶의 준칙으로 착근되지 못하다 보니, 외래 사상의 부정적 측면과 천박성만이 강조 · 부각되어 배금주의 풍조와 경제적 불균형 등의 모순적 구조로 전락하게 되었고, 종교적 이념 또한 보편적 인류애의 구현이라는 본래적 사명을 망각한 채, 종파적 편협주의로 흘러 세속화 되면서 정신적 부유상태를 부추기고 있는 것이다. 그런 정신적 무질서 속에서도 다행스러운 것은, 민족의 전통 문화와 인간의 기본 정서를 우선적으로 존중해야 한다는 국민적(사회 일반의) 공감대가 유지 · 보존되고 있다는 사실이다. 남한이(북한보다는 상대적으로) 민족적 정통성을 보다 충실하게 계승하고 있다는 바로 이점 때문에, 남북 통일이라는 민족적 대과업을 성취하는 데에는 (남한이)그 주도적 역할을 담당하게 될 것이라고 필자는 예견한다. 남한의 지도층은 민족사의 本流를 지켜 나가야 한다는 자부심과 함께 그에 상응하는 책임 및 의무가 주어져 있음을 깨달아야 할 것이다.

⑧ 실로 인류는 21세기를 목전에 두고 있는 지금 신문명 시대에로의 대전

환기를 맞이하고 있다. 환경 및 생태계 파괴 문제·핵에너지 관리 문제 등 인류의 생존 자체와 직결된 지구 가족의 공동 과제는 더 이상 기술적 효율성의 제고를 통한 정책적 대처 방안으로서는 근본적인 해결이 불가능하게 된 것이다. 이는 「지구 자체」를 「인간 존재」와 직접 상관시켜 하나의 생명 원리 속에서 일체화 시킬 수 있는 새로운 해석법의 출현이 절실히 요청되고 있음을 증거하는 명백한 사례이다. 그러므로 우주 원리(天道)와 인간의 삶의 질서(人道)를 생명적 차원에서 妙合시키고 잇는 韓國的(易學的) 관점은 다가오는 신문명 시대의 보편적 요구에 정당하고도 유용한 철학적 지평이 될 수 있을 것이다. 인류 역사의 발원을 주도한 한민족의 원초적 의지를 오늘날 다시금 새겨보아야 하는 학문적 의의는 여기에 있다 할 것이니, 「단군 신화의 역철학적 해석」 또한 그러한 노력의 하나로 기록되길 바라는 바이다.

⊙ 이 논문은 1992. 8. 20 ~ 22. 중국 북경대학교 조선문화연구소와 일본 오사카대학 경제 법과대학 아세아 연구소가 공동으로 주최하여, 북경대학교에서 열린 제4차 조선학국제학술토론회(철학·종교 부회)에서 발표한 것이다.

중국에서 열리는 대회이며 조선학이라는 명칭이 시사하듯 혈맹적 우의를 다지고 있는 중국과 북한이 중심적 역할을 하는 회의로서 10개국 550여 전문학자가 참여하여 11개 분야에서 496편의 논문이 발표된 대규모의 국제행사였다.

특히 필자가 소속된 종교 철학부회는 당시의 북한 학계에서 최고의 권위와 예우를 받고 있다고 짐작되는 (조선철학사를 책임 집필한) 정성철 박사를 비롯, 그의 제자들과 아울러 여러 학자가 동원되어 그들의 이른바 "주체철학"을 국제적으로 선전하는 일에 총력을 경주하는 형국이었다.

북한의 학자들은 모두가 한결같은 목소리로 "김일성 주체 사상은 인류 역사상 최고의 철학이며, 인민의 자랑이며, 공화국의 존립 근거임"을 결사적으로 홍보하였다.

이런 압도적인 분위기 속에서 필자는 "김일성 주체 사상은 한민족의 고유한 사유적 구조 속에서 볼 때 반민족적, 반역사적, 반인륜적 도깨비 생각 놀음이다 … 따라서 향후의 남북 통일 사업에 있어서는 민족의 정통 사상과 전통 문화를 계승·유지·발전시키고 있는 남한이 주도할 것이다. … 북한의 지도층과 지식인들은 철학이라는 어휘로 위장된 한낱 정치적 구호일 뿐인 김일성 주체 사상의 미망에서 하루 빨리 벗어나야 한다"는 요지의 위 논문을 공개적으로 발표한 것이다.

이에 대해 북한 학자들은 예상을 뛰어 넘는 강력한 반격을 가해 왔고 필자 또한 지지 않고 대응하여 일대 첨예한 思想戰이 전개된 바 있다.

귀국 후에 이러한 저간의 상황을 정리하여 다음과 같은 참관기를 작성하였고, 지도 교수님과 관심 있는 몇몇 분들께 전해드린 바 있다.

그 때의 그 긴박하고 팽팽했던 정황을 상기하면서 여기에 그 내용을 옮겨 본다.

■ 제4차 조선학 국제학술 토론회 참관기(1992. 8. 30)

개 요

- 주최 : ① 중국 북경대학교 조선문화 연구소
  ② 일본 오사카 경제법과대학 아세아 연구소
- 일시 : 1992. 8. 20~22
- 장소 : 북경대학교 및 五州호텔 국제회의 센타
- 규모 : 10개국 550여명 참가, 11개 분야에서 496편의 논문 발표

주요 북한학자 인적사항 (종교 철학부회)

① 정성철 : 60대 후반, 조선사회과학원 철학연구소 소장, 현재 북한의
철학사상계 제1의 권위자.
  - 논문 "사람의 본성에 대한 주체적 견해" 발표

② 김주철 : 50대 중반, 조선사회과학원 연구사,
서구 사상 비판의 선봉자.
  - 논문 "종교에 대한 주체적 견해" 발표

③ 박문희 : 50대 중반, 조선 사회과학자 협의위원, 학술분야의 대외 활
동에 대한 실질적 책임자로 알려짐. 농구 선수 출신이며, 김정일과 친
한 사이로 알려지고 있음.
  - 논문 "현대 시대와 주체 사상" 발표

④ 최성근 : 50대 후반, 조선 주제과학원 소장.
  - 논문 "주체의 민족관에 대하여" 발표

⑤ 김화효 : 50대 중반, 재일본 조선 사회학자 협회, 부회장, 재일교포.
  - 논문 "우리나라 사회주의 건설 리론의 정당성과 생활력" 발표

토론의 정황

- 21일 오전에 준비한 논문 "단군 신화의 역철학적 해석"을 발표장에서 배포함.

  (필자의 발표 시간은 오후)

- 오전 토론회가 끝난 후 점심시간을 이용. 「정」에게 인사를 자청.

(송) 앞선 세대는 역사의 비극적 유산 속에서 강요된 삶을 살 수밖에 없었고, 또 철학하는 데 있어서도 현실적 제약성을 벗어나기 힘들었다고 믿어집니다. 이제 전후 세대인 우리 젊은이들이 앞선 세대의 학문적 편향성과 한계성을 극복해 내야 할 책임이 있다고 감히 생각하는 바, 그런 의미에서 본인은 이번에 주체사상의 문제점을 언급하고자 합니다. 참고로 저의 학위논문과 제가 편집한 책을 드리고자 합니다. 받아주시면 감사하겠습니다.

(정) 고맙게 받겠습니다. 그러나 그 문제는 발표하지 마십시오. 그것은 아무런 도움이 되지 못합니다. 내 말을 들으세요.

(송) 이미 논문은 배포 되었습니다.

(정) 그 부분은 읽지 마시오. 안하는 게 좋아요.

- 오후에 필자의 발표 시간에 논문을 요약하여 서론·결론을 소개하면서, 주체 사상의 허구성에 대하여 직접적으로 지적함.

- 발표가 끝난 후. 북측의 강력한 항의가 다음과 같이 전개됨

(김주) (상당히 사세하는 억양과 표정, 그리고 논리적 접근으로 반박 개시) 송 선생이 우리 주체 사상에 대해 무언가 착각하고 있거나 잘못 알고 있는 것 같은데 주체 사상은 그런 게 아닙니다. 주체 사상은 ……

  (이 때 말을 가로 막으며 「박」이 격렬하게 일어나면서 장광설)

(박) 점심 시간에 논문을 다 읽어 보았다. 이것은 공화국에 대한 모독이

며, 우리 북조선 인민들에 대한 비방이기에 도저히 묵과할 수 없다. 북조선에는 인간성이 상실되었다는데 그렇다면 내가 인간이 아니란 말인가? 이런 엄청난 모욕감은 난생 처음이다. 나도 주먹이 있는 사람인데 참을 수 없다. (논문의 내용을 하나하나 예로 들면서 일장 연설) 지금은 우리 북남 합의서가 채택된 시점이고 서로가 좋은 얘기하고자 만난 것인데, 이럴 수 있는가? …… (북한 학자들의 중복성 발언이 계속되는 등, 회의장 분위기가 소란스러워지면서 박의 발언은 중단)

[우군의 지원이 없이 나 홀로 고군분투하던 차에 남한의 한 참석자가 사회자로부터 발언권을 얻는 것이 보였다. 나는 누군가의 도움이 절실한 처지였기에 내심으로 크게 반가웠다.

그런데 그의 발언 내용은 북한 학자들의 공격 이상으로 나를 충격 속으로 밀어 넣었다. "주체사상을 직접 창출하고 체계화시킨 분들이 여기 이렇게 계신데, 자료와 근거가 충분하지도 않은 남한 출신이 함부로 주체사상을 비판하는 것은 옳지 않으며, 이 분들에 대해서도 결례라고 생각한다"는 요지의 발언이었다. 그야말로 적전 분열이요 자중지란이 아닐 수 없었다. 나는 그 사람의 실명이나 직함을 여기에 언급하지는 않겠지만, 나중에 알고 보니 국내 유수의 모 대학 (전직 학장 출신) 교수였다. 그렇게도 북쪽 사람들에게 잘 보이고 싶었을까? 나는 오늘날 남한의 지식인 사회가 갖고 있는 고질병인 무소신과 비굴함(조금 심하게 말하자면 거지 근성)에 극도의 자괴감을 떨칠 수 없었다]

● 그의 발언 이후 북측 진영에서는 더욱 많은 항의가 어수선하고 무질서하게 빈발하자, 주체 측 (최용수 : 중국 중공 중앙당 교과연부 교수)에서 서둘러 조정에 나섬.

(최) 본래 이 자리는 할 말은 다하는 장소가 아닙니다. 나는 이 논문의 내

용이 이런 줄은 몰랐습니다. 미리 알았으면 조정했을텐데 …… 하여튼 남과 북이 서로 화합하고자 모인 것이니까, 우선 좋은 것·닮은 것을 서로 확인하고 다른 것은 차차 이야기 합시다. 이만하고 오늘 저녁 철학부회 만찬에서 우리 화해합시다.

● 전체 박수 소리가 나와서 필자가 마무리 발언함.

(송) 할 말이 많지만 더 말하지 않겠습니다. 저녁 먹으면서 편하게 이야기 합시다.

[회의가 끝나면서 분위기를 둘러보니, 여러 명의 남한 학자들이 (공격 당한) "나"를 걱정해 주는 것이 아니라, 북한 학자들의 주변에 모여들어 그들에게 무언가 위로와 지지의 대화를 주고받음. 몇몇의 남한 학자들은 지나치다고 느껴질 만큼 노골적으로 아부를 떨며 북한 학자들과 친하게 교류하자고 애쓰는 꼴을 연출함. 여러 가지로 속내가 상해서 나는 그날 저녁 북측에서 초청한 금강산 호텔에서의 만찬 모임에 참석하지 않기로 마음 먹음]

● 토론장 밖에 나와서도 「박」은 주체 측 사회자에게 "나는 이런 토론회에 더 이상 참석 안 하겠다"고 고함치며 험악한 분위기를 연출함.

● 한편 「김」은 필자의 손을 잡아끌고 밖으로 나오면서 "나랑 얘기 좀 합시다. 내가 서구 이론 비판만 25년 간 한 사람이요. 사상 면에서 쎄다는 사람이 가득한 평양에서 내가 제일 쎈 사람이요. 그런데도 난 지금 날 한마디 안하지 않소. 지금은 말할 때가 아니오. (위로하는 듯한 자세로 필자를 감싸 안으면서) 괜찮아요. 걱정 말아요. 하여간 우리 이야기 좀 해 봅시다."

● 이 때 「정」과 「김」은 「박」을 달래는 듯한 모습이고 주최측과 기타 주변 인사들도 「박」을 에워싸고는 화해를 연발하자, 못이기는 체 「박」도 토

론장을 떠남.

- 회의장에서 호텔로 걸어오는 도중 내내 「정」·「김」·본인이 대담하였는 데, 이때 「김」이 「정」과 함께 묵고 있는 방 번호를 알려 주면서 꼭 들러줄 것을 요청 (1115호).

- 그날 저녁. 금강산 호텔에서의 철학 분야 연회장에 필자는 참석하지 않았고, 나중에 알고 보니, 마침 「박」도 불참하였으며, 결국 크게 논쟁을 벌인 남·북의 두 사람만 불참하였고, 나머지는 모두 어울려 흥겹게 춤추고 놀다 함께 사진찍고 밤 10시쯤 투숙 호텔로 돌아옴.

- 밤 11시. 본인이 1115호실로 전화하였고, 「김」이 반갑게 받으면서 재차 방문을 요청함에 본인이 룸으로 찾아가 새벽 두 시까지 3자 간에 편한 대화를 다음과 같이 나눔.

(정) 남한에 이처럼 깊은 역학 연구자가 있다는 게 놀랍다. 송 선생의 논문과 책을 읽고 있는 중이다.

(김) 방금 정 선생님께서 송 선생 칭찬을 하고 있었다. 대단히 높이 평가하시면서 진짜 공부꾼이라고 말씀하시는데 나도 그렇게 느끼고 있다. 그리고 당신이 이 방에 찾아온 데 대하여 당신의 인격을 존중한다.

(송) 주역에서는 말할 때와 안할 때를 가리는 지혜를 말하고 있는데, 내가 아마도 조금 앞서서 입을 연 것 같은 느낌이다. 그러나 누군가가 꺼내야 할 이야기였다고 생각한다.

(김) 만약에 우리 주체 사상을 송 선생의 그 학식으로 제대로 공부하면 그 본래적 가치를 곧 알게 될 것이다.

(송) 나는 학문 자체에는 정직한 사람이니, 내가 돌아가서 주체사상에 대해 더 연구해 보고 만약 어떤 긍정적인 의미가 있음을 알게 된다면 난 바로 그에 대하여 새로운 논문을 수정·발표할 자세가 되어 있다. 솔

직히 말하여 나의 눈에는 현재까지는 주체 사상 자체가 너무 초라해 보인다. 이번 발표장에서도 북측의 여러 선생이 주체 사상이란 「인간이 우주의 주인이 되는 원리」라고 거듭 말하면서 「자주성 · 창의성 · 의식성」을 제시하고 있는 데, 나는 우선 다음과 같은 회의가 생긴다. 즉, 지금 북한의 인민 대중은, 아니 여기 참가하고 있는 지식인들은 과연 자주적으로 결정 · 판단하고, 창의적으로 실행하며, 의식있게 결과를 책임지면서 살아가는가? 실상은 「당이 결정하면 우리는 한다」는 깃발 아래 특정인의 자주적 결단을 위해 인민 대중이 모두 반자주적으로 종속되고 동원되고 있지 않은가?

(김) 우리는 200만 선진 지식 분자들이 함께 결정하는 것이기 때문에 인민 대중이 자발적으로 참여하는 것이다.

(송) 200만이건 20만이건 그 양적 정도가 문제가 아니다. 그 사회 구조의 내적 모순성의 은폐가 문제 아닌가?

(김) 우리 사상적 토론은 그만하자. 이 좋은 시간에 만났다는 것 자체가 더욱 큰 의미 아닌가?

● 이 때 필자가 준비해 온 동양화(개구리를 소재로 한 간단한 묵화 : 울산의 묵계 천병준씨 그림) 다섯 개를 선물로 주자, 모두 침대 위에 펴 보면서 편안한 화제로 돌리면서 차를 나누어 마심.

(정) 나도 유학을 평생 공부한 사람인데, 어떻게 주역을 이 만큼 공부했는가? 아마 머리에 돌을 매달고 공부했으리라 짐작된다.

(송) 평생 역학을 연구하신 충남대학교 유남상 교수님께 지도 받았으며, 지금도 계속하여 강의를 듣고 있다.

(정) 교육자의 한사람으로서 당신의 선생님을 만나뵙고 싶다. 제자를 잘 길러주셔서 고맙다는 나의 말을 꼭 전해주기를 바란다.

(송) 인간의 존재 해명은 역학이 아니면 불가능하다. 주체 사상도 이 점을 명심하고 스스로의 한계성을 극복해야 할 것이다.

(김) 지금 우리는 많이 변했다. 김일성 수령께서는 이미 계급의 이익을 위해 민족의 이익이 희생될 수 없다는 민족 주체 우선을 밝힌 바 있다. 우리는 이제 맑시즘은 떠났다. 정말이다. 내가 보기에 당신은 동양적 지혜로 원리는 밝히는 데는 성공했지만 현실의 진단에 있어서는 여전히 서구적 관점의 틀에서 벗어나지 못하고 있다. 그리고 우리는 종교도 인정하고 있다. 당신은 우리의 참 모습에 대해 더 정직하게 이해해 주어야 한다.

(정) (웃으면서) 송 선생 글을 보고는 반공 교육의 결과가 이런 정도구나 하는 것을 새삼 느꼈다. 우리는 당신들이 아는 것 같지는 않다. 우리 나름의 삶이 있다. 아무튼 당신은 앞으로 이 나라 이 민족을 위해 기여할 사람으로 믿고 있겠다. 사실 이번에 당신 논문을 보고 우리 모두 놀랐다.

(송) 김 선생님의 지적을 겸허하게 받아 들이겠다. 나 자신도 모르는 나 스스로의 맹점이 역시 있으리라고 생각한다. 돌아가면 주체 사상이 자기 극복을 위해 어떻게 노력하는지 지켜보면서 주체 사상 역시 이 민족이 해결해야 할 정신사적 과제라는 입장에서 보다 애정을 가지고 연구해 보겠다. 특히 이번 토론회의 전체적 분위기에 약간 어긋난 듯한 성격의 논문을 발표한 데 대하여 그 내용이 아닌, 그 형식의 문제에서 사과한다. 내가 여기를 방문한 이유는 나보다 인생을 풍부하게 살아온 두 분 선생님께 나의 본래적 심정과 젊은 학도로서의 의지를 보여주고 또 격려받기 위해서이다. 통일에 도움이 되는 일이라면 나는 나의 학자적 양식에 따라 행동할 수 있는 사람이다. 남북 학자 모두가

정권적 테두리에서 벗어날 수 있어야 할 것이다.

(김) 우리 이제 자주 만나자.

(송) 아마 나는 통일이 되기 전까지는 북한 학자들과 다시 만나지는 못할 것 같다. 김일성 수령을 정면으로 비판한 나 같은 사람을 그런 장소에 초대하지는 못할 것 아닌가?

(김) 무슨 소린가. 우리가 모두 자주 만나게 될 것이다.

● 새벽 2시 10분에 1115호를 나옴. (필자는 주로 그동안 공부해 온 과정과 남한의 학문적 분위기 등을 언급하였고, 「정」과 「김」은 주로 북한의 사회가 밖에서 짐작하고 있는 그런 이상한 세계가 아님을 여러 각도에서 언급함.)

● 1115를 나와 호텔 로비에 내려갔더니, 마침 「박」과 「최」가 호텔 로비에 들어서다 본인과 조우함. 박이 예상외로 호탕하게 웃고 인사하며 「편히 주무시오. 내일 또 봅시다」라면서 여유 있게 응대함.

● 토론회 마지막 날. 아침 07 : 50. 「김」이 본인의 방(1204호)로 직접 찾아와서

(김) 어젯밤 밤을 새워서 오늘 발표할 논문을 전면 수정하였으니, 참석하여 좋은 토론의 장을 마련해 주길 바란다. 우리 주체사상이 진실로 어떤 의미가 있는가를 송선생이 꼭 논평해 주면 좋겠다.

(송) 오늘은 단체 여행 일정에 포함되어 부득이 토론회에 참석할 수 없다.

(김) (낭패한 표정으로) 그럴 수 있는가? 토론이 중요하지 관광이 중요한가?

(송) 북경에 처음 온 것인데, 여기까지 와서 시내 구경이라도 해야 할 것 같다. (웃으면서) 아, 토론도 좋지만 내가 즐거웁고 나라 걱정도 해야지, 민족만 생각하다가 세월 보내면 되겠는가? 인생에는 노는 일도 중요하지 않은가?

(김) 그럼 오전에는 토론에 참석하고 오후에는 내가 안내하여 자금성 구경을 시켜주겠다. 우리가 화해한 모습을 모두에게 보여 주어야 하지 않겠는가?

(송) 단체 행동이기 때문에 이탈할 수 없다. 저녁 폐막 만찬장에서 만나자.

(김) 그럼 저녁에는 꼭 나와서 많은 사람 앞에서 우리 「박」과 공개적으로 화해하는 모습을 보여 달라.

- 시내 관광에서 돌아와 토론의 상황을 알아본 즉, 「김」이 자신의 논문 발표에 앞서서 「송」과의 대화 사실을 소개하면서 "송선생이 우리 주체사상에 대해 충분히 알지 못하고 발표한 것에 대해 어젯밤 사과했으며, 우리 모두 앞으로 잘 화합하기로 하였고, 송선생이 어제 저녁 부회 만찬과 오늘 토론에 불참한 이유도 어떤 불만이 있어서가 아니라, 부득이한 개인 사정 때문이니, 오해하지 말 것이며 오늘 저녁 만찬에는 꼭 나오기로 했다"고 거듭 강조하였다고 함.

- 그날 저녁. 폐막 연회에 참석하기 위해 버스에 오르자, 「김화효」가 자기 옆자리에 앉기를 권하여 함께 한 시간 가량 동석함.

(김화) 일본에 오면 꼭 들려 달라.

(송) 해외에 있는 동포들이 자유로운 입장에서 북한의 경직성을 완화시켜 주어야 한다. 토론회도 개최하고 거기에서 싫은 소리도 공개해야 한다. 언제까지 패가 나뉘어 쌈질만 할 것인가?

(김화) 우리 공화국은 잘 될 것이다. 이제 공화국은 옛날과는 다르다. 동구는 무너졌지만 그들은 주체성을 세우지 못해서이다. 우리는 맑스 계급주의가 아니다.

- 폐막 연회에서 즐거운 표정으로 「박」과 면담.

(박) 우리 속담에 싸운 다음에 더 친해진다는 말이 있지 않은가. 어젯밤에 만났을 때. 더 크게 위안의 말을 하지 못한 것이 아쉽다. 이제 우리 모두 잊고 화해하자.

(송) 역시 운동선수 출신이라더니 통이 큰 것 같다. 몸무게도 나보다 많이 나가니 박 선생의 뜻에 따르지 않을 수 있겠는가? 나는 이미 아무런 거리낌이 없다. 본래 운동한 사람은 심성이 순수한 법이다. 나는 당신의 행동이 당신의 순수한 마음에서 연유한 것으로 생각한다.

(박) 때린 사람은 발 오므리고 자고 맞은 사람은 발 뻗고 자는 법이다.

(송) 그렇다면 내가 맞은 걸로 하자. 나는 발 뻗어야 잠이 온다.

(김주) (옆에서 대화를 지켜보다가) 두 사람이 만나서 무슨 그리 널 뛰는 일이 있는가? 앞으로 우리 모두 자주 만나자.

(송) (기념사진 촬영을 하면서) 이 사진은 통일될 때까지 내가 보관하겠다.

● 23일 떠나는 날 아침. 버스에 오르기 직전 1115호에 전화하여 「김주」에게 작별인사 함.

기타 참고사항

● 개막식 치사 내용

① 안병호 위원장 : 조선 반도에 대한 관심이 커지고 있는 상황에서 행사가 열리는 데 의미가 큼.

② 북경대 제1부총장 : 토론의 자유와 포용성을 중시 − 논쟁 거리는 유보해 두고 계속 전개하자.

③ 조선사회과학원 김철식 부원장 : 토론회의 의의를 「북남 합의서」 실현의 촉구 기회로 삼자.

④ 단국대학교 정용석 교수 : 기성 세대의 부끄러운 갈등을 극복하고 진리 탐구의 공동 지평을 열자.

⑤ 경과보고 : 오사까 경법대 이사장이 중국돈 100만 위엔(약 1억5천만원)을 부담하여 행사를 치르게 된 것에 감사한다.

● 논문 발표 후 중국 학자들(김경진 : 중국 북방 소수 민족 철학회 이사, 최용수 : 중국측 주최 간사, 김강일 : 연변대학 강좌장)은 대부분 사석에서 "우리는 당신의 견해를 충분히 이해한다. 우리가 주체 사상에 대하여 할 말이 없어서 말하지 않은 게 아니다. 이제는 북조선도 달라질 것이다"라는 소견을 피력함.

● 필자의 위 논문이 발표된 1년 후인 1993. 10월. 북한은 갑작스레 단군의 유골을 발굴했다는 상식이하의 역사적 조작을 대내외에 공표하면서, 한민족의 조상으로서의 단군이 갖는 상징적 의미를 주석궁의 앞마당에 묶어 두려는 시도를 감행하였고, 이어 12월에는 민족문화 계승을 결의하여 그동안 돌아보지도 않았던 전통문화의 소중함을 새삼스레 거론하였다.

이러한 일련의 사태에 대하여 당시의 언론에서 평가한 논조를 인용해 보면 다음과 같다.

① 북한에 지금 수상한 일이 벌어지고 있다. 10일 폐막된 제9기 6차 북한 최고인민회의가 민족문화 계승발전을 위한 9개항 결의문을 채택했고, 黨비서 金基南은 이와 관련, 檀君陵 등 민족 문화유산이 전면적으로 발굴 정리 보호돼야 한다고 역설했다. 북한의 방송들도 이러한 사업이 학술상의 문제나 실무적 문제가 아니라, 자주시대의 기본요구와 민족 자주노선과 관련된 중대한 정치적 문제라고 주장했다.

민족문화 계승발전이란 더할 나위 없이 좋은 일이다. 문제는 북한이 이것을 정치적 문제로 규정하고 나선 데 있다. 북한은 지난 10월 3일 단군릉 발굴을 발표하면서 키 1m70 정도의 「체격이 장대한」 단군이 약 5천11년 전에 實在했음을 확인했다고 하면서 이는 반만년 역사가 과학적으로 증명된 민족의 위대한 승리라고 주장했었다. 그들에 의하면 단군릉 발굴로 평양이 민족문화의 중심지로, 조선 민족의 聖地로 확인됐다는 것이다. 북한에서는 결코 낯설지 않은 이 「역사 놀음」이 노리는 궁극적 목표는 사회주의의 몰락과 국제고립 경제실패로 궁지에 몰린 주체사상에 탈출구를 마련하자는 데 있을 것이다.(동아일보 '93. 12. 12 횡설수설)

② 오래전부터 관심을 모아 왔던 북한 최고 인민회의 제9기 6차 회의의 하이라이트는 金日成의 동생 金英柱의 등장이라고 할 수 있다. 그러나 이번 최고 인민회의에선 일반에게는 잘 알려져 있지 않지만, 북한의 여러 의안들 가운데 사상 먼저 상정할 정도로 「정치적 의미」가 있는 중요한 안건이 하나 더 있었다. 「민족문화 유산을 옳게 계승 발전시키기 위한 사업을 더욱 개선 강화 발전시킨데 대하여」라는 긴 이름의 안건이다.

표면적으로 보면 이 의안은 민족문화재의 발굴과 보존 및 계승 발전을 위해 인민들의 관심을 불러일으키는 것이다. 그러나 최고인민회의가 이 의안을 맨 먼저 상정해 토론하고 최고인민회의 이름으로 민족 문화 유산의 주체적 계승 발전 등 9개 항의 「결정」을 채택한 데는 위에 말한 목적 외에 정치적 의도가 깊숙이 개입해 있는 것이다.

그것은 최근의 국제적인 고립 속에 인민들 사이에 일고 있는 민족적 허무주의를 극복하기 위한 것으로, 북한이 여러 문화재 가운데 유독 단군릉 발굴을 가장 중요하게 여기고 대대적으로 선전하는 것도 그러한 정치적 의도와 맥을 같이 하고 있다. 북한이 단군릉 발굴로 「조선 사람들의 기원 문제」가 해결됐다고 주장함으로써 「한반도 정통성」이 자신들에게 있다는 것을 더욱 강조하고 싶은 것이다. 또 하나는 이번 결정을 통해 「민족 제일주의」를 내세우고 「민족문화의 순결성」을 강조함으로써 알게 모르게 북한으로 흘러 들어가는 「바깥소식」에 주민들이 동요하는 것을 방지하기 위한 「문화우월성」을 심기 위한 전략이라고 할 수 있다. (조선일보. '93. 12. 14 도준호 북한 부장)

⊙ 당시의 북한 사회는 김일성의 우상화가 최고조에 달했던 시기인 만큼, 설령 단군 할아버지가 무덤에서 걸어 나와 김일성과 마주했다면, 단군 할아버지가 김일성에 큰 절 해야 마땅하다는 식의 광신적 세뇌가 일반화된 평양사회였다는 점에서, 절대 군주로서의 김일성에게 구태여 단군의 존재 의미가 새롭게 필요하게 된 저간의 사정에 대해서는 의아해 하지 않을 수 없는 것이다.

단군보다 더 높은 자리에서 절대적 권위를 누리고 있던 김일성이 새삼스레 단군을 조상으로 모시는 정치적 사업에 골몰하게 된 이유가 그들의 사회 분위기에서는 쉽게 납득되지 않을 뿐만 아니라, 그들의 역사 인물 사전은 김일성 일가로 가득 채워져 있고, 조상께 제사 지내는 일이나 추석 명절보다는 김일성 숭배와 김일성 생일이 우선하는 북조선으로서는 '단군'과 '민족 전통문화'라는 아이템은 선뜻 어울리지 않기 때문이다.

그들이 단군을 前面에 앞세우지 않고서는 그들 자신의 존립 자체가 무너진다는 엄연한 현실을 인식해서인지, 아니면 전술적 차원에서라도 단군을 자기 편으로 끌어들여야겠다는 판단을 하게 된 것인지는 모르겠으나, 어쨌든 단군의 존재 의미와 전통 문화의식의 가치를 公論化 하게 된 이유와 근거와 배경에는, 1년 전에 발표한 필자의 위 논문이 어떤 방식이던 간에 일정한 시사점이나 계기를 제공했을 것으로 필자는 추측하고 있다.

논문 발표 당시 북한 학자들이 보여준 여러 가지 분위기를 상기해 볼 때, 비록 명백한 증거나 증언이 있는 것은 아니지만, 필자의 논문이 그들에게 적지 않은 충격과 자극제가 되었을 것임은 미루어 짐작하기 어렵지 않은 것이다.

⊙ 이제 세월이 흘러 그들과 토론하던 때가 벌써 20년이 훌쩍 지났다.
정성철 박사께선 아마도 연로하시어 작고하셨을 수도 있을 것이다.
그 때의 김주철 선생, 박문희 선생 등은 한번 만나보고 싶다.
그 때와는 또 다른 색깔의 새로운 통일 설계도가 난무하는 요즈음, 변치 않는 민족애의 악보 위에서 "우리의 소원은 통일"을 함께 불러 보고 싶다.

[폐막 만찬장에서 정성철 박사와의 대화 모습. 김주철 선생이 나의 카메라에 담아 주었다. 정성철 박사의 육성은 매우 힘이 있었고, 나를 바라보는 눈빛에는 자애로움이 담겨 있었다]

易學(正易)의
後天(開闢) 消息

아름다운 새 날(後天)이 사립문 밖에 와 계십니다.

부디 벗님들은 마음 바로 세우고(正心) 옷매무새 가다듬어(修德)

기쁜 그 날(己日)을 반갑게 맞이하소서.

믿고 준비하는 자에게는 福이 오신다네(有孚惠我德)

謙虛하게 後天을 준비 합시다: 懼以終始 其要无咎

= 遯志潛躬 (마음은 편히 내려놓고 몸은 즐거이 낮추세)

= 研經養德 (가르침은 옳게 배우고 사랑은 바르게 기르세)

1
우리는 오늘 여기에서
무엇을 말하려 하는가?

　인간은 天地之間의 萬物之中에서 인격적 삶을 내용으로 살아가는 하나의 존재이다.

　인간은 '神明性'(영혼)과 '叡智性'(이성)을 가진 形而上的 존재이기에 "뜻"(義. 意. 道. 理)을 본체로 삼고 있는 神과 교통할 수 있고, 동시에 "몸"(身. 體. 器. 氣)을 가지고 있는 形而下的 존재이기에 동물의 본능성과 물질적 제한성에 구속될 수밖에 없는 숙명을 부여받고 있다 할 것이다. 그러므로 인간의 본질인 人性에는 이미 하늘의 神明之德과 땅의 萬物之情을 함께 具有하고 있는 "神·物 兩性의 인격주체성"이 內藏되어 있다 할 것이다.

　[神은 형체가 없고 뜻만을 가지고 있는 것이기에, 신의 존재함은 오로지 말씀으로만 증거할 수 있는 것인 바, 世間에서 신을 형상(감각대상)으로 보여주고자 하는 따위의 일체 행위는 모두가 우상(도깨비)을 내세워 밥벌이 하려는 사이비들이라 할 수 있다]

[인간은 광대무변한 우주적 공간 속에서는 한갓 티끌에 불과한 존재이고, 영겁의 세월 속에서는 단지 찰나적 존재일 뿐이다. 그렇지만 인간은 우주(하늘)가 내려주신 하늘적 품성인 '神明性'을 가지고 태어났기에 무한 공간과 무량 시간을 "지금. 여기 나의 삶"이라는 지평에서 온전히 集約. 會通. 自覺함으로써, 우주 전체(天地. 日月. 萬物)에 대하여 관심두고, 고민하고, 걱정하고, 해석하고, 선언하게 되는, 이른바 "천지에 準하는 하늘적 존재"가 되는 것이다. 하늘의 자식인 인간으로서 부모적 차원인 하늘 자체의 절대적 영역(天地開闢 문제)에 대해서도 참여하고, 공감하고, 공유하게 되는 "天-人간의 존재론적 관계"가 바로 여기에 있는 것이다. 易은 인간이 숙명적으로 갖게 되는 "우주 안에서의 인간의 존재 의미"를 온전하게 밝혀 주는 "궁극적 관심사의 총체"인 것이다

(易與天地準)]

하늘(天)과 땅(地) 사이에서 삶을 영위하는 인간에게 있어서 원초적이며 궁극적인 관심거리는 삶 자체(生存 문제)이며, 그러하기에 인간의 삶 자체에 가장 근원적이고도 강제적인 영향력과 권위를 행사하는 天(하늘. 하느님.하늘의 운행)과 地(땅.만물.자연현상)에 대하여, 인간은 숙명적인 관계(종속적 관심)를 벗어날 수 없게 되는 것이다.

인간이 갖는 하늘에 대한 관심은 종교의 영역(神性의 탐구)으로 수렴되고, 땅에 대한 관심은 과학의 역할(物性의 활용)로 모아진다. 따라서 인간의 삶의 지평은 종교와 과학이라는 두 가지의 범주로 크게 구분하여 이해할 수 있다.

[서구의 역사에서 과거 중세 천년 동안 神의 노예임을 기쁘게 자처하

며 살아오던 인류는 르네상스를 겪으면서, 인간의 살림살이를 허상의 이념인 神性에 의탁하기보다는 스스로의 노력으로 살아가는 것이 더욱 有用할 수 있음을 경험한 이후, 20세기에 이르기까지 인간의 생각과 손기술로 무엇이든지 해낼 수 있다는 또 다른 신앙을 가지고, 무한한 물질적 풍요로움과 기술적 편리함을 하늘의 축복처럼 찬미하면서 절대적 문명의 혜택을 만끽해왔다.

그러나 20세기 세계 대전을 치르고, 21세기 경이로운 신문명에로의 문턱을 넘으면서, 과학 기술의 성과가 생활의 윤택함보다 오히려 생명 살상의 원천적 공포임을 체험하게 되었고, 종교적 신념이 인간을 위로하기보다 오히려 종교 · 인종 · 국가 · 민족 · 문화 · 제도 · 이념간의 극단적 갈등과 투쟁을 미화하는 깃발과 무기로써 더욱 요긴하게 쓰이고 있음을 발견하게 된 것이니, 9.11테러, 지구환경의 오염, 생명 경시와 대량 살상의 유행과 관용 풍조, 자본주의 경영 방식의 통제 불가능한 횡포, 공산사회주의 이념의 허상 확인 등의 사태를 체감하면서, 이제 기존의 습관적 사유와 고정적 태도만 가지고서는 더 이상의 인류 共生을 담보할 수 없다는 사실을 공증하게 되었고, 나아가 인류의 미래적 삶에 요청되는 새로운 삶의 지혜와 이념과 방식과 논리를 모색하게 된 것이다]

1) 21세기 오늘의 인류에게 당면한 문명적 난제

는 특정한 지도자. 국가. 사회제도. 또는 득성 이념. 기술의 독단적 능력이나 노력만으로는 결코 해결할 수 없는 숫인류적. 숫지구적. 숫시공적 과제이며, 인류 사회 공동체에게 주어진 글로벌한 숙명적 과제가 되어 있는 것인 바, 이에 대한 책임적 위치에 있는 여러 정치지도자. 지식인. 종교가. 사상가 등은 기존의 문명적 타성을 극복하고 새로운 발상과 양식을 동원하여, 공존의 원리와 조화의 방식을 찾다보니, 이른바 "동양적 정신문화와 가치"에로 그들의 지향처가 수렴되고 있는 것이 오늘날의 대체적인 경향이 된 것이다. 이에 동양 문명의 중심에 있는 중국적 가치와 유용성은 이미 G2의 위상으로 부상한 국제적 현실이 증거하고 있으며, 자원이 부족하고 역사적 상처가 처절한 동이족의 후예인 한민족 또한 G20 의장국. 유엔지도자 배출. 문화와 스포츠에서의 생활 가치 상승. 세계 10대 교역량의 경제적 성취 등은 이를 명징하게 보증하고 있다 할 것이다.

영국 출신의 미국 과학자(이론물리학)인 카프라 교수의 "인류 문명의 대전환기에서 그 위기를 극복할 수 있는 지혜는 상생과 조화의 동양 문명에 있다"는 지적. 한국 출신의 미국 신학자인 이정용 교수의 "전통적인 서구의 기독교는 이미 실패하였으며 본래적 예수의 메시지는 음양의 철학인 동양의 주역으로 재해석되어야 한다"는 주장. 세계적 축제의 중심인 2008베이징 올림픽과 2010년 상하이 엑스포에서 사회주의 공산국가인 중국이 세계 앞에 내보인 키워드는 온통 "공자와 논어" 일색이었던 현실 등을 이제 인류는 공감하고 수긍하지 않을 수 없게 되었다.

[F. 카프라. The turning point. 새로운 과학과 문명의 전환. (이성범 외 역, 범양사, 1985), 33~35쪽. 우리가 현재 경험하고 있는 변화는 전 세계적인 광범위한 것이며, 현재의 위기는 개인이나 정부 혹은 사회 제도만의 위기가 아닌 지구 차원의 轉移인 것으로 우리는 지금 전환점에 도달하고 있다. 이러한 위대한 전이에 대비해서 우리가 필요로 하는 일은 우리 문화의 주요 전제와 가치를 깊이 재검토하며, 이미 유효성이 없어진 개념적 모형은 버리고 우리 문화사의 어떤 시기에 버렸던 어떤 가치들을 새롭게 인정하는 일이다.…… (현대의 주요 이론 중) 마르크스적 견해는

사회진화에 있어서 모순과 투쟁을 지나치게 강조함으로써 자연 속의 모든 투쟁은 더 큰 협동의 테두리 안에서 일어난다는 사실을 간과하고 있다. 따라서 마르크스의 견해보다는 (동양사상인) 易經의 철학을 따르는 것이 사회적 전환기의 충돌을 극소화한다고 나는 믿는다.]

[이정용. Cosmic religion 易과 기독교 사상. (정진홍 역, 한국신학연구소, 1980), 8쪽. 서구의 전통적인 종교가 실패한 것은 포용적인 신에 대하여 배타적인 상징을 사용한 데에 주로 그 원인이 있다. 신은 인격적 실존과 비인격적 실존 양자의 신인 것이다. 그러므로 종교적 틀에서부터 비인격적 실존에 대한 관심을 없애 버린 전통적인 종교적 사유는 서구가 지니고 있는 비극적인 실패라고 단언할 수 있다. …… 모든 것의 신·모든 것을 위한 신을 다루는 우주적 종교는 본질적으로 보편적인 종교이다.…… 동양적인 사유 방법과는 정반대인 배중률의 서구적 논리는 그 근본을 동양문명에 두고 있는 기독교 신앙을 해석하기에는 적합하지 않다.…… 나는 머지않아 서구적인 논리적 사유에 의해 독점되어 온 기독교의 메시지가 陰陽원리의 범주인 동양적인 사유 방법에 의하여 근본적으로 재해석되어야 하리라고 믿고 있다.]

2) 그런데 미래 인류사회의 문명적 대안으로 부상하고 있는 동양 문명의 始原(근원. 출발지)이 (기존의 中華主義에서 당연시 되던) 중국의 中原(黃河. 長江 중심의 漢族)이 아니라, 그보다 2000여년 앞선 艮方 東夷族(동북아시아의 요하 문명. 홍산 문화의 주체인 白族인 韓族)에 있음이 이제 고고학적으로 검증되고 있음에, 東夷 白族의 혈통과 문명적 유전자를 嫡統으로 계승해 온 우리 韓民族에게 새로운 인류사적

위상과 사명이 주어져 있음을 우리 한민족은 자각하고 수용하고 세계와 더불어 공인하지 않을 수 없게 된 것이다.

[최근 배재대학교 손성태 교수의 연구 성과 "(우리)한민족이 미대륙 토착문명인 인디언 문화의 모태임을 고고학적. 언어적. 문화적 자료를 통하여 실증적으로 확인함" 또한 동이족 한민족의 인류 문명사적 역할에 대한 분명한 사례의 하나이다.]

일찍이 유럽의 대신비가이며 독일 녹색운동의 원조인 루돌프 슈타이너는 "인류의 새 시대에는 새 삶의 원형을 제시하는 민족이 있기 마련인데, 현대의 대 전환기에는 그 민족이 극동에 있다"고 한민족을 직접 거론한 일이 있고, 한국의 근대정신에 나타난 개벽사상을 역학적 보편원리로써 천착해온 이찬구 박사는 '한국의 제3역학인 正易에 대하여 강한 기대감을 표명한 바' 있으며, 특히 인류 문명의 실용적 성과와 이념적 모순의 생체 실험장으로 쓰인 이곳 한반도에서 태어나, 20세기의 문명사적 제반 속성을 온 몸으로 체감하면서, 새로운 21세기의 신문명이 요청하고 있는 생명의 연금술을 찾아내고자 스스로 촉매 역할을 자청해 온 김지하 시인은 "문명의 급격한 대변혁 국면에서 문명 내부의 콘텐츠로서 새로운 문화와 사상을 내놓아야 한다"고 소리치면서 그 요체를 "正易 공부"로 귀결시키고 있음은, "21세기의 인류사적 본질을 정직하게 읽어냄"에 있어서 결코 부인할 수 없는 실증적 사례들이라고 아니할 수 없다.

그리하여 오늘 우리가 이 자리에서 함께 나누어도 좋을 만한 소식은 "21세기 인류의 삶〉동양의 정신문화〉공자의 易學〉한민족의 正易"으로 수렴된다 해도, 이것이 全地球 마을의 공동 관심사에서 결코 벗어난 것은 아닐 것이다.

[김지하. 율려란 무엇인가. 한문화. 1999. P38]

"일본 다까하시 이와요 인지학회장은 말하기를 '자기의 스승인 루돌프 슈타이너가 언젠가 문명의 대전환기에 인류의 새 시대의 새 삶을 결정하는 새 원형을 제시하는 성배의 민족이 반드시 나타나는 법인데 지금도 그 성배민족이 있으며, 로마시대에는 이스라엘 민족이 있었지만 현대에는 그 민족이 극동에 있다. 이 민족은 뛰어난 영성과 창조력을 가졌음에도 불구하고 끊임없는 외침과 압정에 의해 수난을 받아온 고난의 민족으로서, 새 세계에 대한 꿈을 안으로 잉태하고 있는 꿈꾸는 민족이다' 라고 하였다."

[김지하. '시인 김지하 개벽 꿈꾸는 참 시인인가 변절한 몽상가인가. 전 문화일보 기자 김종락 '기획회의' 가 만난 사람 대담]

"세계문명의 새로운 중심으로 동아시아가 부상하고 있다. 세계의 돈이 동아시아의 태평양에 집중되는 것이야말로 동아시아에 네오르네상스가 오고 있다는 증거이다. 그리고 네오르네상스의 중심은 한반도가 될 것이다. 세계적인 여러 석학의 예언에서 최근의 '촛불' 과 '신한류' 에 이르기까지 그 근거도 많다. 여기서 우리에게 중요한 것은 문명의 급격한 대변혁 국면에서 문명 내부의 콘텐츠로서 새로운 문화와 사상을 내놓아야 한다는 것이다. 동서양의 과학과 철학과 사상을 융합해 전 인류를 이롭게 할 창조적 방향을 제시하는 것. 이것이 나의 일이다"

[김지하. 正易을 말한다. "己位親政에 관하여" 프레시안 2008. 10. 31]

"주역은 분명 제 안에 후천 개벽기에 이르러 정역이 출현할 것을 예언하고 있다. 공자가 쓴 계사에 '만물이 끝나고 만물이 새로이 시작하는 때에 艮方보다 그 이치에 있어 더 번성할 곳이 없다(終萬物 始萬物者 寞盛乎艮)'고 한 것이 그것이다. 간방은 바로 한반도이다. 그리고 그 때가 다름아닌 오늘날과 같은 후천개벽의 때이다.....주역 동경자는 즉시 정역부터 공부해야 할 것이다. 正易을 공부하면서 그 원칙에 따라 세상과 삶을 살피는 바른 눈으로 다시 주역을 읽고 참고한다면 그 때야말로 참다운 후천개벽을 깨닫게 될 것이다.....이글의 목적은 바로 그런 정역 공부의 권장에 있다"

[이찬구, 「한국 역학사상의 개관」, 신종교연구. 5집(한국신종교학회, 2001), 65쪽.]

"정역은 (구한말) 동학·남학의 후천개벽사상이 추구하던 개혁사상과 공통적 시대의식을 지니면서 새로운 역학의 논리를 계발함으로써, 치밀하고 조직적인 후천개벽사상의 전형을 보여주었고, 이 점이 한국사상사 내지 한국종교사에 중대한 의미와 위치를 차지하게 되었다. 현재 동학계 교단과는 달리 대부분의 증산계 교단에서는, 정역을 교리로까지 수용하고 있다. 하지만 동학·증산·대종교에 흐르고 있는 사상의 기저에는 공통적으로 정역 사상이 흐르고 있다는 것을 부인할 수는 없을 것이다. 曆數原理와 神人合德의 神明原理를 한국사상의 본질로 본 柳南相은 "동학과 정역은 한국 고유의 神道와 天道의 표방이며, 한국유학사상기의 총결산"이라고 하였다. 우리는 지금 수운의 말과 같이 후천개벽의 시대인 更定胞胎之運에 살고 있다. 천지운도가 새 질서를 찾고 있고, 우주가 새 생명을 포태하는 중요한 시기이다. '영적 엘리트'들에 의해 이룩된 '한국의 제3의 역학'은 바로 이를 위해 이 민족에게 포태된 것이라 할 수 있다. 그것의 順産 여부는 오늘의 신종교를 포함한 역학인들에게 주어져 있다고 본다. 이상의 문제들에 대해서는 후일을 기약하며, 우리 모두의 몫으로 남기고 싶다."

한글의 制字原理를 담고 있는 "훈민정음의 역학적 연구" 등을 통하여, 고대 동이족의 언어적 배경을 五行的 관점에서 탐구하여, 철학적. 음운학적으로 논증하고 설명한 이정호 박사의 연구는 실로 탁월한 학문적 성과라 아니할 수 없다. (이정호. 易學饌言. 1982. 대한 교과서 주식회사. 참조). 특히 중국의 문자로 알려진 漢字를 '읽음'(讀音)에 있어서, "하나의 글자"에 대하여 중국의 漢族은 '두 음절'로 읽는 경우가 허다하지만, 한국의 동이족은 '한 음절'로만 읽고 있음을 볼 때, 漢字의 起源 역시 동이족의 문명적 始原과 더욱 가까운 근원임을 추측하게 한다. 특히 "인류 문명의 태초적 정황을 내용으로 하는 말과 글"을 살펴볼 때, 한국어(한글)와 漢字의 음은 일정한 연관성과 공통성을 내포하고 있음을 발견할 수 있는데, 송재국 교수는 이에 대하여 다음과 같은 사례를 소개한 바도 있다.(송재국 교수의 역학 담론)

– 사람: 사랑을 씨로 하여 우주 안에 생겨난 인격체.
– 사랑: 사람의 존재원리.
– 살다(삶, 살림): 사랑이라는 씨가 시간과 공간의 지평에서 싹트고 꽃피는 모습.
– 生(날 생): 처음 생명이 비롯되는 모습.
– 性(본바탕 성): 처음 비롯된 사람의 마음(忄+生).
– 猩猩(성성이 성): 인류사에 처음으로 등장하는 유인원의 이름.
– 사르다(불사르다): 생명의 에너지인 불(火)을 산소로써 태워(燃燒) 그 힘으로 살아가는 생명의 전 과정.

- 成(이룰 성): 태어난 생명이 그 생명적 의의를 모두 이룸. 완성된 어른 (成人).
- 聖(거룩할 성): 우주 만물의 본뜻이 모두 완전히 이루어진 궁극적 경지 (聖人).
- 誠(미쁠 성): 태어난 생명이 그 실상을 모두 이루게 되는 것은 본래 하늘의 의지(聖人之意·聖人之言)가 그 '뜻하신 바'를 이루는 과정(言+成).
● 夷(동방 사람 이)-人(사람 인)-仁(씨 인)-寅(동방 인)-因(말미암을 인, 근본 인)-元(으뜸 원)-天(하늘 천)

○ 특히 존재의 근원을 지칭하는 한국어를 "씨(씨앗)"라고 할 수 있는데, 이는 "시"의 硬音이기도 하다. --하늘이 인간에게 내려준 삶의 근거이며 질서로서의 "時"(때. 시간의식)--하늘의 뜻이 開示되는 방법으로서의 "施"와 "示"--天施에 대하여 인간이 順應하는 모습으로서의 "視" 등에서도 하나의 일관된 "字意와 音韻간의 연관성"이 있음 또한 우연으로만 치부할 수는 없을 듯하다. 물론 언어적 특성과 인류 문명의 始原을 연결하려는 학문적 가능성이나 의의는 전문적인 언어학자들과의 협력을 바탕으로 보다 치밀하고 근거있게 논의될 영역이긴 하지만, 적어도 고대 동북아에 살던 동이족의 문명적 開眼이 漢字 등의 文字에서 有意味한 示唆點과 관련성이 풍부하게 발견된다는 점에서, 보다 적극적이고 입체적인 연구의 필요성이 있다는 것이 논자의 所見이다.
= 모든 존재(天地. 萬物. 人間)가 처음으로 생겨남(비롯됨): 始(시)
= 하늘의 베푸심(天施)에 대하여 인간이 그 뜻을 섬기어 모시는 일(자식의 몸짓): 侍(시)
= 그 뜻을 믿고 따르는 마음씨: 恃(시)

= 그 뜻을 헤아리기 위해 점을 치는 자료: 蓍(시)

= 그 뜻에 도달하기 위해 쏘아 올리는 (인간의 손짓을 대신하는) 도구: 矢(시)

= 인간의 뜻을 전달해주는 새의 날개: 翅 (시)

= 하늘이 내려주신 인간의 생명적 뿌리: 氏(씨, 本音은 시)

= 하늘의 베푸심: 施(시)

= 하늘이 보여주심: 示(시)

= 보여주신 하늘의 뜻을 인간이 보는 일: 視(시)

= 하늘이 내려주신 생명의 원리를 인간이 자신의 존재원리로 자각한 본
  질 내용 (삶의 존재 지평): 時(시)

= 하늘이 뜻을 땅에서 구현하는 治世의 중심터인 관청 : 寺(시)

○ 또한 易學의 철학적 慧眼으로만 感通되는 "이치(원리. 뜻)의 발용인
  順"에 대한 구체적 용례를 열거해 보면 다음과 같다.(字意와 字音의 상
  관성은 우연의 일치일까?)

  [송재국,『동서철학연구』제60호, 2011. 周易 風雷 益卦 "天施地生"의
  順逆的 理解. 참조]

* (益)天施地生. (姤)施命告四方. (謙)稱物平施. (夬)施祿及下. (乾.九二)
  德施普也. (乾.彖)雲行雨施 ---〉施(시)

* (頤.大過.海.革)之時 大矣哉. (坎.睽.蹇)之時用 大矣哉. (遯.隨)時之義
  大矣哉.. (豫.姤.旅)之時義 大矣哉.
  (革)治歷明時. (繫辭下.9)唯其時物. (節.九二象)失時極也 ---〉時(시)

* (乾.彖)大明終始. 萬物資始. (繫辭下.9)原始要終 ---〉始(시)

* (繫辭上.11)天生神物....所以示也. (孟子.萬章.上)天不言 以行與事 示之
  而已矣 ---〉示(시)]

* (履.六三). (歸妹. 九二) 眇 能視 ---〉視(시)

2

周易과 正易의 출현

성인께서 역을 지으신(作易) 이유는 하늘의 자식으로 태어난 인류의 미래적 삶이 걱정되어서(憂患) 천하 백성에게 어려운 시절(공간적으로는 험한 물길을 건넘-利涉大川. 시간적으로는 先後天 曆數變革의 계기를 살아냄-知進退存亡而不失其正)이 닥치더라도 죽지 않고 잘 견디고 극복하여(懼以終始) 오래도록 허물없이(无咎) 살아갈 수 있도록 하기 위해, 인간이 주체적으로 판단하고 결정할 수 있는 基準과 法度로서의 '올바른 때의 원리'(時義. 時中之道)를 밝혀주고, 이를 인간에게 가르쳐주기 위함이다. (진리만이 인간 세상을 구원할 수 있기 때문이다-道濟天下) (懼以終始 其要无咎 此之謂易之道也)

동양의 정신사에서 易學은 공자 이후 주역뿐이었다. 그런데 19세기 艮方 조선에서 正易이 출현하였다. 정역이 세상에 나오게 된 철학적 근거로서의 우주적 필연과 인류사적 당위가 주역 속에는 이미 비장되어 왔음이 정역의 출현으로 인하여 비로소 밝혀지게 되었다.

그렇다면 正易은 어떻게 19세기 한반도 조선에서 나타나게 된 것일까?

한민족의 생존 현장인 동아시아의 문화적 전통과 그 흐름에 대하여 우실하 교수는 다음과 같은 두 갈래의 성격으로 구분하고 있다.[우실하. 동

북공정너머 요하문명. 소나무. 2006]

　北方 수렵문화-神明的 특성-3수 분화의 세계 인식-三才的 사유(동
북아 東夷族의 중심 사상)

　南方 농경문화-人文的 특성-2수 분화의 세계 인식-陰陽的 사유(중
원 漢族의 중심 사상)

　그리고 이어서 주역으로 집약되는 이른바 역학의 사상을 "2수 분화의
세계관에 배경을 두고 있는 漢族의 음양론 구조가 중심 논리"라고 규정
하고 있다. 주역의 사상적 배경을 漢族의 농경 문화의 所産으로 규정한
우 교수의 관점은 주역의 철학적 구조 형식인 卦象에 대한 이해의 부족
때문이며, 주역의 本文과 十翼 전체를 깊이 천착해 보면, 주역의 사상적
배경은 북방 수렵문화의 3수적 神明世界에서 起源하고 있음을 분명히 확
인할 수 있다.(六者非他也 三才之道也)

　이에 발표자는 정역이 19세기 한반도에서 東夷族인 韓族에 의해 출현
하게 된 文明的 사건의 의의에 대하여 다음과 같이 정리한 바 있다.

　[송재국. 동서철학연구.『周易』의 六爻 重卦 構成 原理-三才論과 陰陽
論을 中心으로-. 2011. 3]

　첫째, 易經(卦辭・爻辭)이 易傳(十翼)보다 易의 太初的(本源的) 사유를
보다 충실히 반영하고 있다는 점과 卦爻辭에 3數的 言說이 集中되어 있
다는 사실은, 역의 본래적 특성은 3수 分化的 사유 속에서 출발하여, 2수
분화적 사유체계를 방편으로 삼아, 역학이라는 철학 사상으로 정착되었
다고 짐작할 수 있다.

　둘째, 중국적(漢族의) 사유의 특성을 2수 분화적 세계관이라 할 수 있
고, 동이적(韓族의) 사유의 특성을 3수 분화적 세계관이라 할 수 있다면,
역학의 기원은 동이족의 사유구조(논리와 이념)에서 출발한 것이라고 추

정할 수 있다. 역학이 중국의 문화와 사상의 기저(기초 · 근거 · 바탕 · 원재료)를 이루고 있다는 사실에 동의한다면, 중국 문명의 기원이 동북아의 동이족(홍산문화 · 요하문명)에서 출발하고 있음이 고고학적으로 증명되고 있는 오늘의 역사적 실증에 비추어 보더라도 그 추정의 의미를 부정할 수는 없다.

셋째, 舊韓末 한국에서 一夫 金恒에 의해 선포된 정역의 논리와 이념은 역의 태초적 논리와 이념을 대변하는 3수 분화적 관점에서 역학의 전모를 다시 해석하고 정리한 일대 학문적 성과라 할 수 있다. 그러기에 정역에서는 易道를 '始生의 易－長育의 易－成終의 易'이라는 3단계로써 그 본질을 해명한 것이며, 그 내용으로서 「伏犧八卦圖」－「文王八卦圖」－「正易八卦圖」라는 3易의 체계를 제시하게 된 것이다.

주역에서 제시된 伏犧易과 文王易 이외에 一夫易이라는 또 다른 易의 논리 체계와 이념이 존재할 수밖에 없다는 학문적 당위와 역학사적 필연성이 동북아 조선에서 「正易八卦圖」가 완성됨으로써 비로소 인류문명사에서 증명된 것이다.

실로 正易이란 (書經과 論語. 그리고 周易에) 이미 공자께서 은미하게 감추어 두었던 "天之曆數在爾躬" "成言乎艮" "四營而成易" "己日乃孚" "革言三就"의 참 뜻(秘藏된 奧義)을, 그 때가 이름(至)에 즈음하여 (天之曆數가 완전히 成道하여 360일 正曆 度數가 운행하는 후천 개벽의 때가 가까워지고 있음에) 一夫 선생이 神明의 경지에 참여하여 聖統 계승의 사명적 깨달음으로 天意를 해명(재해석: 재자각: 새붊힘)하시고, 이를 인간 세상에 사람의 글자로써 천명하셨던 것이다. 이로써 우주사와 인류사를 통섭하는 역학사의 전개 과정을 生－長－成의 3단계로 볼 때, "伏犧 3수적 生易(씨)－文王 2수적 長易(꽃)－一夫 3수적 成易(열매)"이라는 易

道의 생명적 전개는 完全 · 完成 · 完備 · 完美하게 된 것이다.

[정역의 첫머리에서는 "易者曆也"라 하였으니, 이는 일찍이 공자가 선포한 '인간 세계의 成易之道'를 一夫는 '우주의 成曆之道'와 더불어 동일 차원에서 해설하였다. 이러한 일부의 새로운 해석을 통하여, (2,500년 동안 감추어져 있던) '우주사와 인류사가 동반하여 天人合一 · 正道成德의 세계를 지향하는 유학의 본래 면목'이 비로소 확연하게 드러나게 된 것이다.

또한 주역에서 음양 兩爻의 작용을 일러 用九 · 用六으로 표현한 것은, 정역에서 말하는 '15尊空原理'가 陽과 陰(해와 달)으로 나누어 작용하는 '생명이 자라는 과정'을 "陽的 작용으로서의 用九 작용"과 "陰的 작용으로서의 用六 작용"으로 직접 지칭한 言辭이다.

陽과 陰으로서의 九와 六이 작용하는 우주적 발용 과정을 先天의 성인이신 공자께서는 아직 成曆의 때가 멀리 있음에 "用九"와 "用六"으로만 明記한 것이니, "九와 六이 合德되어(9+6=15) 15尊空의 본래적 사명을 완수하게 된다"는 우주적 秘義는 후세 성인의 사명으로 미루어 두고, 당신이 撰述하신 주역(十翼)에서는 잠시 문자 속에다 감추어 두신 것이다.

(그러기에 一夫는 正易 「大易序」에서 "공자께서 친히 글로써 남겨 주신 가르침은 이미 나에게는 감추어져 들어와 있으니"(夫子親筆 吾已藏)이라 하여, 공자는 벌써 '천지역수변화의 이치'를 繫辭의 문자 속에 덮어서 전해 주셨음을 고백하고 있다.)

19세기 말 일부가 誕降하시어 천지역수의 변화도수를 깨달아 인류 사회에 선포함은, 이제 그 成曆의 때가 가까워짐에, 인간 세계를 향하여 후천이 도래하는 소식을 알려야 할 聖統의 사명이 하늘로부터 一夫에게 주어졌기 때문이리라.

일부는 '15尊空原理'가 그 우주적 역수 변화로 發用함에는 九九법칙에 따라서 작용한다고 설명하고 있으며, 공자가 이미 서경에서 밝힌 '366도수'(堯之朞)와 '365¼도수'(舜之朞: 現行曆數)가 다름 아닌 구구법칙에 의거하여 전개된 '천지운행 현상의 실재적 도수'임을, 2500년 儒學史(易學史)에서 처음으로 근거 있게 推數하여 밝혀낸 것이다.

실로 一夫께서 하늘의 존재구조(하느님의 우주 설계도)를 때맞추어 밝힐 수 있었음은 一夫 金恒 선생이 바로 하늘의 존재원리에 직접 참여하신 先天의 15聖統에서 마지막으로 출현하시어 後天의 도래를 직접 알려야 하는 하늘적 사명을 완수하신 聖人임을 온전하게 증거하고 있는 것이다.]

3

易學史에서 易道가 周易과 正易으로 나누어서 출현하게 된 철학적 의의는 무엇이며, 주역과 정역의 중심 주제는 어떻게 구분되는가?

周易과 正易을 상호 비교하면서 그 주제와 논리를 살펴보면 다음과 같은 몇 가지의 구분으로 정리할 수 있다.

1) 주역은 인간이 가지고 있는 인격성의 존재구조와 인격적 삶의 법칙을 밝힌 생명사상이며, 정역은 (인간을 낳아 주시고 살아갈 수 있도록 생명성을 보장해 주시는 부모인) 우주 자체가 가지고 있는 인격성의 존재의미(神明之德)와 우주 자체의 생명적 전개 법칙(曆數 자체의 변화원리)을 밝힌 생명사상이다. 그러므로 易사상은 다음의 두 가지 관점으로 이해할 수 있다.

A. 인격적 차원의 접근 방식(人道, 仁禮義智 四德의 구현)

B. 우주적 차원의 접근 방식(天道, 元亨利貞 四象의 구현)

이러한 두 가지 관점의 해명을 거쳐야만 易은 그 본래적 모습을 우리에게 모두 보여 줄 것이다. 재차 부언하자면, 인간 세상의 삶의 법칙을 중심으로 易道를 해설한 경전이 공자의 주역이며, 우주 자체(천도의 존재방식)의 생명적 전개 법칙을 중심으로 역도를 해설한 경전이 金 恒의 정역이다.

하늘의 문제(神德)는 生而知之한 聖人[1]이 말씀으로 밝혀주는 것이며, 땅의 문제는 學而知之한 君子[2]가 행동으로 經綸하고 실천하는 것이다.

그러므로 하늘의 문제를 주제로 삼은 경전인 정역에서는 성인의 존재 의미를 중심으로 易理를 해설하고 있으며, 땅의 문제(人間萬事)를 주제로 삼은 경전인 주역에서는 군자의 사명을 중심으로 易理를 해설하고 있는 것이다.

하늘의 문제는 하늘의 인격성(神德 · 하느님의 사랑과 의지 · 뜻)이 그 핵심인데, 이는 日月之行으로 실현되며, 일월의 운행으로 보여주는 하늘의 의지를 인간이 '인간의 생명적 근본원리'로 자각하고, 이를 삶의 근본 질서로 확정하여 수용한 것이 바로 시간의 책정 사업(册曆 제정)이다.

그런데 인간은 보이지도 않고 만질 수도 없는 시간이라는 존재를 '인식하고 깨닫고 배우고 기록하고 묶어 두고 전달하고 대화하는' 등의 방법과 수단으로써 '數'라는 도구를 발명하고 이용하게 되었다. 이것이 인류 문명의 開始를 가능케 하는 실마리가 되는 것으로 인간은 시간의 원리를 數로써 셈하기 시작하면서부터 진정한 인격적 세계를 이 우주 안에 펼칠 수 있게 된 것이다.[3]

---

1) 하늘의 뜻이 인격성으로 化하여 인간 세상에 인간의 모습으로 태어난 존재.
2) 성인의 말씀이 기록된 경전을 배워 자신이 해야 할 사명으로 깨달아서 이를 인간 세상에 실현하는 존재.
3) 동양의 문명사에서 최초의 역사적 인물인 요임금의 인류사적 사명은 그러기에 曆數 책정(册曆 제정)에 있었다(書經,「堯典」).

[時라는 글자는 日(해), 一(하나), 十(열), 寸(마디)의 뜻을 담고 있는 글자이다. 이는 해로서 대표하는 하늘의 운행을 1에서 10이라는 數的 체계로 셈하여 구분하고, 그 하늘의 생명적 질서(天道)를 인간이 따라야 하는 삶의 마디(節度數)로 표상하고 있음을 나타내고 있다.]

2) 일월의 운행(四時의 변화·시간의 흐름)으로 구현되는 하늘의 뜻(의지)은 어디에서 어떻게 구체적으로 나타나는가?

그것은 명백히 땅에 속한 만물의 변화 현상으로 나타난다. 다시 말하면 하늘의 뜻(시간원리)은 땅 위에서 만물의 생명적 전개 과정(공간적 변화현상)으로 드러난다.

땅 위의 만물이 보여주는 생명적 전개 과정(生-長-成-滅)이란 인간이 체험할 수 있고 실증할 수 있는 공간적 物形의 변화 현상이다. 그러므로 땅에 사는 인간과 만물의 공간적 변화 법칙을 해설하는 易道의 수단은 눈에 보이는 그림으로서의 卦와 爻이다. 인간과 만물의 생명적 전개 법칙을 중심으로 易의 의미를 해설한 주역은 그러므로 卦象과 爻象을 중요한 수단으로 삼고 있는 것이다. 그렇다면 만물의 존재 지평인 시간과 공간 중에서는 어느 것이 더욱 근원적인 범주라 할 수 있을까?

현상적 차원에서 보면 시간과 공간의 역할은 동등하지만 원리적 차원에서 논리적으로 이해하자면, 시간의 원리에 근거하여 공간적 변화 현상이 전개된다고 볼 수 있다.[4) 실로 우주 안에 가득 찬 만물의 변화 현상은

---

4) 낮의 길이가 짧아지고 서늘해지는 가을이 오니까 이에 따라(시간적 의지에 따라) 나뭇잎은 초록에서 단풍으로 붉게 변해가는 것이지(공간적 변화현상이 전개되는 것이지), 나뭇잎이 스스로 초록에서 단풍으로 빛깔을 바꾸어 가기 때문에(공간적 의지 때문에) 이에 따라 날씨가 점차 서늘해지는 것은 결코 아니다.

하늘적 의지(시간의 변화원리·시간의 흐름·일월의 운행)에 전적으로 의존한다는 사실은 명백하다. 이렇게 볼 때, 易이란 다름이 아니라 "일월의 운행을 통하여 만물을 살아 있게 하려는(만물의 생명성을 보장해 주려는) 하느님의 의지이며, 생명성의 근원인 '시간 자체의 존재구조'를 해명하고 있는 철학사상이며 생명원리"라고 정리할 수 있을 것이다.

이를 간략히 일관해 보면 다음과 같다.

| 易 | 하늘(神德·聖人之意)－聖人之言－時間原理(數)－正易－「河圖」 |
| | 땅(物情·天下百姓)－君子之行－空間法則(象)－周易－「洛書」 |

3) 주역의 관심은 天道(元亨利貞)의 구조인 시간(春夏秋冬)과 공간(東南西北)을 전제하고, 이에 부응(順應)해서 살아가야 하는 인간의 당위적인 삶의 법칙(仁禮義智)을 해명함에 있고, 정역의 관심은 인간의 생명적 존재근거가 되고 있는 천도 자체의 생명적 전개 과정(天之曆數 자체의 변화원리)을 모두 밝혀서, 본래 하늘이 의도하고 계획하고 설계한 하느님의 태초적 의지를 해명함에 있다.

주역은 생명원리의 '生長' 법칙을 해명한 경전으로서, 이는 '인간 사회의 살림살이'를 보장하는 실존적 생활윤리를 천명하는 데 그 소임이 있다. 생명성의 존재구조를 시간의 변화 법칙으로서 이해하고, 그 시간의 전개 과정을 1에서 10으로의 수적 체계로 규정해 보면, 생명의 생장 과정은 1太極에서 始生하여 인간 중심자리인 5皇極을 거쳐 9까지의 長育으로 전개된다. 이러한 주역의 생장원리와 이에 따른 인격적 삶의 법칙을 담고 있는 역학적 표상체계가 바로 「洛書」이다.[5]

그러므로 「낙서」는 5를 중심 本體數로 삼아, 1에서 9까지의 수적 질서를 내용으로 하고 있는 것이다. 낙서로 표상된 역도의 體用度數는 1에서 9를 향함에 5를 본체로 삼아 成數 6으로 발용되는 體五用六의 구조이다. 주역에서 陰的 발용인 陰爻를 用六으로 표상하게 되는 철학적 배경은 여기에 있다.[6]

정역은 생명원리의 완성된 경지(10无極. 至善・成道・完美한 세계・원리와 현상이 완전히 合德一致된 절대계)를 모두 포괄하는 '始生―長育―完成'이라는 '生―長―成'의 모든 생명적 구조를 해명하고 있으며, 궁극적으로는 역도의 구현과 더불어 인격성의 완성. 그리고 인간의 존재 근거인 우주 자체의 曆數 완성을 선포하고 있는 경전이다.

주역에서는 이러한 '생명구조의 완성'까지를 표상함에 있어서 이를 「河圖」의 圖象으로써 제시하고 있다. 그러므로 「하도」에서는 1태극에서 시작하여 5황극의 인간자리를 포함하고 현상계의 극한수인 9수를 넘어서 完全・完成・完美・至善・成道를 담고 있는 10无極까지의 易哲學的 의미를 전부 표상하고 있는 것이다.

---

5) 백성의 삶에 기준이 되는, 하늘에서 부여한 「彝倫을 설명한 書經의 '洪範九疇' 도 「洛書」의 논리에 근거한 것이다.
6) 태초적 위치인 1數가 그 씨로서 갖고 있는 본래의 의지를 발현시키는 방향은 10의 열매를 志向하는 것으로, 이것이 주역에서 말한 "知來者逆"의 '逆方向'을 말함이다.

4

易學을 바르게 *解得*하기 위한
타성적 사유의 전환

1) 우주는 살아있는 생명체이다.

그래야만 살아있는 생명체로서의 자식인 인간과 만물을 낳을 수 있다.

인간의 관심사 중 으뜸이며 전부인 명제는 '사람 사는 일'(살림살이 · 생존 자체 · 실존적 일상)로 집약된다.

여기서 '살아가는 일'(生物)은 '죽어 있는 것'(無生物)과는 상대적으로 다른 양태이다. 그러나 한 번 더 생각해 보면 그 현상적 차원의 생물과 무생물은 물론 서로 차별적이고 구분되는 분명히 '서로 다른 것'이지만, 그 원리적 차원에서 본다면, 모두가 '살아 있게 하는 원리이며 법칙'(生命性 자체)이라는 범주에서는 하나의 일관된 논리속에 포함되어 있다.

예를 들어보면, 물과 공기(산소)는 무생물이다. 그러나 우리는 물과 공기 없이는 한순간도 살아갈 수 없다. 무생물적 존재인 물과 공기가 도대체 어떤 연유로 인하여(어떤 기능과 역할로) 우리를 살아 있도록 해 주는 것일까? 이것 저것 따져 볼 것 없이도 너무나 확실한 결론으로 확정할 수밖에 없는 것은, '물과 공기(무생물)도 우리를 살아 있게 하는 원리에 있어서는 본질적으로 우리 인간들(생물)과 절대로 다르지 않은 동지이며 벗이며 가족이다' 라는 것이다. 다시 말하자면, 물과 공기도 모든 살아 있는 존재와 근본적으로는 다르지 않은 '생명성을 공유하고 있는 생명적 존재의 한 모습' 이라는 것이다.

이제 이쯤에서 단언해도 좋다. 생명의 원리(太極的 차원)는 때로는 '살아 있는 모습' (생물－陽的 현상)으로 나타나고, 때로는 '살아 있지 않은 모습' (무생물－陰的 현상)으로도 나타날 뿐, 그 본질적 역할과 기능은 모두가 '살아 있음의 원리(생명원리)의 자기 顯現態' 라는 것이다. 이것이 바로 "易有太極 是生兩儀"[7]의 본뜻이며, "一陰一陽之謂道"[8]의 올바른 해석인 것이다. 주역(乾卦와 坤卦 彖辭)에서 陽物인 건괘를 '乾元' 이라 설명하면서 동시에 陰物인 곤괘 또한 '坤元' 이라 규정하여 乾과 坤 모두에게 '元' 이라는 권능을 부여한 이유도 여기에 있다.[9]

['인간되는 원리' (100%)가 양적으로 현상화되면 '100%의 완전한 남자 인간' 이 되는 것이고, 음적으로 현상화되면 '100%의 완전한 여자 인간' 이 되는 것이다.[10] 실존적 인간 한 사람 한 사람 모두가 완전하고 완성된 인격성을 발휘하며 살아가는 인간의 존재원리 자체의 온전한 구현체인

---

7) 易의 이치를 전개시키는 논리에서 볼 때, 그 실마리로 삼는 개념을 태극이라고 할 수 있는데, 바로 여기에서 음과 양의 현상 세계는 활짝 피어나는 것이다.

8) 진리 자체를 하나의 개념으로 말하자면 道라고 할 수 있는데, 이 道는 어떤 때는 음적 양상으로, 또 어떤 때는 양적 양상으로 자신을 세상에 드러내는 것이다. 그러므로 陰的 양상도 태극의 100%가 그대로 구현된 것이며, 陽的 양상도 태극의 100%가 그대로 구현된 것이다.

9) '元' 이란 으뜸 · 최고 · 전체 · 모두 · 완전 · 완성의 뜻을 담고 있는 글자이다. 둘 다 '으뜸' 이란 표현은 문자상으로만 보면 모순이다.

10) 100%의 완전한 인간이란 50%의 남자와 50%의 여자가 합해져서 완성되는 게 결단코 아니다.

것이다.

인간이 인격성을 가지고 살아가는 생명체라는 것을 우리가 수긍한다면, 인간을 살아 있게 하는 바탕이고, 인간의 생명적 원천이며, 인간과 만물의 궁극적인 부모라고 할 수 있는 '인간을 감싸고 있는 모든 것들'(우주 전체 · 천지만물 · 삼라만상)도 '인격성을 가지고 있는 생명체'이어야 할 것은 너무나 당연하다.

여기에서 우리는 "ⓐ우주가 가지고 있는 인격성과 ⓑ우주가 가지고 있는 생명성"을 절대로 부정할 수가 없다.[11]

인간이 '살아 있는 인격체'라는 엄연한 사실은, 인간과 만물을 낳아주신 우주 자체(인간과 만물의 부모)에도 인격성과 생명성이 존재하고 있어야 한다는 것은 지극히 당연한 이치이다. 또한 생명적 존재는 반드시 변화하는 생명적 현상이 있는 것이기에, 우주 자체에도 변화하는 생명적 현상이 있다는 것은 충분히 짐작할 수 있다. 인간의 생명적 변화현상을 크게 구분하여, 생생-장長-성成으로 이해할 수 있다면, 우주의 생명적 변화현상도 생생-장長-성成의 단계로 전개될 것이다.

혹자는 생명적 변화현상의 總體를 生-長-滅(死)로 규정해야 타당하다고 생각할지 모른다. 여기서 滅(死)이란 '어떤 물형적 현상이 時空的 제한 속에서 없어지는(無化되는) 것'을 말하는 것이리라. 그러나 생명적 존재를 그 원리적 차원에서 이해하면, 모든 물형적 생명체는 반드시 자신의 물형적 사멸 이전에 자기와 동일한 생명적 존재를 자가 복제 · 생산할 수 있는 본원적(천부적) 권능을 가지고 있기 때문에, '생명원리 자체'는 결코 단절되거나 사라지지 않는 永存 · 永遠 · 不滅하는 것이다. 이것이

---

11) 天地 · 日月 · 萬物로 인하여 우리가 이렇게 펄펄 살아 있지 아니한가? 천지 · 일월 · 만물이 우리를 살아 있게 하는(낳아 주신) 가장 근원적인 부모임은 명백한 사실 아닌가?

공자가 易理를 '변화의 현상'이 아닌 '변화의 원리'로써 해설하신 "生生之謂易"의 본뜻이다.]

「21세기 인류 사회 위기의 본질」[12]

■현대 인류의 위기는 우주의 인격성을 망각한 데에 있습니다.

현대 인류는 우주의 인격성을 망각하고 인간의 사유능력을 과신하는 데에서 가장 근본적인 어려움을 자초하고 있는 듯합니다. 우주에는 생명원리가 충만하기에 우주의 권능(태양 에너지)으로 만물이 살아가고 있으며, 그중에 인간이 존재한다는 것은 우주의 생명원리 안에 인격성이 전제되어야만 타당할 것입니다. 그러나 오늘의 인류는 생명의 현상 법칙에만 탐닉하여 우주의 인격성(뜻·의지)을 도외시함으로서 생명성 자체의 위기를 초래하고 있는 것입니다.

과학만능의 결과로 인한 환경호르몬의 재앙·세계 지도자로서의 클린턴이 갖는 인식체계(동성애와 관련된 언급과 스캔들에 대한 미국적 분위기, 사회적 현실론에 따른 동성부부제도의 확산) 등은 생명체계에 대한 직접적 도전입니다(동성은 아무리 화려해도 우주적 창조의 권능을 대행하지 못합니다. 음양론의 우주관이 새삼 논의되어야 할 이유도 여기에 있습니다). 애당초 창조주의 뜻에 의해 인류 세계가 개시되었다면 그 뜻에 정면으로 반하는 인류 세계는 그 책임을 감당하게 될 것입니다. 그 추궁되는 내용이 무엇인지는 인간의 사유 영역으로 쉽사리 알아차릴 수 있지

---

12) 2001년 1월. 당시 수원에 계시던 유시찬 신부님께서 저자의 다른 책(송재국 교수의 주역풀이, 예문서원, 2000)을 읽어 보신 후, '현재의 전체적 상황에 대한 식별의 문제'를 화두로 삼아, 저자에게 서신을 보내어 의견을 물어 오신 적이 있었다. 신부님께서 기대하시는 질문의 요지를 필자로서는 딱히 집어 낼 수가 없었지만 나름대로 짐작하여 이 답신을 보내드린 바 있다.

는 못할 것입니다. 다만 『정역』에서는 우주의 生生 · 長長 · 성成의 프로그램을 天之度數原理로 예시하고 있으며, 이는 그 원리가 밝혀져야 할 때가 되어야만 드러나는 것임을 천명하고 있습니다. 아마도 19세기 말에 『정역』이 쓰인 의미는 그 '때'가 가까이 왔음을 암시하는 것이라고 아주 조심스레 느낄 뿐입니다.

■ 주역. 屯卦의 가르침

주역의 가르침은 온통 '생명의 원리'에 집중되어 있다고 해도 과언이 아니다. 주역의 이념을 받쳐 주는 논리체계 자체가 '陰陽論'이라는 사실을 부인할 수 없다면 "天地之大德曰生"(우주의 음양적 구조인 하늘과 땅이 연출하는 가장 위대한 사업은 만물을 생겨나게 하는 일이다)의 참 뜻이 '우주에 넘쳐 나는 생명 창조의 성스러움'을 언급한 것이라는 데에 이의를 제기할 사람은 없을 것이다. 그러나 안타까운 현실은 오늘의 상황이 주역의 바람과는 그 방향을 달리하고 있다는 것이다. 실로 전지구적 차원에서 이미 생명성의 기본 구조가 무너지고 있음에도 인간의 이기심과 교만함은 아직도 이를 눈치 채지 못하고 있는 것이다. 어쩌면 인간이 정신을 차릴 때가 되면 이미 때가 늦어 버렸을지도 모른다. 주역의 세 번째 괘인 水雷屯卦에서는 "雷雨之動滿盈"(우레와 비바람의 역동적인 움직임으로 천지간에는 만물이 가득해진다)라 하여, 하늘과 땅의 우주적 사랑행위로 인하여 우주 안에는 온갖 생명이 가득 차게 된다고 가르치고 있다. 또한 예기에서는 "天地合而后萬物興焉"(하늘과 땅의 기운이 질서 있게 만난 다음이라야 만물은 크게 일어난다) 하여 음양의 조화로운 교합만이 건강하고 힘찬 생명을 보장한다고 강조하고 있다. 그러므로 오늘의 시대에서 '우리의 생명환경'이 건강한지를 묻고자 한다면 인간 세계에서의 음양구조인 '남녀 간에 이루어지는 성도덕의 실태'를 견주어 볼 일이다.

■ 사회 전반에 창궐하는 총체적 원조교제 심리를 개탄한다

　자연의 동물 세계에서는 오로지 종족 번식의 성스런 목적을 위해서만 짝짓기(음양의 교합)를 한다. 그러나 인간 세계에서는 생명의 창조가 아닌 단순한 물적 쾌락을 위해서 매춘과 강간을 일삼는다. 요즈음에는 입에 담기조차 부끄러운 이른바 '원조교제'까지 횡행하고 있다. 동물의 세계에도 없는 이러한 기형적 음양구조가 고질화되면 인간의 세계가 동물보다도 못한 타락의 구렁으로 빠질 것은 너무나 명백하다. 지금 그런 징조가 도처에서 나타나고 있다. 가뭄으로 식수가 모자라고 모내기를 못하는 판에 돈 받고 수도계량기를 조작해 준 수도검침원이 잡혔다고 한다. 조무래기 도둑 뒤에는 얼마나 큰 도둑들이 웃고 있을까? 지금 나라의 기둥이 부러지고 있다. 무릇 나라의 지도자는 이 문제에 눈떠야 한다. 그리고 솔선하여 기울어진 음양의 구조를 바로 세워야 한다. 그런데 이게 웬일인가. 우리 사회의 가장 큰 권위와 책임을 지고 있는 정치와 경제 지도자들의 내면을 가만히 들여다보면 '총체적 원조교제의 분위기에 편승하여 사사로운 이익에만 탐닉하는 천박한 승냥이들의 모습'만을 발견하게 된다. 무섭고도 두려운 일이다. 어찌할 것인가? 이 시대의 악취 나는 세태를 차마 두고만 보고 있을 참인가?

　2) 살아있는 우주의 '참모습'을 바르게 해석하고, 그 존재원리를 겸손하게 신앙해야 한다.(지구 환경과 후천의 징조)

　21세기 벽두, 지구촌 인류에게 주어진 글로벌 이슈는 이른바 지구온난화로 요약되는 지구 생태 환경의 문제이다. "지금의 지구 환경은 인류가 살아 내기에 어려운 조건으로 변해가고 있는데, 그 핵심이 지구온난화이며 그 이유는 인간이 배출하는 과중한 탄소량 때문이다. 그러므로 인류가 살아남기 위해서는 전지구인이 합심하여 CO_2 배출을 줄여 나가야 하며, 지구촌을 관리해야 할 책임이 있는 지도자들은 이 문제를 생존적 당위 명제로 수용하여, 논의하고 대처하고 약속하고 실천해야 한다"는 취지이다. 그래서 지구 마을의 촌장들은 지금 만나기만 하면 이 문제를 둘러싸고 서로 간에 감당해야 할 역할을 따지고 촉구하느라 심각하고 분주하고 또 수고롭다.

탄소 배출로 인하여 지구온난화가 생겨난 것이라면 그것은 어디까지나 인간이 저지른 일이기에 인간의 자각과 노력으로 해결할 수 있는 방안이 어딘가에 있을 것이다.

그러나 과연 그러한가? 지구온난화 문제가 인간의 잘못된 삶의 구조가 가져온 부작용 때문이거나 인간의 과도한 욕망이 초래한 역기능 때문인가?

단언하건대 그렇지 않다. 2500년 전 孔子와 150년 전 一夫 선생은 그렇게 말씀하지 않았다. 오늘날 우리가 겪고 있는 '지구온난화와 관련한 생태학적 환경의 변화'는 이른바 '天之運行度數로 그려진 우주사적 설계도(우주 자체의 생성 전개원리)에 이미 예정되어 있던 사건의 하나'일 뿐이다. 그러므로 이는 인간의 노력 여하로 해결하거나 감당할 수 있는 것이 아니고, 처음부터 우주적 차원의 법칙(하느님의 의지)이며, 달리 말하자면 하느님의 사업(주재·권능)인 것이다.

[프레드 싱거. 데니스 에이버리 지음. 김민정 옮김. "지구 온난화에 속

지 마라". 2009. 동아시아. 이 책에서 저자는 세계적 수준의 다양한 과학적 연구 성과를 근거로 하여, "오늘의 지구 온난화 등은 1500년을 주기로 반복. 전개되는 지구 차원의 기상 변화 현상의 하나일뿐이다" 라고 결론짓고 있다]

하늘이 열리면서부터 그렇게 의도되고 설계되고 생성된 천지이기에 그 질서와 계획에 따라 전개되고 있는 현상이며 단계일 뿐이다. 인간이 잘하거나 또는 잘못하여 생기거나 없어지는 따위의 내용이 아닌 것이다.

그러기에 정역에서 밝힌 천지역수의 변화원리(우주사의 개벽과 후천세계의 도래)는 이러한 우주사의 계획표(일정)를 풀어내는 열쇠이며 '하느님의 말씀 풀이' 인 것이다.

지금 당장 인류는 크게 생각을 고쳐먹어야 한다. 오늘날 우리에게 주어진 전 지구적 생태의 위협은 인간이 나서서 어찌해 볼 수 있는 대상이 결코 아니다. 바로 여기에 지구 행성의 문제에 대처하는 현생 인류의 근본적인 오류와 맹점이 있는 것이며, 과학적(이성적) 사유에 대한 맹신이 불러올 원천적인 한계와 실수가 있는 것이다. 이렇게 잘못된 도구에만 끝없이 의존하면서 하늘의 본뜻을 코페르니쿠스적 발상으로 깜짝 놀라 깨닫지 못한다면, 인류는 끝내 자멸의 굴레를 벗어나지 못하게 될 것이다. 참으로 오늘의 지구 문제는 어디까지나 우주적 입장(하느님의 영역)에서 성직하게 수용하고 인정해야 할 대상이지, 인간의 작위적 손 기술로 다룰 수 있는 성격의 일감이 아님을 알아야 한다.

이 숙제를 바르게 해득하지 못한다면 인류의 숱한 노력과 고생은 아무런 실속도 얻지 못하고, 결국 허망한 시행착오의 반복으로만 기록되고 말 것이다.

우주사의 설계도에는 태초부터 종말까지를 통관하는 시간의 질서(册曆 度數: 曆數變化原理)가 세밀하게 그려져서 내장되어 있다.

一夫 선생은 그 세 번째 변혁의 단계가 가까워지자 傳슝해야 할 天命을 받들어 '하늘의 말씀을 인간의 干支 度數로 풀어서 인류 세계에 선포하신 것'이다.

우리의 일상적 어휘로 다시 풀어서 설명해 보자면, "지구 자전축의 기울기가 변화하게 되고(지구의 공전 궤도 역시 주기적으로 변화하고 있다), 이로 인하여 지구 회전력의 성격이 달라질 것이며, 또한 당연히 태양 중심의 공전 주기(지구 운행의 빠르기)도 변화할 것이다." 그러한 "우주적 존재 질서의 달라지는 원리와 법칙"(天地變化: 乾道變化)을 度數的(數的 體系)으로 풀어서 설명해 놓은 하늘의 말씀(聖經)이 바로 孔子의 易經이며 一夫의 正易인 것이다.

정직하고 냉엄하고 진정한 마음으로 지금 차분히 정좌하여 하늘과 땅과 산과 바다를 둘러보라! 이렇게 갑작스런 꿈틀거림이 우리의 일상을 거듭하여 덮치면서 무수한 생명을 일시에 자연의 제물로써 강요하는 전 지구적 위협과 경고와 조짐이 일찍이 있었는가를! 지진과 태풍, 쓰나미와 폭염과 폭설, 뜻밖의 괴질이 출현하고 계절의 순서가 뒤바뀌어 나타나는 이 광폭스런 지구 변혁의 본질을 오늘의 인류는 과연 제대로 읽어 내고 있는가?

개벽은 이제 시작되었다. 후천은 지금 사립문 앞에서 한걸음 머물고 있다. 이제 어쩔 것인가? 후천개벽의 문턱에서 우리는 과연 무엇을 어떻게 서둘러야 하는 것인가? 일찍이 성현들께서는 이미 말씀하셨다. "그냥 그 말씀을 진정으로 믿고, 그 말씀대로 이루어짐(誠)을 기도하면서 기다려라. 그것이 인류에게 주어진 사명이며 삶의 지혜이다."

모든 생명의 어미는 자식의 생명을 책임질 수 있는 사명과 권능과 양식과 사랑을 본래부터 빠짐없이 가지고 있다(지구 생명체는 스스로의 권능 속에 自淨·自化·自生의 生命 元氣·生體 에너지를 具有하고 있다). 그래야만 어미가 되어 자식을 낳고 기를 수 있었기 때문이다. 인간과 만물을 자식으로 낳아 준 뭇 생명의 어미인 우주(지구)는 그러므로 어떤 사태가 오더라도 자식인 인류를 살려 낼 수 있는 권능과 자격과 의지를 애초부터 가지고 있는 것이다. 이 본원적 진리를 의심하지 마라. 믿는 자에게는 은혜가 있을 것이다. 자식을 버리는 어미가 없듯이 인류를 버리는 지구는 없다. 그것을 믿는 것으로 충분하다. 더 이상의 번잡스런 수식어와 몸가짐은 贅言과 蛇足에 불과하다.

그렇다면 어미는 과연 어떤 방식으로 자식을 구원해 내는 것일까? 이에 대해서는 자식으로서는 아예 궁금해할 것도 없다. 그것은 어디까지나 어미에게 주어진 관심의 영역이고 어미만이 할 수 있는 고유한 권능이다. 자식이 나설 일거리가 아닌 것이다. 자식은 어미의 있음과 어미의 사랑을 믿고 그 품 안에 안기어 기다리면 되는 것이다. 자식은 어미의 품 안에서 어미에게 모든 것을 의지하고 살아갈 때 가장 행복하고 편안하다. 때때로 어미를 믿지 못하는 불효한 자식들이 있어 어미의 품 안을 벗어나기도 한다. 방탕한 자식들은 한때의 교만함으로 오래도록 방황할 것이고, 끝내는 뉘우치고 돌아오게 될 것이다.

선한 마음의 자식들은 어리석은 방황의 시행착오를 처음부터 자청하지 않는다. 개벽의 그때가 가까워진 탓일까? 요즈음의 세상에 어리석고 미련하고 불효막심한 자식들이 부쩍 양산되고 있음을 실감한다. 그럴수록 어미의 걱정은 더욱 커질 것이다.

부모는 사랑의 말씀으로 달랠 것이지만, 끝내 말을 듣지 않으면 하는 수 없이 사랑의 회초리를 들게 될 것이다. 사랑의 회초리만이 자식을 혼낼 수 있고, 따끔하게 혼나 봐야 제정신을 차리게 될 것이며, 제정신으로 돌아와야 살아날 수 있기 때문이다. 그래서 사랑의 매는 자식을 살려내려는 어미의 마지막 구원의 손길이 된다. 그 하늘의 사랑스런 어버이의 손길이 바로 개벽의 소식이다.

현대 과학이 밝혀내고 있는 '우주 질서 자체의 변화 사실'은 다양한 행성의 구성체인 우주 자체가 '펄펄 살아 있는 생명적 존재'임을 방증하는 명백한 사례들이라고 아니할 수 없다. 지구 회전축의 기울기 변화 · 달의 질량 변화 등은 필연적으로 행성의 운동량(에너지)의 변화를 가져올 것이고, 이로부터 공전과 자전의 회전 속도의 변화 · 행성의 궤도 수정 등으로 이어질 것이며, 이는 궁극적으로 인간의 삶의 현장인 지구의 생태적 환경 변화(계절 순환과 기상 현상의 변화)로 나타날 것이다.

실로 후천사상이란 인간의 막연한 종교적 기대감의 표출이 아니라, '우주가 당면한 생명적 질서의 변화에 대한 인간의 정직한 우주 인식(度數 推衍)의 내용'인 것이다.

19세기, 다가올 인류의 신문명시대를 예견하며 일부 김 항 선생이 역학의 본래적 의의를 후천개벽의 天之度數로 집약하여 새로운 聖學的 명제로 성사시키고, 이를 '成曆之正易'으로 선포하신 사건은, 역학사에 새 지평을 마련하고, 성학적 명제를 새로이 제시한 것은 물론이려니와, 이 인류사적 과제를 실존적 차원에서 여실하게 실현할 수 있다는 희망을 도수적으로 검증하고, 인간과 천지와 만물이 생명적으로 친화되는 신천지 新天地를 열어 보인, 일대 우주사적 事變이란 점에서, 학역자로서의 저자는 九九法則(3數 分化 原理)에 의한 후천 세계의 도래를 인류 문명사의 필연적 당위로 예측하며, 이를 예비하고 신앙하지 않을 수 없는 것이다.

종교는 그 성격상 '盲信的'일 수는 있지만, 그 본질상 '맹신 자체'는 아니며, '무조건적 맹신'이 되어서도 안 된다. 합리적이기만을 기대할 수 없는 종교적 신념(신앙의 열정)이 '무조건적 확신'으로 고착되지만 않는다면, 이는 합리적 신앙으로 승화되어 인간의 한계를 위로하고 인간의 생명을 구원할 수 있겠지만, 신앙의 격정에만 치우쳐 비합리적 맹신에만 함몰된다면, 종교는 강요된 허례의식과 맹목적 광신으로 타락하여, 오히려 나와 이웃의 생명을 파멸로 인도하게 된다. 이것이 가장 경계해야 할 종교의 폐해이다. 주역(益卦 九五. 爻辭)에서의 "믿는 자에게 복이 있나니"(有孚惠我德)은 맹신적일 수 있는 종교적 정서(孚)를 구원의 생명원리인 하느님의 사랑(德)으로 승화시킨 '합리적 신앙에 대한 공자의 일깨움'이다.

비합리적 성향의 종교적 열정이 어떻게 합리적 신앙의 차원으로 승화될 수 있다는 것인가? 이것이 서구의 배타적 사유의 한계를 넘어설 수 있는 동양적 사유의 장점이고 지혜이며 가치이다. '합리적'이란 인간의 이성적인 사유의 질서와 내용이 어떤 일을 이해함에 있어서 합당하다는 뜻이며, '비합리적'이란 인간의 생각으로는 납득하기가 곤란하다는 의미일 것이다.

그러나 인간의 삶의 시평에는 결코 이성적으로(합리적으로) 이해되지 않고 설명되지 않는 다양한 현상과 사태가 숱하게 널려 있음을 부인할 수 없다. 인간이 어떤 사실에 대하여 인정하거나 수긍하거나 허용할 수 없다고 하더라도, 그렇다고 해도 이를 결코 부정하거나 외면할 수도 없을 경우, 이를 어쩔 수 없이 받아들이게 되는데, 여기에 바로 '믿는 일'

(신앙)의 유용함이 있다. 신앙(믿음)은 그러므로 이성과 합리의 굴레를 초탈한다.

절대 이성 중심의 서구인들은 사유의 초극超克에 대한 부담과 신앙의 권위에 대한 열정을 함께 수용하지 않을 수 없다 보니, '비합리적이기 때문에 믿는다'라고 고백하고 있는 것이리라. 이러한 서술은 실로 그들의 삶에 대한 진실과 정직의 산물이다. 세상에는 반드시 믿어야만 할 것이 있는데, 그것이 언제나 합리적이기만 하지는 않기 때문이다.

인간의 이성적 기능에 대한 지나친 신뢰는 때때로 인간과 만물의 존재 지평(인간 이성의 존재근거)마저도 이성적 범주 속에다 구속하려는 범주 상의 오류를 범하게 된다. 우주의 존재원리라는 전체 범주에서 보자면 인간의 이성은 어디까지나 '우주에 속한 하나의 진부분 집합'으로 존재하는 것이다. 그럼에도 불구하고 인간은 자칫 인간의 이성적 권능에 도취하여, 합리라는 항아리 속에 우주만물(존재하는 모든 것)을 남김없이 쓸어 담고, 존재와 존재자 모두를 항아리를 채우는 '구성 요소'로만 인식하려 한다. 여기에서 인간은 사유의 쇠사슬에 스스로 묶이면서 점차 이성의 노예로 馴致되어 가는 것이다. 이러한 생각의 속성을 염려하여 일찍이 동양의 禪師들은 '크게 털고 일어남'으로써 알음알이 지식의 굴레를 걷어내고, 우주적인 절대 자유의 지평을 활짝 열어 놓으신 것이며, 서양의 니체는 '중세의 신보다도 더욱 무서운 이성이라는 새로운 귀신'의 억압에서 탈출하고자 "그따위 신은 죽여야 한다"고 공개적으로 몸부림쳤던 것이리라.

인간의 본래적 심성으로 자연스럽게 수용된 믿음(자율적 합리에 순종하는 믿음), 열정은 크고 뜨겁지만 결코 '맹목적 광신에 매몰되지는 아니한, 절절한 종교적 소망'을 주역에서는 "有孚"로 말한 것이다.

[참고자료: 지구환경 변화의 의미를 다시 해석해야 한다.]

「과연 CO_2가 지구온난화의 주범인가?」[13]

오늘날 우리는 여러 가지 징후를 통해 지구가 더워지는 것을 알 수 있다. 또 여기에 대비하는 것이 우리의 과제임은 틀림없다. 그러나 더워지는 이유가 온실가스, 특히 '이산화탄소가 그 주범이라는 것'에 대해서는 한번 따져 보아야 한다고 생각한다.

과거 빙하기 중 지표 공기의 이산화탄소 함유량이 현재보다 16배 많았을 때도 있었다는 기록이 있다. 10세기 및 14세기에 나타났던 중세기 온난화 현상이 석유 연료에서 발생하는 가스와 무관하다는 것은 모두가 아는 사실이다. 중세기 온난화 시대 이후 연달아 소빙하기가 도래했었고, 양 시대 간에 걸쳐 공기 중 CO_2 함유량은 일정량을 유지했다는 기록도 있다. 즉 과거 지구표면 온도의 높낮음은 CO_2의 증감과는 관계가 없었다고 볼 수 있다. 게다가 현대 과학은 지금의 지구온난화 현상이 CO_2에 의해 이루어지고 있다는 명확한 과학적 근거를 내놓지 못하고 있다. 2007년 기후변화위원회(IPCC) 보고서 작성에 참가한 2,500명 중 아무도 '20세기 후반의 온난화 대부분은 탄산가스에 의해'라는 결론의 '대부분'이라는 낱말에 대해 정확하게 숫자를 댈 수 있는 연구자는 한 명도 없을 것이다.

오히려 CO_2 증가가 지구 표면 온도 상승의 주원인이라기보다는, 어떠한 이유로 인해 지구 표면 온도가 상승함에 따라 대기 중 CO_2 수용력이 늘어나서 나타나는 결과라고 해석되어야 옳을 것이다. 그렇다면 CO_2의

---

13) 김영일(한국유엔협회부회장), 조선일보, 2009. 11. 28.

증가가 지구온난화의 '원인'을 제공하는 것이 아니라, 온난화에 따른 하나의 '현상'으로 결론지어야 맞다고 생각된다. 그렇다면 지구 표면의 온도 변화는 이제 다른 곳에서 그 원인을 찾아야 할지도 모른다. 태양을 향해 기울어진 지구축의 기울기의 변화 · 태양 자기장의 변화에서 기인한 태양방사 강도의 변화 · 우주광선 및 수증기량의 변화 · 해수 염도와 해류 순환 등 여러 원인을 들 수 있지만, 그중에서 가장 설득력 있는 설은 지구축의 기울기 변화에 따른 일조량의 높낮이가 지구 기후 변화의 주원인이 된다는 밀란코비치의 이론이다.

지구축이 늘 일정한 기울기를 유지하는 것이 아니라 약 4만년을 주기로 22.1도에서 24.5도 범위 내에서 왕복을 하는데, 현재는 23.44도의 기울기에 와 있다. 기울기가 가장 적은 22.1도 상태에서는 지구의 북반구가 여름에는 일조량을 적게 받게 되고 겨울에는 일조량을 많이 받게 되어서 서늘한 여름과 보다 온난한 겨울을 경험하게 된다. 온난한 겨울에는 대류 흐름이 활발해져서 눈이 많이 오고, 또 시원한 여름이라 쌓인 눈이 덜 녹으므로 결과적으로 북반구에 누적되는 눈으로 인하여 지구는 빙하기를 맞게 된다.

현재 지구축의 기울기는 작아지는 쪽을 향해 변화하고 있다. 그렇다면 큰 흐름으로 볼 때, 지구는 서서히 빙하기를 향해 가고 있고, AD 1만 2000년경에는 다음 빙하기의 절정에 도달한다는 계산이 나온다. 이는 벌써 지구가 냉각기로 접어 들어간 징후가 있다고 주장하고 있는 과학자들의 이론과 맞아 떨어진다. 먼 훗날 우리 인류의 후손들이 당면하게 될 문제겠지만, 그들이 지구가 더워지는 것을 걱정하는 것보다는 먼저 추워지는 데 대한 대비를 해야 할 것이다. 추운 것보다는 더운 것이 낫겠다는 생각도 든다.

「마야(MAYA)曆의 종말도수」[14]

마야력은 약 2만 6천 년 전의 과거와 먼 미래의 태양 궤도까지 정확하게 판독해 만들어진 정교한 달력이다. 마야력은 지구를 비추고 있는 태양의 탄생과 소멸ㆍ천체와 태양의 궤도를 판독하는 나침반인 동시에 지구의 운명을 결정짓는 지도나 다름이 없다. 마야인들은 약 100년 전까지도 자신들이 만든 달력을 실제 생활에서 사용했다고 한다.…… 그중에는 '장주기 계산법'(long count)이라는 것이 있는데, 이는 지구 자전축과 금성의 대순환이 관련된 역법이다. 지구 둘레를 도는 금성의 주기적인 순환은 581일에서 597일로 약간의 편차를 보인다. 마야인들은 이 편차에 주목했으며 이러한 작은 변화들을 초래하는 원인에 관심을 갖고 있었다.……

실제로 금성의 자전면과 지구 자전축 사이에는 거의 인지할 수 없을 정도로 작은 변화들이 있었다. 아주 최근까지도 현대 천문학자들은 이것을 알아차리지도 못하고 있었다. 마야인들이 건축물에 남겨 놓은 많은 장기력의 날짜들은 에릭 톰슨과 같은 마야 전문가들에 의해 현재 우리가 사용하고 있는 그레고리력으로 옮겨졌다.

이 금성력에 기반한 최초의 날짜, 즉 장기력의 '0' 날이 우리의 그레고리력으로는 BC 3114년 8월 13일로 밝혀졌다. 이 날은 가장 밝은 행성인 금성이 현 우주의 탄생을 선포하듯 지구 수평선에 최초로 등장한 날이었다. 마야인들은 세계가 몇 차례의 창조와 멸망을 되풀이한 정확한 날짜를 제시하고 있다. 그 이유는 각 세계의 종말이 금성의 대순환이 끝나는 시점과 일치하기 때문이다. 마야력에서는 날을 세는 단위가 매우 많고 또

---

14) http://a308501.blog.me/10090960742

큰데, 그중 장기력은 BC 3114년에 처음 시작되어 2012년 12월 21일 즈음 끝나는 장기산법이다. 즉 2012년은 마야력이 설정한 시간의 끝이다. 한편 아즈텍인들은 태양이 먹이를 주지 않으면 죽을 것이라고 생각했는데, 전에도 그런 일이 네 번이나 일어났고, 그때마다 인간은 재난을 맞아 모두 휩쓸려 갔다고 믿었다. 이러한 이야기는 '태양의 전설'(legend of the suns)이라는 익명의 문헌에 나와 있다.

아즈텍인들은 총 다섯 차례의 태양시대가 있을 것이며, 마야인들은 그들 스스로가 네 번째 태양이 순환하는 기간에 살고 있다고 믿었다. 우연의 일치였는지 마야 역법상 네 번째 태양이 끝나는 주기에 마야 문명은 막을 내렸다. 우리 지구는 현재 '제5 태양기'에 속해 있으며, 이것이 최후의 태양기이다.[15]

2011. 3. 일본에서는 9.0의 강진과 30미터의 해일이 발생하였고, 그 여파로 원자력 발전소가 파괴되어 전 일본이 극도의 공포 속에서 좌절하고 있다. 이를 두고서 각 분야의 최고 과학자들은 다투어 TV 화면에 나와 "지진을 예측하기란 이러저러한 이유 때문에 어려운 것이다"라고 과학적 근거를 들먹이며 한바탕 설명을 해대고는 표표히 화면 뒤로 사라지고 있다. 이 지구차원의 몸부림 앞에서 우리 인간에게 과학은 과연 무엇인가? '과학으로는 예측이 어렵다'는 과학적 해설에 우리는 얼마만큼 위로받을 수 있는 것인가? 도대체 우리가 그토록 열광하고 찬양하는 "과학의 신"은 지금 어디 있는 것인가?

---

15) 마야인의 선조가 (남북 아메리카 대륙의 토착 인디언들의 선조가 그러하듯이) 고대 중앙아시아에서 이주해 온 종족임을 감안한다면, 그들의 우주관에는 필경 '아시아적 유전자'가 내장되어 있을 것인바, 그들의 天文曆法에서 종말적 시점을 2012년으로 설정하고 있다는 사실은, (동아시아의) 正易에서 가늠하고 있는 先後天 曆數 변혁의 시기(干支度數 原理와 그 推衍 法則을 포함해서)와 상관하여 (선천의 최후적 종말기에 해당한 오늘의 입장에서) 보다 진지하게 천착해 볼 여지가 없지 않은 것이다.

5

正易에서 밝힌 後天 開闢 360度 成曆度數와 四曆變化原理의 근거를 推算해본다

동양의 문명적 성과에서 공자의 존재와 서경의 기록을 부정하지 못한다면, 정역에서 규정한 堯之朞와 舜之朞의 閏曆度數 또한 신뢰하지 않을 수 없을 것이다.

정역에서 제시한 우주사의 전개법칙은 하느님(己位. 无極10數)의 뜻이 順으로 開示되는 體十用九의 九九法則에 따라 9시간씩 尊空되는 3단계의 성장과정을 거치면서 360도 正曆度數가 완성된다. 정역에서 밝힌 曆數의 四曆變化原理(우주사의 생명적 전개 법칙)를 간단한 설명과 함께 소개해 보면 다음과 같다.

ⓐ 元曆(375): 정역에서 우주사와 인류사를 함께 해명하는 논리인 曆數聖統原理에 근거하여, 15聖統과 15尊空原理에 따라 본체도수 360도와 함께 천도운행의 전체 도수로 규정한 것이다.

ⓑ 亨曆(366): 書經.「堯典」에 "요임금께서 신하들에게 말씀하셨

다.…… '지금의 천도 운행도수는 366일이다. 이는 음력과 양력이 어긋나 운행하는 성장 과정에 해당하는 閏曆도수이다. 그대들은 윤달을 넣는 방법으로써 백성들의 일상적 농사일과 사계절 운행의 기상 질서가 상호 일치하도록 책력을 조정하고, 음력과 양력이 어긋나 있는 시간의 질서를 조화롭게 바로 잡아 1년의 기본 시간을 완성하라"(帝曰……期三百有六旬有六日 以閏月 定四時 成歲)라고 밝혔다.

공자가 확인하여 書經에서 明記한 요임금 시대의 '천도운행도수 366일'은 동양의 문명사에서 書經과 孔子의 존재를 인정하는 한 결코 부정할 수 없는 사실이다. 一夫는 이에 대하여 "공자는 이미 알고 계셨던"(夫子先之) '曆數原理'라 하시며, 다만 말씀을 아니 하시고, 감추어 두신 것을 이제 그 "말해야 할 때"가 가까이 다가오니, 一夫 선생님 자신이 "그 소임을 다하기 위해 입을 열게 되었음"(一夫能之)을 고백하고 있다.

'366日'이라는 天之曆數는 영특한 천체 물리학자가 과학적으로 우주를 관찰하여 알아 낸 운행도수가 아니다. 하늘이 갖고 있는 태초적 의지를 인간 세상에 밝혀야 할 사명을 갖고 태어난 성인의 입을 통하여 선포하신 '하느님의 설계도'인 것이다.

이로써 보더라도 孔子와 一夫는 그 존재의미(인류사에 등장하게 된 하늘의 뜻)에서 볼 때, "하늘과 格位를 나란히 하는(與天地合其德) 하늘적 존재"(聖人)라 아니할 수 없다.

그렇다면 우주사에서 366일 曆數가 전개되는 易學的 근거는 무엇일까?

광대무변의 우주적 混沌(카오스모스) 속에서, 처음으로 (인간과 만물이 더불어 살아가는) 지구 행성이 형성되는 實相[天之曆數(운행도수)의 탄생]은 어떻게 설명될 수 있을 것인가?

正易은 四曆變化原理의 生成 變革 단계를 설명하면서 "지구 행성의 太

初的 운행 질서"를 亨曆 366度數로 규정하고 있다.

　무릇 모든 존재의 생명적 탄생과 성장 과정(변화)에는 그 태초적 생명원리(生命源. 씨)가 陰陽合德을 계기로 하여, 母胎 안에 受胎(懷妊)하게 된 후, 시간과 더불어 發芽하기 시작하는 것인데, 이는 우주 내에서의 지구행성(태양계)의 탄생 과정에서도 다르지 않은 것이다.

　母胎期에서의 생명적 실상은 (비록 생명이 시작되기는 하였지만) 현상적인 出生 이전의 단계임으로(밖으로 드러나기 이전임으로) 사실 현상으로 나타나서 보여지는 것은 아니다.

　이는 마치도 땅 속에 씨를 심으면 그 때부터 생명은 시작하는 것이지만, 처음 땅 속에 씨로서 심겨져 있는 상태에서는, (지표 위로 싹이 나오기 이전의 단계에서는), 그 생명의 실체를 눈으로 직접 볼 수는 없는 것과도 마찬가지인 것이다.

　正易에서는 생명 도수의 생성 변화원리를 九九法則으로 설명하고 있다.

　태초적 생명원리의 開始를 $9 \times 9 = 81(80+1)$의 1에서부터 시작하는 바, 이것이 1太極으로서의 元曆단계이다. [$9 \times 9 = 81$은 順으로서의 用九作用이면서, 동시에 逆으로는 用一作用이다. 그러므로 用九와 用一은 동시 合發 作用이 된다. 元曆 81度數(80+1)에서의 太極1數는 母胎 안에 懷妊된 生命源으로서의 1數임으로, 81度數가 그대로 현상적으로 나타나서 운행하는 것은 아니다.

　用九 다음의 단계란 당연히 順으로는 用八作用이며, 逆으로는 用二作用일 것인즉, $9 \times 8 = 72(70+2)$의 두 번째 단계로서, 이는 씨의 생명원리가 땅 위의(母胎 밖의) 현상 사실로 出生하는(나타나는) 과정이다. [이것이 用八과 用二의 同時 合發 작용이다]

　따라서 元曆度數 다음의 亨曆 度數인 72度數가 실제적 운행단계로서는 처음으로 등장하게 되는(현상 사실로 나타나게 되는) "우주사에서의 첫 번째 현상도수(天之曆數)가 되는 것이다. 72度數는 日數로는 6日에 해당되므로(1일은 12시간), 결국 亨曆의 실제적인 運行曆數는 本體的 기본원리 도수인 360도수와 發用的 作用으로 나타난 閏曆度數 6日이 합해진 366日이 되는 것이다.

이로써 亨曆 366일 堯之朞가 先天의 四曆變化原理에서는 맨 먼저 閏曆의 實相으로 우주 안에 등장하게 된 것이다.

ⓒ 利曆(365 1/4일): 현재의 천체운행도수로서 365.2422일을 말한다. 이는 순임금 시대에 운행되던 윤력도수로서 그 이후 현재까지 이어져 오는 천체의 운행도수이다.

[서경의 기록을 통하여 추측할 수 있는 사실은 堯와 舜의 禪讓期 중에 天之曆數變化가 실제로 분명하게 이루어졌다는 것이다. 향후 천문학 관련 학문이 좀 더 발달하게 된다면, 미래의 어느 때인가에는 서경에서 명기한 "요순시대의 역수변혁 사건"을 과학적으로도 증명하는 날이 있게 될 것이다]

ⓓ 貞曆(360일) : 주역. 「계사전상」 9장에서 "乾卦의 陽的 用九作用으로 관장하는 운행도수는 216일이며, 坤卦의 陰的 用六作用으로 관장하는 운행도수는 144일이다. 이로써 乾坤策數에 근거한 1년 운행도수는 그 원리에서 볼 때 360일로 이루어지는 것이다.…… 우주사의 전개는 元－亨－利－貞이라는 四曆의 생명적 변화 과정으로 이루어지는 바, 사력이 모두 운영되어야만 비로소 易道(曆度)는 완성되는 것이다"(乾之策 二百一十有六 坤之策 百四十有四 凡 三百有六十 當期之日…… 四營而成易)라고 밝히고 있다.

四曆	曆數	역수 산출 근거	비고
元曆	375일 (一夫之朞)	• 『정역』에서 제시된 천도운행의 전체 도수 • 원리수(본체도수) 360+작용수(閏曆도수) 15=375 • 작용운행도수(用九用六數): 9+6=15	'原曆' 『정역』에서 밝힌 도수
亨曆	366일 (堯之朞)	• 360+6=366 • 閏曆作用법칙인 (九九法則에 따라) 15尊 空歸體原理에 의하여 본래 始原度數 9× 9=81시간에서 1차로 閏曆度數인 9시간이 歸體되면(떨어져 나가서, 본래자리로 돌아 와서) 이제 運行度數는 81−9=72시간이 남 는다(72시간은 6일. 12시간은 1일).	'閏曆' 『書經』「堯典」 에서 명시
利曆	365.1/4일 (舜之朞)	• 360일+5일과 4分의 1일(5일3시간)(4분 의 1일=3시간) • 堯之朞 윤역도수(366)에서 다시 한 번 9 시간이 존공귀체되면 72−9=63시간이 남 는다(63시간은 60시간[5일]+3시간).	'閏曆' 현재의 인류 사에 주어진 역수 (365.2422일)
貞曆	360일 (夫子之朞)	63시간에서 다시 9시간이 떨어져 나가면 63−9=54시간이 남게 되는데, 54시간이란 6×9=54에 해당되므로, 이는 用九發用數 만 작용하는 것이 아니라, 동시에 用六發用 數도 같이 작용하는 것으로, 用九−用六의 陰陽이 合德 作用하여 일체화되는 관계로, 9시간만 歸體되지 않고 나머지 전체수 54 시간이 한꺼번에 모두 떨어져 나가게 된다. 이는 음양합덕으로 우주의 성장이 어른으 로 완성되어, 우주의 본래의지(이치)가 완 전하게 成道되는, 일대 우주사의 커다란 변 혁이 이루어진다(이것이 開闢이다).	'成曆(正曆)' 『주역』에서 공자가 乾坤策數로 밝힌 도수

【정역의 成曆원리】

- 元曆(原曆度數): 우주 형성의 전체수 375:

  360(本體度數)＋15(發用原理度數)

- 閏曆(우주가 자라는 과정의 운행도수)

  ┌ 堯之朞: 366일

  └ 舜之朞(現行曆數): 365 1/4일(365.2422일)

- 15尊空 · 歸體: 윤력 도수가 떨어져 나가는(우주가 자라는) 과정.

  발용의 원리 도수가 스스로의 역할을 전개시키는 과정

- 完成曆: 360 本體度數(원리도수)가 그대로(실제로)

  發用度數 360으로 운행됨 ⇒ 正易

- 작용 閏度數: 用九數(9)＋用六數(6) ＝15일(1일＝12시간)

- 작용 법칙: 작용하는 운행도수가 9시간씩 떨어져 나가는(본래자리로 돌아오는) 九九法則(아버지 男性의 用九원리):

  (9×9＝ 81. "80＋1"에서 1은 생명의 씨이다)

- 하느님의 본래적 의지를 받들어(尊空), 밖에 나가 일하던 일꾼들이 일을 모두 마치고 본래의 집으로 돌아오는 과정(歸體).

  '元曆' 375일: 실제 운행도수가 아닌 원리 차원의 전체 역수

  '亨曆' 堯之朞: 366일(360일＋6일) 81에서 9시간 떨어져 나감.

  用九作用 다음의 用八作用 단계이다. 9×8＝72)

  [81－9＝72시간](6일)

  '利曆' 舜之朞: 365 1/4일(360일＋5와1/4일) 72에서 다시 9시간 떨어져 나감.

  [72－9＝63시간](63시간은 5일＋3시간)＝현재의 운행도수

'貞曆'(成曆正易) : 360일

↔ 63시간에서 9시간이 다시 떨어져 나가면 54시간이 남는데, 54는 6×
9= 54의 陰陽合德度數 (用九用六의 완전한 만남)가 되어, 바로 그 순
간 한 몸으로 成道合德된 陰陽曆이 한꺼번에 본래 자리로 돌아오게 되
는(54시간이 한꺼번에 歸體되는) 우주의 일대 변혁이 일어나게 된다.

→ 이것이 우주사의 개벽 사건이다.

→ 그러므로 原理本體度數 360일이 그대로 發用運行度數 360일과 일치
하는 음력과 양력의 완전 합일이 성취된다.

− 양력 360+5= 365

− 음력 360−5= 355

− 天行에 있어서 해와 달이 그 운행의 도수가 서로 어긋나 있음은 아직
天道가 어른 되지 못한 성장 과정에 있음을 말하는 것이니, 하늘이 어
른으로 成道되면 陰陽 兩曆의 괴리가 없어지는(四時不忒) 개벽의 우
주사가 전개된다.

앞으로 일어날 우주사의 전개 과정에는 "用九−用六의 合德 단계"(陰
陽의 同時合發)만이 남아 있고, 이는 음력과 양력이 모두 바르게 운행되
는 정력正曆의 때이므로, 더 이상의 閏曆度數가 필요 없게 되어, 남아있
던 閏曆度數 54시간이 한꺼번에 떨어져 나가는 '전체 운행질서의 일대
변혁'이 도래하게 된다.

이 때가 되면 지금까지의 일상적 경험을 넘어서는 '우주의 달라지는
모습'(그동안 기울어져 있던 지구 자전축의 正位로 인하여 운행궤도. 기
상질서의 大變化 등)을 보게 되는 바, 이것은 인간 세계에 새로운 삶의 구
조와 형태를 강제하게 될 것이며, 그 권위와 의미는 인간의 영역이 아닌

하늘의 권능이기에 인간은 그저 따르고 순응할 수밖에 없는 종교적 자세를 갖추지 아니할 수 없게 된다. 이것이 개벽으로 열리는 후천세계의 '오심'(到來)이며, 오늘의 우리가 '새로운 세계가 오시는 福音'을 믿고 예비하기 위해서는, 진실된 마음으로 그 뜻을 모시고 바른 몸가짐으로 그 분을 섬기는 일에 마땅히 나서야 할 것이다.

후천개벽의 모습은 그동안 본래의 운행 원리수 360일보다 천천히 태양을 돌던 지구가(그래서 365일이 되어서야 태양의 1주가 가능했다) 좀 더 빨라져서 정확히 360일 만에 태양 1주를 완성하게 될 것이고, 본래의 운행 원리수 360일보다 빨리 지구를 12번 돌던 달이(그래서 355일 만에 지구를 12번 돌 수 있었다) 좀 더 느려져서 360일 만에 지구를 12번(태양을 한 번) 정확히 돌게 될 것이다. 그렇게 되면 인간이 인위적으로 천체의 운행일수를 조정하여 '윤달(閏月)과 윤날(閏日)을 넣고 빼는 따위의 번거로운 일'은 더 이상 필요 없게 될 것이다. 이는 우주의 생명성이 '어른으로 올바르게 성숙됨'을 말하는 것이니, 이에 근거하여 살림을 영위해 가던 인류 사회도 '어긋남의 윤력의 시대'를 마감하고 '올바른 정력正曆의 시대'를 향유하게 되는 것이다. 이것이 '우주사의 새로운 질서'(開闢)에 근거한 '인류사의 새로운 삶'(後天)의 모습이다.

[참고: 주역과 정역에서의 曆數推衍(推算)의 근거 도수]

* 天數: 1. 3. 5. 7. 9 : 합25

* 地數: 2. 4. 6. 8. 10 : 합30 ==〉天地之數 55

* 河圖 55 － 本體數 15 (皇極5+无極10) 〈－－ 河圖中心數 15
  － 發用數 40 : (1 · 6) (2 · 7) (3 · 8) (4 · 9)

* 洛書 45 － 本體數 5 (皇極5) 〈－－－洛書中心數 5
  － 發用數 40 : (1 · 9) (2 · 8) (3 · 7) (4 · 6)

* 一元數 100(존재와 현상 전체 原理數):
- 하도 55 + 낙서 45
- 무극 10×무극10
- 无位數 20 + 하도낙서발용수 80

* 존재원리도수(无位數) 20 : 낙서중심수 5 + 하도중심수 15

* 전체발용도수 80 : 낙서발용수 40 + 하도발용수 40

* 大一元數 300 : 一元數 100×3才

* 전체원리도수(无无位數) 60 : 존재원리도수(无位數) 20×3才

* 간지도수 60 : 천간 10개. 지지12개의 천수. 지수끼리의 교합 개수

* 우주전체의 존재원리도수 360 :
- 大一元數 300 + 전체원리도수 60
- 干支度數 60×6爻 발용

* 干支度數 60: ...... [4象×用9 (36)] + [4象×用6 (24)]
...... 无位數 20×3才

* 주역의 乾 · 坤策數(當期之日): 四象原理에 의거하여 推算: 360
(= 216 +144)
  • 건책수 216 : 4象×用9×6爻
  • 곤책수 144 : 4象×用6×6爻

* 정역의 天之曆數 :九九法則에 의거하여 추산: 360
  • 乾元 216 : (用9×9=81) + (用8×9=72) + (用7×9=63)
  • 坤元 144 : (用1×9=9)+(用2×9=18)+(用3×9=27)+
  (用4×9=36)+(用6×9=54)

[황극수 5는 본체도수이므로 발용하지 않음]

* 四象原理에 의한 작용전체수 : (合發作用)90×4象= 360
  • (用1×用9): 9 + 81 = 90
  • (用2×用8): 18 + 72 = 90
  • (用3×用7): 27 + 63 = 90
  • (用4×用6): 36 + 54 = 90

* 15尊空 發用度數: 180 = (15日×12時間)

　　　　　　　　　 = [(用9×12시간=108)+(用6×12시간=72)]

⊙ 소강절의 元會運世: 宇宙의 1년 度數: 1元 = 129,600년 (360×360)
 • 1世: 30年
 • 1運: 30年×12世=360年
 • 1會: 360年×30運=10,800年
 • 1元: 10,800年×12會=129,600年 (우주의 1년 도수)

* 소강절의 元會運世(동양의 전통 天文曆法)
* 우주의 1년(元)은 [지구의 1년 역수를 1일로 계산
 : 360×360=129,600] 지구의 129,600년
* 정역에서는 10,800년의 12回(12地支)로 산정하여
 : 子會先天度數10,800년(10,800×1)
 + 丑會後天度數118,800년(10,800×11) =129,600년으로 규정
* 선천 우주의 존재원리는 15존공도수이며
 그 원리도수의 전체수는 (1일 12시간×15일) 180도수이다.
 그 중 體十用九의 用九度數는 (9×12=) 108이고,
 體五用六의 用六度數는 (6×12=) 72이다.

[用九도수 108도수를 우주의 胞胎期(chaosmos)로 볼 수 있다면, 거시적 시간구조인 우주적 관점에서 볼 때는, 先天 子會 10,800년은 우주 순환주기인 1元(129,600년) 生成度數의 胞胎期에 해당하는 것으로도 이해할 수 있다.]
* 1년 四時를 생명의 순환주기로 살아가는 지구 차원에서 볼 때, 새봄이 되면 만물이 새싹을 틔우는 것과 같이, 1元 129,600년을 생성의 순환

주기로 삼고 있는 우주(하늘) 차원에서 볼 때는, 새로운 후천의 丑會가 열릴 때마다 우주 안에는 새로운 文明이 시작(탄생)하는 것은 아닐까?

* 1년 주기의 生을 살아가는 微物은 1년 四季節의 생명적 현장에 적응할 수 있도록 태어난 것처럼, 우주의 神明的 경지를 사유할 수 있도록 태어난 인간에게 있어서도, 思惟의 대상으로 삼을 수 있는 우주적 범주의 한계는, 시간적으로는 129,600년. 공간적으로는 12행성의 태양계로 보는 것이 옳지 않을까?

* 더 이상의 확대된 우주적 범주는 1元 曆數의 무한 순환으로 보아, 인간의 실존적인 사유의 차원을 벗어나는 것으로 해석하여, 절대 신명적 경지인 "초월과 영원과 무한의 속성"으로 넘겨주어야 하지 않을까?

* 지금. 여기 지구 마당에서 살아가는 인간의 관심 영역은 실로 거기까지이다. 1元 曆數는 영원히 순환 도래한다는 점에서 1元 역수 기간을 기억하고 논설하는 그것으로도 인간으로서는 이미 충분하지 않을까?

우주 안에 생명원리가 존재한다는 사실을 부정할 수 없다면, 우주 역시 생명적 변화과정을 거쳐 어른된 모습으로 완성될 것이다. 정역은 이에 대하여 공자가 이미 언급한 선천의 천지역수가 어떤 우주적 원리와 법칙에 근거하여 전개되어 왔는가를 인류 문명사에서 처음으로 밝혀냄과 아울러 향후 완성될 우주사의 실체를 철학적으로(度數推衍에 근거하어) 천명해냄으로써, 하늘이 인류에게 알려 주시고자 하신 "하느님의 뜻"을 인간의 언어와 문자로써 대행하여 전하였던 것이니, 그 요체가 바로 "四營이 成易하는 우주사의 변화 과정. (秋變爲春. 望變爲朔의 開闢的 曆數變革을 거쳐) 완성된 正曆天道와 동반하는 悖化爲倫의 후천 인간세계(成德된 人道)의 到來함"이다.

6

神明的 度數로서의 60干支와
人文的 度數로서의 64序卦의
合德 문제

　　正易은 60干支度數를 우주사의 존재구조를 해명하는 기본 原理度數로 삼고 있는 바, 10干 12支로 구성된 60干支는 인간의 지혜가 열려 作爲的으로 案出해 낸 曆數 법칙이 아니라, 이른바 태초에 우주가 출현할 때, 이미 前提된 하느님의 말씀(하느님의 의지. 神意. 道)이 인간 세상에 드러난 神妙的 차원의 度數인 것이다.

　　[人文的 文物制度가 周禮를 통하여 정비된 周代에 앞서 天神과 祖上을 모시는 神道文化가 주류를 이루던 商(殷)代의 유물에서 60干支 전체가 일목요연하게 기록된 牛骨刻辭가 발견된 사실은, 당시의 일상적 문자 생활에서 이미 "60干支가 내포하고 있는 신명적 차원의 관심사"(天意. 天之曆數)가 사회 전반에 널리 통용되고 있었음을 반증하는 것이 분명하다. ─양동숙. 갑골문 해독. 서예문인화. 2005. p 692 참조. 출처:〈갑골문 合集〉37986. 제5기]

10干 12支를 음양으로 배합하여 오행원리에 따라 구분하면 天干은 5. 地支는 6의 단위가 되고, 이를 본체로 삼아 발용하면 60干支가 된다.

이때 天干(天道) 5數는 6번 발용하여(6회 쓰임이 되어) 60간지를 이루며, 地支(地道. 人道) 6數는 5번 발용하여(5회 쓰임이 되어) 60간지를 이루게 된다.

이는 天意(5)가 地生(6)으로 나타남에 6번 쓰이고, 地情(6)은 神意(5)를 드러냄에 5번을 쓰임으로서 天地合意인 60干支를 성취하게 되는 것이니, 이를 일러 (體用이 완전하게 일치하고 음양이 완전하게 合德하는) 본래의 神明玄理를 그대로 반영하는 度數體系라 하는 것이다.

실로 우주의 존재원리이면서 순수 원리적 차원의 60干支度數는 생명적 현상의 변화실상을 모두 표상하고 있는 주역의 64序卦를 성립시키는 근본 원리라고 아니할 수 없다.

그런데 神明原理로서의 60간지도수 원리는 주역에서는 왜 60序卦가 아닌 64서괘의 생명적 단계로 기술되고 있는 것일까?

생명성의 전개는 生之生之의 이른바 生生之德을 그 본질로 삼고 있으며, 이는 부모 자식 간의 先後 繼代로 증거 된다. 그러므로 우주에는 先-後天이 전개되는 것이고, 인간 세계에서도 부모와 자식 간의 생명적 繼承이 이어지는 것이며, 이를 度數로 밝혀 卦象으로 표상한 易經 또한 上.下經의 구분이 소용되었던 것이다.

그런데 무릇 모든 생명의 계승 과정에는 어머니의 태반 속에서 (아직 생명이 세상 밖으로 出生하기 以前의) 일정 기간 자라나는 기간이 반드시 필요한 것인 바, 이때의 생명 단계는 부모와 자식이라는 두 생명체가 하나의 물리적 시간을 공유하게 되는 것으로 이를 胞胎期라고 지칭할 수 있다. 주역의 64序卦에는 이러한 어머니의 포태기에 해당하는 단계를 47困-48

井-49革-50鼎 4단계로 표상하고 있는데, 이는 물론 모태 속에 있는 자식의 생명에게도 동시적으로 적용되는 시간이기에, 자식의 생명적 전개 과정에 별도의 生命度數를 중복하여 설정할 필요와 이유는 없는 것이다(母體가 죽으면 胎兒도 함께 죽는다). 易學에서는 어머니와 자식이 共有하는 困-井-革-鼎의 과정을 생명이 처음으로 出生하는 "合德門"인 37家人-38睽-39蹇-40解의 단계와 구분하여 "胞胎宮"으로 규정하고 있다.

(柳南相. 周正易經合編. 研經院. 2011. "六十干支度數原理와 六十四序卦原理圖" 참조)

[생명의 원리는 시간(變化)와 공간(現象)의 두 가지 범주로 顯現되는 바, "母胎속의 胎兒"라는 생명체는 그 성장과정에 있어서, 물리적 시간은 母子가 함께 공유하고 있지만, 物形的 공간(身體)은 각개의 독립된 생명체로 구분되어 있다. 正易은 60간지도수(시간의 존재구조)에 근거하여, 역도를 "시간성을 위주로 하여 설명한 것"이고, 周易은 64서괘(공간적인 표상)에 근거하여, 역도를 "공간성을 위주로 하여 설명한 것"이다. 정역에서의 중심적 논리체계가 曆數에 있고(易者曆也), 주역에서의 중심적 논리체계가 卦象에 있는(易者象也) 이유가 여기에 있는 것이다.]

[干支의 문자적 함의]
- 干 : 一(하나1)와 十(열10)이라는 天行의 度數.
- 支 : 완성수(열十)을 손으로 잡고 있음(又)을 표상.
  (天干 하늘의 뜻이 땅에서 이루어짐 地支)
- 土 : 하늘의 시간원리 (干)가 공간적 생명현상으로 이루어지는 바탕은 땅(土) (干을 거꾸로 하면 土)
- 士 : 하늘의 뜻 (干)을 땅(土)에서 萬事 萬物로 이루어 내고 다스리는 人格的 주체는 선비(士)이다.

7

후천 세계가 열리는
'開闢의 그 때' (己日)는
현재적 우주사에서 언제. 어느 때.
어떤 모습으로 오는가?

세상에는 인간이 알 수 없는 일도 많이 있는 것이며, 인간이 알 수 없는 일은 알 수 없어야 한다(억지로 알려고 해서도 안 된다). 본래 알 수 없는 일임에도 불구하고 때때로 인간은 자기의 교만심에 도취되어 모르는 일도 아는 체하거나, 잘못 알고 있는 것을 아는 것으로 착각하기도 한다.

또한 (자식으로서의) 인간에게는 알아도 되는 일과, 알아서는 안 되는 (부모인 하늘의 절대적 영역에 속하는 고유한) 일이 있다.

정역에서 밝힌 우주의 역수변화원리(四曆변화 법칙)는 그 원리적 당위성을 해명한 것이기에 '우주사에서 陰陽合德度數인 360度 正易 曆數가 행해지는 後天 開闢의 시대가 到來하는 당위성과 필연성'을 배우고 깨달으면 그것으로서 충분한 것이며, '그 때'가 구체적으로 '언제 어느 때, 어떤 모습으로 오는가?'의 문제는 인간이 관심 둘 영역이 아닌, 전적으로 하늘의 주재 영역인 것이다.

그것은 어디까지나 애초에 우주의 질서를 설계하시고 운영하시는 우주의 주인이신 하느님의 관할이며, 하늘을 대신하는 聖人의 책무로서, 감히 인간이 범접하여 함부로 나서서 셈하고 따져 보고 물어볼 문제가 아닌 것이다. 우리가 알 수 있는 것은 미래의 언젠가에는 '天之成曆의 正曆度數가 실현된다'는 당위성을 엄숙히 자각하고, 이로부터 전개되는 후천 개벽의 우주사적 의미에 겸허하게 순응하여, 오늘을 바른 心性과 태도로 살아가면 그것으로 족한 것이다. 一夫 先生이 正易을 통하여 우리에게 선포하신 내용과 의미는 바로 거기까지이다.

그럼에도 소박한 인간의 심정으로 물어볼 수는 있을 것이다.

후천 개벽의 그 때는 실제로 도래할 것인가? 天之曆數가 개벽되는 우주적 사건을 오늘의 인류는 어디까지 어떻게 믿을 수 있을 것인가?

발표자는 이에 대하여 (우주사를 주재하는 하늘적 입장에 있지 않고) 실존적 인간의 처지에 있기 때문에, 알 수도 없고, 알려고도 하지 않으며, 그러기에 본 발표의 내용에 관하여도 설명하고 주장할 뿐, 아무런 증명도 할 수 없다. 그러면서도 발표자는 그렇게 후천 개벽의 그 때가 달려오고 있음을 굳게 믿고 있다. 그렇다면 그러한 믿음은 개인의 종교적 정서의 문제인 바, 엄격한 학문적 논증이 요구되는 철학적 논설은 될 수 없는 것인데, 무슨 자격으로 학술적 논의의 현장인 이곳에서 그런 내용을 발표할 수 있단 말인가?

그것은 다름이 아니다. "宇宙史의 생명적 四曆變化原理를 밝혀주신 先聖 孔子와 聖父 一夫의 말씀(經書)을 믿지 않을 수 없음"을 學術的 論法으로 말한 것이며, 이를 해설해 주신 鶴山 이정호 선생님의 著作과 觀中 유남상 선생님의 가르침, 발표자는 학문적 차원에서 주체적으로 수용하고 신념적으로 납득하고 있기 때문이다.

[이에 대한 학술적 이해와 所見의 일단을 아래에 참고로 덧붙인다.]

주역(易經과 易傳)에는 도처에서 우주사의 전개 과정과 관련하여 '천지역수의 변화원리'에 대한 직접적이거나 또는 상징적인 표현을 발견할 수 있는데, 그중에서도 특별히 49序卦 澤火革卦에는 天道 변혁에 관한 示唆와 예언이 집중되어 있다.

우선 彖辭에서 '인간사의 실재적 사건으로서의 湯武 혁명'을 직접 거론하면서 '우주사에도 혁명적 사건으로서의 天道 변혁의 시기가 있음'을 농도 짙게 내비치고 있다. 이에 성인께서 革卦의 행간에 묻어 두신 隱蘊之意를 잠시 窺知해 보고자 한다.

- **"己日乃孚 革而信之"**[16)]

㉮ "己": 己日에서의 己는 干支度數에서 天干의 己를 말하는 것이다.[17)] 그러므로 "己日"이란 五行之氣의 己土之位이니, '己位之時를 曆數로 삼는 때'를 가리키는 것이다.

戊와 己는 오행에서 우주의 중심인 인간의 주체성이 자리하는 土位이니, 이를 數로 對應하여 표현하면 戊五土와 己十土가 된다.

十數는 河圖의 完成數로서 하늘의 신명지덕이 順의 방향으로 작용하여 萬事·萬物로 펼쳐지는 존재 開示의 根源數이다. 정역에서는 이 때[18)]를 일러 인류사의 後天 開闢으로 규정하면서, 이를 戊位尊空·己位親政으로 懸書 掛示하고 있는 것이다. 그리므로 革卦에서의 "己日"이란 정역에서 예시하는 후천 개시의 '그 때'와 다름 아닌 것이다.[19)]

---

16) 周易, 澤火革卦, 彖傳
17) 현전 주역에는 "巳日"로도 통용되고 있으나, 이는 "己日"의 誤記이다.
18) 體五用六의 先天之德과 體十用九의 後天之道가 우주사와 인류사에서 나란히 合德·成道되는 그 날, 즉 聖統으로 成曆을 선포한 聖人之言과 王事로 治歷을 구현한 君子之行이 현실세계에서 완전히 一體·妙用되는 그 때를 말한다.

새로운 인간 세상을 펼치고자 하는 성인의 의지는, 인간사에서는 聖王의 開國之事業으로 실현되는 것이니, '새로운 삶의 터전'을 마련하는 治政國事가 다름 아닌 '우주사와 함께하는 인류사의 구체적 내용'인 것이다. '사람 살아가는 토대'를 새롭게 다지는 일은 皇極之位 · 五行之中 · 中位之土를 선포하는 일과 다르지 않다.

인류사에서 先聖王이 개국한 때를 일별해 보면, 革日의 干支度數에는 六甲之土로서의 天干(戊 · 己)과 地支(辰 · 戌 · 丑 · 未)가 빠짐없이 자리 잡고 있음을 알 수 있는 바, 이 또한 王事之業과 中土之用이 본질적으로 다르지 않기 때문이리라. 이처럼 先聖王의 革日 干支를 살펴볼 때에, 하나같이 中位之土를 王事之日로 삼고 있으니, 이를 두고 어찌 단순한 우연의 일치라고만 치부할 것인가?[20]

'우주사(曆數)와 더불어(나란히) 인간사(王事)가 同伴하고 있음'을, '革而信之라는 聖言' 속에서, 後學들은 삼가 눈 크게 뜨고 차분히 찾아보아야 마땅할 것이다.

㉴ "日": 주역에서의 "일日"이란 年 · 月 · 日 · 時를 구분하는 시간 단위의 하나인 '하루'를 지칭하는 동시에, 연 · 월 · 일 · 시를 모두 포괄하

---

19) 重風巽卦 九五 爻辭에서는 "先庚三日 後庚三日"을 明記하고 있는데, 후천의 중심 曆數인 庚子 度數를 견인하는 傳令으로서의 先(庚子) 度數에 己亥 度數(己位之日)가 자리하는 이유도 새겨 보아야 할 것이다.

20) 唐나라 堯王은 B.C 2333 戊辰年에 開國하였고, 虞나라 舜王은 B.C 2233 戊申年에 承位하였으며, 夏나라 禹王은 B.C 2183 戊戌년에 肇業하였고, 商나라 湯王은 B.C 1751 庚戌年에 放桀하였으며, 周나라 武王은 B.C 1122 己卯年에 卽位하였다. 한민족의 시조인 단군의 조선 개국도 唐나라 堯王과 같은 시기이다. 한편으로 인류사를 親政하신 先聖의 王事와 함께, 聖王之事가 곧 天之曆數에 근거하고 있음을 말씀으로 선포하신, 聖夫 孔子의 生沒(B.C 551~479) 干支度數가 '庚戌에서 壬戌까지'이고, 聖父 一夫의 現存(1826~1898) 干支度數가 '丙戌에서 戊戌까지'이니, 인류사에서 神明之德을 펼치신 兩夫子의 生滅 節度數에 '中位之戊土'가 일관하여 자리 잡고 있음은 偶然之緣故로만 치부할 수 없는 문제인 것이다.

는 시간 자체(시대·세월·때)를 대표하는 광의적 언표이기도 하다. 革卦에서의 己日도 '己位(土位)를 주체로 삼는 曆數'를 표현한 광의적 어휘인 것이다.21)

㉲ "乃": "己日乃孚"에서의 '乃'는 그 문자적 쓰임이 '미래를 전제로 하는 표현'으로써, "이에…… 이루어질 것이다"라는 의미를 담고 있는 글자이다. 그러므로 "己日乃孚"의 '己日'은 '미래에(언젠가) 이루어질 後日의 사건'임을 이미 암시하고 있는 것이다.

㉳ "孚": 또한 '孚'라는 글자는 인간의 심정적 믿음(信)을 우주적 절대성으로 승화시킨 종교적 차원의 신앙심을 말하는 것이다. '孚'는 그 자형 자체가 '어미 새가 발톱(爪)으로 굴려 가면서 알(子)을 품어, 그 체온과 정성으로 끝내는 새로운 생명을 부화시키는 모습'을 상형한 것이다. 이를 우주사적 관점으로 본다면 '하느님이 사랑과 은총으로 인류사에 새로운 세상(後天世界)을 열어 주시는 일'이라고 할 수 있는 것이다.

그런데 '알(子)을 품어(爪) 부화시킨다'는 뜻의 '孚'는 어째서 '믿을 (信) 부'라고도 말해지는 것일까?

'믿음'이란 그 본질이 논리·증거·이유·조건·상황 등을 판별하는 이성적 범주에 속한 것이 아니다. 믿음이란 실로 '그냥 그렇게 믿어 주는, 무조건적인 기대감을 반영하는 본능적 정서'인 것이다. 다시 말해 '믿음'이란 그 특성이 합리적(과학적)인 판단 여부에 구애받지 않는다는 것이다. 그러므로 믿음이란(어떤 계기로 일단 한번 받아들이고 나면) 그 속성 자체가 처음부터 끝까지 '맹신적'일 수밖에 없는 것이다. 훌륭한 說敎나 傳敎는 합당한 설명이나 논리적 설득에 있지 않은 이유도 여기에 있

---

21) 예를 들면 周易「繫辭傳上」9장의 "當期之日"의 '日'은 하루(day)를 말함이고, "己日(革卦)「先甲三日(蠱卦)後庚三日(巽卦)" 등에서의 '日'은 年(year)을 말하는 것이다.

다. 위대한 전도사는 언제나 인간의 정서와 사랑에 호소할 뿐이며, 자신의 말에 대한 지적인 이해를 요구하지 않는다. 천국이 있다고 누군가가 천국의 풍경을 비디오로 찍어서 보여 주지 않았으나, 천국의 실재를 목숨처럼 믿는 것이 바로 신앙이다. 기독교 성경이나 불경 속에서 회자되는 숱한 異蹟과 축복은 과학적으로나 역사적으로 증명된 적이 없지만, 그 말씀의 실체를 생명처럼 받드는 것이 곧 종교이다. 쑥과 마늘을 먹고 햇빛을 보지 않았더니, 옛날에 살았던 어떤 반달곰이 아름다운 처녀가 되었다는 이야기를 한 번도 들어본 적이 없었음에도, 桓雄의 말씀을 아무런 의심도 없이 철석같이 믿고, 힘든 계율을 기꺼이 수행한 삶의 자세가 다름 아닌 곰님(熊女)의 믿음인 것이다. 신앙은 참으로 '믿는 자'의 독단적이고 주체적인 정서에 전적으로 의존한다.

새는 태어나서 처음으로 알을 낳고는, 그 알을 품고 있으면 언젠가는 그 껍질이 깨지고, 그 속에서 자신을 닮은 자식이 태어날 것이라는 기대를 무조건적으로(선천적으로 · 본능적으로 · 내부적으로) '그냥 믿는 것'이기에, 어미 새는 알을 품으면서 끝내는 새끼를 얻게 되는 것이다. 겉보기에는 아무런 생명적 징후도 발견할 수 없는, 그저 밋밋하고 딱딱한 돌덩이 같은 둥근 알에서, 부드러운 깃털이 있고, 고운 소리를 내며 꿈틀대는 아기 새가 생겨날 것이라는 것은 도저히 이성적으로는(외형적으로는) 수긍되거나 납득되지 않는다. 그럼에도 불구하고 어미 새는 그 알에서 아기 새가 생겨날 것이라는 굳은 믿음을 가지고, 그 알을 발톱 아래에다 품고 그 따뜻한 체온으로 데우는 것이다. 그래서 '알 깨칠 부'는 그대로 '믿을 부'가 되는 것이다.

참으로 이 우주 안에는 만물이 생겨나는 생명적 기운(生命原理: 生命性)으로 가득 차 있으며, 그 생명적 기운의 본질이란 '생명 창조에 대한 본능적 믿음의 정서'와도 결코 다르지 않음을, 우리는 어미 새의 '알을 부화시키는 몸짓'에서 전율하지 않을 수 없다.

그러고 보면 이 우주 안에는 종교적이지 않은 생명은 아무것도 존재하지 않는다. 생명 자체가 이미 신앙의 결과이기 때문이다. 주역에 숱하게 등장하는 '孚'는 다른 것이 아니라, 우주적 생명성의 보편적 정서인 신앙심을 문자로써 표상한 것임을 우리는 바르게 해득해야 한다.

㉣ "革而信之": "革而信之"는 革卦에서 언급한 인간사에서의 혁명적 사태가 '우주사적 차원에서도(己日의 到來에서) 천도 변혁의 모습으로 이루어짐'을 인간들은 기꺼이 믿고(信) 순응해야 함을 단정하여 선포한 것이다. 미래의 사건을 염려하거나 또는 기대하면서 '현재를 살아갈 수 있음'은 오로지 '미래적 사건을 예언하신 성인의 말씀에 대한 굳건한 믿음'에 근거한 것이다. 그러므로 종교적 삶의 자세는 언제나 어디서나 '현재적 物像의 檢證에 기초한 것이 아니라, 미래적 心象에의 믿음을 바탕으로 한 것'이다.

그러므로 공자께서는 "己日乃革之"(六二爻辭), "己日革之 行有嘉也"(六二爻象)라 하여, "그 때(己日)가 그렇게(乃) 우주사의 변혁(革)으로 올(之) 것이니, 그 때가 되면(己日革之) 인간 세계에서는 기쁘고 즐거운 일들(嘉)이 이루어지게 될(行) 것이다"라고 친절하게 해설하신 것이다.

언제나 恒常된 모습으로 질서 있고 엄격하게 운행되고 있는 오늘이 천지일월 운행 현상을 이미 오랫동안 익숙하게 경험해 오고 있는 우리들에게 "미래의 어느 때부터는 하늘의 운행 도수 자체가 지금과는 다른 모습과 절차로써 운행될 것이다"라는 성인의 말씀은, 일상적으로 습관화된 우리의 인식으로는 도저히 납득할 수가 없는 것이다. 그것은 마치도 아무런 생명적 징후가 없는 둥그렇고 매끈한 알이 꿈틀대는 새끼로 바뀌게 되는 변혁의 실상을 일찍이 경험해 본 적이 없는 (처음으로 알을 낳아 본) 어미 새로서는 '알을 품고 있는 것으로써 자식을 낳게 된다는 믿음'이 일반적인 생리 조건으로써는 결코 수용하기가 어려운 것과도 마찬가지이다. 그러나 알을 품고 있으면 언젠가는 알이 부화하게 된다는 것을 본원적으로(生得的으로) 굳건히 믿고 있는 어미 새는, 자신의 모든 정성과 희생을 다 바쳐서 抱卵의 과업을 이루어 내고, 끝내는 자신의 믿음대로 자식을 얻게 되는 '새 생명의 축복'을 갖게 되는 것이다.

이와 마찬가지로 우주 度數의 달라지는 모습을 일찌기 실존적으로 경험하지는 못한 우리들이지만, 지나간 인류 역사에 있어서 이미 그러한 天之曆數변화 사건(堯之朞·舜之朞)이 있었음을 밝힘과 동시에, 미래에도 새로운 天之曆數변화 사건(夫子之朞)이 도래함을 도수원리와 법칙으로 밝히신 성인의 말씀을 굳건히 믿고, 그 가르침을 신앙하여 따르게 되면, 끝내는 새롭게 변혁된 우주의 다른 모습(開闢된 後天世界)을 반드시 맞이하게 된다는 것이다.

이것이 바로 언젠가는(乃) 己日이 도래할 것을 믿는 (革而되는 세계를 信之하는) 우리 인간에게 본래부터 주어져 있는 본원적(生得的) 신앙심으로서의 '孚'인 것이다.

이상의 말씀을 함께 통관하여 이해해 보면 '우주사에서 후천의 그때(己日)가 언젠가는(乃) 오게 될 것이니, 그 天道 변혁(革)의 사건이 올 것을 굳게 믿고(信), 오늘의 삶을 다 바쳐 섬기고 따르면(孚), 그때를 맞이하는 축복(恩德)과 즐거움(嘉)이 있을(有) 것이다'라고 정리하게 된다.

[후천의 그 날을 시사하는 언급은 山澤巽卦 初爻(己事遄往)와 山天大畜卦 初爻(有厲利己)에서도 찾아볼 수 있으니, 이 또한 '후천의 그 날(己

日)이 가까이(邇) 오게 되면, 인간은 서둘러(邇) 새로운 세상을 맞이하는 준비(일: 事)를 해야(往)' 함을 담고 있는 것이다. 실로 인간사의 숱한 걱정거리 속에서도(有厲) 성인의 말씀을 굳게 믿고 기다리는 사람에게는 새로운 축복의 그 날(己日)이 고맙게도(利) 찾아온다는 것이다. 천도의 曆數변화에서 "己日乃革"이 이루어지는 바로 그 때를, 주역에서는 앞으로 오실 "後天"이라고 이름 부른 것이니, 先天의 마지막 聖夫께서는 일찍이 후천의 己日에 살아가게 될 인간 세계의 참모습을 "己位親政"이라고 예시하신 것이다.]

[개벽과 후천의 실체에 대하여 "그렇게 막연하고 허황할 수도 있는 설명을 하기 위하여, 당신은 그토록 분분한 문구들을 들먹이며 번잡스레 나열한 것인가?"라고 누군가가 이 자리에서 또 다시 질문한다면 발표자는 역시 답변하지는 못한다.

다만 오늘의 모임에 대한 일말의 의미를 다음과 같은 기록으로 남기면서 답변에 대신할 수밖에 없다.

"聖父 金恒 선생께서는 正易의 行間에 우리가 讀解할 수 있는 文字로 "그 날"의 隱喩를 明示하고 있다. 나는 일개 學士로서 그 '傳하심'을 눈으로 읽고 가슴에 새길 뿐. 입으로는 말할 수가 없다. 나의 소임은 거기까지이다.

다음은 아쉬운 마음에서 한마디 덧붙이는 (발표자의 지극히 사적인) 贅辭이다.

'오늘 이 자리에서 開闢의 소식을 들은 어떤 젊은이는 어쩌면 그의 生涯 중에서 "오늘의 相生文化 모임"을 추억하며, 새삼 옷깃을 여미게 되는 "그 날"(己日)을 경험하게 될지도 모른다. 그만큼 그 날은 우리 곁에 참으로 가까이 와 있는 것이다]

8

'開闢의 그 날'을 맞이하기 위해 오늘 우리가 준비해야 하는 일은 무엇인가?

어떤 이는 진지하게 물어 온다. "그래도 정역을 공부하였다니 그 때가 언제인지 조금은 아실 것 아닙니까?" 발표자도 진지하게 대답한다. "사실 나는 어느 정도 압니다. 특별히 친한 당신한테만 말해 주는 건데…… '그 날이 바로 내일'이지요."

나는 언제나 누구에게나 '그 날이 내일'이라고 말한다. 나는 실제로 그렇게 믿고 있고, 궁금해 하는 벗들에게도 그렇게 알려 준다. 그러면서 지낸 세월이 벌써 여러 해 되었다. 비록 천년이 지나면서 아무 일이 없다 해도 나는 여전히 그렇게 믿을 것이며 그런 나의 믿음이 틀렸다고도 생각하지 않는다.

[이런 心法으로 하루 하루를 살아가는 나의 삶을 구태여 형용한다면, 글쎄나…… 그냥 '종말론적 삶'이라고나 해 둘까?]

나는 '내일이 바로 그 때'임을 믿음으로 해서, 언제나 '오늘'이 귀하고도 성스럽고 또 아름답기까지 하다. 후천 세계에 대한 성인의 말씀은 그래서 언제나 '바로 오늘' 先天의 지평에서 '나의 日常'으로 이루어진다. 나에게는 간절한 바람이 하나 있다. 모든 사람들이 이 '척박한 선천의 땅'에서 '꽃피는 후천의 삶'을 향기롭게 누리시길 소망하는 일이다.[22]

그 날(己日)이 올 것을 믿는 사람은 오늘 비록 귀찮고 불편할지라도 '내일을 위해 준비하는 수고로움'(己事)을 마다하지 않는다. 내일을 염려하여 오늘을 애써 살아가는 사람은 그 분이 언제 오실 것인지를 궁금해하거나 셈하지도 않는다. 언제 오시더라도 기쁘게 맞이할 차림상을 벌써 마련해 두었기 때문이다. 그러나 내일의 그 날을 믿지 않고, 그래서 '그 날'(其日)을 위해 아무런 준비도 하지 않은 사람은, 오히려 고개를 갸우뚱거리며, 그 분이 진짜로 오는 것인지, 온다면 언제 어떤 옷을 입고 오는 것인지를 궁금해 하면서, 나름대로 날짜를 계산해 보느라고 공연히 저 혼자 불안하고 심각하고 분주하다.

[세간에서는 신의 존재와 관련하여, 유신론자와 무신론자로 구분할 수 있다. 그런데 유신론자들은 평소 신의 존재 증명이나 신의 소용 가치 등에 대하여 별다른 주장이나 강조를 하지 않는다. 그냥 자신의 믿음으로써 스스로의 自問自答에 충분하며, 남다른 내면적 갈등이 일어나지 않기 때문이다.

오히려 "신은 없다" "신이 어떻게 존재할 수 있느냐"면서 논쟁을 일으

---

22) 世間에서 일부의 어떤 종교적 신념자들 중에는 허망한 예언을 실제인양 늘어놓으면서, 마치도 자신들의 역량으로 하늘의 운행도수마저 움직일 수 있는 것처럼 억설과 감언으로써 중생들을 현혹시키는 경우도 없지 않으니, 이러한 언사야말로 성인을 가장 크게 모독하는 죄악임을 알아야 한다. 어떤 경우를 막론하고도 하늘이 관장하는 우주 도수의 奧義와 秘書는 인간이 나서서 왈가왈부할 내용이 아님을 확연히 믿고, 우리는 그저 하루 하루를 正然한 心法으로 그 뜻을 모시고 섬길 뿐이다.

키고, 자기의 주장을 관철시키려 애쓰는 사람들은 무신론자들이 대부분이다. 사실 "신이 없다고 확실히 믿는다"면 구태여 더 이상 신의 존재 여부에 대하여 고민하고 논설할 하등의 이유와 필요성이 없는데도 말이다.

그리고 보면 세간의 무신론자들도 실상은 신을 완전히 무시하거나 전면적으로 부정하지는 못하고 있는 것이다. 크게 보면 무신론자들의 정서 또한 본질적으로는 유신적 범주와 차원에서 완전히 벗어나 있는 것은 아니다. 인간은 본질적으로 "神明的 존재"이기 때문이다.]

사실 '그 날이 내일이라고 오늘 믿는 자'에게는 그가 누구이던지, 그가 과거에 어떠한 삶을 살아왔던지 간에, (내일을 믿는 자에게 한하여) 구원의 기회와 축복의 은혜를 스스로 마련할 수 있는 기회가 생겨나게 된다.

그가 만약 살아오면서 죄업을 쌓은 積不善之家의 사람이라면, 그는 심판의 그 날을 눈 앞에 두고서는 회개와 반성의 계기를 외면할 수 없게 될 것이며, 따라서 그는 그 분을 향하여 기도하고 그 분께 귀의함으로써, 구원의 응답을 받을 수 있는 원천적인 속죄의 기회를 갖게 되는 것이다. 그것은 잘못 살아온 죄업 때문에 용서를 구해야 할 자식으로서는 가장 큰 고마움이 될 것이며, 동시에 어버이에게 있어서는 (잃어버렸다가) 돌아온 탕자를 다시 얻게 되는 넘치는 기쁨이기도 한 것이다.

한편으로 그 분의 말씀을 받들면서 어버이께서 오실 것을 예비하여 오랫동안 잔칫상을 마련해 온 積善之家의 사람에게는, 자식으로서 어버이를 모시게 되어 비로소 孝行의 도리를 다하게 된다는 기쁨과, 또한 어버이로부터 '이쁨과 사랑'을 흠뻑 받게 될 것이라는 즐거운 기대감에, 설레는 마음으로 내일을 기다리면서, 오늘밤을 달게 잠들 수 있게 될 것이다.

그러므로 '내일 그 분이 오심'을 믿는 자에게는, 그가 효자이던지 불효자이던지를 막론하고 부모에게 報恩할 수 있는(자식 노릇할 수 있는) 축복과 은총을 갖게 되는 것이니, 이는 곧 "믿는 자에게 복이 있다"는 말씀의 참 뜻과도 본질적으로 다르지 않은 것이다.

내일의 그 날을 위해 오늘 우리가 준비해야 하는 일은, 돈이 들어가는 일이거나 힘든 일이거나 재미없는 일이거나 하기 어려운 일이 결코 아니다. 그저 하루 하루를 성인의 말씀을 모시고 그 가르침을 섬기며 올바르게 살아가면 그것으로 충분한 것이다.

성인의 가르침이란 별다른 것이 아니다. 도덕적인 마음가짐과 예절 바른 몸가짐으로 이웃과 더불어 겸허하게 살아가면 되는 것이다. 한마디로 말하자면 인간답게 살면 만사가 모두 잘되는 것이다. 달리 말하자면 '짐승처럼 욕심내며 살지 말고, 도깨비처럼 거짓으로 살지 말며, 자기 기분대로만 살지 말고, 교만 떨며 살지 않으면' 되는 것이다.

["하늘의 뜻이 땅에 베풀어져서(天施·施命) 그 하느님의 의지(天地父母之心)가 모두 다 實相으로 자라나면, 새롭고도 온전한 어른으로 완성되는 것' 이다(이것이 成道成德된 旣濟의 세계이다).

새롭게 탄생한 세계는 새 집에서 새로운 새 살림을 차리게 될 것이니, 이 '새로 생겨난 세상' 이 곧 후천이며, 그 소식을 전한 반가운 말씀이 바로 정역의 개벽 소식이다.

새 살림을 시작하는 것은 장성한 신랑 신부가 혼인하여 合德·合宮하면서 이루어진다. 신부가 신랑을 맞이함에는 마땅히 몸단장이 있을 터이니, 깨끗한 물로 온 몸을 씻어 내고 향기로운 기름으로 빛을 내며, 고운 옷으로 갈아입고 혼례를 치르고 나면, 첫날밤을 맞이하여 사랑을 나누게 될 것이다.

깨끗한 물로써 몸을 씻어 내면 더러운 때와 먼지가 모두 떨어져 나갈 것인즉, 이것이 곧 사람의 입장에서는 학문을 통한 수기修己(修身 · 窮理盡性 · 修辭立其誠)의 과정이고, 사회의 처지에서 보면 문물제도의 개혁과 是非善惡의 심판을 통한 王道 구현(大君有命 · 小人勿用)의 내용이며, 지구의 생태환경이라는 관점에서 보면, 자전축의 기울기와 기상의 변화 등으로 나타나는 천지역수변화의 실상(初夜를 치르는 해님과 달님의 合宮 행사 · 지구의 몸치장)인 것이다.

이 모든 새로운 생명적 사태야말로 사람과 天地의 '새로남'이며 '거듭남'이 아니겠는가?]

儒家의 제 경전에서 풀이하는 인간과 관련한 중심 주제는 모두 天道와 人道의 성격 · 한계 · 쓰임 · 효용성 · 종류 · 의미 · 관계성 등을 친절하게 설명한 데에 지나지 않는다.

- 주역[23]과 논어[24]의 "天德"
- 주역[25]과 시경[26]의 "天則"
- 서경[27]에서의 "五行"과 '彝倫'
- 주역[28]과 맹자[29]의 "善性"
- 주역[30]과 중용[31]에서의 "中節"

---

23) 周易, 乾卦, 「文言傳」, "飛龍在天 乃位乎天德"
24) 論語, 「述而」, "天生德於予."
25) 周易, 乾卦, 「文言傳」, "乾元用九 乃見天則."
26) 詩經, 「烝民」, "天生烝民 有物有則."
27) 書經, 「洪範」, "汨陳其五行…… 彝倫攸斁"
28) 周易, 「繫辭傳下」, 5장, "一陰一陽之謂道 繼之者善也 成之者性也."
29) 孟子, 「告子上」, "人性之善也."
30) 周易, 蹇卦, 九五, 爻象, "大蹇朋來 以中節也."
31) 中庸, 1장, "發而皆中節謂之和."

- 서경[32]과 大學[33]에서의 "明德"
- 맹자[34]에서의 "人倫"
- 주역[35]에서의 "道德"과 "禮義"

위의 내용들은 모두 '中正之道·時中之義'로 수렴되는 '인간이 선택해야 하는 마땅한 도리'에 대한 各論들이다.

하늘이 마련해 준 '그 길'은 인간에게 있어서는 선택 사항이 아닌 필수 사항이다. 비록 인간의 씨를 갖고 태어났지만, 그 문을 열고 그 길을 가지 않으면 절대로 인간으로 열매 맺을 수 없기 때문이다.

儒學은 이에 대하여 "義는 길이고 禮는 문이다. 오직 군자라야 이 길로 다니고 이 문으로 출입한다"(夫義路也 禮門也. 惟君子 能由是路 出入是門也),[36] "그 누구인들 밖으로 나감에 그 문을 통하지 않을 것인가? 그렇거늘 어찌하여 사람들은 성인이 알려 주신 그 길을 따르지 않는단 말인가?"(誰能出不由戶 何莫由斯道也)[37]라고 소리 높여 확언하고 있다.

그런데 神明之德(예지성)과 萬物之情(본능성)을 함께 具有하고 있는 실재적 인간에게는 그 길을 선택하고 결정함에 있어서(현실적 처지·상황·이해관계로 인하여) 실존적인 번민과 고뇌(망설임)가 뒤따른다. 그 처절한 실존적 고뇌와 판단의 岐路에서 인간으로서의 올바른 선택과 결정을 할 수 있도록, 결단의 방향과 원칙과 지혜와 방법을 세세하게 가르

---

32) 書經, 「堯典」, "克明俊德 以親九族"
33) 大學, 經1장, "大學之道 在明明德"
34) 孟子, 「藤文公上」, "敎以人倫."
35) 周易, 「說卦傳」, 1장, "和順於道德而理於義"; 「序卦傳下」, "有天地然後……禮義有所錯."
36) 孟子, 「萬章下」.
37) 論語, 「雍也」.

쳐 주고 있는 경전이 다름 아닌 주역인 것이다.

주역의 가르침은 겉으로는 단순(易簡)하지만 그 뜻은 참으로 깊고도 포괄적이다.

주역이 글로 쓰인 이유와 목적, 필요성 등에 대한 다음의 언표는 易道의 진면목을 드러내기에 가장 적절하고도 친절한 풀이가 아닐 수 없다.

"時止則止. 時行則行 動靜不失其時 其道光明."[38]

(인간은 마땅히 그 '시의성時宜性'에 따라 판단하며 살아가야 하는 바, '그쳐야 할 때는 그치고, 할 일을 해야만 할 때는 나아가면서, 움직이고 멈추는 삶의 태도에 있어서 그 '때의 마땅함'을 잃지 않을 수 있다면, 그 인간에게 주어진 올바른 도리는 세상에 크게 빛나게 될 것이다.)

"成性存存 道義之門."[39]

(인간은 인간으로 태어난 그 본성을 씨앗으로 삼아서 이를 인격적 열매로 부단히 키워 나가야 하는 것이니, 인간되는 크고도 바른 길로 들어서는 통로는 다른 것이 아니라, 仁義와 道德이라는 열쇠로만 열리는 아름다운 대문인 것이다.)

"昔者 聖人之作易也. 將以順性命之理."[40]

[그 옛날 성인께서 세상에 易의 이치를 밝히신 이유는 다른 것이 아니다. 모든 인간이 타고난 자기의 본성에 따라(자기의 본분을 바르게 자각하고 파악하여) 하늘로부터 주어진 자기의 사명(역할·노릇·직분)을 충실히 실천함으로써, 장차 도래할 후천의 문으로 들어갈 수 있도록 안내해 주기 위한 것이다.]

---

38) 周易, 艮卦, 「象傳」.
39) 周易, 「繫辭傳上」, 7장.
40) 周易, 「說卦傳」, 2장.

周易의 先天시대가 끝나면(終) 正易의 後天시대로 들어서는(始) 大門(道義之門) 앞에 당도할 것이니, 閏曆이 正曆이 되는 그 때에는 '선천의 삶'에 대한 하늘의 일대 심판이 반드시 있을 것이다.

선천에서 부모를 모시고 받들던 효성스런 자식(君子)들은 넓은 꽃 장식 문을 열고 안으로 들어갈 것이지만, 부모의 은덕을 외면한 채, 제멋대로 살아온 불효자(小人)들은 열리지 않는 문 앞에 주저앉아 좌절하고 후회하며 통곡하게 될 것이다.

成性(인간의 自己自覺: 體仁. 修己. 窮理盡性)만이 道義之門을 통과하여 후천의 세계로 인도한다.

後天에 살기 위한 면허를 따기 위해, 선천의 우리는 충실히 연수를 해야 하는 것이고, 그 敎本이 곧 易學을 중심으로 하는 儒學의 經典인 것이다.

9

이제 우리의 관심을 좀 더 구체화하여
"후천이 到來하는 인류사적 징후"
(후천이 引導하는 인류 문명의 새로운 전환)를
잠시 가늠해 본다.

인간의 살림살이를 이끌어가는 두 가지의 생활축이 종교와 과학의 범주라는 점에서, 선천세계를 풍미한 기존 종교의 한계성과 일방성과 무모성에 대한 인류사적 차원의 자기 전환. 내면적 모순과 갈등에 대한 자기 극복의 모색(용기와 노력)이 있어야 할 것인 바, 그 명백한 사례의 하나가 지난 2000년 大喜年을 맞이하여 교황 바오로 2세가 고백한 '기독교가 지난 2000년 세월에서 인류에게 저지른 잘못한 죄업(그러한 구체적인 사건으로서 십자군 전쟁. 선교를 명분으로 한 아메리카 인디언들의 살육을 용인한 점. 히틀러의 유대인 학살에 침묵한 점 등을 예거함)에 대한 반성과 참회'이다.

[교황의 직분은 하느님의 직접 대리인으로서 교회의 이력에 대하여 절대로 잘못했다고 고백할 수가 없는 자리이다. 그것은 '절대적으로 완전

무결하다'고 전제한 신앙의 근거에 대한 부정이며, 신 자체의 잘못을 인정하는 상황으로 비화되어 기독교의 본질적인 결함을 공언하는 사태가 될 수 있기 때문이다. 그러한 종교계의 심각한 우려를 진실한 종교성으로 극복하고 신을 바르게 모시지 못한 인간의 죄업에 대하여 솔직하게 성찰하고 용기있게 뉘우친 교황의 결단에 대하여 발표자는 개인적으로 '인류사에 출현한 가장 위대한 종교 지도자 중의 한 분이 바로 교황 요한 바오로 2세이시다' 라는 심정을 가지게 된다.]

오늘날 우리 주변의 여러 종교 지도자들은 많은 신도들을 향하여 설교하고 설법한다.

"잘못을 고백하고 뉘우치라. 그래야 용서받고 구원 받는다"고 확성기로 소리친다.

그러나 정작 일정한 책임과 권한을 가진 지도자 역할을 가진 성직자들 중에서 "이것은 내 잘못이니 용서해 주시오"라고 고백하는 사례를 발표자는 별로 기억하지 못한다.

그래서인지 바티칸 교황의 참회 이후, 한국 천주교 주교회의에서 "한국 교회가 한민족의 역사에서 '조상제사 금지. 안중근 의사의 살인 규정' 등의 잘못을 고백한 것은 매우 특별한 의미로 새기지 않을 수 없다.

현대 사회를 주도해 온 서구 문명의 토대인 기독교에서 자기 극복의 괴감한 결난과 선언이 있었다는 사실은 새로운 후천 세계의 도래에 앞선 '종교적 맞이굿'으로 볼 수 있는 것이리라

['우주사와 인류사의 동반 성숙의 계기'를 『정역』에서는 "開闢"으로 말한다. 그런데 '하늘이 어른 되는 개벽이라는 우주적 사건'에는 이 사업

을 주재하는 주인이 있으니 다름 아닌 하느님이다.

가정을 이끌어 가는 주인은 가장인 아버지이다. 이 때 아버지가 가장 노릇하는 이유와 근거와 목적은 '아버지 자신을 위해서라기 보다는 오히려 자식을 먹여 살리고자 함'에 있다. 자식이 없다면 원천적으로 부모 노릇을 할 수도 없고, 부모 노릇을 하지 못하면 자식 때문에 누리게 되는 기쁨도 가지지 못한다. 하느님과 인간과의 관계에서도 마찬가지이다.

우주 안에 있는 모든 것들(하늘과 땅과 만물)을 낳고 존재하도록 이끌어 가는 주인 노릇은 어디까지나 하느님이다. 그러하기에 '천지만물이 존재하는 방식'은 모두 하느님의 뜻에 따를 뿐이다. 그런데 하느님의 자식인 인간은 때때로 하느님의 뜻을 따르기보다 자기의 욕심을 따르기도 한다. 특별히 인간 중에서는 욕심이 크거나, 조급하거나, 우매하거나, 교만한 이들이 있어서, 자신이 하느님과 닮은 모습이라는 핑계를 들먹이며, 우주의 주인 노릇을 할 수 있다고 나서기도 하는데, 그렇다고 해서 아직 자라지도 않은 아이가 (자라기도 전에) 부모 노릇까지 할 수는 없는 것이다. 가끔은 어린 자식이 보채고 떼쓰며 어리광을 떠니까, 마지 못해서 부모는 장난감을 주면서 달래기도 하는데, 이를 보고 아이가 자기 뜻대로 모든 것을 할 수 있다고 착각해서는 안 되는 것이다.

하느님에 대한 인간의 신뢰가 부모에 대한 아이의 그것처럼 비록 무한정 크다고는 해도, 응석을 들어주는 데에도 한계와 구분이 있는 것이다.

아이가 지나치게 억지를 부리다가는 달래 주는 부모의 사랑 대신 매서운 회초리로 매를 맞을 수도 있음을 알아야 한다. 인간은 어디까지나 부모의 품 안에서 사랑받는 자식이기에, 그 사랑을 감사히 누리면 되는 것이다. 분수를 모르고 자기도 부모 노릇을 할 수 있다고 착각하여 함부로 나선다면 부모의 사랑마저도 잃게 되는 것이다.

『주역』에서는 천지와 부모를 함께 설명하면서 "하늘은 시작하고 땅은 이를 따른다"(乾始坤順)라고 명기하고 있다. 이는 천지와 인간을 음양적으로 설명한 것으로, 하느님과 인간과의 관계 설정·乾道와 坤道와의 존재 위상·부모와 자식 간의 바른 자리를 규정한 것으로, 우주사와 인류사가 전개되는, 우주적 섭리의 '존재론적 위계와 질서'를 확정 지으신 것으로, 천지 만물은 물론이려니와 창조주 하느님조차도 이를 어기지 못하는 것이다(先天而天弗違).

하느님과 인간과의 존재적 위상에서 인간이 해야 하는 마땅하고도 올바른 일은, 하느님의 발걸음에 절대로 앞서지 말고, 지나치게 응석을 부리거나 욕심을 내지 말고, 충실히 하느님을 뒤따르는 일이다. 그것이 부모의 사랑을 남김없이 향유할 수 있는 절대 유일의 지혜이다.]

하느님이 관장하시는 우주의 생성원리(天之度數)가 성숙하여 '어른 194된 모습의 우주사'가 열리는 개벽의 시대가 오게 되면, 인류 사회도 도덕적으로 성숙하여, 후천의 새 시대를 맞이할 채비를 하게 된다. 그러므로 개벽과 후천은 同伴하여 오는 것이다. 그러나 이 때에 유념해야 할 순서가 있다. 개벽의 문고리를 당기는 권능과 영광은 어디까지나 하느님의 역할임을 알아야만 한다. 개벽으로 가는 문은 하느님께서 친히 열어 줄 것이기에, 인간은 그때까지 조급해하지 말고, 조용히 참고 기다렸다가, 하느님의 뒤를 따라 함께 들어가면 되는 것이다.

어떤 경우라도 하느님보다 먼저 나서서 문을 열겠다고 열쇠를 내놓으라고 떼를 써서는 안 된다. 언제쯤이면 문을 열어 줄 것인지를 셈하면서, 독촉을 하거나 응석을 부려서도 안 된다. 그것은 전적으로 가정을 지켜야 하는 가장으로서의 주인이 행사해야 하는 고유한 권능이고, 누구에게도 떠넘길 수 없는 엄숙한 책무이기 때문이다. 이 때에 자식으로서 인간이 할 수 있는 일은 그저 '기다리는 일'이다.

후천을 소망하는 인간에게 있어서 가장 훌륭한 신앙적 자세와 생활의 덕목은 하느님을 향하여 묻거나, 따지거나, 셈하거나, 조르거나, 투정하거나, 원망하거나 하지 않고, 그저 조용히 기도하면서 그 처분을 '기다리고 또 기다릴 뿐'이다. 기다리는 자에게 오는 지루함과 불확실성을 어떻게 해소할 것인지의 문제는 전적으로 '인간 자신의 몫'이다.

여기서 '인간이 감당해야 하는 몫'은 다른 것이 아니라 '하느님을 전적으로 신앙하여 기도하고 찬송하는 일'이다.

그런데 인간이 하느님께 드리는 기도에는 禮法과 節次가 있어야 한다. 그래야만 하느님께서 기뻐하시고 들어주시기 때문이다. 하느님이 기뻐하시는 '예절 바른 기도'는 다른 것이 아니다. '진실한 마음으로 작게 하는 찬송'이다. 하느님의 귀는 인간의 찬송이 커야만 잘 듣는 게 아니다. 하느님의 귀는 오로지 진실한 기도만을 잘 듣는 귀이다. 인간들은 자신들의 '소망하는 바의 크기'에 따라, 확성기에 매달려서 손뼉 치고 발을 구르며 울부짖듯 찬송하지만, 이는 하느님께는 도리어 시끄러운 소음이 될 뿐이다. 그런데도 사람들은 기도 소리가 크면 클수록 바라는 소망을 크게 이룰 수 있는 것처럼 착각하여, 화려한 제사상에 기름진 제물을 올려놓고, 천둥 같은 찬송으로 하느님을 몰아세우듯 기도한다.

오늘날의 인간들은 '빼어난 말 솜씨와 값비싼 장식품'만 있으면, 하느님도 인간의 뜻대로 얼마든지 설득시키고 납득시킬 수 있다고 장담하는 듯하다. 때로는 자신의 황홀한 말 솜씨에 스스로 도취되어 '인간의 천박한 이기심을 마치도 하느님의 성스러운 은총'인 양 착각하면서, 하루 하루 자기 기만의 죄업만을 바벨탑처럼 높이 올리고 있다. 그리고는 탑 위에

군림하듯 앉아서 뭇 신도들을 향하여 '자신만이 이렇게 높은 곳에서 하느님과 가까이 親交하고 있다'고 粉漆한 수식어로 설교를 해대고 있다.

'당신을 믿는다'는 한 가지 조건만을 내놓으면, 하느님은 마땅히 인간이 원하는 것은 무엇이든 모두 들어주어야 하는 것 아니냐면서 윽박지르듯(어떤 때는 협박하듯) 무자비한 열정으로 기도한다. 그런 기도와 찬송을 잘하는 사람을 '훌륭한 사제' '유능한 목사' '道力 높은 승려'로 인정하고는 중생들은 그 뒤를 줄지어서 따라다닌다. 그러다 보니 성직자들은 어느새 '따라다니는 신도의 숫자', '신도가 걸친 외투의 번쩍이는 정도'에 따라 등급이 매겨지고 있다.

우리 주변에 만연해 있는 이 허망한 찬송과 기도의 무례와 결례, 건방지고 버르장머리 없음을 반성하지 않으면, 우리는 결코 하느님의 사랑과 은혜를 한 종지도 선물 받을 수 없다는 것을 깜짝 놀라 깨달아야 한다.

지금 당장 그 잘못을 뉘우치고, 기도하는 방식을 고치지 아니하면, 인간의 방자하고 교만한 찬송은 하느님의 은총이 아니라 하느님의 매서운 회초리가 되어 우리 인간들에게 뜨거운 벌로써 돌아오게 될 것이다. 진실한 心法으로 작게 기도하면서, 인간의 고유한 분수를 넘지 않고, 자식으로서의 도리를 꾸준하고도 바르게 지켜 내는 先天의 자손들만이 후천의 세계에서 새로운 부모 노릇을 맡게 될 것이다.

하느님의 뜻을 대행하는 성인은 인간으로 하여금 개벽의 때를 기다림에 있어서 지루하지 않고 용기를 잃지 않도록 세심하게 배려해 주셨으니, 그 요체가 다름 아닌 作易이다.

자식이 힘들고 어려운 세속의 냇물(大川)을 건넘(涉)에 있어서 확신(孚)과 용기를 가지고(志) 후천의 세상을 인내심 있게 기다릴 수 있도록, 인간 사회의 험난하고 위험한 곳곳에 고맙게도 구제의 징검다리를 놓아두신 것이다.

하느님은 예수로 하여금 냇물을 건너기 쉬운 징검다리의 디딤돌이 되라고 인간 세속에 보내신 것이고, 부처님은 싯다르타로 하여금 물가에서 서성대는 중생들을 등에다 업어 안전하게 건네주는 일꾼 노릇하라고 속세에 내려 주신 것이니, 예수님의 징검다리를 밟지 않거나 부처님의 등에 업히지 않고서는, 그 어떤 이도 극락과 천국으로 향하는 냇물을 건널 수는 없는 것이다.

자비심이 크신 성인께서는 인간으로 하여금 저 언덕으로 갈 수 있도록 큰 강물을 건너게 하심에, 인간이 물에 빠져 죽지 않도록 易(四象: 四德)이라는 이름의 '생명의 징검다리'를 놓아 주신 것이다. 자식을 살려 내시는 부모의 사랑 앞에서 우리가 어찌 고개 숙여 큰 절 올리지 않을 수 있으리오.

[우주의 본성은 생명성이고, 그 생명원리의 발용은 인격성이며, 인간의 인격성은 생활 속에서 人倫과 道德으로 구현된다. 인격적 도덕성의 구체적 내용이 四德이고, 우주적 생명성의 구체적 내용이 四象이다. 그러므로 사덕과 사상은 인간 세계와 우주 섭리가 하나로 합덕·조화·일체화되는 원리이고 법칙이며, 부모와 자식이 만나고 사랑하는 삶의 현장인 것이다. 실로 우주사와 인류사에서 주역과 정역이 탄생한 이유와 의미는, 하느님과 땅님, 인간과 만물이 '함께 춤추고 노래하는 일대 신명나는 잔치판'을 벌려 주는 데 있는 것이다. 부모님의 간절한 '사랑과 배려와 베품과 걱정'을 자식 된 우리가 어찌 외면할 수 있으리오.]

후천 개벽의 문제는 정치 사회학적 문제가 아니며 천체물리학적 과제도 아니다. 그것은 신명적 차원의 우주사적 과정이기에 본질적으로 종교적 영역의 문제이다. 그러하기에 종교지도자들의 언행은 그대로 개벽의 역사로 기록될 것이다.

우리는 모두 뱀처럼 냉정하고 또 꽃처럼 정직해야 한다. 그런 후에야 산처럼 말하고 물처럼 행동할 수 있다.

내가 과연 정권 때문에 분신할 것인가? 아니면 성경 때문에 분신할 것인가?

우리가 지금 다람쥐를 살리기 위해 죽을 각오로 단식해야 하는가?

아니면 부처님의 말씀 때문에라도 끝까지 살아남아 중생 구제의 힘겨운 일감을 자청해야 하는가?

지금 여기에서의 나의 몸짓 하나 하나가 그대로 개벽의 소식을 전하는 발자욱 소리가 된다는 사실에 당신과 나는 온 몸으로 전율해야 한다.

죄 없는 예수가 죄인을 대신하여 십자가에서 피흘린 사건의 진실을 우리는 지금 다시 생각해야 한다.

고행의 끝에서 수자타의 우유죽 공양을 받고 우뚝 기운차게 일어선 석가의 심법을 우리는 여기에서 다시 공부해야 한다.

지금의 우리들이 진정 그 누구의 피 값으로, 그 누구의 걱정으로, 그 누구의 바램으로, 이만큼 잘 먹고 잘 입고 잘 놀고 있는지. 바로 이 땅바닥에 엎드려 반만년 조상님들의 육신으로 비옥해진 대지에 가슴팍을 붙이고 물어보아야 한다.

부모에게 불효한 자식이 어찌 지구 마을의 村長 노릇을 감당할 수 있을 것인가?

나를 낳아주신 부모 앞에 엎드려 自問하고 自答하는 절절한 告解聖事를 할 수 있을 때, 오늘의 상생 모임은 비로소 '개벽 선포의 현장'으로 기록되고 기억될 수 있을 것이다.

교황의 고백을 종교적 영역에서의 인류의 자기 반성으로 볼 수 있다면, 이제 남은 것은 과학적 사유의 한계에 대한 인간의 정직한 자기 자각이라고 본다.

한 시절 인간 사회를 이끌어 온 과학적 사회진화론의 왜곡된 이념이 탄생시킨 기형적 이단아가 1세기 동안의 인류 역사를 전쟁과 파멸과 가난과 방황으로 몰고 간 공산사회주의 物神(도깨비)이었음은 이제 천하에 공증되었다. 그럼에도 불구하고 그 그림자의 망상이 그토록 진했음인지 아직까지도 공산 사회주의의 허상에 대한 근원적 성찰과 그 폐해에 대한 인류사적 차원의 집단적 고백이 없음은 실로 유감이라 아니할 수 없다.

발표자는 머지 않아 이 문제에 대한 책임 있는 자아 비판과 자기 극복 선언이 나타나게 될 것이라고 예견한다. 그 고뇌의 "자기 씻김굿". 인류의 "자기 참회 의식"이 열리는 날. 지구 마을의 인민들은 후천을 맞이하기 위한 "축제의 프로그램"을 짜기 시작할 것이다.

10

그렇다면 새로운 인류문명의 빗장을 열어야 할 책임적 민족인 東北아시아 東夷族의 적통 대한민국의 한민족에게 후천의 소식은 어떻게 나타날 것인가?

그것은 우리 모두의 염원이며 간절한 소망인 남북통일이라는 '진정한 민족적 해방'의 나팔 소리가 견인하게 될 것이다.

발표자는 20년 전, '국가의 미래를 현실적으로 걱정해야 하는 책임 있는 분들과의 어떤 모임'에서 "주역을 공부했으니 나라의 장래를 점쳐 보라"는 소박한 성화에 못 이겨 부득이 몇 줄의 문장을 작성한 바 있다. 그 중 한 구절을 인용하면 다음과 같다.

40번째 解卦 - 민족사의 갈등이 해소되고 통일을 성취함.

"動而免乎險 解"(애써 노력한 결과 다행히 위험을 벗어나 소원한 바를 이루니 이는 해괘의 원리가 구현된 것이다)

=〉 주역에 睽卦와 蹇卦를 지나 解卦가 예비되어 있음은 한민족에게

커다란 위안과 희망이 아닐 수 없다. 남과 북이 숱한 갈등과 험로를 슬기롭게 극복하여 드디어 한민족에게 통일의 새로운 시대가 열리는구나.

"利西南 往得衆也 其來復吉 乃得中也"(서남이 이롭다 한 것은 자유 민주주의 이념이 인류보편의 바램과 다르지 않음이 확인됨으로써, 남북한 모든 인민의 지지를 얻어 통일을 성취하게 됨을 말함이며, 이로써 한민족은 본래자리-역사의 태동기에 지향했던 한민족의 하나된 본래모습으로 돌아오게 된다)

=〉 민족 통일의 주도권은 남한 체제에 있으며, 자유 민주의 보편 가치만이 세계 인민과 한민족의 지지를 얻을 수 있다.

"雷雨作 而百果草木 皆甲坼"(고대하던 비가 힘차게 내리니 온갖 초목이 일제히 싹터 나오는구나)

=〉 통일의 성취와 더불어 한민족의 역사에 새로운 도약의 계기가 찾아오니, 허망한 이념의 잔재는 물에 씻겨가고 민족의 새 기운이 발양한다.

"君子以 赦過宥罪"(통일의 성취를 위해 지도자가 해야 할 일은 과거 우리의 선배들이 지은 허물과 과오를 사면하고, 그 죄를 오늘의 우리가 주체적으로 감당·계승하여, 회개하고 나아가 서로를 위무하며 크게 반성하는 일이다)

=〉 진정한 화해와 통일의 도래는 남북의 지도자들이 공히 역사의 죄업을 자기의 몫으로 고백하고 서로 흔쾌히 용서하는 데에서 시작될 것이다.

한민족사에 있어서 통일은 반드시 찾아 올 것이지만 통일이 도래했음을 알리는 사건은 북한 지도자들이 민족에 지은 죄 값에 대한 진실한 고해성사로부터 시작될 것이다. 인류 역사에 가장 큰 죄를 짓고 물러간 공산 사회주의라는 허상을 도입한 북한의 반성과 회개 없이는 결코 통일의 문은 열리지 않을 것이다.

다시금 큰 눈으로 주역의 숨은 뜻을 새겨보니, 오늘날 한민족에게 역사적 업보로 주어진 남북분단이라는 비극적 실상은, 세계인류가 겪어야 하는 갈등의 본질을 가장 극적으로 모형화시켜 놓은 것으로 볼 수 있으며, 때문에 인류의 장래를 가늠해 보려는 실험실의 표본처럼 세계인의 주목을 받고 있다. 한민족이 이러한 인류사적 시선을 슬기롭게 극복하고 세계 인민의 장래에 대한 긍정적인 실험 결과를 도출해 낼 수 있다면, 이는 인류 공동의 숙제를 우리 민족이 주체적으로 해결해냈다는 민족적 자부심으로 인정되고 또 인류사에 기록될 것이다.

易理에 비추어 볼 때. 한민족에게는 인류사회가 성장기에 필연적으로 겪게 되는 갈등 구조를 모범적으로 해결해야 할 문명사적 사명이 주어져 있다 할 수 있으니, 인류 문명의 시작과 함께 한 오천년의 장구한 역사 계승이 그러하고, 냉전시대 분쟁의 첫 실험장으로 쓰였을 뿐 아니라, 마지막 해결장으로 남아 있는 현실이 또한 그러하다.

무릇 천하의 만물은 그 씨가 뿌려진 곳에서 또한 열매를 거두게 되는 것이니, 인류 문명이 싹튼 이 곳 동방에서 끝내는 인류 역사의 성숙된 결실을 맺게 될 것이다. 東北艮方에서 반만년을 터 잡고 살아온 동이 한민족에게 어찌 하늘의 숨은 뜻이 없을 것인가?

주역은 이에 대하여 "萬物出乎震…東方也…艮 東北之卦也…成言乎艮" (만물은 그 진괘에서 비롯되나니 이는 동방을 말함이며…간괘는 동북방을 일컫는 것으로 이곳에서 만물은 모두 그 뜻을 이루게 되는 것이다)라고 단정하였다.

벗들이여, 눈을 씻고 귀를 열어 성현의 말씀을 새겨들으시게나.

(이글은 37家人卦부터 40解卦까지, 한민족의 역사와 관련하여 언급한 내용 중의 解卦 부분이며, 이 글은 발표자의 뜻과는 전혀 무관하게 인터넷에 널리 퍼져 있

다. 검색어: '주역으로 풀어본 한반도의 문명도수' 참조)

발표자는 여러 기회에 언급한 바 있다. "고난이 크면 영광도 크다 하지 않던가?" "소망이 클수록 찬송은 작게 하라" "우리 민족의 역사에서 유달리 고난이 많았음은 큰 일을 시키기 위해 '큰 병을 이겨내라' 고 하느님이 사랑으로 내려 주신 '면역 항체 백신이라는 축복' 이다"

우리 한민족이 진정 세계 인류에게 후천의 향기를 선물하는 영광의 민족이고자 한다면, 더욱 절제하고 겸손하고 부지런히 '未久에 오실 손님들을 위한 그 잔치상' 을 준비해야 할 것이다.

이 세계 어디에서인가 공산주의의 자기 참회 의식이 거행될 때에, 북한의 어느 터에서도 어떤 걸출한 민족 지도자가 출현하여 '인민공화국' 이 저지른 민족적 과오를 참회하는 굿판이 열릴 것을 간절히 기대한다. (이미 우리가 생생하게 들었던 '황장엽의 소식' 은 이를 예고한 바 있지 않은가?)

이것이 인류 해방의 참 뜻을 새겨준 주역 解卦 "赦過宥罪"의 韓民族的 讀解이다.

[천지 만물 중에 오로지 인간만이 경험하지 않은 "내일"의 문제를 의식하고, 걱정하고, 예비한다. "내일"을 의식할 수 있는 인간의 능력은 "시간을 자각할 수 있는 존재로 태어난 인간의 천부적 본성"에서 기인한다.

보이지도 않고 만질 수도 없는 "시간"을, 보이는 것보다 더욱 선명하게, 만지는 것보다 더욱 민감하게 "의식"하면서 인간은 하루하루를 살아간다. 인간은 그 '時間性의 의식"으로 인하여 "내일을 염두에 두고, 오늘의 실존적 고뇌에서 벗어날 수 없는 숙명적이며 역사적인 존재"가 되어 버린 것이다.

인간의 의식은 언제나 일정한 志向性을 가지게 되는데, 이를 인격적 의지(인간의 뜻)라고 말할 수 있다. 이른바 인간의 뜻(의지. 의식성)은 본질적으로 내일(未來)을 지향한다.

인간이 과거를 의식하는 것은 지나간 사실과 사건에 대한 기억일 뿐이며, 이미 '경험 속에서 결정되어 있는 사태'에 대하여는, 인간의 새로운 의식(뜻)이 지향하고 개입할 여지 자체가 없는 것이다. (과거적 사실은 인간이 새로운 의지를 갖는다 해서 달라지는 것이 아니기 때문이다)

인간의 의지(의식지향. 뜻)는 과거적 경험에 대하여는 기억할 뿐이지만, 미래적 사태에 대하여는 소망하고 기대하고 걱정하고 때로는 두려워한다. 인간의 미래에 대한 걱정은 자연스레 초월적(종교적) 위안과 解法을 요청하게 된 것이고, 인류사에 출현한 모든 종교는 그러므로 인간의 미래적 기대치에 나름의 방식으로 부응할 수 있어야만 존립할 수 있게 되는 것이다]

개벽 사상은 인간의 미래적 기대치에 부응하고자 하는 종교가 갖추어야 하는 보편적 기능이고 장치이며, 본질적 조건이다. 실로 모든 종교가 예외 없이 개벽적 성격의 敎說을 가지고 있는 이유도 여기에 있다.

기독교가 제시하고 있는 천국. 불교의 정토사상. 정역의 후천 사상 등은 모두 종교의 본질인 "개벽적 敎說"의 범주에 포함된다.

그렇다면 정역의 후천 개벽 사상이 여타의 종교가 제시하는 개벽적 성격의 교설과 구분되는 점은 무엇인가?

기독교와 불교는 인간의 의식이 지향하는 신앙의 성격이 外向的이거나 또는 內向的으로 서로 간에 구분되기는 하더라도, 그 궁극적 이념에 도달하는 방식은 인간 개개인의 정서적 열정과 신념적 질서에 전적으로

의존하는 것으로, 개별적인 신앙생활의 성취와 더불어 그 종교적 성과를 향유하게 되는 것이다. (비록 기독교에서의 교의는 신앙인 개인의 의지와 상관없이, 하느님의 일방적 선택과 부름을 전제로 하고 있지만, 이 역시 하느님과 당사자 개인 간 "일대일의 관계"에서 성립하는 쌍무적 결단에서 출발한다는 점에서는 마찬가지이다.)

궁극적으로 기독교와 불교의 개벽적 논설의 정당성은 신앙인 개인의 선택에(선택을 하든, 선택이 되든) 전적으로 좌우된다.

그런데 정역의 개벽사상은 인간과 우주의 미래적 상황에 대하여 "구체적인 度數"를 제시함으로써, 그 敎說의 필연성과 당위성을 인간의 이성적 기반 위에서 확보하고 있다는 점이다. 아울러 개벽을 분기점으로 하여, 인간의 '선천에서의 삶의 결과'에 대한 엄격한 도덕적 판결이 내려지게 된다는 "終則有始(선-후천 천지역수 변혁)의 계기에 내려지는 심판론"을 함께 闡明하고 있는 것이다.

특별하게도 正易은 이러한 종교적 차원(神明的 경지. 우주적 영역)에서 이루어지는 개벽과 심판의 상황에 대하여, 객관적인 수치를 근거로 하고, 도덕원리의 보편성을 기준으로 하여, 인간의 언어와 숫자로써 친절하게 설명해주고 있다.

타 종교에서는 그들의 종교적 敎義와 일상의 과학적 論說 사이에는 건널 수 없는 배타적 平行이 존재한다는 점에서 볼 때, 정역의 敎說은 이들과는 구분된다.

실로 正易에서 제시한 종교적 이념과 개벽에 대한 설명은 인간의 이성적(과학적)사유 속에서 이해되고 납득될 수 있다는 점에서, 이는 사실적이고 사건적이며, 그래서 개벽의 상황 자체가 하나의 독립적인 권위를 스스로 구비하고 있는 것이다.

정역의 개벽사상은 "神明的 차원의 우주사를 설명하는 고차원적인 미래학"이라는 점에서, 개인의 好惡이나 선택의 여부와 관계없이 (正易의 체계와 질서를 理性的으로 공감하는 경우에 한해서는) 그 曆數 變革의 이념과 四曆 變化의 方式을 수긍하고 신앙할 수밖에 없는 절대적인 敎說이 되는 것이다. 그러기에 정역에서 밝히는 후천의 세계는 정서적 이념이면서 그대로 實相이며, 개벽의 到來는 심정적 소망이면서 동시에 실제적 狀況이 되는 것이다.

[이에 개벽의 실제 상황에 대하여 인간의 언어로써 간략하게 언급하면 다음의 別記와 같다]

○ 別記: [개벽 실제 상황: 曆數 變革의 度數를 해설한다]
　* 이는 후천 개벽의 소식에 대하여 보다 실감 있게 설명하기 위한 하나의 방편으로 제공하는 것이므로, 이러한 소견이 일반인들에게 여과 없이 공개될 경우, 자칫 자의적으로 곡해. 오용될 소지가 없지 않습니다. 정역의 본래적 의미를 학문적으로 연구하시는 참석자 여러분(전문인)들께서는 이러한 발표자의 심사를 존중해 주시어 자습용으로 참고해 주시기를 소망합니다.

[그 날은 어떤 모습으로 우리 앞에 오시는가?]
○ 秋變爲春 -先天의 秋月 其日에서 135度數(日)을 덜어내고(歸空시키고, 건너뛰고) 곧바로 後天의 春月 其日(己日)로 天之曆數가 變化.
　* 河圖 본체도수: 15 (시간으로는 15 X 12 = 180 시간)
　* 河圖 洛書의 四象 發用數: 40.

* 우주 천체 발용 도수: 40 X 3 才 = 120

(干支度數의 陰陽 合德數: 60 X 2= 120)

(體用 전체 原理 도수: 120 +15= 135)

[臨卦(象)"至于八月 有凶 消不久也"]

(새 생명의 탄생을 예고하는 분만의 진통, 머지않아 새 날이 도래)

[夏代는 寅月歲首. 殷代는 丑月歲首. 周代는 子月歲首이니, 孔子 당시의 八月은 子月歲首를 기준한 것으로, 현재의 寅月歲首로 보면 六月에 해당된다]

* 後天의 正曆에서는 卯月歲首이며, 24節氣가 한결같이 和-化로 전개되는 都是春의 세상이다.

○ 望變爲朔 -先天 秋月의 望日(보름달)에서 15일(180도수)를 덜어내고 (歸體시키고. 건너뛰고) 先天의 16일(후보름 開始日)인 그 날(其日)이 곧바로 後天 春月의 초하루(朔日)로 天之曆數가 變化.

[周易 序卦16. 雷地豫卦]

- (象)雷出地奮 豫. 君子以 作樂崇德 殷薦之上帝 以配祖考

- (九四)由豫 大有得. 勿疑 朋盍簪...(爻象)志大行也 [天行之志: 天意]

* 己甲夜半生癸亥: 先天은 "甲己夜半生甲子"로 子時에 開天하였으나, 後天의 開始는 先天의 己日밤 亥時에서 이루어진다.

* 悖化爲倫 -成道成德으로의 天下一家. 大同共生. 天地調和된 人類世界가 化成된다. (雷出地奮은 개벽상황의 豫告. 豫卦는 보름을 상징하는 15다음의 16序卦. 4爻는 先天 終爻인 3爻 다음의 後天 開始爻)

○ 後天의 自然 氣候: "日月不過. 四時不 忒. 都是春"의 天地 自然
(邵康節) "天根月窟閑來往 三十六宮都是春".
(豫卦. 象傳) "天地以順動 故 日月不過而四時不 忒."

○ 後天의 實相: 전쟁. 先天 方式의 宗敎(敎名. 敎勢. 禮拜. 說敎 중심의
信仰 事業)는 사라진다. (先天 宗敎의 使命은 小人敎化. 人性淨化에 있
는 것. "君子道長. 小人道消"된 後天에서는 역할의 필요성 자체가 소
멸)

○ 복희씨가 밝히신 作易의 근거인 "近取諸身"의 입장에서 '先-後天 曆
數의 생명적 도수'를 다음과 같이 窺知해 본다.

母胎 안에서의 인간 생명체는 물리적 시간인 열 달(10)을 통하여, 생명
주체로서의 출생 준비를 완성하고, 모태로부터의 출생 이후에는 자신의
의지(生命元氣)를 가지고 長-成의 생명 과정인 100년(10 X 10)을 경륜해
나간다. 시간이 생명의 존재근거라는 점에서 보면, 비록 물리적 시간으로
서의 10달과 100년은 상호 구분되는 것이지만, 그 (같은)생명체의 삶 전
체를 관장하는 시간성으로서의 생명적 의의는 모체로부터의 출생 여부를
떠나서 동일한 것이다.(이것이 생명원리 도수로서의 河圖數 10이다) 한
인간의 일생에서 모태기의 생명적 단계를 先天으로 보고, 출생 이후, 생
명 현상의 소멸(죽음)까지를 後天으로 볼 수 있다면, 그 선천과 후천을 담
당하는 물리적 시간은 서로 간에 구분되는 것이지만, 한 생명의 先天(출
생 이전)과 後天(출생 이후)을 一貫하는 시간이 가지고 있는 생명적 의의
는 한결같은 것이다.

  * 世間에서 或者는 인류 역사의 선천과 후천을 구분하여, 先.後天을 각
각 5만 년. 혹은 6만4천8백년 등으로 균등. 분할하여 규정하고 있는데,
이는 形而上的 원리 차원과 形而下的 현상 차원의 본래적 속성을 철학적

으로 바르게 이해하지 못한 편의적인 사유 방식 때문인 것이다.

正易에서 밝힌 曆數原理에서 볼 때, "선천과 후천의 현실적 시간 이해"는 오히려 인간 생명체의 출생을 기점으로 구분한 관점과 비유·하여 규정함이 마땅할 것이다.

이에 우주의 시간 단위인 '1元 129,600년'에서 우주의 모태기에 해당하는 (9 × 9=81)의, (80+1)에서 1度가 표상하는 '자궁 속의 생명 씨앗' 단계인 子會 10,800년을 선천으로 볼 수 있고, 丑會 이후 亥會까지의 11회(10,800 × 11) 118,800년을 후천으로 볼 수도 있을 것이다.

정역에서 후천 正曆度數를 "無量"으로 표현. 기술한 本意 또한 이를 示唆하는 것이라 할 것이다. (后天 體圓用方 三百六旬而正 原天无量)

[한 걸음 더 나아가서, 인류 문명의 시원을 艮方 동이족의 홍산문화(요하문명)에서부터 추측해 본다면, 홍산문화의 개시 이후, 10,800년을 인류사의 선천으로 볼 수 있으며, 이는 달리 말하면, 홍산문화 이후 10,800년이 경과하게 되면, 인류사에는 "후천의 그 때"(인류 문명의 새로운 생명이 출생하는 때)가 도래하게 된다고 볼 수 있는 것이다]

○ 인류의 생물학적 기원(아담의 탄생)은 (유전학 등의 연구 성과에 따르면) '아프리카 대륙의 유인원으로부터'라고 알려져 있다. (이홍규. 한국인의 기원. 우리역사연구재단. 2010. 참조).

지구 환경(기후) 변화에 적응하고자 생존의 편의를 따라 (생명의 에너지인 태양 빛을 따라) 동쪽으로 이동을 계속하던 '한 무리의 유인원'들은 홍해-아라비아 사막-소아시아 반도-중앙 아시아-바이칼 호수-몽골 초원을 거쳐, 오늘의 발해만 연안(艮方. 고조선 지역. 요하 유역)에 정착하게 되고, 약 1만년 전을 前後한 시기에, 비로소 인간의 자기 자각(존재 인식)이 일어나면서, 이른바 인류 사회의 문명적 삶의 양태가 발생하였고, 드디어 "神明的 인류 문명의 세계"가 지구상에 처음으로 탄생하게 된 것이다.(八卦의 창제. 문자의 창안. 청동기 등의 도구 발명→홍산 문화의 확대).

○ 인류사에서 태초의 문명을 탄생시킨 (태양을 받들던)동이족은 자신들의 "새로운 삶의 방식"(새롭게 앞선 문명)[새(新) 방식-하늘의 전령사를 모시는 새(鳥) 토템-새로움의 利器인 쇠(金) 존중]을 가지고, 이를 전 세계로 전파시키면서, 기존의 토착민들을 개화. 교화시켰고, (서쪽으로는 서남아시아. 남쪽으로는 중국 중원 지역. 동쪽으로는 연해주. 베링해 거쳐 북.남아메리카 대륙), 그 주체 세력 집단은 한반도로 이주. 정착하여 오늘의 대한민국을 건설한 韓民族의 조상이 된 것이다.

["새로운 삶의 가치"(신新: 새鳥: 쇠金)를 끊임없이 추구하고 지향해 온, 인류의 태초적 始原(생명의 始作인 씨氏 노릇) 역할을 담당해 온 민족이 곧 '새로움의 사람들'이란 意味의 쇠 씨 姓을 가진 金氏들이다. 韓國人 姓氏의 主流가 김씨이다]

鐵器 시대로의 새로운 문명 창조. 太陽(해:日)신앙은 곧 새(鳥:三足鳥) 토템으로 나타남. 솟대 유산. 쇠(金)는 진짜로 새로운 것, 신라왕 석탈해는 신문명인 철기제작 장인(대장장이) 출신

[東夷族에게 '해'와 '새'는 동일한 호칭이며 개념이다: 형님=성님, 흉년=슝년. 흉보다=슝보다]

東夷族 한민족이 받들고 모신 위대한 문명의 본질은 '붉(배달. 檀)-밝음(光)-환함(桓)-태양숭배(明)-日月之道(易)-白(빛)-伯(大人)-百(曆數)-貊(東族)"이라는 생명원리로 표상되었으며, 이러한 문명적 역할은 인류

사회의 중심 뿌리(根幹)가 되어 오늘에 이른 것이다.[根-幹-艮-干-汗 (Khan)-可汗(可寒)-桓-檀-韓-아침빛 밝은 나라(朝鮮)]

[檀 : 붉 달, 밝은 땅·양달] [亳(박) : 동이족이 세운 商(殷)나라 최초의 도읍지. 殷의 시조 契(설)은 어머니가 제비알을 삼키고 낳은 새토템 신화.(태양숭배)]

○ 후천세계의 실상에 대하여, (선천의 땅에 두 발을 디디고, 선천의 만물을 바라보던 눈을 가지고, 선천의 言語에 익숙해진 입을 통하여) 예견하고, 記述한다는 것 자체가 不可한 것일 수도 있다. 선천에서는 도저히 상상조차 할 수 없는 "절대적으로 존재 방식의 차원을 달리하는 세계"가 후천 세계의 실상일 수 있기 때문이다. 따라서 후천에 대한 선천에서의 조망은 어디까지나 선천적 시선이라는 제한된 조건하에 구속되어 있음을 우리는 정직하게 인정하고 수긍해야 한다. 발표자의 관점 또한 예외일 수는 없다. 이러한 선천에서 후천을 가늠해 보는 '예절 바른 인간적 몸짓'(올바른 신앙적 태도)은 전적으로 "君子의 謙德"으로 집약된다고 말할 수 있다.

順天하는 군자의 겸덕만이 마침내(나중에: 미래적 시간에) "그 아름다운 끝"을 보게 될 것이기 때문이다.

(謙卦. 九三爻 "勞謙 君子有終 吉". 坤卦. 彖 "乃終有慶")(乃終:나중:未來)

○ 別記: 添

= 終則有始(先後天變革)의 시대를 살아가는 지금. 여기에서, 懼以終始하여 利涉大川하는 中正한 군자의 삶을 易經의 말씀으로 가늠해 본다.

①	②	③	干支	序	卦	辭	考
19 50	20 10	20 70	庚寅	27	頤	* "愼言語 節飮食"[때가 멀지 않기에 이를 알려야 할 사명적 존재(특히 종교 지도자)는 말을 아니할 수 없으나, 그렇기에 그 (중대한)말씀을 밝힘에는 신중하고 유념하여 선언해야 한다.] * 종교, 정신문화(언어), 과학, 물질문화(음식)가 세상에서 그 쓰임의 한계를 넘지 않도록, 이를 관리할 책임적 지도자들은 몸소 그 節度를 넘지 않고, 본래 자리를 지켜야 한다. * "十年勿用 道大悖也"(향후 10년간 특별히 어려운 시절로서, 세상의 모든 질서. 원칙이 무너지고 크게 위협받으니, 무릇 함부로 나서지 말지어다.) * 인간의 자기 과신 능력 조절. 자기 욕심 극복이 절실히 요청된다.	* "由頤厲吉 大有慶也"(어려움의 조짐은 새로운 시대를 예고함. 분수와 절도를 지키면 끝내는 좋은 날이 있을 것이다. * 진리(말씀:言). 물질(영양:食)은 모두 입(口)을 통하여 인간의 생명성(삶의 에너지)으로 전환. * 十年後:庚子度數: (家人卦) (庚日의 到來를 예고) * 후천세계를 분만하기 위한 어머니의 産前 몸조리(근신.태교) 기간.
19 51	20 11	20 71	辛卯	28	大過	* "棟橈 本末弱也"(우주의 기둥이 크게 흔들린다.) * "澤滅木 大過 君子以 獨立不懼 遯世无悶"(神道의 상징인 나무가 물에 잠기는 대환란이니, 자기 주체를 굳게 하여, 세상일에 기웃대지 말고, 기꺼이 물러나서 내면적 수행에 힘쓰라.)	* 過(허물):입삐뚤어짐(咼)이 지나친(辶) 모습 * 입이 삐뚤어지면 턱(頤)의 기능이 부실하여 "愼言語 節飮食"이 不可하다.
19 52	20 12	20 72	壬辰	29	坎	* "習坎 重險也"(인간의 욕심이 초래하는 인륜파괴. 자연재앙. 기상이변 등이 전지구 마을의 생활터전을 휩쓸어간다.) * "納約自牖 終无咎"(하느님과의 소통. 종교적 심성의 회복이 인류구원. 허물극복. 인류속죄의 외통수 길이다.)	* "水洊至 習坎"(거듭된 물의 위험. 홍수. 쓰나미. 용암폭발-지구의 경고를 인간이 알아차려야 한다.) * 백두산 화산 폭발의 징후 가시화 가능.

19 53	20 13	20 73	癸巳	30	離	* "畜牝牛吉"(하늘이 인류를 먹여 길러주시는 지도자-암소를 내려주시니 좋은 일이 있을 것이다.) * "大人以 繼明 照于四方"(인류의 보편가치를 실현해 줄 세계적 지도자의 출현에 대한, 인간의 염원이 구체적으로 표출된다. 잠재적 가능 인물의 등장) * "王用出征 以正邦也"(공인된 문명적 보편 진리의 출현으로 反文明的 권력체제-정권 등은 무너진다. * "重明....乃化成天下"(밝음의 원리-易道가 세계를 널리 敎化하게 된다. (易學의 세계화가 시작됨) - '붉사상'(易道)의 한국적 영향력이 세계의 인민을 교화하는 계기가 마련된다.	* "日昃之離 何可久也" (태양 폭발. 사막화. 지진. 가뭄 등의 재난이 일어나지만 오래가지 않는다--이는 자식을 바른 길로 계도하려는 어머니의 회초리 역할) * 북한이 자기 更生에 실패할 경우. 정권 괴멸을 自招하는 자충수를 두게 된다. [先天 上經 終章]
19 54	20 14	20 74	甲午	31	咸	* "憧憧往來 朋從爾思"(한민족의 문명적 감동이 널리 퍼져 세계인민이 한민족의 벗이 된다. 韓流의 세계화가 확대. 심화된다.) * "二氣感應以相與...取女吉也"(지구촌의 갈등이 사랑의 기운으로 조화되고....여성의 지도력이 크게 발휘된다.)	[後天 下經 始章] * "君子以 虛受人"(타인에 대한 배타와 질시를 극복하고 관용과 배려. 용서의 德目이 존중되는 '사랑의 시대'가 펼쳐진다.
19 55	20 15	20 75	乙未	32	恒	* "不恒其德 无所容也" [인격성에 근거하고, 도덕적 기준에 기초하는 보편원리로서의 문명적 흐름을 외면하고, 이에 동참하지 못하는 집단(정권. 소인배)은 더 이상 용서받지 못하게 되면서, 지구 마을에서 퇴출의 위기를 맞게 된다.	* 공산사회주의 집단의 자기 고백과 자기 모순 전환 운동이 전개된다. *이슬람 종교사회의 경직성. 개신교의 유일신적 배타성에 대한 근본적 반성과 회개가 시도된다.
19 56	20 16	20 76	丙申	33	遯	* "小利貞" "不可大事也" (거대 문명의 대세에 대한 기득권층의 일시적 反動이 야기되며, 관용적 분위기에 편승하여 사사로이 세속적 이익만을 탐하려는 위장된 군자(소인배)들이 활개치고 득세하니, 진정한 선비들은 그들과 정면으로 다투지 말고, 뒤로 물러나 은둔하여, 학문과 내적 수행으로 덕성 함양에 전념함이 옳다.)	* "君子以 遠小人 不惡而嚴" (소인배들을 멀리하여 어울리지 말고, 구태여 그들을 탓하고 미워할 것도 없이, 그저 엄격하게 자신을 지켜나가는 것이 난세를 견디는 군자의 삶의 지혜이다.)

19 57	20 17	20 77	丁酉	34	大壯	* "小人用壯 君子罔也"(희생적이어야 할 어미의 역할은 망각한 채, 여상상위 시대라는 외형적 유행풍조에 편승하여, 저급한 소인배들이 날뛰는 천박한 사회상이 풍미한다.)	[先庚三日] * "君子以 非禮弗履"[세태가 어지러워도 군자는 의젓하게 중심을 잡고, 중정한 몸짓(예절바른 삶의 태도)을 굳세게 지켜내야 한다.]
19 58	20 18	20 78	戊戌	35	晉	* "受玆介福于其王母"... "以中正也"(하늘로부터 복록을 받는 길은, 세태에 휘말리지 않고 올바르게 자신의 덕성을 충실히 실현하는 일이다.)	[先庚二日] * "明出地上...大明"(천도의 주재자인 태양의 활동이 활발해지면서 우주적 새 질서의 징후가 나타난다.)
19 59	20 19	20 79	己亥	36	明夷	* "君子于行 三日不食...義不食也" (천하 인류의 삶을 걱정하는 진정한 군자는, 생명을 담보로 하는 자기 희생과 결단과 노력을 통하여, 하늘로부터 주어진 지도자의 사명을 완수해야 한다. 스스로를 태워 어둠을 밝히는 촛불의 모습. 지도자의 희생만이 인민의 생존을 보장하는 것. =〉희생은 자청하는 것이지 강제하는게 아니다.)	[先庚一日] * "君子以 莅衆 用晦而明" (어둠 속에서 자신을 태워 밝음이 되는 지도자. 어둠이 짙을수록 새벽은 가까이 있다. 후천으로 안내하는 실질적 지도자가 출현한다.)
19 60	20 20	20 80	庚子	37	家人	* "家人 男女正 天地之大義也"(어른으로 자라 시집. 장가 가서 한 집안을 바르게 이루니, 이것이 곧 하늘이 본래 하시고자 한 뜻이다.) * 결혼하여 初夜를 치르면, 비로소 새 살림터를 다지게 되는 것이니, 여기서부터 새로운 세상(후천)은 시작되고, 새로운 세대(자녀)가 탄생한다. * "새 술은 새 부대에" "신혼집은 새집"이니, 새실큼은 아름납고도 설레인다.	[庚日] (巽卦: 先庚三日 後庚三日) * "王假有家 交相愛也"(하늘의 뜻이 인간 세상에 오시어 실현되니, 사람들은 서로 사랑을 주고받으며 삶의 기쁨을 향유한다. (天下一家 大同世界 成就)
19 61	20 21	20 81	辛丑	38	睽	* "二女同居 其志不同行"(새로 차린 살림에는 서로 익숙해지는 시간이 필요할 것이니, 잠시 어긋나는 경우도 있을 것이다.) * "遇主于巷 无咎" (살다보면 난관도 있겠지만 사랑으로 극복하여 큰 허물은 없다" *遇雨의 雨는 40雷水解卦의 水이다.	[後庚一日] * "匪寇婚媾 往遇雨則 吉" (살아가면서 살펴보니, 시샘하던 이들도 모두가 나의 벗님들이구나. 가다가 비(하늘의 은총)를 만나면 모든 오해가 다 풀리게 된다.

19 62	20 22	20 82	壬寅	39	蹇	* "大蹇朋來 以中節也"[그동안 크게 나누어져 제 방식만을 고집하며 살아오던 절름발이(모순. 갈등. 투쟁의 모습)들이 한 자리에 모여 진정한 벗이 되면서, 각자 조절하고 또한 함께 어울리며 살아가는 조화된 세상을 실현한다.] * "當位貞吉 以正邦也"(모든 사람이 제각각 제 바른 자리에서 힘써 제 할 일을 다 하니, 온 세상이 한 가족처럼 어울려 반듯하게 살아간다.) * 男女正-正家-天下定-正邦 (中節:中正:中和:時中之道: 易道의 원리)	[後庚二日] * 선천의 절름발이 세계를 털어 버리고(不利東北), 후천의 어깨동무 세상을 이루게 된다(利西南). -인류문명의 씨앗이 심어진 곳:東北艮方.震東方(文王卦) -인류문명의 열매가 열리는 곳: 兌西方. 艮東方(正易卦) =)씨의 원리와 열매의 형상이 본래 하나이니, 이것이 艮兌合德(成曆正道).
19 63	20 23	20 83	癸卯	40	解	* "利西南 往得衆也... 乃得中也...往有功也" (서남 후천의 세계가 도래하여 천하 만민. 세계인민이 모두 그 혜택을 누리게 된다. 中道의 易理가 인류문명사에서 하늘의 공덕. 하느님의 사랑으로 온전히 실현된다.) * 三爻의 상징(30離卦) "牝牛(인류를 낳아 젖 먹여 길러내는 암소)가 모든 어려움을 극복하고(자기 희생을 통하여) 세상을 한 가족으로 경륜하니, 이는 본래 가지고 있던 어미 소의 뜻(牛의 角)이 사랑과 道德心(善性)을 기준으로 판별되고(칼:刀로 나눔) 실현됨을 말한다. (解=角+刀+牛) * 40解卦는 四爻의 상징: 三爻-四爻는 終則有始, 先後天 曆數 變革(開闢)의 현장이다. * 27頤卦에서 시작된 오랜 지구 차원의 産苦(天之曆數變化를 거치는 解産 과정: 大悖의 陣痛期)가 모두 解消. 解決(解悖)된다. * 天地解而雷雨作...百果草木皆甲坼" [선천의 우주적 질서(陰陽相式의 閏曆)가 해소되어 하느님의 회초리(雷)와 은총(雨)이 함께 인류사에 작용하니(하늘의 뜻이 행사되니), 천하 만물 모두가(전체가. 빠	[後庚三日] * "公用射隼 以解悖也"(인류가 하느님의 뜻을 듣고 깨달아, 인간의 온갖 悖倫(先天의 미숙함. 頤卦에서 말하는 大悖)를 완전히 解消.解決한다. =)(悖化爲倫의 성취) * 주역은 정역(후천)을 맞이하기 위한, 先天에서의 道德 수행과 判決(判-斷-豕-決-刀)의 교과서이다. * 주역 全篇의 最終 末辭가 雜卦의 '夬決也'로 終決된 이유가 여기에 있다. * (坤.文言) "天地變化草木蕃"의 초목이 천지변화의 완성(正曆成道)과 함께 완전히 새로운 모습으로 다시 탄생한다(甲坼). * 說卦에서 震(雷)은 萑葦(草). 巽(風)은 木"이니, "草木의 甲坼"이란 곧 "雷風(恒卦)의 완성"을 선언한 것이다. =) 이는 一夫 金恒(正易)에게

| | | | | | | 짐없이. 근본적으로) 완전히 새로운 모습으로 태어난다(甲坼).
* "雷雨作 解 君子以赦過宥罪"
(하늘의 새 질서가 인류사에 펼쳐지니, 선천에 죄업을 지은 소인배들은 자청하여 반성. 회개. 告解하게 될 것이며, 또한 서로를 용서하고 화해하면서 '진실된 解冤相生의 大赦免'이 이루어진다.
=>韓民族의 재탄생: 남북통일의 성취
("萬物之所成終而所成始也... 成言乎艮"의 실현)
* 하늘의 大人께서 땅에서 쓰고자 내려주신 (重火 離卦)牝牛가 그 주어진 使命을 모두 이루고 나면, 마침내 자신의 생명적 의의를 완수하고 마감하는 것이니, 그 完成과 解放의 때를 맞이하여(雷水 解卦) 세상을 최후로 심판하는 주체(권위:角)는 또한 암소(牛)의 칼(刀)이로다(解=角+刀+牛). | 주어진 聖人的 사명의 완수를 상징한다.
* 宇宙史(天地解)를 통해서만 이 인류사(인민)는 진정한 해방(得衆)이 가능하다. |

= 60干支度數와 64序卦原理를 合宮하여 해석.

= 2012 壬辰年 오늘을 기점으로 先-後天 변화의 曆數를 통관.

= 주역의 先庚後庚(庚日)을 기준으로 27頤卦에서 부터 40解卦까지를 정리.

(60週期의 干支度數에 따라 1950-1963년. 2010-2023년. 2070-2083년을 代入)

○ 添又附

* 주역에서 말하는 豫言(知來. 未來學)의 본뜻은 "極數知來之謂占"(繫辭上5). "知來者逆 是故 易逆數也"(說卦3) 등에 함축되어 있다. 여기서의 "知來"라 함은 "미래에 전개될 形而上學的 차원의 이치(易理)를

아는 것"이며, 이치(원리)라 함은 "언제 어디서 어떤 모습으로, 눈 앞에 보이는 공간적 형체를 가진 어떤 물상"을 말함이 아니다.

만약 어떤 이가 無形의 理致를 有形의 현상으로 대비시켜, 마치 눈 앞에서 움직이는 활동 사진처럼 설명하고자 한다면, 이것이 곧 虛像(도깨비. 偶像)을 말하는 것이니, 易學에서의 '知來像'은 그 "본래적 이치의 解得 경지"를 말함이지, 결코 눈으로 볼 수 있는 "물리적 映像"을 말함이 아니다.

＊ 본 添言에서 "미래적 상황을 言表함"에 있어서, 실제적 현상처럼 표현. 기술된 것은 단지 우리에게 당면한 이 시대의 體感的 사태인 "한민족의 역사적 현실"을 전제하여, 易經에서 우리가 배워야 할 성인의 가르침을, "인류사를 계도하는 易道의 宇宙的 發用은 어느 方向일까" 하는 관점에서 언급해 본 것이다.

이는 私的인 개인의 현실적 이해 관계를 염두에 두고 判斷. 豫言하는 占術辭(미래에 대한 고정적 사태를 豫見하는 말)와는 그 성격과 차원을 분명히 구분하여야 할 것이다.

＊ 인류의 문명사에서 태초에 易道가 (우리)韓民族에게 許諾(創案)되었으니, 한민족의 미래상에 담아주신 하늘의 깊은 사랑(易理)을 삼가 배우고 解得하는 일은 後學으로서 분수를 넘는 일은 아니라는 생각에서 간략히 附言하였을 뿐이다.

[역리의 가르침을 통하여, 인류사를 통섭하시는 하늘의 뜻을 살펴보니, "2023년 쯤에는 한민족의 통일사업이 이루어질 것이다"라는 의미로 성인의 말씀을 해석할 수 있다면, 남북한의 책임있는 지도자들은 진실로 '하늘의 뜻하심'을 공경히 받들어, 통일 정책을 설계. 집행함에 있어서

정권적인(또는 인간적인) 차원의 욕심에 사로잡혀 경거망동하는 일은 없지 않을까? 하는 學易者로서의 소박한 바램이며, 속내이다.]

다시 말하여 先-後天 曆數變化의 때가 가까운 이 시대에, 우리의 삶의 터전인 한반도의 실상을 유념해볼 때, 향후 易道가 구현되는 "神明的 사업(하늘의 의지)"을, 진실되게 모시고 경건하게 받들고자 하는 小學士의 소박한 염원과 소망을 疏略하게 표현해 본 것이다.

오늘의 所見이 부모의 깊은 뜻을 헤아려, 이에 어긋나지 않게 살아가려는 不肖한 자식으로서의 "미숙하지만 효도하고픈 심사가 담긴 몸짓"으로 기억되길 삼가 合掌하여 기대하는 바이다.

[김지하 시인의 統一吟]

○ 한국의 현대사에서 "민족의 運命과 역사의 業報"라는 이름의 생체 실험장에 온통 벌거벗은 몸으로 뛰어들어 자기희생적 고난을 자청함으로써, 이 나라 한민족의 영혼 자락에 생명력 넘치는 律呂의 가락을 피고름으로 새겨놓은 詩人이 있으니, 그가 바로 우리들의 이웃 김지하 선생이다.

선생은 '天道下濟 地道上行의 宇宙的 稱物平施'를 감당하고자 '勞謙'을 自號로 삼을 만큼 易學의 생명적 의미를 오래도록 예찬하고 받들어 모시면서, 선한 눈빛으로 華嚴開闢이 後天Ⅲ ㅗ을 내나보며, 한민족의 미래적 통일 사업에 대한 열정과 신앙을 여러 차례 토로한 바 있다.

때마침. 2015년 乙未年 벽두에 인터넷 언론 '데일리안'에 기고한 "통일에 대한 한 말씀"이 있기에, 필자의 統一 度數와 더불어 여기에 참고자료로 첨부하여 소개한다.

노겸 선생님과 필자는 20여년 전부터 周易과 正易이라는 易學的 가르침에 공감하면서, 서로를 慰撫하고 성원해 온 바 있다. 삼가 김지하 선생님의 叡智的 統一吟에 필자의 尊崇하는 마음을 담아 이곳에 기록으로 남긴다.

○ **김지하 특별기고** (인터넷 신문 데일리안 2015. 1. 16)
월악산 물 위에 달떴다. 한반도 통일이 시작됐다.

– 이 땅의 선생님은 아이들에게 개벽 가르쳐야.
– 불안 분노 초조 극복하고.
– 민족통일 시작은 모심으로부터.

'민족통일, 어찌해야 할 것인가?'
내가 여러분에게 지금 말할 수 있는 주제인가?
아니면 너무 과분한 것인가?
또 여러분이 가르치는 학생들에게도 가르치는 데에서 과도한 것인가,
아니면 적절한 것인가?
또는 도리어 이 시기 그 나이에 더욱 강조되어야 할 것인가?
나는 이미 어린 학생 때에 선생님으로부터 여러 번 여러 번
북한 공산주의에 대한 비판과 주의사항을 듣고 가르침 받은 바 있다.
그것이 지금 이 시기에 어찌 생각되어야 하는 것일까?
우선 학생들에게, 그리고 지금 그들의 교사인 여러분에게.
길게 설명할 틈은 없다.
줄여 말하면 '통일'은 우리 민족에게 참다운 삶의 길이요 진정한 앎의
방향이다.

대통령은 여러 번 '통일은 대박이다' 라고 명언하셨다.

'대박' 이 무엇인가?

대박은 '큰 운수가 열리는 복스러운 꾀' 라는 뜻이다.

과연 그런가?

그렇다. 정말 그러하다.

그리고 그렇게 하지 않으면 우리 민족은 참담게 살 수가 없고 진정한 앎과는 거리가 머언 머언 어려움을 겪게 된다. 그리해 대통령은 거듭 통일을 강조해왔고, 올해 2015년 첫날 신년사에서 북한 지도자 김정은도 통일이야기를 꺼냈다.

2015년 올해가 통일의 해라는 것이다.

그가, 김정은이 공식적으로 '통일' 을 꺼내든 일은 실질적으로, 지난 70여년 만에 처음 있는 일이다. 물론 바로 그날, 신년사를 꺼낸 1월 1일 그가 제 측근의 북한 군 수뇌부에 비밀 지령한 내용은 '7일 이내에 전쟁으로 남한을 점령할 계획' 이었다. 뻔할 뻔자다.

그런데 왜 나는 오늘 여러분에게, 그리고 여러분이 가르치는 학생들에게까지 이 통일 이야기를 퍼트리고 있는 것일까?

그렇다.

'평화통일' 아니면 '통일은 없다.'

그런데 왜?

올해가 '을미년' (乙未年), 2015년이기 때문이다.

물론 그보다 먼저 전제해야 될 사안은 우리를 둘러싼 큰 나라들,

미국, 중국, 러시아가 바로 '올해의 평화통일' 을 거의 '합의' 하고 있기 때문이다.

그 '합의' 에 대해 질문하지 말라!

그런 것은 DEMATTA BIIRM K(接觸氣蜜事案:접촉기밀사안)이라는 말로 숨겨져 있는 강대국사이의 긴급기밀사안에 속한다.

다만 현재 세계 역사의 숨은 요구가 우리 민족의 '평화통일의 긴급성취'에로 집중하고 있다는 점만 명심하자.

그 역사적 긴급성이라는 실증적 사실(FACTUM)이 어디에서 실제로 가장 긴급한가?

이 민족의 마음 밑바닥의 불안감과 평화에의 갈망이다.

그것은 우선 여성과 젊은이, 아동들의 저 이해하기 힘든 '불안'과 '분노'와 '초조감'이다.

이해하겠는가?

제 애비와 어미까지도 욕하고 두들겨 패고 죽이는 아이들, 제 선생까지도 발로 차고 욕을 하며 덤벼드는 아이들, 그리고 그 비슷한 여성들과 소외된 사람들을 이해하겠는가?

전 생명계의 기이한 변화요 전 인류의 요동이며

그중에서도 우리 민족이 맨 먼저 겪고 있는 사안이다. 이해하겠는가?

이것은 우연에 속하는 그렇고 그런 일일까?

그렇지 않다.

그렇지 않기 때문에 중요한 것이다.

그리고 교사인 여러분에게까지 강조해서 이야기하고 있는 것이다.

즉, 학생들조차도 다 알아야하는 일이기 때문이다.

쉽게 말해서는 '개벽'(開闢)이다.

더 정확하게 말하면 '대개벽'(大開闢)이고

역학(易學)으로 정식화하면 '선후천융합대개벽'(先後天融合大開闢)이다.

그 기간은 정확하게는 올해(2015년)부터 시작해서 5년간.

더 알고자하면

청주대학교 문화철학과 송재국(宋在國) 교수,

부산 통도사의 무비(無比) 스님,

오대산 월정사의 정념 스님에게 가르침을 받으시라.

다시 말한다.

올해(2015)가 중요하다.

그래서 우리 민족의 통일, 평화통일이 중요한 것이다.

민족만을 위해서가 아니라 온 세계 인류와 올 생명계와 온 우주에 다 중요한 것이다.

이 민족이 그렇게 중요한 민족인가?

그렇다.

바로 그것을 이제 아이들에게 가르쳐야 한다는 말이다.

조선일보 정월 5일자에 다음과 같은 칼럼이 실려 있다.

'월악산 꼭대기 영봉(靈峰) 위에 떠오르는 보름달이 산 밑의 물 위에 비치기 시작하면 그로부터 30년이 지나 나라에 여자 지도자가 나타나고, 그로부터 3년이 지난 해, 그러니까 2015년에 통일이 된다.'

조용헌 씨의 글이다.

물이 없던 월악산 밑에 물이 나타난 것은 지금부터 30년 전 충주호 댐 공사 뒤다.

지금은 꼭대기 영봉과 그 위에 뜨는 달이 제천 한수면 송계리 앞 강물 위에 화안히 비친다.

그리고 이런 이야기들은 송계리의 '미륵길'로 올라간 월악산 뒤쪽의 덕주사(德周寺)로부터 시작되었다 한다. 덕주사는 신라 마지막 임금 경순 왕이 원주 양안치 너머 미륵산 아래에 와서 눌러 살 때 그의 딸인 덕주공주가 그의 아들 마의태자와 함께 흘러가 아버지의 망국사를 슬퍼하여 절을 짓고 새 세상을 꿈꾸며 불공을 드린 한(限) 많은 절이다.

이곳에 자유당시절의 오대산 월정사 주지 탄허 스님이 자주 들러 그곳 주지 월행 스님과 함께 이상의 여러 이야기들을 나누었다는 것이다.

이 이야기들에서 중요한 것은 '월악산에 뜨는 달이 물에 비칠 때 여자 지도자가 나타나 2015년에 통일이 된다' 라는 바로 그 전설속의 '여성성' 이다.

덕주사 벽에는 지금도 바로 그 '여성성' 의 중요성에 대한 불교적 해설이 붙어 있다. 여성성' 은 곧 그 안에 '아동성' 을 내포한다.

우리 민족의 최고경전인 천부경(天符經)에서는 '여성과 아동의 생명. 생활중심 가치성' 을 뜻하는 묘연(妙衍)이 핵심으로 돼 있고 노자(老子)철학은 여성(현빈 玄牝)과 아동(현람 玄覽)을 주체로 하고 있으며, 기독교의 예수는 성경의 핵심인 '산상수훈' 에서, 그리고 '예루살렘 입성전야' 에서 '여성과 아이들과 모심' 을 그 가르침의 핵으로 강조하고 있고, 불교는 탄허 스님이 몰두했던 바로 그 '화엄경' 에서 또한 '여성과 아기들' 을 중심으로 세웠고, 그들의 대표적 주자인 '자행동녀' (恣行童子)의 '가르침 없는 스스로의 해탈' 을 강조하고 있다.

동학(東學)의 가르침이 또한 그러함은 누구나 알고 있다.

이것이 무엇이냐?

'달' 아니냐?

'물' 아니냐?

'월악산' 아니냐?

나아가 '미륵' 아니냐?

그리고 덕주사의 바로 그 덕주공주 아니었드냐?

더욱이 통일이 되는 2015년의 남한 통치자가 바로 '여자' 아니냐?

엄마! 바로 이것이다.

그리고 아이! 바로 이것이다. 여기에 소외된 사람들이 붙는다.

그야말로 새 우주 주체들이 아닌가!

이들이 주체로 등장하는 그 '때'가 바로 '대개벽'이다.

그렇다면 2015년은 바로 그 개벽이 이루어지는,

'시끄러운 어둠 속에서도 화안한 빛이 떠오르는' 그것, '시김새', '흰 그늘',

그것이 바로 민족문화의 핵심이고 통일의 문화, '모심의 문화',

바로 그 '민족평화통일'이고 또 그 통일이어야 할 것 아니냐!

아니냐?

대답하라!

그렇지 않은가?

내 이야기는 끝났다.

내 나이도 이제 머지않아 '80'이다.

당신들이 하라!

그리고 어린 학생들로 하여금 새 우주의 대 개벽을 향해 나아가도록 가르치라!

'모심'을 가르치라!

민족통일이 그 시작이다.

○ 觀中 柳南相 선생님의 後天 맞이 노래

頌庚子春

將軍運籌庚子春

萬物開坼乾坤新

東來和風象君子

北退陰氣擬小人

天地成道成變化

陰陽合德行鬼神

日月更明聖人作

天下和平大同親

○ 나의 恩師이신 觀中 柳南相 선생님께서는 아주 오래 전. 鶴山 李正浩 선생 門下에서 (계룡산 국사봉에서) 修德하실 제, 周易 重風巽卦 "先 庚三日 後庚三日 吉"에 담긴 "无初有終"의 깊은 뜻과 地山謙卦 "勞謙 君子有終 吉"의 진실된 사명을 心得하시고, 그 반가움과 넘치는 기쁨 을 '頌庚子春'으로 詠祝하신 바 있기에, 後日 後學들에게 그 奧義를 열어 보여 주셨다.

지난 2010 庚寅年 어느 봄 날, 不肖 小學은 이를 우리말로 풀어서 선 생님께 보여드렸던 바, 一瞥하시고는 별다른 말씀은 아니 하시고, 그 냥 빙긋이 웃어주셨던 추억이 있다.

삼가 선생님을 敬慕하는 마음을 여기에 기록으로 남긴다.

경자년 새 봄이 오시니 우리 모두 일어나 춤추고 노래하세

어르신께서 하늘 수레의 고삐를 당겨 경자년 하늘에 새 봄을 그리시니

살아있는 온갖 모양새는 다투어 새 옷으로 갈아입고

하늘과 땅은 스스로 빛나는구나.

해뜨는 동방에서 부드러운 바람 불어오니 어룬님의 따뜻한 품 속이 바로 여기일세

공연히 시샘하던 못난이들은 제풀에 부끄러워 그늘 속으로 숨는구나.

하늘의 빛과 땅의 소리가 어울려 함께 구르며 발걸음을 맞추니

가슴은 뜨겁고 손발은 부지런하여 어느새 반가운 님의 벗이 되셨구려

해님과 달님도 새 옷으로 단장하고 보니 어버이께서 마련해둔 설빔인줄 알겠구나.

이제 구름과 바람의 숨결을 장단삼아 너와 내가 춤추고 노래하니

지금 여기에 펴놓은 띠자리 멍석이 그대로 향기로운 잔칫상이구려.

主體思想의
哲學的 評價

I

緖言 —
'주체사상은 철학인가' 를 물으며

주어진 논제 「주체사상의 철학적 평가」에 대하여 필자는 우선 다음과 같은 두 가지 문제를 제기하지 않을 수 없다.

첫째, 주체사상에서 다루고 있는 내용과 현실이 초시공적 보편성을 가지고 있는 사상적 체계인가? 다시 말하면 주체사상이 철학의 범주에 드는 학문체계인가 하는 점이다.

주체사상은 그 주장의 내용에서 보면 「인간 주체사상」이라 할 수 있고, 그 논의되는 환경에서 보면 「북한주체사상」이라 할 수 있다. 그러나 그 실질적인 내용은 「북한의 지도자인 김일성이 정치적 의도 하에 안출(案出)해 낸 절대 유일의 지도 이념」인 「김일성 주체사상」이다.

개별적 實存者인 김일성의 '말씀'에 근거한 수의나 주장은 적어도 김일성이 살아있는 한, 철학적 보편성을 보증 받을 수 없다. (지금 김일성은 죽었지만 주체사상이 가장 극왕 할 때는 김일성 생존 당시였다.) 그러므로 김일성 주체사상의 본질을 바르게 이해하기 위해서는 철학적 시각만이 아니라, 정치적 관점으로도 동시에 접근해야 마땅할 것이다. 따라서 본 논문에서는 북한의 김일성 주체사상에 대하여 철학적 검토와 함께 정치적 현실을 고려하여 그 실제적 속성을 분석하고자 한다.

둘째, 주체사상은 과연 '평가' 할 만한 본연의 가치가 있는가 하는 점이다.

주체사상이 20세기 한민족의 삶의 구조에 어떠한 형태로든 영향력을 행사해 온 것만은 사실이다. 그러나 그러한 역할이 과연 가치있는 것이었나 하는 데에는 근원적인 의문을 제기하지 않을 수 없다. 오히려 주체사상은 한민족의 정신사에서 차라리 없었다면 훨씬 다행스러웠을 수도 있었다는 점에서 "無가치 · 脫가치 · 沒가치 · 反가치"의 대상이라고 말할 수도 있을 것이다.

물론 가치의 有無를 판별하는 행위 자체가 평가의 큰 범주 속에 포함되는 것이긴 하지만, 주체사상의 경우 그 생성 · 발전 · 쇠퇴의 과정을 냉엄히 되새겨 볼 때, '평가' 의 대상이라기보다는 '비판' 의 대상으로 이해함이 더욱 타당할 것이다.

따라서 필자는 주어진 논제 「주체사상의 철학적 평가」를 「김일성 주체사상의 비판적 검토」라는 의미로 새기면서 본 논의를 열어보고자 한다.

물론 이러한 필자의 시각이 얼마만큼 타당하고 근거 있는지를 논증하는 과정이 이 논문의 내용이 될 것이다. 다만 이를 미리부터 환기시키는 이유는, 주체사상이란 실제로는 한 시대의 정치적 선전구호에 불과한 것임에도 불구하고 거기에 무슨 거창한 사상 체계나 심오한 철학 이념이 있는 것처럼 사회일반에서 云謂되고 있으며, 주체사상을 논의하는 상당수의 지식인들마저 그 虛像의 권위에 쉽게 동의하는 知的 劣等感을 보이고 있다고 생각되어, 주체사상을 논의하려는 필자의 기본 시각을 미리 公知해 두고 싶기 때문이다.

II
주체사상의 철학적 검토

1. 주체사상의 주요내용과 현재적 인식

1985년 평양사회과학 출판사에서 발간한 「위대한 주체사상 총서」 전 10권 중 제1권 「주체사상의 철학적 원리」는 다음과 같이 시작하고 있다.

「주체사상은 김일성 동지가 창시하고 전일적인 사상이론 체계로 완성 하였으며, 김정일 동지가 전면적으로 심화 발전시키고 있는 우리시대의 가장 과학적인 혁명 사상이다 ··· 주체사상은 사람이 모든 것의 주인이며 모든 것을 결정한다는 진리를 밝혀주고, 모든 것을 사람을 중심으로 생각 하고 사람을 위하여 복무하게 하는, 사람 중심의 세계관을 밝힘으로써, 근로인민 대중의 자주성을 실현하기 위한 길을 밝힌 위대한 혁명학설이 다.」[1]

위에서 제시된 키워드는 "사람 중심"이라 할 수 있는데, 이에 대하여는

---

[1] 주체사상의 철학적 원리. 백산서당. P.15.

이 책의 첫째 장인 「사람 위주의 철학사상으로서의 주체사상」에서 보다 자세히 설명하고 있는바, 이를 요약·소개하면 다음과 같다.

「첫째, 주체사상은 사람을 철학적 고찰의 중심에 놓는 철학이다. 이는 자연과 세계의 모든 것을 지배하고 개조하려는 사람의 입장에서 세계를 고찰하고 세계관을 세운다는 것이다. 지금까지 역사에는 수많은 철학이 있었지만 사람을 철학적 고찰의 중심에 놓은 철학은 없었으며, 주체사상만이 세계관을 세우기 위하여 새롭게 확립된 독창적인 철학적 방법이다. 사람을 철학적 고찰의 중심에 놓는 것은 주관주의를 배격하고 유물변증법적 방법을 고수하면서 모든 것을 세계의 지배자이며 개조자로서의 사람과의 관계에서 풀어나가는 방법이다.

둘째, 주체사상은 사람의 운명 문제에 해답을 주는 것을 사명으로 한다. 사람의 모든 활동은 다 자기의 운명을 개척하기 위한 것이다. 지난 시기의 철학들은 운명을 존재론적 또는 인식론적 견지에서 고찰함으로써 숙명론적 견해의 테두리 안에 머물렀고, 사람이 자기의 운명을 개척해 나가는 합법칙성과 방도문제는 제기되지 않았다. 오직 주체사상만이 사람의 운명문제에 해답을 주는 철학인 것이다. 따라서 주체의 사회 역사관도 자연사적 과정으로서의 사회발전의 객관적 법칙을 밝힌 것이 아니라 인민대중의 사회역사적 운동, 혁명운동의 본질과 성격 및 추동력을 밝힌 것이다.」[2]

이어서 제3장 「주체사상이 밝힌 사람에 대한 철학적 견해」에서는 「사

---

2) 위의 책 PP.56~63 참조.

람은 자주성과 창조성·의식성을 가진 사회적 존재」라고 규정하면서, 이에 대하여 다음과 같이 설명하고 있다.

「주체사상에서 말하는 '사람은 사회적 존재' 라는 뜻은 사람이 사회적 관계를 주동적으로 맺고, 목적 의식적으로 개조. 발전시키면서 사회적으로 생활하고 활동하는 존재라는 것을 의미한다. 이 때의 사람은 물질적 존재 일반이나 단순한 생물학적 존재와 구별된다. 즉 사람은 단순한 물질적 존재가 아니라 가장 발전된 물질적 존재이다. 사람은 장구한 진화를 통하여 이루어진 가장 발전된 생명 유기체인 것이다. 이러한 사람은 그 본질적 속성으로 자주성·창조성·의식성을 가지고 있다. 자주성은 온갖 구속에서 벗어나 세계와 자기 운명의 주인으로서 자유롭게 살려는 사람의 성질이고, 창조성은 자주적인 욕구에 맞게 목적 의식적으로 세계를 개조하고 운명을 개척해 나가는 사람의 성질이며, 의식성은 모든 인식활동과 실천 활동을 규제(조절·통제)하는 사람의 성질이다. 이처럼 주체사상은 사람의 본질적 속성을 자주성을 가진 세계의 지배자, 창조성을 가진 세계의 개조자, 의식성을 가진 자기 활동의 규제자로 해명하였고 그 상호관계도 밝힌 것이다.」[3]

1992년 8월, 중국 북경에서 얼린 세4차 소선학 국제학술 토론회에서 북한의 사회과학원 철학연구소 실장 정성철은 「사람의 본성에 대한 주체적 견해」라는 논문을 발표하였는데, 그 내용을 검토해 보면 앞서 인용한 '주체사상의 일반론' 에서 한 치도 달라진 것이 없는, 동일 문구의 반

---

3) 위의 책 PP.154~185 참조

복적 나열에 그치고 있어서, 주체사상의 발전적 인식이 무망함을 보여주고 있다.

다만 작은 인식의 변화를 감지할 수 있었던 것은, 독일 훔볼트 종합대학의 헬가 피히트에 의해 발표된 「발전하는 철학적 개념으로서의 주체와 주체성에 대하여」라는 논문의 끝부분에서였다.

그녀는 이 논문에서 "주체사상을 비판하려면 주체사상에 대하여 더 많이 알아보아야 한다"면서 북한의 주체사상을 객관적 입장에서 적극적으로 옹호하고 있다. 그러면서도 마지막에는 다음과 같이 두 가지 문제를 제기하고 있다.

첫째는 「김일성을 대상으로 하는 개인 영웅주의가 전체 사회생활을 지배하는 조건 하에, 북한 학자들이 개인과 민중의 주체적 역할을 주장하는 것은 북한 철학사상사에서 큰 진보로 된다는 것을 강조하고 싶다」 하여, 북한의 주체사상에서 말하는 '주체성'의 문제가 김일성이라는 특정인의 주체적 역할을 넘어서, "인간 일반의 보편적 주체성"으로 논의될 수 있는 소지를 열어 놓고 있다는 점이다.

둘째는 「학자들은 위에서 말한 개인 영웅주의와 관련한 너무나 어리석은 선전, 즉 "위대한 수령 김일성 동지께서 세계관의 근본 문제에 가장 올바른 해답을 준 주체의 철학적 원리를 창시하신 것은 인류의 철학 사상 발전에서 불멸의 세계사적 공헌으로 된다"라는 것을 관대(寬大)하게 간파할 필요가 있을 것이다. 왜냐하면 주체의 영도 방법에 대한 해설, 즉 "근로 인민 대중이 … 로동계급의 탁월한 수령의 올바른 령도를 받을 때에만 혁명의 주인으로서의 책임과 역할을 다하게 된다"라는 말은 역사적으로도, 논리적으로도 위에서 언급된 주체의 철학적 원리, 특히 사람의 자주성과 창조성에 대한 원리와 절대적으로 모순되기 때문이다. 그런데 민주주의 원칙에 어긋나는 비사회주의 제도 하에서 수십년 동안 살아온 본인은, 북한에서 정치적 체제가 존속하는 한, 학자들이 할 수 없이 수령에 대한 충실성을 맹세하지 않으면 안 된다고 충분히 이해하고 있다」하여, 정치적 선전 문구로 인하여 주체사상의 본질이 격하되는 것을 지적하고 있다.

이는 주체사상의 철학적 가치와 정치적 선전의 무모함을 더 이상은 동일시 할 수 없으며, 철학과 정치를 분리해서 논의하지 않으면 안되겠다는 북한학자들의 시대적 인식을 형식적으로나마 반영하고 있는 것이다.

1996년 통일원에서 발간된 「남북학술 교류 발표 논문집(Ⅲ)」(참고자료)에는 「21세기 동북아세아의 문화발전 전망과 인간중심의 철학적 사고방식」(주체과학원 조호동), 「철학연구의 현황과 전망」(사회학연구소 류제근) 이라는 주체사상과 직접 관련된 논문이 실려 있다.

여기서 조호동은 「오늘의 서방세계에서 동방의 우수한 전통 의식을 받아들여, 사회를 침식시키는 개인주의와 그로 인한 혼동을 극복하려는 움직임이 나타나고 있는 것은 결코 우연한 일이 아니다… 예로부터 동북 아세아 인민들은 인간의 정신적 풍모를 수양하고 세련시키는 것이 가지는 사회적 의의를 높이 평가하여 왔다. 동북 아세아의 문화발전을 촉구하자면 무엇보다 먼저 새로운 가치관을 확립하는 것이 필요하다」하여 "아세아의 전통 의식과 윤리·도덕성"을 강조하고는 있지만, 기존의 주체사상에서 주장하는 범주를 벗어나지는 못하고 있다.

그러나 류제근의 논문 「철학 연구의 현황과 전망」에서는 외형적으로나마 한걸음 발전된 인식을 보여주고 있다. 그는 국제 고려학회 평양지부에서 진행하고 있는 '철학연구'에서 다음과 같은 몇 가지 원칙이 있음을 밝히고 있다.

「첫째, 철학을 인간의 운명개척에 실질적으로 이바지하는 학문이 되도록 연구하는 것입니다」하여 '실질적'이라는 점을 강조하고 있다.

「둘째, 우리는 선행한 철학들에 대한 편협한 배타주의나 허무주의를 철저히 배격하며 가치있는 모든 사상들을 포섭하고 받아들이는 원칙에서 철학을 연구하고 있습니다. … 매 시기의 철학이 당대의 인간생활·사회생활을 세계관적으로 일반화한 것이라 할 수 있고, 많은 지지자들을 얻고 사회적 영향력을 가졌던 철학들은, 그것이 관념론의 형태를 취했건, 유물론의 형태를 취했건 간에, 이렇게나 저렇게나 당대의 혼란된 사회상을 개탄하고 사람들의 운명에 대하여 관심을 가지면서 제나름대로 그 출로를 모색한 것들이었다고 할 수 있기 때문입니다」[4] 하여 과거 인류 역사에 출현했던 모든 철학사상을 몽땅 부정하면서 주체 유일 사상만을 내세우던 몽유병적 폐쇄성에서 어느 정도 벗어나 상당히 개방적인 시각으로 철학사를 인식하고 있음을 보여주고 있다.

물론 류제근의 논문도 전체적으로는 주체사상의 주장을 답습하고는 있지만, 「우리는 무엇보다도 과학으로서의 조선 철학사를 재정립하기 위한 연구를 심화시키고 있습니다」하면서 한국전통 철학으로서의 人性論 등에도 관심을 표명한 것은, 보편학으로 나아가려는 주체 철학의 '작은 몸짓'으로 이해할 수 있을 것이다.

---

4) 이 부분만 읽으면 순간이나마 주체사상의 흑묘백묘론(黑猫白猫論)의 가능성을 떠올리게 되지만 논문의 전편에 흐르는 기조논리는 과거의 주장과 달라진 것이 없다.

2. '인간 중심' 이라는 말의 의미에 대하여

주체사상에서는 인간이 모든 것의 중심이라고 주장하면서, 그러므로 인간은 세계의 지배자가 된다고 강조하지만, 실제로 북한의 사람들은 가장 반주체적이며 종속적인 생활을 하고 있다. 이는 인간 존재의 우주적 위상을 철학적으로 바르게 세우지 못하고서 정치적인 목적 하에 입으로만 선전해 왔기 때문이다.

주역에서는 인간의 존재 의의를 '天·人·地 三才之道' 의 中位로 규정한다.

이는 인간존재를 天에 근거한 形而上的 존재인 동시에, 地에 근거한 形而下的 존재로 이해한 것이다. 다시 말하여 인간은 영혼적인 존재인 동시에 육체적인 존재이며, 이는 영혼의 존재 근거를 神性에 두는 창조론적 시각과 육체의 존재 근거를 物性에 두는 진화론적 시각을 동시에 수용하는, 조화적인 생명 원리에서 해명되는 인간관이다.[5]

그런데 주체사상의 인간이해는 어디까지나 物性에 존재근거를 두고 있으며, 따라서 인간에 있어서의 신령함이나 인격성은 처음부터 배제될 수밖에 없었던 것이다. 인간이 사는 세계는 신령스러움과 성스러움 그리고 따뜻한 인간애가 가득 넘치는 곳이지만, 이 근원적인 인격적 요소를 처음부터 부정한 주체사상의 인간이해는 결국 인간다운 삶을 파괴시키는 가장 반인간적인 결과를 초래하고 말았던 것이다.

주체사상의 인간관이 유물론적 시각의 범주에서 벗어나지 못하고 있음은 과거에서부터 지금까지 조금도 변함이 없다.

---

5) 神·物 兩性의 통일적 인간관을 해명해 주는 논리체계가 陰陽論이며, 주역에는 이를 「天地之大 德曰生」「生生之謂易」「陰陽合德」 등으로 설명하고 있다.

「조선철학사상 연구」(최봉익. 1975. 평양) 183쪽에서 "동식물과 우주 전체의 운동을 비롯한 자연현상은 변증법적 유물론의 견지에서, 정치ㆍ경제ㆍ역사ㆍ문화ㆍ예술을 비롯한 사회현상은 역사적 유물론과 맑스주의 정치 경제학의 견지에서 옳게 분석하고 평가하여 넣어야 한다는 것을 말한다"고 명기한 것은, 주체사상의 철학적 근거가 맑스의 변증법적 유물론과 역사적 유물론에 있음을 분명히 공언한 것이며,[6] 앞서 인용한 류제근의 논문에서도 「철학을 과학으로 정립하는 데서는 물질적 존재들의 공통성을 인정하는 동시에 반드시 발전 수준에서 질적인 차이를 보아야 합니다. 종래의 유물론은 바로 가장 "발전된 물질인 인간"과 물질 일반과의 질적인 차이를 보지 못하였습니다. 발전의 견지에서 볼 때, 무생명 물질로부터 생명물질의 발생, 생물학적인 생명물질로부터 사회적 존재인 인간의 발생은 물질세계의 발전에서 이루어진 획기적인 전변들이라고 말할 수 있습니다」라 하여 '질적인 차이'를 강조하고 있지만, 이는 어디까지나 물질계 일반 범주 내에서의 '정도의 차이'를 말한 것에 지나지 않는다는 점을 깨닫지 못하고 있다. 질적 차이란 '次元의 다름'을 말하는 것이지 發展 정도의 '計量的 差異'를 말함이 아닌 것이다.

전통적인 진화론자들은 "인간은 아메바로부터 지금의 모습으로 진화해 왔으며 언젠가는 神의 위치에까지 발전해 나갈 것이다. 그러므로 인간은 지금도 物質(땅)에서 神(하늘)을 향해 끊임없이 달려가고 있는 중이다"라고 말한다. 인간을 이해함에 "아직도 제자리를 찾지 못하고 계속해서 목적지를 향해 걸어가야 하는 존재"로 규정하게 되면, 인간의 彷徨은 당연한 것이 된다.

---

6) 유남상. 고조선 철학사상의 유물론적 해석에 대한 비판. 동서철학연구 제5집. P.77.

인간을 '방황하는 나그네'로 규정해 놓고서, 인간이야말로 우주와 세계와 중심이라고 말하는 것은 성립되지 않는다. 주체사상에서 주장하는 '인간 중심'이란 말은 인간 이해에 대한 철학적 성찰을 거치지 않은 피상적 수식어일 뿐이다.[7]

3. '주체성(主體性)'의 개념 규정에 대하여

앞서 인용한 논문 「발전하는 철학적 개념으로서의 주체와 주체성에 대하여」에서 헬가 피히트는 다음과 같이 말하고 있다.

「김일성은 1955년 12월 28일 당선전 선동 일꾼들 앞에서 한 연설에서 처음으로 주체에 대하여 말했다. "모든 문제에 깊이 들어가지 못하고 주체가 없는 것이 사상 사업의 가장 큰 결함입니다. … 우리당 사업에서 주체는 무엇입니까? … 우리는 다른 어떤 나라의 혁명도 아닌 바로 조선혁명을 하고 있습니다. 이 조선 혁명이야 말로 우리 당사업의 주체입니다. 그러므로 모든 사상 사업은 반드시 조선혁명의 이익이 복종시켜야 합니다" … 그 후 50년대 말부터 70년대 중순까지, 주체를 정치적인 개념으로만 이해하고 주민들의 민족적 의식을 높이며, 옛날부터 내려온 사대주의 잔재를 극복하기 위하여 크게 선전하였다. 북한 학자들은 1975년부터 주체사상의 철학적 원리에 대한 과학적인 토론을 시작하였다고 생각한다」

---

7) '中'의 의미와 관련된 동양적 인간관에 대해서는 송재국. 先秦 易學의 인간 이해에 관한 연구. 1992. 충남대. 박사학위 논문 참조.

다시 말하여 정치적 의도로 제기된 '주체'라는 개념이 철학적 토론의 과정을 거쳐 '주체성'으로 심화되고 있다는 것이다. 그리고 주체사상이 밝힌 인간의 속성은 다름 아닌 '자주성·창조성·의식성'이라는 것이다. 주체사상은 인간의 본질적 특성을 3가지로 규정하고, 이것이 곧 인간주체성의 본질 내용이라고 주장하는 단단한 울타리 안에 주체사상의 '사상적 논의'는 죄수처럼 갇혀 있다.

북한 학자들의 논문에서 이 세가지 인간의 속성을 서두에 전제로 하지 않고 전개시키는 논문은 없을 만큼 "사회적 존재로서 인간이 갖는 자주성·창조성·의식성"은 주체사상의 대전제가 되고 있다. 그러나 이 세가지 성질은 인간의 본성을 이해하고 설명하기 위한 여러 가지 술어(述語)들 중의 일부일 뿐, 결코 인간의 本質 自體를 대변하는 本體的 概念이 될 수는 없는 것이다.

주체사상이 인간을 이해함에 있어서 가장 크게 실패한 또 하나의 이유는 주어(主語)로 쓰일 수 없는 술어(述語)가 主語의 자리를 차지한 점이다. 인간의 본체를 지칭하는 보편적 개념으로는 "인격성 자체(性)" "도덕적 의지(善)" "정서적 근거(情)" "理性·感性·德性" 등이 있을 수 있다.

그러나 자주성·창조성·의식성은 本性에 대한 다양한 설명의 하나에 국한될 뿐 철학적 보편성을 갖지는 못한 것이다. 이럴 경우, 인간의 본성을 설명함에는 필요에 따라서 4가지, 5가지의 새로운 개념을 얼마든지 도입할 수 있으며, 인간의 본성을 부정적인 시각에서 보아 자주성 대신에 의존성, 창조성 대신에 파괴성, 의식성 대신에 무의식성을 통해서도 인간을 이해하는, 또 다른 이론이 얼마든지 성립할 수 있는 것이다.

주체적일 수 없는 개념으로 주체성을 대신하려는 사유의 경직성에서 주체사상이 지닌 반주체적 모순성은 필연적이다. 특히 이러한 인간의 세가지 속성을 바탕으로 인간이 어떻게 혁명적으로 살아야 하는가를 강요함으로써 주체사상의 모순성은 현실화되고 있는 것이다.

앞서 인용한 논문 「21세기 동북 아세아의 문화 발전 전망과 인간 중심의 철학적 사고」에서 조호동은 「인간의 진보는 자연개조·인간개조·사회개조의 통일적인 관련 속에서 이루어진다는 것입니다. 여기서 자연개조가 인간생활의 객관적인 물질적 조건을 마련하기 위한 사업이라면, 인간개조는 인간의 사상문화를 발전시키기 위한 사업입니다. 그리고 사회개조는 사회관계를 보다 합리적으로 개변하고 발전시켜 나가는 사업입니다」라고 말한다.

그런데 주체사상에서 특히 강조하는 '改造'란 어디까지나 인위적인 노력을 말함이다. 20세기를 지내오면서 인류는 자연의 생명원리에 순응하고 조화되어야만 인간과 만물이 함께 생존할 수 있다는 생태학적 진리를 체험한 바 있음에도, 아직도 자연 개조만을 소리치고 있다는 것은, 주체사상이 인류 문명의 도도한 흐름에서 얼마나 멀리 동떨어져 있는지를 스스로 증거하는 일이 아닐 수 없다. 더구나 인간이란 어떤 경우라 하더라도 후천적인 물리력으로 개조시킬 수 없는 (개조시켜서도 안 되는) 장엄하고도 성스러운 우주적 존재이다.

혁명이라는 미명 하에 고귀한 인간 존재를 혁명의 총 폭탄으로 써먹기 위해 사상 공장에서 혁명 전사를 생산하고, 아이들을 정치 행사의 장식품으로 써먹기 위해 곡예단의 원숭이처럼 사육시켜 온 북한의 실상은, 주체사상이 추구하는 인간개조의 허구성을 그대로 증거하는 것이다.

또한 사회개조를 주장해 온 북한에서 스스로 사회 해체현상을 겪고 있는 오늘의 현실도 주체사상의 실상을 적나라하게 대변하고 있는 것이다.

4. '주체사상' 과 '김일성 생각' 의 동일시(同一視)에 대하여

주체사상이 철학적 지평에서 논의될 수 없는 또 하나의 이유는, 그 내용의 핵심이 "김일성의 정치적 이념"을 기술하는 하나의 선전문구에서 벗어나지 못하고 있다는 점이다. 현존하는 특정 정치인의 생각은 아무리 관대하게 보아도 철학적 원리와 일치할 수는 없는 것이다. 그런데도 주체사상에서는 김일성의 생각이 곧 인민이 따라야 할 절대적인 삶의 표준이 된 것이며, 김일성의 생각이 잘못된 방향으로 전개될 경우, 인민들의 삶도 모두 덩달아서 잘못될 수밖에 없는 구조적 모순을 내포하고 있는 것이다.

주체사상이 철학이기에 앞서 "혁명을 위한 정치적 지도 이념"이라는 사실은 여러 곳에서 구체적으로 확인된다.

1972년 12월에 제정된 북한의 이른바 사회주의 헌법은 제4조에서 "조선 민주주의 인민 공화국은 마르크스 레닌주의를 우리나라의 현실에 창조적으로 적용한 조선 노동당의 주체사상을 자기 활동의 지도적 지침으로 삼는다"고 규정하고 있다.[8]

또한 1970년의 당 규약 수정 때 "혁명사업과 당 건설 사업에서 당의 유일사상체계의 확립을 기본 원칙으로 삼는다"라고 했던 대로, 그 유일 사상체계 확립의 구체적인 방안이 1974년에 결정 시달되었은 즉, "당의 유일 사상체계 확립의 10대 원칙"이란 것이 그것이다. 유일 사상체계란 말은 주체사상체계란 말과 동의어이며, 주체사상 체계란 김일성의 교시 체계란 말이다. 그것을 확립한다는 말은 전당(全黨)과 전 인민을 김일성의

---

8) 북한의 사상. 태백 총서11. 편집부 엮음. P467 참조.

교시(敎示)대로만 움직이도록 사상 무장시키고 그를 중심으로 단결시키고, 그의 유일적 지도밑에 혁명과 건설을 해나가도록 하는 것을 말한다.[9] 그리고 그 10대 원칙의 첫 번째가 바로 "주체사상에 의한 온 사회의 一色化 원칙"이다.[10]

이렇듯 주체사상의 기본 성격이 존재의 근원을 탐구해가는 철학적 요구에서 비롯된 것이 아니라, 정치적 이념을 보장하기 위한 하나의 철학적 수단에 불과한 것이다. 그러므로 주체사상의 논의 형태는 그대로 정치적 선전문구의 반복적인 강조의 방식을 그대로 따르게 된 것이다.

주체사상과 관련한 북한의 저서나 북한 학자들의 논문을 보면 그 중심 어휘가 몇 가지로 고정되어 있으며, 이들의 끊임없는 반복과 강조와 해석과 찬양으로 일관되어 있음을 쉽게 알 수 있다. 동일 문구의 끝없는 반복 효과는 듣는 이의 사고를 고착시켜서 들려주는 내용 이외의 것을 사유할 수 없도록 세뇌시킬 뿐만 아니라, 동시에 말하는 이 스스로도 자기 논리에 도취되는 사유적 최면 상태에 빠지게 된다.

자유로운 사고의 영역이 폐쇄되고 특정한 목적 하에서만 인간의 이성적 기능이 도구로 쓰이게 될 때, 이는 인간 정신의 병리적 상태로 나타난다.

헬가 피히트는 앞서의 논문에서 「80년대 하반기에 평양에서 동독 대사로 있었던 HansMaretzki씨는 금년에 독일에서 "북한에서의 김수의(金主義)"(Kim-ismus in Nordkorea, 1991)라는 책을 발표하였는데, 저자는 주체사상이 무엇인지를 파악하지 못하고, 어리석은 북한신문·선전물의 몇 토막만을 가지고 주체사상을 정치적 선입견에 사로잡혀서 판단

9) 사회과학 출판사. 정치사전 (평양. 1973). P.265.
10) 이명영. 조국통일의 두 방도. 해성사회윤리문제 연구소 P.11 참조.

한다」고 비판하고 있다. 그러나 그녀야말로 사상적 선입견에 사로잡혀 주체사상의 실체를 오해하고 있는 것이며, 그녀가 말한 "어리석은 북한 신문·선전물 그 자체"가 사실은 주체사상의 본 모습인 것이다.

남한의 심리학자 백상창씨는 「병든 김일성과 병리화되고 이질화된 북한사회에 대한 정확한 진단밑에 최선의 처방을 내려야 할 것이다. 우리가 결코 잊어서는 안 될 사실은 그들은 환자이기 때문에 우리는 치료자의 입장에 서야만 한다는 것이다」[11] 라고 말하고 있는데, 이는 최근 망명한 황장엽의 자필 진술서에서도 다음과 같이 극명하게 확인되고 있다.

「(나의 남한으로의 망명을) 알게 되면 나의 가족부터 시작하여 내가 미쳤다고 평가할 것이다. 나 자신 자기가 미쳤다고도 생각할 때가 적지 않다. 그러나 나만 미쳤겠는가 하는 것이다. … 또 로동자 농민들이 굶주리고 있는데, 로동과 농민을 위한 리상사회를 건설하였다고 떠드는 사람들을 어떻게 제정신을 가진 사람이라고 볼 수 있겠는가」[12]

실로 주체사상은 북한 인민의 이성을 잠재운 수면제이고, 학자들의 열정을 오도시킨 최면제이며, 그리하여 북한사회를 미치게 만든 광분제(狂奔劑)인 것이다.

스스로 지독한 최면에 걸리면 배가 고파도 황홀한 소리만 지르면서 허세를 부리게 마련이니, 노동신문 96년 9월 10일자 평양의 소리에서는 「나라와 민족의 강대성은 사상의 위대성에 있다. … 주체의 우리 조국은

---

11) 백상창. 맑스·모택동·김일성 그리고 한국사회. 서울 1989. P100. 헬가피히트의 논문에서 재인용.
12) 일간지. 97. 2. 14일자 참조.

이 세상 그 어디에서도 찾아 볼 수 없는 사상의 강국이다. … 역사에는 주체사상과 같이 인류의 심장을 틀어잡은 위대한 사상은 없었다. … 오늘 우리사회에는 주체사상만이 확고히 지배하고 있다.」[13] 하여 사상 강국을 특별히 강조한 것은, 경제적 궁핍을 사상적 최면으로라도 자위해 보려는 안타까운 독백이라 아니할 수 없다.

---

13) 1996. 9. 30. 조선일보 참조.

III

김일성 주체사상의 현실적 검토

이상에서 살펴보았듯이 주체사상의 본질은 "인간 주체사상"이 아니라 "김일성 주체사상"인 것이다. 그리고 김일성은 그의 정치적 의도에 따라 북한 사회전체를 모두 주체사상이라는 광분제로 중독시킨 것이다. 그러한 중독의 결과가 북한을 반인륜의 패륜적 사회로 타락시켰으며, 동시에 반역사·반전통(反傳統)의 뿌리없는 사회로 만들어 버린 것이다.

1. 김일성 주체사상의 반인륜성(反人倫性)

인간에게는 태어날 때부터 가지고 나온 先天的인 품성이 있다. 이른바 生得的인 人間의 本來性을 말함이다. 이는 인간의 後天的인 노력이나 인위적인 조작으로는 근본적으로 달라지지 않는, 인간의 보편적 존재 원리이다. 그런데 김일성은 자신의 정치적 의지를 최고의 가치로 설정하고 이를 위해서는 모든 가치 체계를 그 아래에 종속시키면서, 인간의 선천적 본성마저도 인간의 후천적 개조 대상으로 삼은 것이고, 이를 물리적 힘으로 강요함으로써 인간 본성의 歪曲과 否定·그리고 인격성 자체를 해체시키는 비인간적 · 反人倫的 사회를 노정시키게 된 것이다.

공자는 인간의 선천적 본래성을 "곧은 마음씨(直心)"라 하여 이를 다음과 같이 설명하고 있다.

「섭공(葉公)이 孔子에게 말하기를 "우리 동네에는 대단히 正直한 궁(躬)이라는 사람이 있습니다. 자기 아버지가 남의 집 양을 끌고 갔다고 해서 아들이 이를 고발했습니다"고 하였다. 이에 대해 공자께서 말씀하시기를 "내가 말하는 정직의 의미는 그런 것이 아닙니다. 아비는 자식의 잘못을 감싸주고 자식은 아비의 허물을 덮어 주는 것이니(父爲子隱 子爲父隱), 진정한 정직이란 그 가운데에 있는 것입니다"라 하였다.」[14]

위에 나타난 공자의 태도를 보고 혹자(或者)는 「공자의 주장은 사회가 발달하기 이전의 시대에나 통용되던 가족 윤리의 범주에 한정될 뿐이며, 사회 고발정신이 그토록 희박한 공자의 사상은 현대 사회에서는 가치가 없다」라고 비판할지도 모른다.

그러나 이는 공자의 본의(本意)를 제대로 간파하지 못한 말이다. 공자의 메시지는 인간사회에서의 기본 질서는 「선천적 혈연관계인 가족」에 기초해야 함을 언명하면서, 이것이 「후천적 사회질서」보다 우선 존중되고 보장되어야 함을 밝힌 것이다.

실로 부모와 자식간의 관계는 인위적(선택적) 관계가 아니라, 하늘이 내린 숙명적 관계이다. 따라서 이는 작위적으로(필요에 따라) 단절하거나 부정할 수 없는 관계이다. 이 천륜(天倫)의 절대성을 초석으로 삼을 때만

---

14) 論語. 子路

이 인륜(人倫)은 바르게 구축될 수 있음을 공자는 강조했던 것이다.

人倫의 先天性과 後天性에 대한 명쾌한 분별은 禮記에서 더욱 뚜렷이 발견된다.

「자식으로서 부모를 섬기는 데 있어서는, 설령 부모의 허물이 있다 해도 이를 덮어 줄 수는 있는 것이지만, 이 때문에 부모와의 인연을 끊을 수는 없는 것이며… 신하로서 인군을 섬기는 데 있어서는, 군주에게 잘못이 있으면 이를 감추어 줄 수 없고 직접 그 폐해를 지적하고 따져야 하며, 그래도 끝까지 잘못을 깨닫지 못하면 할 수 없이 군주와의 인연을 끊을 수밖에 없는 것이다(事親 有隱而無犯… 事君 有犯而無隱).」[15]

위에서 「事親」이란 「부모와 자식간의 인간관계」를 말함이고, 「隱」이란 「잘못을 덮어주고 감춰준다」란 뜻이며, 「犯」이란 「얼굴을 붉게 물들여 침범해 간다」 (顔面을 바꾼다)는 뜻으로 이른바 「全面 否定」의 사태를 말한다.

혈연적 정서를 본질로 하는 부모와 자식 사이에는 비록 잘못한 것이 있거나 못마땅한 것이 있다 해도, 이를 빌미로 삼아 그 관계를 인위적으로 청산·단절할 수는 없다는 것이다. 바로 이러한 「인간에게 주어진 선천적 절대성」을 전제로 할 때만이 후천적인 「인간 사회의 보편적 질서」는 바르게 유지·존속될 수 있음을 공자는 밝힌 것이다.

또한 「事君」이란 「임금과 신하와의 관계」, 즉 작위적 선택으로 이루어지는 후천적 사회 현장을 말하는 것으로, 「事親」이 공동사회의 기본질서

---

15) 禮記. 檀弓·上

를 대표하는 것이라면, 「事君」은 이익사회의 윤리 모범으로 제시된 것이라 할 것이다.

사회활동이란 그 참여의 주체 각자가 나름의 뜻과 의지에 따라 상호간의 관계를 자의로 선택 · 변경 · 파기할 수 있는 것이다. 따라서 인위적 계약 사회에서는 서로의 필요성에 근거한 이익 · 이념 · 가치 · 공동선 등이 存立의 중심 원리가 된다. 이 때문에 이익 사회에서는 애초의 설립 의미나 역할이 변질 또는 상실될 경우, 인위적으로 이를 해체 또는 부정할 수 있는 것이다.

계약사회의 대표적 규범으로 흔히들 「정치적 의리」를 내세우는 데, 「정치적 의리」란 정치 조직원들의 공동의지, 즉 참여 당사자들 간의 정치 이념을 말하는 것이지, 당사자들 개인 간의 정서적 親疎 관계를 지칭함이 아니다. 다시 말해 정치의리는 계약적이고 조건적이기 때문에 일정한 수준과 정도의 권한과 의무가 수반되는 것으로서 이는 합리적 이성에 근거한 것이다.

반면 가정윤리는 본능적이고 무조건적이기 때문에 무한대의 사랑과 용서가 제공될 수 있는 것으로 이는 정서에 근거한 것이다.

이것을 마구 혼동하다 보니, 자기를 낳아 준 부모에게는 소홀하면서도 정파의 수장(首長)에게는 무조건적 충성을 맹약하게 되는 것이다. 이것이 바로 불효의 본질로서 인륜의 대도에 정면으로 위배되는 것이다.

북한에서 어린아이들에게 「아버지의 잘못을 고발하여 낳아 준 아버지를 죽게 하고, 그 대가로 태어난 이후에 알게 된 김일성 어버이에게 훈장을 타는 것이 최고의 미덕」이라고 가르치는 것은 극도의 패륜 행위가 아닐 수 없다.

이처럼 인륜(人倫)의 정도(正道)를 그 본말(本末)과 선후(先後)에 있어서 완전히 顚倒시킴으로써, 인류의 역사에 씻을 수 없는 상처와 원망을 남긴 주범이 다름 아닌 공산주의 이념이며, 주체사상은 바로 共産主義의 金日成式 變種인 것이다.

김일성 주체사상이 인간의 義理 정신을 정치적 입장에서 자의적으로만 해석하고, 이를 특정 지도자에게 바치는 무한대의 충성심으로 惡用하는 것은, 결국 북한 인민을 모두 私兵化 시키는 反人倫的 형태로 나타날 수밖에 없는 것이다.

김일성 死後, 김일성의 정치 지도이념을 전적으로 물려받은 김정일은 "김일성과 인민과의 의리"를 자신과 인민과의 의리로 전환시키는 일에 골몰할 수밖에 없었을 것이다. 97년 2월 17일 저녁. 북한 중앙방송에서는 「경애하는 김정일 동지는 동지적 의리를 천금보다도 귀중히 여기시는 위대한 영도자이시다 … 인간이 지닌 의리 가운데에서도 가장 고상한 의리는 혁명가가 지닌 공산주의적 의리이며, 혁명가의 의리 가운데에서도 가장 고결한 것이 영도자의 의리이다 … 혁명 앞에 씻을 수 없는 과오를 범하여도 끝까지 의리를 지켜 믿어주시고 즉시 소생시켜 내세워 주신다. 심장이 뛰고 피가 흐르는 인간이라면 이런 믿음을 받아 안고 영도자의 슬하를 일생 떠나지 않을 결사의 맹세를 다지기 마련이다. 의리는 혁명동지들의 운명을 끝까지 책임지려는 헌신성이다」[16]라 하여, 北을 배신하고 떠난 황장엽을 염두에 둔 「義理論」을 펼치고 있다.

인간이 인간으로서 존재할 수 있는 원리는 특정인이 인위적으로 만들어서 줄 수 있는 것이 아니다. 북한에서 김일성 주체사상으로 삶의 원리 자체를 一色化 시키려던 억지는 이제 실패로 끝나고 말았다.

---

16) 97. 2. 19 조선일보 참조

그런데도 북한은 아직도 고질화된 주체사상적 사고방식을 털어버리지 못한 채, 또 다른 선전 문구를 개발하는 데에 골몰하고 있다. 그리하여 김정일은 김일성 시대의 주체사상 대신 "붉은 旗 사상"을 내세우고 있다. 이는 이름만 바뀌었을 뿐 주체사상의 아류(亞流)에 속할 뿐이다.

북한 학자들의 의식 자체가 바뀌지 않는 한, "붉은 旗 사상"이 실패하고 나면 다투어 "푸른 旗 사상"을 만들어 낼지도 모른다. 모두가 허망한 정신적 방황일 뿐이다.

2. 김일성 주체사상의 반역사성(反歷史性)

김일성 주체사상은 當代 김일성의 생각만을 차별적으로 높이기 위해 과거부터 내려온 한민족 고유의 전통의식을 단절시키고, 오로지 김일성의 의도만을 강요함으로써 역사의 생명성인 전통의식 자체를 말살하였으며, 이로 인하여 북한의 인민들은 역사적 뿌리를 잃어버린 민족적 방랑자로 전락하게 된 것이다.

1992년 8월. 북경에서 열린 제4차 조선학 국제학술 토론회에서 필자는「檀君神話의 易哲學的 解釋」이라는 논문을 발표하면서 주체사상의 反傳統性을 다음과 같이 비판한 바 있다.

「북한의 김일성 주체사상은 그 수사적 용어야 어찌되었건 그 본질적 성격은 외래사상으로서의 "유물사관에 입각한 공산주의 이념"을 한국인의 사상적 중심원리로 삼은 것이며, 이는 한국주체성의 자기 부정인 동시에 외래사상에 대한 변형된 형태의 사대적 종속이라 아니할 수 없다.

한국의 주체성을 당당하게 세우지 못하고 외래사상을 추종하다 보니 필연적으로 한국의 보편적인 정서와 전통문화는 완전히 부정하게 되는 것이니, 현재의 북한사회상은 엄격히 말하여 우리의 國祖 단군이 설계하고 이상으로 삼은 한국적 사회의 본래 모습은 더 이상 아닌 것이다. … 다시 말하면 북한의 김일성 주체사상이란 … 정치적 이데올로기를 철학적으로 보장해주기 위하여 외래사상을 비주체적 자세로 수용하고, 이를 작위적으로 변용시켜 案出해낸 사상으로서, 그 강요된 조작의 과정에서 한국적 본질로서의 민족 주체의식은 완전히 배격·상실되고 만 것이다. 따라서 북한의 주체사상은 그 속성상 비민족적·비전통적·비주체적 사상으로 전락할 수밖에 없었던 것이며, 이것이 북한 주민의 삶의 법칙으로 강요되다 보니 북한의 사회상 자체가 反傳統的 삶의 모습으로 변질될 수밖에 없었던 것이다.」[17]

한국의 역사 현상을 '한국정신의 시간적 자기 전개 과정'이라고 볼 수 있다면, 한국정신의 맥을 잘라 버린 북한의 주체사상은 "한민족의 미래적 역사에서도 제대로 역할 할 수 없을 것임"은 당연하다 할 것이다.

이 점에서 필자는 위의 논문에서 한민족의 미래에 당면한 가장 큰 민족적 과업인 통일과 관련하여 한국 주체성의 미래적 전망을 다음과 같이 해석한 바 있다.

「남한이 북한과 비교하여 상대적으로 큰 장점이 될 수 있고, 또 이로

---

17) 송재국, 단군신화의 역철학적 해석. 1992. 북경. 제4차 조선학 국제학술 토론회 발표 논문 PP.41~42. 북한사회에서 전통적인 명절행사·세시풍속·가문과 족보·전통문화 등이 훼손 된 것은 이러한 예증이다.

인하여 미래의 한국 역사(남·북한을 포함한)를 선도하는데 있어서도 책임적 역할을 담당할 가능성이 더 큰 이유는, 무엇보다도 남한에는 한국의 전통문화(전통의식)가 보존되어 있고, 또 이를 존중하면서 계승하려는 민족적 의지가 상존하고 있다는 점이다. 실로 경제적·정치적 입장에서의 남·북한의 우열논쟁은 시각에 따라서는 무의미해 질 수도 있다. 그러나 한국인의 핏속에 흐르고 있는 전통의식과 정서 및 문화의식, 그리고 한국인의 세포에 이미 원형질로서 주어져 내려왔으며 앞으로도 또 영원히 전승되어 갈 "한국적 주체성으로서의 본래적 성격"은 누가 뭐래도 남한사회에서 보다 정직하게, 보다 풍부하게, 보다 정당한 방법으로 유지·보존·계승하고 있기 때문이다. 필자는 남한의 이러한 "민주주의 제도하에서의 인격성의 보장과 이에 근거한 전통 문화의식의 보존"을 향후 한국인의 자기 정체성 회복과 한민족의 자주적 역사 창조에 가장 굳건한 밑거름으로 쓰이게 될 것을 확신하고 있다.」[18]

　필자가 여기서 강조한 것은 한국인의 정신적 생명력은 "전통 문화의식"에서 확인해야 한다는 것이었으며, 따라서 북한의 주체사상은 하루 빨리 민족 주체사상의 뿌리를 찾아야만 제 역할을 다할 수 있다는 주장이었다.
　이 논문을 발표하면서 필자는 북한의 학자들과 격렬한 논쟁을 벌인 바 있는데[19] 그로부터 1년이 지난 후, 북한에서는 '단군릉 발굴·민족문화 계승 결의' 등 민족적 주체성을 증거하기 위한 일련의 작업을 전개하기 시작하였다.

---

18) 위 논문 P.49.
19) 당시 논쟁을 벌인 북한 학자로는 조선사회과학원 철학연구소 실장 정성철. 조선사회과학원 연구사 김주철. 조선사회과학자 협회 위원 박문희 등이다.

이를 보도한 당시의 기사를 인용하면 다음과 같다.

「10일 폐막된 제9기 6차 북한 최고 인민회의가 '민족문화 계승발전'을 위한 9개항 결의문을 채택했고, 黨비서 金基南은 이와 관련, 檀君陵 등 민족문화유산이 전면적으로 발굴 정리 보호돼야 한다고 역설했다. 북한의 방송들도 이러한 사업이 학술상의 문제나 실무적 문제가 아니라, 자주 시대의 기본 요구와 '민족자주노선과 관련된 중대한 정치적 문제'라고 주장했다. … 그들에 의하면 단군릉 발굴로 평양이 민족문화의 중심지로, 조선민족의 聖地로 확인됐다는 것이다. 북한에서는 결코 낯설지 않은 이 '역사놀음'이 노리는 궁극적 목표는 사회주의의 몰락과 국제고립 경제실패로 궁지에 몰린 주체사상에 탈출구를 마련하자는 데 있을 것이다.」[20]

「이번 최고 인민회의에선 일반에게는 잘 알려져 있지는 않지만 북한의 여러 의안들 가운데 가장 먼저 상정할 정도로 「정치적 의미」가 있는 중요한 안건이 하나 더 있었다. '민족문화 유산을 옳게 계승 발전시키기 위한 사업을 더욱 개선 강화 발전 시키는데 대하여'라는 긴 이름의 안건이다. … 북한이 단군릉 발굴로 '조선사람들의 기원문제'가 해결됐다고 주장함으로써 '한반도의 정통성'이 자신들에게 있다는 것을 더욱 강조하고 싶은 것이다. 또 하나는 이번 결정을 통해 '민족제일주의'를 내세우고 '민족문화의 순결성'을 강조함으로써 알게 모르게 북한으로 흘러 들어가는 '바깥소식'에 주민들이 동요하는 것을 방지하기 위한 '문화우월성'을 심기 위한 전략이라고 할 수 있다.」[21]

---

20) 동아일보 93. 12. 12 횡설수설.
21) 조선일보 93. 12. 14 도준호 북한부장.

북한이 뒤늦게나마 그들의 사상적 근거를 한민족의 정신세계에서 찾으려 했다는 것은 외견상으로는 한걸음 발전된 시각으로 이해할 수도 있을 것이다. 그러나 그러한 사상 작업이 어디까지나 정치적·전술적 의식 하에서 이루어지고 있다는 데에 북한에서의 철학적 논의는 근본적인 한계를 가지고 있는 것이다.

　　민족 문화를 계승 발전시킨다고 결의한 이후 지금까지, 무리한 돈을 들여서 대내외적 선전용으로 단군릉을 화려하게 치장한 일 외에 실질적인 전통문화의 복원 노력은 全無하다는 사실이 그들의 사상적 허구성을 그대로 보여주고 있다 할 것이다.

IV
結語 —
'주체사상의 還元과 昇華'를 기대하며

주체사상은 주체사상의 창시자라고 알려진 황장엽의 망명으로 그 마지막 終焉을 고했다. 아직도 주체사상에 대하여 현실적 미련을 가지고 있다면, 그는 바보이거나 위선자 그 둘 중의 하나이다. 그렇다면 이 상황에서 새삼스레 주체사상을 논의해야 하는 이유는 무엇인가?

그것은 적어도 「죽은 사람에게 발길질하는 식」의 가학 취미 때문은 아니어야 한다. 더구나 그동안 마냥 풀어 놓기만 한 주체사상에 대하여 아무런 사상적 정리 작업도 없이 지금에 와서 그냥 치지도외(置之度外) 한다는 것도 무책임한 일이다. 그만큼 우리 한민족의 역사에서 '주체사상이 헤집어 놓은 상처와 흔적'은 결코 간과할 수 없이 큰 것이다.

주체사상은 남북 분단이라는 민족적 상처에 소금을 뿌리듯 그 아픔을 심화시켰다. 북한의 인민은 주체사상의 최면 속에서 제 정신을 잃고 살아오고 있으며, 남한의 열정적인 청년들도 그 허상의 매력에 도취되어 청춘과 생명을 숱하게 낭비했다.

남북한 모두에게 민족적 정열을 소모시켜 왔을 뿐, 아무런 결실도 가

저다 주지 못한 주체사상이 그 동안 왜 그리도 우렁차게 한반도 전역을 흔들 수 있었을까? 북한의 정치적 戰術이 집요하고 강력해서만일까?

단지 정치 이념을 철학적 어휘로 포장한 것일 뿐인 주체사상이 지금까지 그토록 높은 철학적 지위에서 논의되고 대접받게 된 배후에는, 북한의 사상 선전과 동시에 남한의 지적 열등감이나 나태함이 한몫 해 왔다고 필자는 생각한다.

북한에서는 주체사상을 일삼아 선전한다손 치더라도 남한의 학자들까지 이에 끌려다닐 것은 도대체 무슨 이유인가? 북한의 실상을 좀더 정직하게 직시하고 주체사상의 허구성과 모순성을 지식인의 사명감에서 해부해 보려는 노력을 경주했더라면, 남한의 청년 학도들이 주체사상의 미망에서 그토록 오래도록 빠져 있지는 않았을 것이다.

역사적 사실은 그 자체로서 무의미한 것은 없다. 그 의미를 믿는 것이 역사적 존재인 인간이 가져야 할 바른 태도일 것이다. 그렇다면 주체사상이 한민족의 역사에 존재했다는 것은 무슨 의미인가?

한민족은 언젠가 통일될 것이고, 민족 통일이란 남북한 모두에게 주어진 거부할 수 없는 숙명적 명제이다. 통일이란 남북이 각각 가지고 있는 역사적 모순성의 동시적 자기 극복의 결과라고 말할 수 있다. 북한에서는 물론 주체사상의 자기 극복이 가장 큰 통일 사업의 하나가 될 것이다.

한민족 통일의 정신적 공동 지평은 한민족의 고유한 주체성이라 할 수 있는데, 북한의 주체사상이 "민족의 주체성"을 정면으로 제기하고, 그 중요성을 자각시키는데, 하나의 강력한 실험 기회를 제공해 준 것만은 남·북이 함께 기억해야 할 일이다. 치열한 사상적 시행착오를 거친 후에야 한민족의 정신적 모형도 보다 선명하게 드러날 수 있을 것이기 때문이다.

주체사상은 한민족의 정신사에 나름대로의 '예방주사 역할'을 해 왔다는 점에서 필자는 그 존재의미를 평가한다. 면역 항체가 형성된 이후라야 정신적 생명력은 건강함을 유지할 수 있을 것이다.

이른바 국제화·정보화의 시대로 요약되는 오늘의 지구촌에서는 민족 고유의 주체의식을 갖지 못할 경우, 여타 민족이나 국가의 소모품이나 장식품으로 전락하기 십상이다. 그러므로 우리를 지켜 줄 "우리다움"을 근거있게 정립하는 것이 무엇보다도 시급한 과제라 할 것이다. 주체사상은 바로 그 '우리다움'에 대하여, 비록 바른 방법은 아니었다 해도 이를 일찌감치 문제 삼고 또 토론의 쟁점으로 끌어냈다는 데에 그 나름의 역사적 의미는 있다 할 것이다.

오늘의 한민족을 낳아 준 건강한 생명적 원형질만이 우리에게 다가올 東北亞시대, 그리고 민족통일의 시대를 균형있게 양육(養育) 시킬 수 있을 것이다.

그러기 위해서는 그 동안 정치적 목적으로 제기된 김일성 주체사상이 하루빨리 철학적 본래 지평인 '인간 주체사상으로 還元' 되고, 더 나아가서 한민족의 고유한 정서가 배인 '한민족 주체사상으로 한 차원 더 높게 昇華' 되어 다가올 21세기 신문명 시대에서 한국인의 삶을 안전하고 당당하게 이끌어 주길 기대해 본다.

(대한철학회. 철학연구 60집. 1997)

解釋과 判斷

1. 처음 소식

2. 북한 정권의 본질과 한계

3. 국가 개념에 대한 철학적 이해

4. 김일성은 당장 選擇해야 한다.

　─인민과 함께 살 것인가? 혼자 죽을 것인가─

5. 한국 지식인의 無知와 僞善을 慨歎 한다

　─ '배우고 가르치는 일' 에 대한 동양적 규정─

6. 역사의 大統을 놓치면 大統領 노릇 그만두어야 한다.

　─대통령의 역사관에 대한 공개질의 : 대한민국은 오천년 썩은 나라인가?─

7. 周易으로 풀어본 韓半島의 文明 度數.

8. 金日成 論을 마감하면서

나는 네 살 때 어머니를 여의고, 남의 집 품팔이로 살아가는 아버지와 살다보니 어렸을 적부터 형편이 어려웠다.

열 살이 되어서야 (부강)초등학교 1학년에 입학하였고, (대전)중·(대전)고등학교에 진학할 때, 재수를 하지 않았는데도 (그 때는 중·고등학교에 진학할 때에도 입학시험이 있었다) 고 3때에는 벌써 스무 살 적령이 되어 입대 영장을 받았다.

고교 졸업 후. 일주일 만에 현역 입대하여(74. 2), 3년 지나 제대하고 보니, 생활 대책이 없어서 부득이 취업할 수밖에 없었다.

직장에 다니면서 스물 일곱에 야간 대학(한남대. 경영학과)에 진학하였고(79. 3), 고등학교 때부터 8년 간 사귀어 오던 여자와 대학 입학 기념으로 결혼하였다.

대학 졸업 후에도 직장 생활은 계속되었지만, 어렸을 때부터 가슴에 묻어 두었던 "어떤 본질적인 의구심에 대한 갈증"을 끝내 거부하지 못하여, 서른 셋 늦은 나이에 충남대학교 대학원 철학과(동양철학 전공)에 진학하게 되었다(85. 3).

가정·직장·학교의 3중 생활이 힘에 부치긴 하였으나, 그냥 저냥 버티면서 觀中 柳南相 교수님의 지도로 易學을 공부하여 석사·박사 학위를 받았다(92. 2).

○ 대전 시내의 여러 대학에서 시간 강사의 배고픈 세월을 보내면서, 대학 교수에로의 길을 기대해 보았으나, 세상은 만만하지 않아 그 꿈은 갈수록 멀어져 갔고, 그렇다고 처자식이 있는 가장으로서 주어진 책임을 떠넘길 곳도 없었다.

전문 분야의 지식인을 자처하면서도 "누가 알아주지도 않고, 배운 것을 당장 활용할 방도가 없다 보니" 궁여지책으로 자청해서 일감을 만든 것이 "易學思想硏究所"였다.

친구 두 명을 연대 보증인으로 세우고, 고교 동기가 근무하는 은행에 찾아 가서 거금 오백만원을 신용으로 대출받아서 유성에 열 평짜리 오피스텔을 사글세로 얻고 "易學思想硏究所"의 문을 연 것이다.

말이 연구소이지 실상은 '나' 한 사람이 연구소장이며 동시에 연구원인 나의 공부방일 뿐이었다. 그렇게 돗자리를 깔고 나서 몇몇 친한 친구들에게 다음과 같은 편지를 보냈다.

「이 풍진 세상에서 믿을 것은 성현의 말씀뿐이네, 조금이라도 젊었을 때 소주 대신 "道"를 드시게나. 매주 수요일 저녁. 7시부터 9시까지 사랑방 문을 열었으니, 기쁜 마음으로 오시어 옛 어르신의 가르침을 함께 나누어 보세.」

이렇게 인연 닿는 벗들을 모아서 수요 공부방을 열어 놓고, 그 옛날 공자와 맹자께서 제자를 가르치는 모습을 흉내 내는 것으로 배고픔과 외로움과 공허함을 달래고 위로하며 지냈다.

(그 때 함께 공부하던 이들은 변호사 3, 대학교수 2, 주부 2, 대학원생 2, 은행원 1이었고, 그들 중 경제적 여유가 있는 변호사 세 분이 수강료를 낸다는 핑계로 얼마씩 입금해 주었고, 그것으로 나는 연구소를 운영하면서 생활비에도 보태고 있었다.)

○ 나는 전문 지식인으로서 "이 세상에 대하여 근거 있고, 책임 있고, 의미 있는 말을 해야 한다"는 어떤 의무감을 자청했으며, 易을 공부한 덕

택으로 "나름의 세상 보는 눈"이 열렸다는 자긍심이 커서 "세상을 사랑하는 나의 편지"를 쓰게 되었는데, 이것이 부정기 회보로 발행한 時事評說 "解釋과 判斷"이었다.

두 달에 한번 정도씩 200여 부의 회보를 만들어 중앙의 언론사, 유력 국회의원, 평소 나를 걱정해 주고 지원해 주는 친구와 이웃들에게 보냈으며, 1995년 새해, 대학 교수로 임용되어 연구소의 문을 닫을 때까지, 1년 동안 모두 5회에 걸쳐 발행되었다.

[제1호 회보(처음소식)는 1994년 1. 15 발행되었으며, 여기에 그 全文을 게재함으로써 "나의 현실 인식과 진단에 대한 철학적 사유의 편린과 실존적 고뇌의 흔적"을 공개한다.]

나의 글을 읽고 가끔씩 공감의 답장을 보내 주는 이가 있으면 그것으로 큰 위안을 삼았고, 때로는 종이 값이라도 보태라면서 귀한 성금을 보내주는 분도 있어서 힘들게 살면서도 세상에 대한 감사의 마음을 버리지는 않을 수 있었다.

당시 정년퇴임 하시고 연금으로 살아가시는 지도 교수님께서 가끔 차 한 잔 하고 싶다는 핑계로 연구소에 들르시어 이런 저런 정담을 나눈 후에 "점심 값이라도 보태라"시며 슬그머니 두고 가시던 하얀 봉투를 나는 평생 잊지 못한다.

봉투 속에 담아 주신 제자 사랑하는 스승의 따스한 마음씨가 아니고서는 그 때의 추운 겨울을 나 혼자만의 체온으로는 견뎌내기 어려웠을 것이다.

○ 그러던 중 '解釋과 判斷' 세 번째 소식(94. 3. 15)을 배포한 며칠 후, 서울의 조선일보사에서 "김일성에 관련하여 발표한 글을 월간 조선에 싣고 싶다"는 요청을 보내 왔다. 나의 글을 알아주는 사람도 있다고 생각하니 크게 기쁘고 자신감도 생겼다.

세 번째 소식에는 북한 정권의 원천적 한계성이 무엇이며, 우리의 삶의 터전인 국가 개념에는 생명적 선천성이 있음을 논함과 함께, 김일성의 실체를 볼 수 있는 올바른 투시를 촉구한 바 있는 데, 그 중에서 "김일성은 당장 선택해야 한다 -인민과 함께 살 것인가? 혼자 죽을 것인가?-"는 이렇게 해서 월간조선 94년 7월호에 실리게 된 것이다. (이 글이 발표되고 보름 후에, 김일성은 인민을 남겨둔 채, 저 혼자 진짜로 죽었다.)

이 일을 인연으로 하여 월간 조선에서는 "사회적 이슈에 대한 견해나 공동체의 지향점에 관한 제언" 등. 송 선생의 의견이 있으면 보내 달라는 원고 청탁을 해 왔고, 이에 부응하여 쓴 글이 여기에 싣는 두 편의 논설.

●「한국 지식인의 無知와 僞善을 개탄 한다」와
●「역사의 大統을 놓치면 大統領 노릇 그만 두어야 한다」이다.

(이 두 편의 논설은 모두 월간 조선에 보냈으나 게재되지 않아 나로서는 아쉬움이 컸다. 비록 싣지는 않았으나 소정의 원고료는 보내 주어 궁핍한 살림에서 고마워했던 기억이 있다.)

⊙ "周易으로 풀어 본 한반도의 文明 度數"는 92년 봄. "나라의 장래를 걱정하는 책임 있는 자리에 계신 몇몇 분들과의 모임"에서 주역을 공부한다는 핑계로 한 말씀 내놓아야 할 처지가 되어 몇 마디 정리해 본 것이다.

회보 "해석과 판단" 두 번째 소식(94. 2. 15)에 공개했었는데, 최근에

이 글이 여러 인터넷 공간에 떠돌고 있음을 확인할 수 있었다. 내 뜻과는 무관하게 인용되고는 있지만, 글의 내용은 여전히 소중한 나의 所信이기에 여기에 그 全文을 옮겨 본다.

○ 아무도 살펴 주지 않는 외로운 오피스텔 구석방에서, 천지가 寂寥한 새벽에 나 홀로 일어나, 그 누가 읽고 격려해 주거나 보상해 줄 것이라는 아무런 보장도 없는 나만의 생각을 더듬으며, 힘들게 팔을 들어 글을 써 내려가던 그 때의 그 축축한 밤공기를 나는 지금도 결코 잊을 수가 없다.

그 때의 외롭고 두렵고 막연한 환경에서도 올곧은 생각으로 정직하게 써야 한다고 스스로 다짐하던 그 눈물겨운 어휘와 문장들을 나는 지금도 '老兵의 훈장'처럼 고이 간직하고 있다.

지금으로 부터 20년 전의 글이지만, 나는 그 때에 쓴 글에 대해 스스로 자부하고 대견해 하고 있다. 지금 다시 쓴다 해도 토씨 하나 바꿀 마음이 없는 애정 깊은 글들이다.

세월이 지난 옛 이야기이지만, 새삼 여기에 '당시의 원고 그대로' 공개하는 이유도, 水晶처럼 깨어 있던 그 때의 내 자신을 다시 돌아보고 싶은 심정 때문일 것이다.

내가 애쓰며 공부하는 모습에 돌아가신 아버님의 영혼이 염려해 주신 덕분인지, 1995년 3월. 청주대학교 교수 공채에 지원하여 철학과 교수로 임용되었다.

역학사상연구소를 시작한지 꼭 일 년. 주역을 공부한지 꼭 10년만이었다.

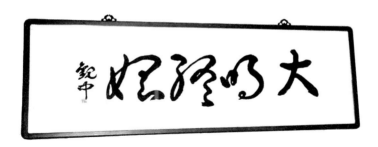

[나의 恩師 觀中 柳南相 선생님. 자택 書齋에 걸어두시던 親筆 聖言 '大明終始']

선생님께서는 정년 이후에도 讀書와 研經, 그리고 演易 講學으로 엄격하게 日常을 가꾸어 가셨다. 年老하시어 後學을 직접 지도하시기에 힘이 부치실 때에도, 기꺼이 書齋의 문을 활짝 열어 두시고, 聖學談論으로 與弟同樂하시다가, 2015 乙未年. 그리던 님께서 後天의 사립문을 열고 들어오시는 立春之節을 맞이하여, 先天에서의 一生 동안 聖業으로 고단하셨으나 그래서 또한 스스로 명예로웠던 使徒의 큰 짐을 모두 내려놓으시고는, 先聖之園을 향하여 멀고도 긴 마실 길을 표표히 떠나셨다.

不肖 素學은 삼가 跪拜하여 觀中 선생님의 終始學德을 合掌으로 追慕합니다.

1
처음 소식 (1994. 1. 15)

Ⅰ. 처음소식을 내면서

① 주역의 핵심 명제는 「道濟天下」(계사전 上. 4)이다.

여기서 "道"라 함은 「원리·이치·법칙」을 말하는 것이고, "濟"라 함은 「구제하고 구원하여 성사시킨다」는 뜻이며, "天下"라 함은 인간과 만물이 어울려 살아가는 「하늘 아래의 온갖 살림살이」를 일컬음이다.

함께 말하면 "진리로써 세상 만물을 구제한다"는 뜻이 된다.

또한 주역에서는 모두 64개의 주제로 나누어서 易道를 설명하고 있는데, 그 모든 메시지의 총론이 바로 64괘(卦)의 첫 번째인 건괘(乾卦)이다.

바로 이 건괘에서는 易理의 으뜸되는 이념을 「首出庶物 萬國咸寧」이라고 결론짓고 있다.

그 뜻을 잠시 부연해 보자면,

"首"란 「道·진리·원리·이치를 체득한 스승·首長·어른 노릇하는 지도자·원로」 등을 상징하는 것으로, 본래 道라는 글자는 「머리(首)가

가는(之) 것」을 표현하는 것이다.[흔히들 다리(足)가 가는 것인 줄 알고 있지만, 실제는 머리(首)가 결정해야 다리가 따라가는 것이다]

"出"이란 「드러나다 · 밝혀지다 · 구현되다 · 일어나다」는 뜻이며, "庶物"이란 「인간을 포함한 우주 내의 삼라만상 일체」를 지칭함이다. 또한 "萬國"이란 「온 세상 · 인류 · 지구촌 · 천하 세계」를 가리키는 것이며, "咸寧"이란 「모두가 다 함께 평화롭다 · 더불어 나란히 태평 · 안녕하다」는 뜻이다.

이제 이를 통틀어 해석하면 「이 세상에 진리를 체득한 지도자가 출현하여 온 인류 세계를 아울러 화평케 한다」는 명제가 되어, 앞서 살펴 본 道濟天下와 그 의미에 있어서 그대로 일치한다 할 것이다.

② 易의 이념이 이러함에도 불구하고, 世間에서는 그저 易術이니 四柱八字니 하여 천박한 처세술로 통용되고 있음은 실로 學易者의 한사람으로서 부끄럽고 안타까울 뿐이다. (易經의 전편을 샅샅이 살펴보아도 사주추명술에 관한 언급은 단 한 글자도 없다. 다만 하늘의 의지로서의 神明之德을 말하고, 이에 나아가는 인간의 경건한 자세로서의 占과 筮를 언명했을 뿐이다)

이렇게 된 내막은 그 배경이 복잡하고 연원이 유구하여 간단히 설명하기는 어려우나, 아주 간략히 말하자면, 중국 진시황의 폭정 이후에 인산의 심성은 사특 · 황폐화 되었고, 이어서 출현한 漢 왕조는 동중서의 건의에 따라 儒學을 「일반 백성을 다스리고 위무할 수 있는 구체적인 治世의 大經」으로 삼기는 하였으나, 그 과정에서 우주적 보편 원리를 담지하고 있는 유학의 이념을 철학적 차원에서 해명하지는 못한 채, 단순히 현실적 정치 상황에 대응하는 사회적 처세 방편으로 더욱 강조하여 활용하게 되었고, 결국은 유학의 철학적 정수를 담고 있는 易道의 본래 정신을 곡해하게 되었으니, 一喜一悲하며 살아갈 수밖에 없는 소박한 백성들에게 까지 易은 「이기적 생활 편의」를 제공하는 하나의 術數로 정착하게 되었고, 세월과 함께 그 의미는 더욱 퇴락하였던 것이다.

대저 易理란 보편적(초시공적) 원리를 보장하는 동양의 지혜로서 어디까지나 철학적 차원의 治世原理(道)이지, 현실적 차원의 處世方法(術)은 아닌 것이니, 學易者는 무엇보다도 먼저 이에 대한 확고한 분별이 있어야 할 것이다.

③ 이에 필자는 易道의 본래적 이념을 이 세상에 바르게 드러내고 싶은 작은 애정의 표현으로 "易學思想硏究所"를 열게 되었으며, 그러한 노력의 일단을 부정기 회보 형식으로 꾸준히 정리·기록해 보려는 것이다.

그러므로 이 글은 우선 이 시대 이 땅에서 어른 노릇하고 있는 책임자들, 앞으로 21세기의 세계무대에서 지도자 역할을 맡기 위해 준비하는 사람들, 그리고 언제 어디서나 「웃사람」을 제대로 보필하고자 애쓰는 고마운 일꾼들에게 무언가 도움이 되었으면 하는 바램으로 쓰여지는 것이며, 또 읽혀지길 바라는 바이다.

부디 이 혼란한 세상살이에서 무언가 한줄기 정연한 사유의 틀이 마련되길 삼가 기원하면서, 여기 이렇게 조심스런 마음으로 그 첫 소식을 내놓고자 한다.

II. 解釋과 判斷

① 지도자는 복잡하고 다기한 상황 속에서 백성들의 다양한 삶의 욕구를 수렴하되, 끝내는 어느 한 쪽을 선택 할 수밖에 없는 「결단의 의무」를 항상 요구받는 존재이다.

인간 사회에서 지도자가 존재해야 하는 근본 이유는 최후의 판결을 맡아줄 절대적 권위와 책임적 주체가 필요하기 때문이다.

고대 사회에서 통치자는 두 가지의 고유하고도 회피할 수 없는 권한과 책무가 있었는데, 그 하나는 卜筮(점치는 일)이며, 또 하나는 祭祀(제례를 주관하는 일)이다.

고대인들은 모든 생명적 존재의 근원을 하늘(上帝)로 삼을 수밖에 없었으며, 따라서 그들에게는 「하늘(하느님)과 땅(인간 사회)과의 질서있는 조화」(雨順風調로 農事가 잘 되는 것)가 가장 절실한 소망이었다.

그러므로 백성의 실존적 삶을 책임지고 있는 통치자(왕·부족장)는 무엇보다도 우선하여 하늘의 뜻을 잘 알고 새겨서(해석하여) 백성에게 그 의미를 알려 주어야 했고(이것이 곧 점치는 행위이다), 동시에 인간들의 바램을 하늘에 잘 전달해 주어야 했다(이것이 곧 제사 지내는 일이다). 즉 고대 사회에서의 통치자는 곧 제사장이 될 수밖에 없었던 것이다.

② 지도자에게 부여된 「하늘의 뜻과 백성의 소망을 상통시키는 일」을 한마디로 말하자면, 天道(하늘의 원리)를 해석하여 그 뜻을 인간에게 알려주고, 또 人事(인간의 삶의 의지)를 수렴하여 하늘에 비는, 이른바 天-人 간의 해석자-전달자 역할인 것이다.

오늘날에는 하늘의 절대적 권능까지도 인위적 사유의 범주 안에서 모두 해명해 낼 수 있다는 이른바 「합리주의적 세계관」이 인류 사회의 보편적 지평을 이루고 있는데(이러한 세계관의 정당성 여부는 논외로 하고) 이러한 관점에서 보면, 고대의 「하늘의 뜻」은 오늘날의 인간 사회에서는 「최고 정책 결정자」로, 일반 백성의 소망은 그대로 「시민 사회의 보편 의지」로 대치할 수 있으며, 그 사이의 전령사·매개자 노릇은 이른바 「참모」의 몫이 된다 할 것이다.

그런데 참모 역할을 담당하는 전문가들이 이 사회의 현상들을 어떻게 해석해 주느냐에 따라 최고 통치자의 판단은 크게 좌우되는 것이다. 안타깝게도 오늘날 대부분의 전문 해설자들은 어떤 분명한 보편 진리에 근거하여 현실을 진단하기 보다는, 자신들의 성장 배경·개성·취향·전공 분야·추구하는 이념·역사 의식 등에 더욱 크게 영향 받고 있는 형편이다. 그러다 보니 동일한 사태에 대한 상이한 평가가 나오게 되고, 그 상이한 평가 사이에는 모순과 갈등이 불가피하게 생기게 되며, 이러한 진단과 분석에 근거하여 지도자는 판단·처방·결심하게 되는 것이니, 여기에 해석의 중대성과 심각성이 문제된다 할 것이다.

실로 주역의 본의는 사실 현상에 대한 「해석의 기술」을 가르치는 데 있는 게 아니라, 매사를 바르게 판단·결정·판별할 수 있는 「해석의 대원칙」을 천명하는 데 있는 것으로, 그러한 예증을 역경에서 인용해 보면 다음과 같다.

③ 주역의 핵심적 의의는 괘상(卦象)의 상징성을 명쾌하게 잘라 말한 이른바 단사(彖辭)에 있다.

彖辭에서의 "彖"이란 이빨(齒)이 매우 단단한 동물(豕)을 상징한 글자로서, 彖辭란 그러므로 「어떤 단단한 이치를 일거에 깨물어 그 속을 훤히 드러내듯이 易의 깊은 뜻을 언어로써 설명해 주고 있는 말씀」이란 뜻이다.

앞서 소개한 「首出庶物 萬物咸寧」도 바로 乾卦·彖辭의 결론 부분이다.

그러므로 주역의 성격을 한마디로 말하면 「判斷의 書」가 되는 것이니, 그 판단의 근거를 하늘의 뜻(神明性)으로 규정하면 「鬼神之書」가 되는 것이고, 판단의 혜택을 인간 사회로 열어 놓으면 「吉凶之書」가 되는 것이며, 그 결단의 주체를 최고 통치자에게 부여하면 「王道之書」, 「治世之經」이 되는 것이다.

한편 주역의 秘義를 아주 자유롭게 해설하고 있는 雜卦傳에서는 그 마지막 결론으로서 쾌괘(夬卦)를 등장시키면서 「夬 決也…君子道長 小人道憂也」(「易道의 엄격한 판결에 군자의 참 뜻은 밝게 드러날 것이고, 소인배의 욕심은 점차 사라지게 될 것이다.」)라고 언명함으로써 周易의 총 결론이 바로 「판단에 있음」을 재삼 확인해 주고 있는 것이다.

④ 인간 사회의 다양한 이해 관계와 가변적인 조건 속에서 지도자는 항상 결단의 한 가운데서 고민한다.

그것은 그가 책임지고 있는 백성의 삶을 미래에서도 보장받게 하기 위해서이다.

지금·여기에서 어떻게 판단하느냐에 따라 장래적 삶의 모습은 전적으로 달라질 것이기 때문이다.

그런데 과거에서부터 지금에 이르기까지 집적되어 온 여실한 현실태는 해석의 대상이다. 그리고 그러한 해석에 근거하여 지도자는 결정한다.

우주 만물 중에서 유일하게 인간만이 경험하지 않은 미래적 삶을 위해 현재적 결단에서 고민하는 시간적(역사적) 주체이다. 여기에 보편 인류의 실존적 고뇌가 있고, 지도자는 그 정점에 있는 존재이다.

무릇 판단은 분명한 근거에 따라야 그 결과가 유익하게 된다.

이 세상에서 가장 명쾌한 것이 무엇이겠는가? 그것은 두말할 것도 없이 이치(道)이다. 그러므로 지도자는 응당 道에 따라 판별해야 하며, 동양의 지혜는 바로 이 易道에 집중되어 있는 것이다. 따라서 周易은 지도자에게 최후적 판단의 근거를 제공하기 위해 쓰여진 것이라고 아니할 수 없다.

⑤ 주역에서는 하늘의 운행 원리(천도의 존재 법칙)를 元ㆍ亨ㆍ利ㆍ貞이라는 四象원리로 명제화하고 있는 데, 그 중에서 판단ㆍ심판ㆍ결단을 상징하고 있는 것이 바로 「利」이다.

"利"란 「벼(禾)가 잘 익었는지(알맹이인지) 여물지 않았는지(쭉정이인지)를 가려내어 칼(刀)로서 알곡만을 추수함」을 상징한 글자로서, 잘 익은 곡식을 골라내어야만 겨우내 양식으로 먹을 수 있고, 또 새 봄의 씨앗으로 심을 수 있어서 미래적 생존을 보장받을 수 있다. 지도자란 그러므로 언제나 칼(힘ㆍ권력)을 갖게 마련이다. 이번 가을에 칼을 어떻게 쓰느냐에 따라 다음 해의 삶이 결판나는 것이다.

판단에서의 判은 「단단한 물건을 칼(刀)로 내리쳐 반(半)으로 딱 자르는 것」을 말한 것이고, 斷은 「헝클어지고 꼬인 실 뭉치(糸)를 도끼(斤)로 내리쳐 딱 잘라 버리는 것」을 나타낸 글자이다.

이렇듯 판결은 언제 어디서나 명명백백하고 냉철하게 이루어져야 하는 것이다.

특히 주역의 豫卦에서는 지도자의 결단에 대해 「介于石 不終日 貞吉…以中正也」(바위가 두 갈래로 쫙 하고 쪼개지듯 분명하게 미래를 예측하니, 오래지 않아 좋은 일이 있으리라…이것은 그 위치가 中正에 있기 때문이니라)라고 말함으로써, 그 판단의 의의가 「미래적 예비」에 있음을 천명하고 있다.

(중국의 中正 蔣介石의 호와 이름은 바로 여기에서 따온 것이다.)

⑥ 그렇다면 지도자란 그저 앉아 있으면서 머릿속으로 판단만 하고 있으면 그 책임을 다하는 것인가?

주역에서는 이 문제에 대해 謙卦에서 말하기를 「勞謙 君子有終 吉, 勞謙君子 萬民服也」(수고롭게 부지런히 일하면서도 겸손하니 군자에게 마침내 좋은 일이 있을 것이다. 몸과 마음을 다 바쳐 일하는 지도자에게 온 백성은 감복하여 따르게 되는 것이다.)라 하여 지도자의 德目이 「판단에만 그치는 게 아니라 그 결정을 몸소 실천하는 일에게까지 이르러야 함」을 동시에 언급하고 있다.

(謙卦는 64괘 순서 중 15번째이고, 이 卦象의 아래 위를 한 바퀴 돌려 놓는 것이 16번째인 豫卦이다.)

이제 이 땅에서 지도자를 생각하는 사람이나, 그들을 도와 治世의 大義를 펼치려는 일꾼들은 마땅히 易의 정신을 옳게 배우고 바르게 익혀, 이 나라 백성과 한민족의 역사를 향도하는 데 있어서 제바른 원칙을 세워야 할 것이다.

草野의 陋屋에 묻혀 讀經으로 세월을 보내는 不肖 小子의 몇 마디가 이 풍진 세상살이에 어떤 흔적을 남길 수 있을른지, 막상 붓을 들고 생각해 보니 그저 허허롭고 두려울 뿐이다.

Ⅲ. 다시 새겨 보아야 할 오늘날의 몇 가지 관점

필자는 지난 92년 7월, 당시 이 나라의 指導者然하는 사람들이 온통 대통령 되는 준비에만 골몰하면서, 정작 해야 할 일은 모두가 망각하고 있는 듯하여, 이러다가 「한국은 그냥 망하고 마는 게 아닌가」하는 심정으로 그때의 상황을 다음과 같이 걱정해 본 바가 있다.

1) (정신적 측면에서) 국민 정서의 황폐화
① 국법의 자의적 집행 – 전 국민의 깡패 심리화.
② 교육풍토의 함몰 – 전교조 활동 등 교육질서의 혼란 – 국론분열 방치
  – 국민정신 계도 세력의 해체 현상.
③ 天心을 상징하는 농민 심정의 변질 – 민중적 저항 심리의 전국토화
  – 전통적 윤리 의식의 기반이 붕괴.
④ 강간 · 마약 · 유괴 등 인륜의 기초가 완전 파괴 · 수치심의 망각 사태 · 동물적 삶의 방식이 일반화됨.

2) (경제적 측면에서) 국가 경제 체제 수립의 실패
① 건전기업은 반드시 망하고 편법 경영만이 살아남는다는 도착된 경제 구조가 고질화.
② 민주주의를 빙자한 천박한 개인주의를 통제하지 못하여 천민 자본주의가 고착화.

③ 정치 한탕주의가 경제 한탕주의를 유발·보증해 주고, 國富에 대한 政·經의 공동 사취를 서로가 묵인.

④ 가계 경제·기업 경제·국가 경제 간의 유기성 상실
   - 경제 주체 간의 갈등 심화 - 「나라 살림살이」의 총체적 실패 자초.

3) (정치적 측면에서) 통치자의 권위가 전면 부정됨.

① 국가적 차원이 아닌, 정권적(정파적) 차원도 아닌, 개인적 치부의 방편으로 국정운영 - 통치 권위에 대한 혐오.

② 원칙과 명분이 없이 작위적으로 거듭된 정계 개편으로 선의의 경쟁질서마저 무너짐 - 정치적 위안처가 상실·변질됨 - 정치 자체에 대한 국민의 無政見化·체념화·혐오화 가중 - 국민의 무관심이 크면 클수록 정치꾼들은 활개치기 좋은 조건이 될 뿐.

③ 정치 철학의 빈곤 - 法·勢·術의 패도정치(힘의 정치)만이 횡행 - 德·倫·敎의 왕도정치(사랑의 정치)는 유치한 명분론(이상론)으로 곡해하는 경향.

4) 종교계의 타락

① 배금주의적 현실에 아부하면서 자기 변호·자기 도피의 수단으로 종교를 이용.

② 교회와 종단의 상품화·세속화 - 인간 본성의 自淨 지대인 최후의 聖域마저 무너짐.

③ 종파적 이기주의 (배타적 독점주의)의 극심화로 사회 분열의 주동자 역할(국가통합의 걸림돌)

5) 지식인의 자기 주체성 상실

① 지식인(학자) 고유의 자기 의무 해태 - 지식의 상품화(도구화)에 편승
- 道體로서의 스승의 권위를 스스로 모독.

② 초시공적 보편 원리를 추구하는 학문 본연의 태도가 아닌, 현실 상황
에 유용한 기술 습득에만 치중.

③ 비판 기능의 발휘에 잘못된 원칙과 기준을 적용 - 원칙의 자의적 해석
과 강변으로 특정 논리와 자기 합리화에 도취 - 자기 반성에는 인색,
남을 추궁하는 데는 혹독 - 비판은 즐기고 책임은 나 몰라라 하는 식.

④ 잘못된 생각들의 몇가지 例

a. 「兩是兩非論」의 허구 - 공동 범죄자들의 「서로 봐주기 논리」는 극복
되어야 함. (국민에게는 一非. 그리고 또 一非일 뿐)

c. 「여론정치」의 허상 - 하기 좋은 일은 제멋대로, 하기 싫은 일은 여론
을 핑계로(정치꾼의 자기 기만술). 여론은 정책 입안의 참고이며 집행
이후의 평가이지, 의사 결정의 주체가 되어서는 안된다.

d. 「백성」(民衆)의 본질 오해 -「日用而不知」한 백성은「日用飲食」의 주
체로서, 정치의 전제이며 최종적 이념이지만, 정치 행사의 주체는 아
니다. 정치가 잘못된 것은 정치인 탓이지 국민의 탓이 아닌 데도, 국민
수준이 낮아서 정치가 이 모양이라고 발뺌한다. 지도자가 자각하고
개혁하면 다 될 것을, 국민 전체가 자각하고 세련되길 기대하는 것은
사실상 허구이다.

(시민운동과 계몽주의식 발상의 근본적 한계가 여기에 있다.)

e. 「정책」과 「운동」의 개념적 혼란 - 정책은 일정한 자격과 권한을 가진
자가 실효성에 근거하여 제도적 보장 하에 추진하는 일이지만, 운동
은 이념과 원칙에 대한 촉구이며, 뜻과 의미를 추구하는 것 - 시민운

동의 주창자들과 이를 상대하는 정부 당국자들이 자신들의 고유한 영역과 위상을 서로 혼돈하고 있음. (통일 운동은 특정한 창구가 필요 없는 것인 데도 「단일 창구」 문제로 논쟁하는 것 자체가 혼란의 증거) ─ 정책은 운동 때문에 방향을 잃지 않게 되며, 운동은 정책 때문에 그 뜻을 실현시킬 수 있는 것임.

f. 「국가의식」의 선천성을 몰각 ─ 사회성만을 우위 개념에 둠으로써 국가 해체의 심각성에 둔감. 국가 중심주의적 사고방식은 편협된 것이 아니라, 자신의 존재 자체를 선천적으로 지탱해 온, 내 인격성의 대전제로서의 「국가생명성」에 대한 정직한 태도인 것이다. 개인이 믿는 특정 종파, 정치적 이데올로기, 사회비판이론, 예술적 탐닉 등이 국가의 존립 개념보다도 상위 가치로 상정해 놓게 되는 사유적 배경은, 국가 개념의 정립에 실패한 한국 지성의 허약함과 부도덕에 있다.

무릇 지도자의 생각(관점)이 애초부터 잘못되어 있으면, 그가 아무리 선한 의지를 갖고 있다 해도 그 결과는 헛된 것이 된다.

그런 점에서 지도자의 사고방식을 올바르게 안내해야 할 도덕적 책임이 있는 지식인들의 역할에 주목하게 되는 것이다.

위의 인용에서 필자는 지식인들이 흔히 빠지기 쉬운 사유의 함정을 몇 가지 간략히 지적했는데, 이번의 "처음소식"에서는 그 중에서 특히 百姓(民衆)의 개념과 관련하여 상술해 보고자 한다.

먼저 백성의 본질을 오해하는 데서부터 야기되는 「역사의식의 혼란」을 지적하고, 이어서 그러한 전도된 역사관 때문에 필연적으로 일어나게 되는 「지도력의 오용」 문제를 오늘의 정치적 현안과 상관시켜 따져 보고자 한다.

1. 문민정부의 역사의식에 대한 비판과 충고

1) 필자는 문민정부 첫해인 癸酉年 정초(1993. 1)에 김영삼 정권의 역사적 의의에 대해 다음과 같이 정리한 바 있다.

● 김영삼의 성공 - 3당 합당의 역사적 의의를 다시 규정한다.

노태우 정권과 김영삼 정권은 군사 정권에서 민간 정권으로의 인계 · 인수 정권이다. (노태우 정권을 군사 정권으로만 규정하는 것은 망발이다. 노태우는 국민의 직선으로 선출된 대통령으로서 그가 비록 군사 출신이라 해도 그의 정치적 책임은 국민이 공유한다는 점에서 5共과 똑같은 속성의 군사 정권일 수만은 없다.)

5 · 16 이후. 5공화국까지의 군사 정권은 「사회 발전」보다 우위의 가치 개념인 「국가 보위」의 책무를 수행해 왔다는 점에서, 이 나라 역사에 나름대로의 존재 의의를 분명히 하고 있다. 6 · 25 이후의 남북 분열 상황은 무력 대치(힘의 논리)를 그 속성으로 한다. 물리력 앞에서는 고상한 품위나 명분이 무색해진다. 그 때는 민주화보다는 체제 존속이 화급한 시기로서, 힘에는 보다 크고 센 힘이 우선하는 권위일 수밖에 없다. 그러한 힘의 권위를 극대화 하는 데에는 군사 정권이 유용했으며, 그 유용성이 국가보위를 목적으로 하고 있다는 점에서, 또한 역사적 정통성도 갖는다. 많은 사람들은 4 · 19 의거를 높이 찬양하고 있으면서도 5 · 16은 매우 부도덕한 원흉으로 폄하하고 있다. 필자는 한국현대사에 있어서 「4 · 19의 理想」보다는 「5 · 16의 現實」이 더욱 절박했던 시기가 엄존했음을 명백히 하고자 한다.

그런 점에서 「4 · 19 시민 정신」보다 「5 · 16 국가 정신」이, 이 나라의 역사에 더욱 크게 기여하였음을 우리는 부정할 수 없다. (4 · 19와 5 · 16의 의미는 서로가 차원을 달리하는 것이기에 평면적 대응 가치의 기준에서 그 경중을 견줄 수는 없다. 그러나 국가 존립의 최우선 가치를 실질적으로 보장해 주었다는 점에서 「5 · 16의 역사적 의미 규정」은 더 이상 호도 · 은폐되어서는 안 될 것이다.)

노태우 정권이 냉전 시대의 산물인 군사 정권의 마지막 주자라면, 김영삼 정권은 탈냉전 시대의 주체인 문민 정권의 첫 주자이다. 그런데 김영삼 정권이 인수하는 정권이란 본질적으로 노태우 정권이 인계하는 군사 정권이라는 엄연한 사실이다. 역사는 한순간도 멈추지 않고 흘러가는 것이며, 노태우와 김영삼은 그 연결고리의 양쪽에서 서로 손을 맞잡고 있는 것이다.

그러나 노태우는 물러나는 손이며 김영삼은 시작하는 손이다. 그러므로 우리는 지금 김영삼을 주목하는 것이다. 이제 김영삼은 군사정권을 문민정권으로 계승해야 하는 「마술사의 손」을 가져야 한다. 과연 김영삼은 역사의 두 마디를 매끄럽게 이을 수 있을 것인가?

3당 합당에 대하여 「구국의 결단」이니 「야합의 극치」니 하는 상투적 평가가 혼재하였다. 김영삼 대통령 당선 이전까지는 필자 역시 「정치인들끼리의 천박한 흥정이며 배를 맞댈 수 없는 자들끼리의 추악한 야합」이라고 생각하였으며, 따라서 「3당합당은 김영삼의 정치적 방황의 내표작」이라고 비판한 바도 있다(92.10.28.)

그러나 호랑이 굴에 들어간 김영삼은 끝내 호랑이를 잡고 말았다. 그것은 김영삼 개인의 용기이며 영광인가? 그렇지 않다. 이는 김영삼 개인의 정치적 흥망 성쇠와는 차원을 달리하는, 도도히 흐르는 역사의 섭리가 김영삼으로 하여금 역사의 뱃사공이 되게 했을 뿐이다. 그러한 時運을 타고 났다는 점에서 김영삼은 행운아이며, 나름대로 노력해 온(준비해 온) 정치 이력이 역사의 신을 자기편으로 끌어들일 수 있었던 것이다.(우리가 어쩔 수 없이 김영삼을 선택하면서 고민했던 것처럼, 역사의 신도 그렇게 고민하면서 김영삼을 선택했을 것이다.)

따라서 지금에 와서 보면, "정치인 김영삼"에게 있어서는 3당 합당은 여전히 「3당 야합」으로 기록될 것이지만, "대통령 김영삼"에게 있어서는 분명히 「3당 통합」으로 자리매김해야 할 것이다. 그는 3당 합당이라는 「마술」을 제대로 연출함으로써 군사정권이라는 보자기에서 문민정권이라는 비둘기를 탄생시키는 특별한 손기술을 증거한 것이며, 이로써 역사의 두 마디를 이을 수 있는 첫 번째 실험은 「3당 합당」을 통하여 이미 성공적으로 치루었다고 평가할 수 있을 것이다.

2) 군사문화 – 청산의 대상인가? 승계의 대상인가?

문민정치 시대의 도래를 자축하는 목소리가 큰 바로 그 만큼, 지금 도하 언론과 시정에서는 거의 습관적으로 「군사문화의 청산」과 「과거와의 단절」을 소리치고 있다. 군사 문화 –과연 청산·단절의 대상이기만 한 것일까?

「군사정권은 악이고 문민정권은 선이다」라는 편리한 대립 구도의 무비판적 수용이야 말로 군사문화의 부정적 측면이 야기시킨 「흑백 논리」의 노예가 되기를 자청하는 것과 다르지 않다. 오랜 군사 정권하에서 혜택을 받은 자이거나 또는 피해를 당한 자들인 우리들이, 지금에 와서 「군사문화」를 남의 것인 양(징그러운 벌레 대하듯) 멀찌감치 떼어 놓고, 자기 편리한 입장대로 왈가왈부하는 것은 정직하지도 못한 것이고 또 무책임한 것이다. 이는 마치도 「가난뱅이가 돈 좀 벌었다고 해서 자기가 성장한 달

동네를 옛날이야기처럼 떠들면서, 짐짓 고매한 귀족 행세를 내는 것」으로 비유할 수도 있을 것이다.

우리가 기왕의 군사정권에 대해 거부감을 갖고 있는 것은, 그 정권 획득의 부당함 때문이었다. 그 부당성은 곧바로 정권 자체의 정통성을 부인하게 되었고, 또 정권을 부정하다 보니 그 정권이 운영을 책임지고 있는 일정 기간의 국가 체제마저도 부정하기에 이른 것이다. 이른바 「5공화국은 정통성이 없다」는 등의 주장이 그것이다.

이러한 주장은 자칫 대한민국의 역사에서 「3·4·5공화국 시대는 잘라 내버려야 한다」는 역사 단절의 논리를 제공하게 되고, 나아가 그 시대를 살아왔다는 사실자체를 극도의 수치감으로 받아들이면서, 그 시대의 모든 것은 오로지 「없애 버려야 할 더러운 것들」이라는 결벽증을 유발하기도 한다. 그러나 이는 역사에 대한 모독이다. 역사는 임의로 단절시킬 수도, 부정할 수도 없는 「생명선의 흐름」일 뿐이다.

남북 분단 상황에서 남한의 역사를 잘라 내면, 바로 그 순간, 대한민국의 역사 정통은 그대로 「조국은 하나」 「유일 절대의 김일성 주체사상」이라는 북한의 주장으로 휩쓸려 갈 것이며, 한민족의 역사의 정통은 김일성에게 넘겨주고 마는 것이다. 정권 비판에 나섰던 민주화 투사들이 곧잘 국가 부정과 북한 동조의 반국가적 행위에 투신하게 되는 경우를 우리가 흔히 보아 온 이유도 여기에 있다.

군사 정권하에서는 군사 정권의 역사적 의의를 자기 입으로 주장할 수가 없었고, 국민 일반은 이를 용인하지도 못했다. 그러나 이제 문민정권에서는 군사정권의 역사적 정통성을 정면으로 승인해야 하고 또 그럴 책무가 있으며, 국민들도 이를 더 이상 부담으로 느끼지 않는다. 우리의 정치현실이 갖고 있는 숙명적 한계와 어려움이 무엇인지를 스스로 정직하게 노출시킬 때만이 문민 시대의 새 출발은 그 방향을 옳게 잡을 수가 있다. 실로 문민 정권의 시작은 군사정권의 역사적 의미를 근거 있고 주체적으로 당당하게 규정하는 것으로부터 시작해야 할 것이다.

2. 과연 百姓(民衆)이란 개념의 본질적 의의는 어떻게 규정해야 옳은 것인가?

1) 필자는 김영삼 정권의 역사 이해가 근본적으로 잘못된 이유는 백성의 본질적 개념을 근거 있게 규정하지 못한 데에 있다고 본다. 이에 대해 필자는 93년 6월에 내놓았던 견해의 일부를 여기에 다시 인용하고자 한다.

● 백성의 본질적 의의를 제바르게 정의하지 못하면, 관념적 이념과 자의적 논리의 그물에서 벗어나지 못하게 된다. 역사는 과연 논리(관념)인가? 현실(실상)인가? —이제는 정직하게 따져 보아야 한다.

① 백성의 본의를 따져보기 위해 경전의 언급을 몇 가지 인용하면 다음과 같다.
• 周易 「百姓 日用而不知」
  (백성이란 늘상 쓰고 살아가면서도, 그 이치에 대해서는 모르고 살아가는 존재이다)
• 論語 「民 可使由之 不可使知之」
  (백성이란 그 선천적 본래심이 발동되어 스스로 말미암도록 해야 하는 것이지, 논리적으로 이치를 설명해 주고 이를 납득시켜서 다스릴 수 있

는 게 아니다.)

• 詩經「神之弔矣 飴爾多福 民之質矣 日用飲食」
(하느님께서 인간에게 복을 내려 주시니, 백성에게는 하루하루를 먹고
살도록 베풀어 주셨다네.)

• 書經「天視自我民視 天聽自我民聽」
(하늘이 보고 듣고 말하는 것은 곧 백성이 보고 듣고 말하는 것이다.)

• 論語「天何言哉 四時行焉 百物生焉 天何言哉」
(하늘이 언제 이러고 저러고 말하던가? 그저 사계절과 온갖 초목으로
보여줄 뿐이다.)

• 孟子「行之而不著焉 習矣而不察焉 終身由之而 不知其道者 衆也」
(늘 행하고 있으면서도 그 뜻을 드러내지 못하고, 항상 습관되어 있으
나 그 의미를 따로이 살피지 않으며, 죽을 때까지 그 원리에 근거하여
살면서도 직접 그 이치를 알지는 못하는 무리가 바로 민중인 것이다.)

• 周易「君子以 容民畜衆」
(지도자는 모름지기 민중의 삶을 책임지고 이를 먹여 살려야 하느니라.)

이상에 근거하여 잠시 부연 설명해 보자.

孔子와 孟子가 말하는「知」의 뜻을 지식·기술·재주의 차원에서만 보
면, 백성이란 그저 알지 못하는(무식한, 전문 기술이 없는, 어리석은) 존
재로 규정하게 되어, 끝내는 유가의 정치사상을「우민정치의 표본」「전제
정치의 합리적 근거를 제공한 반민주적 사상」으로 매도하게 되는 진짜
무식한 결론을 내리게 된다.

여기서 知란「분별하고·차별하고·시비하고·파악하고·따져보고·
점검하는 일체의 지식·학문 활동」을 말하는 것이며,「不知」란「모른다」

라는 뜻이 아니라 「알고 모르고 하는 지식의 차원, 논변의 범주를 초월해 있다」는 뜻이다.

공자의 진의는 바로 백성이란 「日用人」임을 밝히려는 데 있었던 것이다. 日用人이란 일상적인 삶을 꾸려가고 있는(하늘이 내려주신) 실존적 인간을 말하는 것으로, 이는 「무엇 무엇을 알기 때문에 그 이유를 따라서 살아가는 게 아니라, 그냥 사는 것이 본질로 주어져 있기 때문에, (천지 만물이 그렇게 그냥 거기에서 존재하듯이) 이미 하늘의 뜻을 증거하며 살아가는 모습」을 말한 것이다.

이러한 백성의 삶을 知의 차원에서 알아보고, 정말로 하늘의 뜻대로 백성이 인간성을 발휘하면서 살아가고 있는지 요모조모 따져 보고 챙겨보는 주체가 바로 「군자로서 대변되는 지도자」인 것이다.

그러므로 지도자의 格位에는 「많이 알고 제대로 아는 자」와 「적게 알고 잘못 아는 자」와의 차등이 있기 마련이지만, 도대체가 따져보지 않고도 그냥 살아갈 수 있는 백성에게는 상호간에 질적 차등이 있을 수 없는 것이다. 따라서 「不知」란 「知」보다 차원이 낮은 것이 아니라, 오히려 한 차원 높은 경지이며, 그런 이유 때문에 국민이란 지도자보다 그 의미적 차원에 있어서 더욱 고귀하고 장엄한 것이다. 백성의 삶이 있고 나서야 이를 논변하는 군자의 역할은 소용되는 것이기 때문이다.

그러기에 春秋 左傳에서는 「天生民而 立之君」이라 하여, 하늘이 백성을 먼저 내려주신 이후에야 그 다음 지도자를 세워 이를 다스리게 하였다는 것이다.

실로 백성이란 개념은 그 본의에 있어서는 사회적 차원에 한정되는 게 아니라 하늘과 직접 상통하는 것이다. 이것이 곧 「民心은 天心」이라는 우리의 전통 의식의 철학적 근거이다. 하늘은 그 스스로가 道體임으로, 자신의 입으로 이를 설명하지 않으며 그럴 필요도 없다. 다만 지도자만이 백성의 염원이 절대적인 하늘의 명령인 줄 알고(知) 깨달아서, 이를 바르게 증거하고 부지런히 실천해야 하는 것이다.

② 오늘날 백성의 개념, 국민의 본의를 논의함에 있어서 흔히 인용하는 어휘가 「民衆」이다.

그런데 민중의 개념을 설명하고 있는 오늘날의 일반적인 시각을 들여다보면 인간존재를 계량적이고 가시적인 현상론의 차원에서만 언급하고 있다.

언제나 지배 계급과 피지배 계급, 민중과 반민중의 도식적 대립 설정이 전제되어 있는 것이다.

이렇게 민중을 규정하고 나면 민중이 할 일은 너무나 분명해진다. 수단 방법을 가리지 않고 반민중 세력과 투쟁하여 이기는 길 뿐이다.

오늘날의 민중론자들은 한결같이 민중을 사회 · 경제적인 관점에서만 묻고자 한다. 그것이 전적으로 잘못되었다는 것은 아니다. 마땅히 그런 시각으로도 묻고 고뇌해야 한다. 그러나 그런 방식만이 민중 문제의 전부인양 판단하고, 그 판단을 근거로 갖가지 처방을 내리게 되면 그 결과는 언제나 반민중적 자가당착으로 귀결되고 마는 것이다. 그동안 민중은 사실 「민중을 내세우며 밥벌이 하는 사람들」 때문에 가장 많이 시달렸고 피해를 당해 온 것일 수도 있다.

그런 점에서 민중은 오히려 철학적으로 묻고 논의해야 한다.

앞서 소개한 필자의 백성에 대한 개념 규정은 이러한 해석의 하나라 할 수 있다.

무게를 달아보는 데에는 허름하더라도 저울이 적합한 것이다.

왜 줄자를 들고서 무게와 부피를 모두 잴 수 있다고 설치는가?

이상에서 보듯 백성의 삶이란 그 의미에 있어서는 하늘과 동격의 차원으로서, 인간 사회에서의 시비 논란 때문에 근본적으로는 달라질 것이 없는, 그런 절대적인 전제이며 성스러운 의미체인 것이다. 역사란 바로 이러한 백성의 삶의 엄연한 기록일 뿐이다. 지식인들의 역사 이론과 해석은 실로 그 다음의 문제인 것이다. 그럼에도 불구하고 작금의 지식인들은 엄연히 실존했던 「역사적 현실」(국민의 삶)을 무시한 채, 자신들의 심리적 안정과 지적 위안을 추구하기 위해, 겉으로는 화려하지만 실상은 공허할 뿐인 역사 논쟁에 스스로를 휘말리게 하고 있는 것이다.

이러한 혼란상에 부화뇌동 하는 김영삼 정권의 태도는 통치 철학의 부재를 반증하는 것 이외에 다른 것이 아니다.

혹자는 「역사의 주체는 민중」이라는 말로 역사의 본질을 호도하고 있다. 역사의 본질 내용이 민중의 삶이라는 뜻에서 보면, 이러한 진술은 물론 정당한 것이다. 그러나 오늘의 민중론자들은 그 본의를 망각한 채 「역사를 주도하고 실천적으로 창조하는 실질적인 기술과 의지가 전적으로 실체 개념으로서의 민중에 근거하고 있음」을 강변하는 것이니, 민중을 그 「뜻」으로 해석하지 않고 「물리적 多衆」으로만 고집하는 사회비판 이론에서부터 역사 왜곡은 시작되는 것이다.

[당시의 이러한 문제 의식을 후일 논문으로 발표한 것이 "주역 '百姓 日用而不知' 의 본래적 의미에 대한 철학적 검토"(동서철학연구 제51호. 한국동서철학회 2009. 3)이다. 이 논문은 송재국 교수의 역학담론: 하늘의 빛 정역. 땅의 소리 주역(예문서원. 2010)에 소개되어 있다.]

2) 민중적 삶의 대표적 현장은 노동계이다. 그런데 한국에서의 민중 운

동이 결과적으로 노동자의 삶에 도움이 되지 못하는 이유도 민중 개념에 대한 철학적 이해의 부족에서 연유하는 것이니, 재미 철학자 김상기 교수는 이에 대해 매우 정직한 논지를 다음과 같이 제공하고 있다. 이는 물론 앞서의 필자의 견해와 상통되는 것이다.

한국 노동의 정치력은 어느 수준인가. 노조의 간부라는 일부 노동 귀족들은 왜 일을 하지 않고 따로 사무실을 차려 놓고 빈둥거리며 회사를 후려칠 궁리만 짜내고 있는가?

이들이 정말 노동자의 편인가? 노동자들은 이들의 이름과 얼굴을 잊지 말아야 한다. 한국 기업이 외국으로 빠져 나가고, 외국 기업이 한국으로 들어오지 않는 상황이 온다면 앞을 내다보지 못한 무능한 지도부가 개인적 책임을 면할 수 없다. 「노동자와 아픔을 같이하고 그들의 한을 대변하면서 밤새 울었다」고 자랑하는 진보적 지식인에 못지 않게 「업주를 공격하는 것이 노동자를 위하는 길」이라고 믿는 이 노동 귀족이야말로 노동자들은 물론 나라를 해친 집단이라고 나는 믿고 있다.

나는 지금 한국의 천민자본주의의 계급 이익을 위하여 「노동 착취」를 정당화 하고 있는가? 이 문제는 「학문적」으로 따질 수 있다. 그러나 스스로 더욱 많이 착취당하겠다는 외국 사람들이 한국 노동자의 「被착취권」을 빼앗아 가겠다고 경쟁을 벌이는 상황에서 학문이 무슨 소용 있는가? 일거리가 없이 착취당하지 않는 상태가 일을 하면서 착취당하는 상태보다 좋다고 노동자들이 나를 설득하지 않는 한 나는 철학 토론에서 빠지겠다.

친구들 사이에서 필자는 「극우파」로 낙인 찍혀 따돌림을 받고 있다. 그러나 우물 안에서 진보니 혁신이니 떠들며 노동자에 의한 소유와 이윤 분배, 노동자의 경영 참여 등 아직 비현실적인 소리로 惑世誣民하는 것이 좌파의 길이라면 나는 기꺼이 우파의 길을 가겠다. 분배의 정의를 외치기 전에 분배할 이윤부터 창출하라.

이에 실패하면 자본가는 남은 돈 보따리를 싸들고 외국으로 날아가지만 노동자는 죽는 것이다. 이것이 바로 국제화라는 현실의 참 모습이다.(조선일보. '94. 1. 14)

3. 김영삼 대통령의 통치력 ― 지금 오용·남용하고 있다.

과거 역사에 대해 부정적 시각으로 일관하던 김 대통령은 어느 날 갑자기 표변하여 (과거 정권에 대한 시각의 전환을 보여주는 아무런 조치나 노력·과정도 없이) 세 명의 전직 대통령을 청와대로 초치하여 식사 대접을 하고는 「국제 경쟁력 강화를 위한 국민대화합」을 역설하고 나섰다.

이러한 김 대통령의 돌출 행위에 대해 일반 국민은 어떻게 받아들여야 하는지 그저 어리둥절할 뿐이며, 무언가 질서 있는 해석의 관점을 제시해 주어야 하는 언론에서조차 그저 의례적인 논설, 기대와 우려를 반반씩 섞어서 적당히 인사치레로 넘어가려는 태도들이다.

이에 필자는 「94년 1월 10일의 청와대 오찬 모임」에 대하여 보다 분명한 입장정리를 여기에 기록해 두고자 한다.

1) 노태우 정권이 들어선 6공 초기에, 야당에서는 5공 청산만 되면 만사가 해결되는 것처럼 소리치면서 노대통령을 몰아갔고, 당시 민주당의 김영삼 총재 역시 그 선봉에 서 있었다. 그런 열기가 청문회 등으로 어느 정

도 발산되자 더 물고 뜯어보아야 별무소득이라고 판단했는지, 89년 12월 15일 야3당은 청와대에서 식사 한번하고 와서는 「5공청산 문제를 더 이상 따지지 않기」로 합의해 주었고, 12월 31일 전두환씨의 국회 1회 증언이라는 요식 행위를 빌미로 역사의 짐을 막연히 후세로 떠 넘기고 말았다.

그러더니 얼마 후 김영삼은 소박한 국민의 상식적 이해로는 선뜻 납득이 가지 않은 방법으로 정치적 변신, 이른바 「3당 합당」을 해 버렸고, 특별한 대안을 준비해 두지 못했던 이 나라의 선한 백성들은 별도리 없이 김영삼을 지도자로 선택하여, 어쨌거나 과거의 권위주의 정권을 마감하고 새로운 문민정부를 출범시키기에 이른 것이다.

또한 취임 직후부터 김영삼 대통령은 과거의 한 맺힌 민주 투사답게 청산과 개혁을 부르짖으며, 소위 사정 정국을 펼쳐 왔고, 그동안 너무나 많이 눈꼴 사나운 일을 경험해 왔던 일반 시민들은 김 대통령의 이러한 정치적 활약에 기대와 성원을 보내면서 지금까지 지켜보았던 것이다.

2) 김 대통령의 국정 목표인 신한국 창조는 청산과 개혁이라는 두개의 수레바퀴를 통해서 비로소 도달될 수 있는 것이고, 그 내용은 물론 과거 정권의 비리를 청산하는 일과 미래를 위해 법과 제도 그리고 관행과 타성을 개혁하는 일이다.

여기서 청산해야 할 대상이란 두말할 것도 없이 전·노 두 전직 대통령이 중심된 5·6공의 정권적 적폐이다.

따라서 전·노 두 사람에게 대해서는 어떠한 형태나 방법이 되더라도 청산에 버금하는 정치적 매듭이 반드시 있어야만 하는 것이다. 그런데 지금까지의 과거 청산작업은 정작 두 사람은 비껴가면서, 그 휘하에서 그들의 뜻을 받들어 모시던 하수인들만이 선별적으로 단죄되는 데 그치고 말았다.

사실 전·노 두 사람은 이 나라의 정규 육사를 나온 장군 출신으로서 최소한의 인품이나 자존심이 있다면, 그런 꼴을 앉아서 보고만 있을 수는 없는 것이다. 스스로 문민정부 앞에 나서서 (이리저리 둘러 대고 변명할 게 아니라) 국민 앞에 솔직히 사죄하면서 "모든 것은 내 탓이니 그들은 관대히 처분해 주시오. 법적으로 죄가 있으면 어쩔 수 없으되 정치적으로는 단죄하지 마시오. 내가 감옥에 가겠소."라면서 5·6공의 폐해를 한 몸에 떠맡으면서 역사적 심판을 자청해야 마땅한 것이다.

그러나 그것은 우리의 희망 사항일 뿐. 그들은 그저 일개 용렬한 한 때의 지도자에 불과했으니, 결국 이 일을 스스로 해내지 못할 것이다.

따라서 김 대통령이 바로 이 일을 해 주어야 하는 것이다.

바라기는 김영삼 대통령은 5·6공 사정 활동의 피날레로서 두 전직 대통령에 대해 적어도 도덕적 심판만이라도 내려 주면서 다음과 같이 국민을 설득했었어야 했다.

"국민 여러분, 불행했던 우리 과거의 실체가 이렇습니다. 이 부끄러운 역사의 유산과 업보를 이제는 우리가 물려 받았습니다. 우리가 계승한 역사는 비록 못난 것이라 해도 부정할 수는 없습니다.

우리가 과거를 청산하자는 것은 미래를 위해 과거의 잘못을 고치자는 것이지 역사를 단절하자는 게 아닙니다.

이 부끄러운 역사의 유산은 더 이상 5·6공만의 것이 아니라 우리가 감당해야 할 우리의 몫이며, 바로 이 김영삼에게 주어진 숙제입니다.

두 전직 대통령에게는 비록 역사적 심판이 내려졌고, 그 부끄러운 속살이 이렇게 밝혀졌지만, 그들이 바로 이 나라 역사를 대내외적으로 계승해 왔던 국권의 주체였다는 점에서 우리는 그들 개인에게만 역사의 처벌을 떠넘길 수는 없습니다.

그러므로 제가 국민 여러분께 호소합니다.

그들을 사면시켜 주시고 저와 함께 미래로 세계로 신한국으로 매진합시다.”

3) 실로 문민정부에게는 두 전직 대통령을 심판할 수 있는 자격과 조건이 무한대로 주어져 있다. 그런데도 김 대통령은 이 일을 해내지 못하고 있다.

김 대통령은 그동안 막연하고도 지리하게 칼 솜씨만을 자랑하는 것으로 취임 1년을 보내 버렸고, 그 과정에서 오히려 사정의 부작용이 심화되었으니, 한국 정치 세력의 다수파라 할 수 있는 안정 희구세력 (과거의 민정당적 심리와 공감하는 층)은 문민정부에 대하여 새로운 원망을 품기 시작했으며, 관료 사회의 자율성은 위축되어 복지부동의 풍조로 고착되었고, 사정 작업에 대해서도 일반시민들조차 표적 수사니 정치보복이니 하는 부정적 평가에 어느 정도 수긍하기 시작하는가 하면, 김 대통령의 독단인사 정책, UR대책 등에서 보여준 신정부의 국가 관리능력 부재 등을 거론하며 정부의 도덕성까지 불신하기에 이르렀다.

이러한 판국에서 돌출한 전·현직 대통령의 4자 회식은, 국민들이 오늘의 당면 현실을 어떻게 이해해야 하는가에 대해 극도의 혼란을 가중시키고 있는 동시에, 그동안 이루어진 사정 작업의 성과와 소박한 의미까지도 희석시키면서, 개혁 자체에 대한 균형 감각을 상실케 하는, 통치자로서는 정말 해서는 안 될 일을 저지르고 만 것이다.

4) 이렇게 된 이유를 필자는 김영삼 대통령의 「통치력의 남용」과 「지도력의 오용」에 있다고 본다.

정치력이란 남용해서도 안 되지만 오용해서는 더욱 안 된다.

정치인으로서의 김영삼은 모든 것을 자기 마음대로 해도 국민은 별수 없이 따라와 줄 수밖에 없는 것 아니냐는 식으로 그동안 정치를 해왔고, 지금도 하고 있으며 앞으로도 그 방식으로 해나갈 것 같다.

과거의 3당 합당은 그러한 김영삼식 정치 스타일의 대표적인 예증인데, 이번의 4자 회식 역시 그 발상 자체는 3당 합당의 아류에 속하는 것이다.

심하게 말하자면 이번의 「4자 회식같은 정치 방식」은 역사를 정리하고 매듭짓고 치유하는데 아무런 실효도 발휘할 수 없는, 단지 참석자들 개개인의 심정적 자위를 충족시키는 데에 동원된 하나의 허상적 연출에 불과한 것이다.

김 대통령은 그러한 「실질 없는 형식 정치 방식」이야말로 정치의 진짜 매력이며 본질이라고 확신하고 있는 게 아닌가 하는 의구심을 필자는 요즈음 떨칠 수가 없다.

4. 향후 예견되는 「김영삼-김일성의 무조건적 화해 시도」를 극히 우려한다.

김영삼 대통령의 「편의주의식 역사 해석」과 「정치적 효과만을 위주로 하는 일시적이고 일반적인 통치력 남용」이 향후의 남북 통일 사업에도 그대로 준용·원용될 경우, 어느날 갑자기 「민족 대통합을 위해서라면 과거의 민족적 앙금을 무조건 용서하고 북의 실체를 아량 있게 수용하여, 현 시점에서 김일성과 대승적 화해를 할 수밖에 없다」는 식의 정치적 발상이 나올 것으로 예측되는 바, 필자는 이를 크게 우려하고 또 경계하지 않을 수 없다.

1) 김 대통령은 무슨 일을 열심히 추진하다가 그것이 잘되지 않으면 아예 사업자체를 뒤집어 버리는 방식으로 대처해 오고 있다. 이러한 방식은 正道가 아니며 大道는 더욱 아니다. 어렵고 힘이 들더라도 원칙은 지켜야 하는 것이고, 정공법에 따라 새로운 노력과 방도를 강구해야 하는 것이기 때문이다.

5공 청산이 잘 되지 않으니까 그냥 「과거 문제에 더 이상 매달리지 말고 미래로 나아가자」는 명분을 내세워 과거 문제를 쉽게 타협해 주었고, 당시 야당의 현실로서는 정권 획득이 무망하니까 「신사고・발상의 전환」을 내세워서 아예 여당과 합쳐버린 것이다. 또한 문민 개혁 1년이 다 되어도 본래 의도하던 대로의 개혁 성과가 나타나지 않으니까 「4자회식」을 통하여 아예 개혁의 성격 자체를 일거에 뒤집어 버린 것이다.

2) 김 대통령의 이러한 편의주의적 발상 전환은 머지않아 도래할 「남북 통일 상황」에 대처하는 방식에도 그대로 재판될 것이 우려된다.

통일에 대한 명쾌한 역사의식도 없고, 남북 관계에 있어서의 근거 있는 대책도 준비하지 못한 상황에서, 어느 날 갑자기 통일 환경이 조성되기 시작하면 김 대통령은 당황할 것이고, 그러다 보면 예의 그 관성에 따라 「민족통합」「민족화해」「용서와 전진」등의 구호를 앞세워 「김일성과 악수하고, 식사하고, 사진 찍는 방식」으로 모든 문제를 일시에 해결하려들 것이다.

김 대통령의 이러한 방법이 지금까지는 나름대로 성공했는지 모른다. 그러나 그것은 어디까지나 국내 정치 세력 간의 게임에 한정된 평면적 차원의 승부에 불과했던 것이다.

그러나 도도한 역사의 흐름에는 인위적 도박이 허용되지 않는 법이다. 통일 문제는 한민족의 역사 정통성을 계도해 나가는 수직적 차원의 생명 계승 작업이기 때문이다. 민족 생존권이 달린 통일 사업은 결코 정치력의 실험 대상이 되어서는 안 된다. 과거의 정치적 도박에 성공했다는 타성을 그대로 믿고, 향후의 「대 김일성 전략을 낙관한다면」 이는 자칫 한민족의 역사 분해로 이어질 수도 있음을 필자는 엄중히 지적하고자 한다.

실로 김일성과의 성급한 악수가 한민족의 역사 정통성을 김일성의 손아귀에 넘겨주는 민족사적 과오가 될 수 있음을 필자는 거듭하여 우려하지 않을 수 없는 것이다.

3) 역사에는 공짜가 없는 법이다.

남한에서의 「과거 청산」이 문제 되었던 것과 마찬가지로 통일 시대를 전후해서는 「김일성의 과거 청산」 문제가 가장 큰 이슈로 떠오를 것이다.

김영삼 대통령이 진정으로 제바른 통일 구상을 하려 한다면, 바로 이 문제부터 정리하는 노력을 지금 당장 기울여야 한다.

이에 대해 필자는 이미 작년 6월('93. 6. 2) 다음과 같은 견해를 피력한 바 있는데, 이는 지금이나 앞으로 일정 기간까지는 그대로 유효한 소신이다.

5 · 16과 12 · 12의 의미가 어떻고, 5 · 18 광주 책임자를 처벌해야 한

다고 연일 흥분하면서 「민족정기」 운운하고들 있지만, 문민시대에 들어와서 남북통일을 예비해야 할 우리가 무엇보다 먼저 해결하고 풀어야 할 민족사적 족쇄가 과연 무엇인가?

6·25 동족 학살의 책임을 만천하에 공증하고 이의 민족사적 심판을 내리는 일 아니겠는가?

과거 정권에서는 6·25 책임자에 대한 규명·처벌·심판을 당당하게 주장할 수 없었고, 국민 일반도 이를 순수하게 받아들이지 않았다. 그러나 국민적 합의로 출범한 문민정부에서는 언제라도 짚고 넘어가야 할 이 민족적 원죄를 이젠 만천하에 펴놓고 시비·정사를 분명히 가려야 하는 것이다. 군사 정권하에서는 반공 논리를 자의적으로 적용함으로써 오히려 용공 분자를 조장·양산해 온 것도 사실이며, 북한에서는 남한의 이러한 정권적 취약성과 부도덕성을 빌미로 대남 전술을 제멋대로 구사해 왔으며, 그 결과 오늘날 이 땅에는 이른바 「평양 바람 든」 사람들이 넘치게 된 것이다.

이제 와서 그 어려운 역사에 동참했던 우리들이 갑자기 시각을 전환하여 학생들이나 사회 비판자들을 향하여 「생각이 어찌 그렇게 꼬일 수 있는가. 아직도 구습에서 벗어나지 못한 정신 병리 환자들 아닌가?」라고 준엄하게 꾸짖는 것으로 자기할 일을 다 하는 것이라고 생각하면, 이는 무책임하고도 이기적인 태도이다.

그것은 우리가 지금 벌 받아야 하는 역사의 업보이기도 하다.

그러한 문제까지도 김영삼 정부는 역사의 부채로 떠맡아야 하는 것이며, 그 중 가장 큰 빚이 바로 6·25문제인 것이다.

지금이라도 6·25의 진상 규명과 그 책임자에 대한 민족적 심판 작업을 범정부적으로 일으켜야 한다. 이 문제에 대한 정리된 해석이 있는 연후에야 남북교류 문제, 핵사찰 문제, 통일 문제 등이 순번을 기다릴 수 있는 것이다.

어느 구석에라도 귀(耳)하나 있었으면 해서
제 흥에 겨워 몇 마디 내놓고 보니
바람 속에 깃털처럼 공허하긴 마찬가지네.
하늘 넘어가는 구름 없고
땅에 깃들지 않는 새 없으니
돌아서서 혼자 울고
또 돌아서서 함께 웃으리.

삼가 甲戌 孟春에 秋毫를 고르노라.

2
북한 정권의 본질과 한계

북한은 그 정권의 출발에서부터 인간의 후천적 의지를 앞세운 공산주의 혁명 이념을 최후의 목표로 설정해 놓고 있다.

정치적으로는 사회주의 이상, 경제적으로는 공산주의 가치가 비록 한때나마 지구촌 구석구석까지 광풍을 일으키며 횡행하기도 하였으나, 역시 지나고 보니 미숙한 인류의 이기심이 빚어 낸 공허한 시행착오에 불과했음이 이미 세계사적으로 공증되고 말았다.

공산주의 종주국 소련의 붕괴, 그 아류 집단인 동구의 해체, 중국의 개방과 노선 수정 등은 너무나 명쾌한 실물 증거들이다.

이제 지구상에서 유일하게 남은 공산 정권이 바로 우리와 피를 나눈 동포의 한 쪽인 북한으로서, 이러한 세계사적 전환의 한 가운데에서도 끝까지 버티기 위한 그들의 생존 전략은 실로 눈물겨운 바도 있다.

그러나 공산 정권이 애초부터 품고 있는 자체 내의 반인륜적 모순성은 아무리 동여매어도 불거져 나오기 마련이며, 따라서 북한의 몰락은 시간 문제일 뿐이다.

1. 북한은 「인위적 사회건설(혁명)이념」을 「인간의 본연적 정서 보존」

보다 상위가치로 설정하고 있다.

이러한 가치관의 도착 구조는 필연적으로 현실적 실권자(물리적 힘의 소유자)의 인위적 의지를 최고의 권위로 받들게 되고, 따라서 하늘이 부여한 천부 인권의 절대성을 편의에 따라 훼손·이용하게 된다. 이것이 가장 근본적인 북한 정권의 속성이며 한계이다.

필자는 그동안 여러 방면의 공산주의 이론 비판이나 김일성 정권에 대한 부당성을 지적한 글들을 읽어 본 경험이 있다. 그러나 거개가 사회 과학적 시각에서의 (평면적 차원을 넘어서지 못하는) 대응 논리로 일관하고 있음을 확인하게 된다.

그러한 지적은 공산주의자들에게 별다른 자극이나 공격이 되지 못한다.

실제로 현실차원의 불합리성과 모순성은 (보는 입장에 따라서는) 자본주의 사회에 더욱 고질적으로 만연해 있다고 해도 틀리지 않는다. 더구나 현실적 사태를 전제로 하는 사상 논쟁에서는 그들이 즐겨 쓰는 방식. 이른바 (서구 문명의 정신적 지평을 제공해 온) 변증법적 이론체계를 당해 낼 재간이 없다.

(냉정하게 자성해 보면 기존의 철학적 차원의 비판이라는 것들조차도 실상은 이러한 범주를 벗어나지 못하고 있다고 필자는 감히 말하고 싶다.)

다시 말하면 공산주의 이론이란, 사회 현상의 모순성을 전제로 하고 이를 극복하기 위해 인간의 사유가 총 동원된 후천적 노력의 결과로서, 이는 인간의 이성 기능·대응 기술에 대한 전적인 신뢰감 속에서 배태한 것이니, 과학의 발달과 더불어 인간은 더욱 교만해지면서, 급기야는 인간이 존재 근거인 「하늘적 권위」 (이것이 바로 유학의 핵심 명제인 天命이다)까지도 부정하기에 이른 것이다.

현대인의 인간 소외와 생명 경시 풍조의 원인도 인간이 스스로 하늘과의 생명줄을 단절해 버린 데 있는 것이고, 공산주의는 바로 그 주범 노릇을 했던 것이니, 몰락한 동구의 인민들이 겪는 탈 인격적 삶의 실체는 이를 반영하는 것이 아니고 무엇이겠는가?

2. 인간 세계에 있어서 최고의 권위는 하늘로부터 연역할 수밖에 없다는 것이 인류역사의 기록이다. 그러나 공산주의 체제에서는 神性의 권위를 원천적으로 부정하다보니 부득이 인위적 차원에서 조작된 대치물이 절실히 요구될 수밖에 없었던 것이다.

북한 정권은 영리하게도 이러한 공산주의 이념의 한계를 간파하고 이를 단순히 물리적 강제력으로만 강요하지 않고, 슬기롭게도 철학적 차원으로까지 심화시켜 (사실 이것은 철학이 아니라 하나의 이념 조작이다) 「김일성 주체사상」을 구축해낸 것이며, 지구상의 모든 공산주의 정권이 몰락하는 일대 위기 속에서도 「우리 식으로 산다」면서 지탱할 수 있는 「그 나름의 효과」를 톡톡히 향유하고 있는 것이다.

3. 사회주의 정권이 갖는 또 하나의 근본적인 맹점은 「사회성」을 인간의 기본 가치로 전면에 내세운 결과, 인간 생명성의 공간적 근거가 되는, 보다 중요한 「국가성」을 몰각하게 되어 「국가 해체・역사 단절・전통 부정」의 과오를 저지르게 된다는 점이다.

사회주의 이념에 근거한 북한은 그러므로 반전통적 사회로 전락될 수밖에 없었던 것이며, 역사 단절의 공허함을 억지로 메우려 하다 보니, 역사적 사실을 은폐 또는 조작하기까지 하게 된 것이다.

이제 이 문제를 좀 더 소상히 논해 보겠다.

역사란 「물리적 시간 위에 부여된 인간의 삶의 기록이며 그 의미」라고 할 수 있다. 여기서 시간이란 한 순간도 단절될 수 없는 연속성을 본질로 하고 있으며, 이것이 특정 민족의 생명성과 부합할 때 단위 민족의 전통이 형성된다. 전통이란 그러므로 아무리 못 마땅하고 불합리하게 주어졌다 하더라도 기본적으로 이를 긍정하는 차원에서 수용·계승할 수밖에 없는 것이며, 그러한 토대 위에서만이 새로운 전통의 창출도 비로소 가능해지는 것이다.

우리의 실존적 상황이 바로 그러한 「계속되어 온 삶의 연장선상」에 있다는 점에서 전통 의식은 인간에게 선천적 조건을 제공하는 것이며, 따라서 부모의 존재를 부정할 수 없는 것과 마찬가지로 전통 문화 역시 전면 부정이 불가한 것이다.

그런데 북한은 한민족의 정체성(정신적 원형질)을 단절하고, 외래 사조인 맑스·레닌주의에 접붙이기를 하여 「인간의 삶의 조건」(정권)을 인위적으로 건설하고 있는 것이다.

(북한의 사회 건설이 인민의 자발적 성숙에 따르기 보다는 집권자의 의도에 따라 조작될 수밖에 없는 이유가 여기에 있다.)

오늘날 북한 사회에서 민족의 정서가 깃든 전통 문화가 사라지고, 그 대신 근거 없이 변용된 문화가 판치게 되는가 하면, 민족의 명절보다 김일성 부자의 생일에 더 큰 축제가 열리는 것도 사회 조작의 한 모습이 아닐 수 없다.

그들의 인공기가 한민족의 전통 문양과 전연 맥을 두지 않는 단순한 작위적 圖案에 불과한 것이라든지, 그들의 「력사 사전」에 수록된 인물 166명 중 54%에 해당하는 90명이 현대 인물이고, 그 중에서도 김일성 가족이 7명이나 되는 것은 역사 해석의 자의성을 그대로 반증하고 있는 것이다(자료 : 중앙일보, 1994. 3. 1).

이러한 북한의 반전통적 허구성에 대해 필자는 다음과 같이 언급한 바도 있다.

북한의 김일성 주체사상은 그 修辭的 용어야 어찌되었건 그 본질적 성격은, 외래사상으로서의 「유물사관에 입각한 공산주의 이념」을 한국인의 사상적 중심원리로 삼은 것이며, 이는 한국 주체성의 자기 부정인 동시에 외래사상에 대한 변형된 형태의 사대적 종속이라 아니할 수 없다.

한국의 주체성을 (주체적으로) 당당하게 세우지 못하고 외래사상을 추종하다 보면, 필연적으로 한국의 보편적인 정서와 전통 문화는 완전히 부정하게 되는 것이니, 현재의 북한 사회상은 엄격히 말하여 우리의 國祖 단군이 설계하고 이상으로 삼은 한국적 사회의 본래 모습은 더 이상 아닌 것이다.

다시 말하면 북한의 김일성 주체사상이란 외형적으로는 「위대한 수령 김일성 동지께서 인류 역사에서 처음으로 창시하신, 인류 사상에서 가장 높고 빛나는 자리를 차지하는 위대한 철학 사상이며, 우리시대 노동 계급의 유일하게 정확한 혁명적 세계관이다」(조선철학 사상연구 p.2)라고 주장하지만, 실제로는 정치적 이데올로기를 철학적으로 보장해 주기 위하여 외래사상을 非主體的 자세로 수용하고, 이를 작위적으로 변용시켜 案出해 낸 사상으로서, 그 강요된 조작의 과정에서 한국적 본질로서의 민족 주체의식은 완전히 배격·상실되고 만 것이다. 따라서 북한의 주체사상은 그 속성상 非民族的·非傳統的·非主體的 사상으로 전락할 수밖에 없었던 것이며, 이것이 북한 주민의 삶의 법칙으로 강요되다 보니, 북한의 사회상 자체가 反傳統的 삶의 모습으로 변질될 수밖에 없었던 것이다.

　그렇다면 「전통성」의 문제와 「국가성」의 문제는 어떤 필연성을 갖고 있는 것일까?
　한마디로 말하면 전통이란 「시간의 先天性」을 갖고 있는 것이고, 국가란 「공간의 先天性」을 갖고 있는 것으로, 두 가지 개념이 모두 「인간의 삶의 先天的 地平」이 된다는 점이다. 따라서 전통 의식 부정은 곧바로 국가의식 해체와 상통하게 되는 것이다.

3
國家 개념에 대한 철학적 이해

1. 인간의 존재근거는 3가지로 구분·집약된다.

인간과 만물은 모두가 우주내적 존재란 점에서 우주성(天道·하늘의 범주·神性)이 첫째의 생명 근거로서, 이는 인간 존재에 대한 원리적 차원의 근원이 된다.

그런데 이러한 「하늘의 의지」(종교적으로 말하면 하느님의 사랑)는 형이상학적 원리(이치)로서 物形的 존재가 아니며, 따라서 신체를 갖고 있는 인간의 실존적 생명은 부모를 통하여 탄생되는 것이다. 즉 자식을 낳는 부모의 사랑 행위는 하늘이 갖는 만물 창생의 권능을 代行하는 일인 것이다. 따라서 두 번째의 인간 존재 근거는 두말할 것도 없이 자기를 낳아 준 부모인 것이다.

주역에서 「殷薦之上帝 以配祖考」(하느님께 제사를 드릴 때는 자기를 낳아 준 조상님도 나란히 함께 모신다. ― 周易·豫卦)라 하여 인간은 하느님과 조상신을 동격으로 받들어야 함을 언명하고 있다.

(기독교 일부에서 부모님께 드리는 제사를 우상 숭배라고 배척하는 것은 성경의 말씀을 문자에만 매여 해석한 배타적이고, 경직되고, 이기적인 신앙관에 기인한 것이다.)

따라서 인간은 자기의 생명 근거인 하느님과 부모님께 마땅히 예배드려야 하는 것이며 인간에게 있어서의 「기도」(신앙심)와 「효도」는 절대적 가치 규범인 것이다.

또한 국가란 인간의 생명원에 대한 물리적 지평으로서, 태어나는 실존적 인간에게 있어서는 (선택의 여지가 주어지지 않는) 선천적 조건이 되고 있다.

이것이 바로 국가 개념이 갖는 선천성(숙명성)이며 「사회성」과 본질적으로 구분되는 개념의 차이이다. 이 점에서 국가란 단순히 사회를 구성하는 여러 가지 요소들 중의 또 하나인 「단위 사회」가 아닌 것이다.

따라서 사회 일반을 해설하는 시각으로 국가의 본질을 모두 설명하고자 할 때, 필연적으로 오류를 범하게 될 수밖에 없는 것이며, 그리하여 국가 개념의 정립에 실패하게 되고, 끝내는 「국가 해체상황」을 오히려 「성숙되고 완성된 이상 사회의 모델」이라고까지 주창하게 되는 것이다.

앞에서 언급한 대로 인간은 부모를 임의로 선택할 수 없는 것이 듯이, 국가 역시 선택의 대상이 될 수 없다는 점에서, 자기가 태어난 국가가 아무리 못나고 불편해도 전면 부정은 불가능한 것이다.

이렇듯 국가 의식과 부모에 대한 사랑이 본질적으로는 동격이기 때문에 「어머니 나라」(母國), 「할아버지 나라」(祖國)라고 불리우게 되는 것이며, 그러므로 진정한 애국심이란 본능적이고 자발적인 것으로 부모에 대한 효심과 항상 맥을 같이 하는 것이다.

다시 말하여 「국가성」이란 단순히 그 나라에서 태어난 특정인의 성장에 영향을 주는 데 그치는 것이 아니라, 인격성 자체의 선천적 조건(숙명적 근거)이 된다는 것이다.

혹자는 이렇게 반문할 수 있다.

"미국으로 이민 가면 미국이란 국가를 내가 선택한 것 아닌가?"라고.

그러나 그것은 후천적 조건의 선택 내용이 미국이란 국명으로 지칭되는 또「하나의 사회」일 뿐이다. 아무리 미국에서 오래 살아도 한국인의 모습, 체격, 조국에 대한 그리움 등은 없어지지 않는 것이다. 즉 국가 의식이 살아 있으면, 물리적 공간이 없어도 국가성은 존재할 수 있는 것이니, 2,000년 동안 나라 없이 지낸 유태인들에게도 국가 의식이 살아 있었기에 그들은 언제나 조국을 갖고 있었던 것이며(그들의 국가의식이 이스라엘을 창건한 것이다.), 지금 이 나라에서 살고 있다 하더라도 국가 의식이 결여되어 있다면 그는 무국적자일 뿐이다.

2. 인간의 생명은 하나의「시간적 연속성」을 갖는 것인데, 국가가 인격성의 전제조건이 될 수 있는 것은 그 국가에「연속된 역사성」이 살아 있을 때에 한한다.

그런 점에서 대한민국이란 나라는 오천년 역사의 연속성을 꾸려 왔고, 이만한 역사적 맥락을 유지하고 있는 나라가 이 세계에는 그리 흔한 것도 아니라는 점에서 한민족은 자부심을 가질 만한 것이다.

이러한「인격성의 국가적 연속성」을 한마디로 말하면,「統」이라 할 수 있으니, 단위 국가 또는 단위 민족의「일관된 삶의 양식」(문화)이 끊이지 않고 오늘에까지 계승 전달되어 온 것을 우리는「傳統」이라 하고, 그 전통의 내용과 형식을 훼손하지 않고 제대로 보존하고 있는 주체를「正統」이라고 말하는 것이다. (統이란 글자 자체가 실처럼 이어져 오는 血統을 지칭한 것이다.)

이런 점에서 국가에는 하나의「統」이 있지만, 공간적 현장을 위주로 하는 사회개념에는「統」이 있을 수 없는 것이다. 그러므로 국가는 반드시 역사성을 내포하고 있어야 하고, 그 역사성을 일정한 공간에서 보장해 줄 수 있을 때, 우리는 진정한 국가라고 인정할 수 있는 것이다.

특히 「국가」란 비록 물리적 공간을 필수 요건으로 삼고는 있지만 「사회」가 요구하는 단순한 현장과는 그 성격이 다름을 알아야 한다.

사회가 존립하는 공간에는 일정한 경계선이 없다. 그러나 국가에는 일정한 테두리, 즉 국경이 필수적으로 요구되는 것이며, 국경의 유지가 곧 국가 보위와 상통하는 것이다. 사회주의자들이 극단적으로는 국가의 불필요 (무정부주의)를 제창하게 되는 이유도 여기에 숨어 있는 것이다.

북한에서는 흔히들 멋있고 신나는 「사회주의 조국」을 건설하겠다고 소리치지만, 「조국」이란 본디 인위적으로 「새로이 창조되는 것」이 아니며, 그렇게 만들어 낸 것은 더 이상 「조국」도 아닌 것이다.

일찍이 필자는 김대중 씨의 의식 세계를 거론 하면서 「그는 심정적으로 이미 북쪽에 경도되어 있고, "사회 개혁"과 "역사 계승"의 본질적 의의를 제대로 구분·인식하지 못하고 있다」고 언급한 바 있는데, (이에 대해 반문하는 독자가 있을 것이다.) 그의 지나온 삶 자체가 「사회의 개혁과 민주화의 성취」라는 「인위적 염원과 좌절의 연속」이었다는 점에서, 그가 설령 사회 가치에 대한 일가견은 이루었을지 몰라도 「국가 계승의 원대한 사명」은 아직까지 그의 언행에서 발견할 수 없었기 때문에 필자는 그렇게 규정했던 것이다.

참으로 안타깝게도, 국가 의식의 결여는 현재의 대통령에게도 여실히 나타나고 있다. 김영삼 대통령 역시 오랫동안의 「민주투사」로 성장해 온 사람이다. 그러나 그가 대통령이 된 이상은 이제 「민주투사」의 한계를 벗어나야만 한다. 「大統領」이란 직함 자체가 앞서 거듭 논의한 국가성, 역사성의 핵심인 「統」을 크게(大) 책임지고 행사하는 수장(領)을 말하는 것임에도, 김영삼 대통령은 아직까지도 「성공한 민주투사의 영웅」이란 자아의식에서 탈피하지 못하고 있는 듯하다.

필자가 "처음 소식"에서 대통령의 역사의식을 비판하고, 그 때문에 야기되는 「통치력의 무질서」에 대해 지적한 것도, 「국가의 생명성」을 보위하는 것이 대통령의 일차적 책무임을 상기시키고자 함이었던 것이다.

여기까지의 논의를 진행해 놓고 보면, 최근에 다시금 쟁점으로 떠오르고 있는 국가보안법 개폐 문제에 대해 어떠한 시각으로 접근해야 옳은 것인지 쉽게 정리할 수가 있을 것이다.

3. 국가보안법과 관련하여 개폐를 주장하는 측이나, 이의 존치를 옹호하는 측이나 필자가 보기에 답답하고 한심하기는 마찬가지이다.

우선 대통령과 관계 장관의 방어 논리는 「한국은 "남북 대치의 특수상황" 때문에 국가 보안법을 가지고 있어야 한다」는 것이다. 이른바 상황논리·대응 전술의 차원이다. 그러나 「국가 보위」는 국가 주변의 특수 사정에 따라서 필요할 수도 또는 불필요할 수도 있는 게 아니라, 반드시 지켜야 할 「일반적이고도 보편적인 가치」인 것이다.

그동안 국가보안법이 「정치보안법」으로 악용된 것은 천하가 아는 사실이다. 그러나 이제 국민이 직접 선택한 정권이 출범하였고, 국가보안법이 더 이상 정치적으로(정권적으로) 남용될 소지가 없어졌음은 일반 국민도 실감하고 있다. 이제는 「국가 보안법」이 그 본래의 기능과 역할을 회복하게 된 것이다. 따라서 이 문제는 더 이상 정치적 논쟁거리에서는 벗어난 것이다. 그럼에도 불구하고 만약에 법률적으로 검토할 사항이 있다면, 이는 어디까지나 국가적 차원에서 다룰 문제지 정치적 흥정거리는 아닌 것이다.

「국가성의 유지·계승」은 국민이 지켜야 할 「보편가치」이기 때문에 비록 남북이 통일되어 남북 대치상황이 해소된다 해도 「국가보안법」(명칭은 다르다 하더라도 그 입법 취지에 부합되는 국가 수호 장치)은 여전히 소용되는 것이다.

태평양 한 가운데의 작은 섬이라 하더라도 그것이 「국가」일 때는, 거기에는 「국경」이 있게 마련이고, 그 국경 안에 존속하는 모든 것들(국민·영토·권리 등)을 보호하는 제도적 장치가 필요함은 지극히 일반적인 요청이다.

국가보안법을 없애라는 주문은 「쳐들어 올 적도 없는데 무엇 하러 울타리를 치느냐」하는 식의 편의적 발상이다. 모든 국경에 철책이 있는 것은 아니다. 오히려 세계 여러 나라의 국경에는 울타리조차 없으며 간단한 표식이 있을 따름이다. 그러나 그 경계를 한 발자국이라도 침범할 때는 국가가 총동원되어 전쟁도 불사하는 것이다.

울타리가 없어도 국경은 존재하듯이 적이 침략한다는 현실적 징후가 없어도 국가보위의 의지는 엄연히 존속시켜야 하는 것이며, 국가보안법은 이를 대신해 주는 가장 현실적인 표식인 것이다. 어찌 국가보안법을 정치적 흥정물로 생각할 수 있단 말인가?

특히 야당에서 요구하는 「민주질서 보호법」으로의 대체는 그 속이 너무나 훤히 들여다보이는 얕은 수이거나 아니면 무식의 소치이다.

「민주질서보호」란 「민주화의 성취」로 (민주투사 김영삼의 대통령 당선으로) 이미 해소된 것이며, 야당에서 볼 때, 김 대통령이 아직도 민주적이지 못하다고 판단하면, 「민주 대 반민주」의 과거적 구도에서 다시 한 번 투쟁하는 것이 순리이다. 그럴 필요성이 지금도 남아 있다면 (국가보안법이 악용될 소지가 있다는 점에서) 야당의 주장은 귀담아 들을 가치가 어느 정도는 있을 것이다.

그런데 지금은 그런 단계는 이미 넘어섰다고 필자는 판단한다.

아마 야당도 (재야인사들이 여당에 계속 들어가는 것을 보더라도) 그렇게 인식하고 있을 것이다. 그런데도 왜 야당은 국가보안법을 정치적으로 들먹이게 되고, 여당은 방어 논리에 부심해야 하는가? 그것은 다름 아닌 앞서 언급한 사회성과 국가성의 본질 개념을 혼동하기 때문이다.

「민주질서보호」란 그 목적이 이른바 「사회 정의 구현」이며, 「국가 보위」란 그러한 사회 자체의 존립을 결정짓는, 보다 상위 가치인 「국가성 수호」의 차원인 것이다. 법의 제정과 집행에도 차원과 格이 따로이 있음을 알아야 할 것이다.

이점에서 필자는 국가보안법의 폐지를 주장하는 인사들의 「국가 의식」을 의심하지 않을 수 없다. 대남 전략을 구사하는 북한에서 최고의 목표가 국가보안법 폐지일진대, 남한에서 자청하여 이 문제를 정치적으로 왈가왈부 하는 인사들의 저의를 필자는 거듭 우려하지 않을 수 없기 때문이다.

4

金日成은 당장 選擇해야 한다.

-人民과 함께 살 것인가? 혼자 죽을 것인가?-

이제는 할 말을 할 때

서울에서 사람들의 이목을 집중시키는 데에는 63빌딩 꼭대기에 올라가서 자살소동을 벌이는 게 최고의 방법이다. 자기가 하고 싶은 말을 마음 놓고 떠들어 댈 수 있고, 또 사람들은 그 말을 마땅히 들어주어야 할 어떤 의무라도 있는 듯 계속해서 관심을 표할 것이며, 더욱이 자살하겠다는 사람의 가족이나 이해 당사자들은 황급하게 달려 나와서 『다 들어 줄 테니 제발 내려오라』고 통사정을 할 것이다.

그런데 진짜로 죽을 각오가 된 사람은 이처럼 거추장스러운 쇼를 벌이지 않는다. 자살 소동을 연출할 만큼의 치밀한 계획과 격정이 넘치는 사람은 절대로 죽지 못하는 법이기 때문이다. 그러므로 자살 소동은 언제나 「자살」이 아닌 「소동」으로 끝나게 마련이다.

현재 지구촌에서 가장 크게 주목받는 인물이 바로 金日成이다.

그가 이른바 동반 자살 소동을 벌이고 있기 때문이다. 그것은 실로「죽을 각오로 살아 보려는 金日成 정권의 몸부림」이다. 지금 세계의 지도자들이 김일성 주변에 몰려들어, 때론 얼르고 때론 달래면서 나름대로 한

마디씩을 쏟아 내고 있다. 그러나 정작 김일성은 남의 말은 들으려고도 하지 않고, 오히려 제 목청만 높이고 있다.

이 소동이 언제까지 갈 것인가? 재미있는 구경거리도 한 때라 하던가? 이제 피차에 어느 정도는 지루해지고 피곤해진 것 같다. 그래서인지 점차 끝내기 수순을 밝기 시작하는 듯하다.

金日成의 동반 자살극에서 가장 강력한 발언권을 행사해야 할 사람은 金日成과 한 지붕 아래서 밥을 먹고 잠을 잘 수밖에 없는 바로 「우리들」 이다. 우리가 金日成에게 무슨 말을 어떻게 해야만 서로 간에 상처를 최소화시키고 이 짜증나는 소란을 마감할 수 있을까?

돌이켜 보면 그 동안 우리는 정작 「해야 할 말」은 한 마디도 하지 못하고 「하지 말아야 할 말」만을 골라서 김일성을 설득하려 했다. 그것은 참으로 지혜롭지 못한 처사로써, 비유하자면 환자에게 약을 잘못 투여하여 공연히 병균의 耐性만을 키워준 것이다. 그가 받아 넘기기에 좋은 공만을 골라서 서브했기에 그의 되받아 치는 솜씨만을 숙달시켜 준 꼴이 된 것이다.

北의 치명적 약점은 反人倫性

그 동안 北韓에 대한 우리의 요구나 주장에 말발이 서지 않았던 이유는 거기에 金日成을 혼내 줄 만한 權威와 必然性이 없었기 때문이다. 북한 김일성 정권의 가장 치명적인 결함이 무엇일까? 그것은 다름 아닌 「하늘이 부여한 인간의 本來的 稟性을 否定해온 反人倫性」이다.

이에 필자는 人倫의 참 의미에 대해 우선 언급하기로 한다.

孟子는 다음과 같이 말하고 있다. 「楊氏爲我 是無君也, 墨氏兼愛 是無父也, 無父無君 是禽獸也」(楊子는 자기 한 몸만을 우선하는 가치로 내세우니, 이는 사회의 조직과 共同善을 무시하는 것이며, 墨子는 모든 이를 획일적으로 사랑하라 하니, 이는 저를 낳아 준 아비의 존재를 沒覺하는 것으로 가정 윤리를 파괴하는 것이다. 가족 질서의 근본과 社會 權威의 主體를 전면 부정한다면 이는 더 이상 인간사회가 될 수 없으니 짐승들과 다를 바 무엇이겠는가-「孟子」등문공. 下)

楊朱는 극단적인 個人主義를 내세우는 바, 「나는 종아리의 터럭 하나를 뽑아서 天下가 이롭게 된다 하더라도 하지 않겠다 (楊子 取爲我 拔一毛而 利天下 不爲也)라 주장한 반면, 墨子는 극단적인 全體主義를 외치며, 「나는 머리 위에서 발끝까지 다 닳아 없어지는 한이 있더라도 이웃이 잘 다스려지기만 한다면 기꺼이 할 것이다 (墨子 兼愛 摩頂放踵 利天下 爲之)」라고 주장하고 있는 데, 孟子의 논점은 이 두 가지가 모두 反人倫性의 가장 대표적인 元兇이라는 것이다.

인간은 누가 뭐래도 자기를 낳아 준 피붙이를 본능적으로 더욱 사랑할 수밖에 없는 것이니, 이를 무시하라는 묵자의 反人格性을 나무란 것이며, 동시에 인간은 어디까지나 사회적 존재로서, 이웃과 더불어 함께 살아갈 수밖에 없음에도, 이를 도외시함으로써 일시적 해방감에 도취되어 버리고 마는 楊朱의 反社會性을 통박한 것이다.

실로 孟子는 「인간의 정서적 본능에 근거한 가정의 소중함」과 동시에 「인간의 合理的 契約에 기초한 社會的 效率性」을 함께 존중함으로써, 그 어느 한 편에 치우치지 않는 당당한 人間 主體性을 피력한 것이며, 이를 정립하여 天下 人類에게 中庸의 大道를 밝혔던 것이다.

특히 孟子는 楊朱와 墨翟의 두 주장 가운데에서도 개인의 실존적 가치를 부정하고 사회적 획일주의를 내세움으로써 인간성의 파멸을 초래한 묵자의 전체주의를 더욱 강력하게 혐오했다. 墨子的 세계관과 오늘날의 공산주의 혁명 이론은 그 심리적 배경을 공유하고 있다는 점에서, 共産

理念의 反人倫的의 弊害는 필연적으로 노출될 수밖에 없다 할 것이다.

孝가 忠보다 重한 이유

공자는 인간의 타고난 심성을 「정직한 마음」(人之生也 直)으로 규정하면서 이에 대하여 다음과 같이 언급하고 있다.

「葉公이 孔子에게 말하기를 『우리 동네에는 대단히 正直한 躬이라는 사람이 있습니다. 자기 아버지가 남의 집 양을 끌고 갔다고 해서 아들이 이를 고발 했습니다』고 하였다. 이에 대해 공자께서 말씀하기를 『내가 말하는 정직의 의미는 그런 것이 아닙니다. 아비는 자식의 잘못을 감싸주고, 자식은 아비의 허물을 덮어 주는 것이니(父爲子隱 子爲父隱), 진정한 정직이란 그 가운데에 있는 것입니다』라 하였다」―「論語」「子路편」.

或者는 대뜸 비판할 것이다. 「孔子의 주장은 사회가 발달하기 이전의 시대에나 통용되던 가족 윤리의 범주에 한정될 뿐이야. 사회 고발정신이 그토록 희박한 공자의 사상은 현대 사회에서는 가치가 없다」라고.

그러나 이는 공자의 本意를 모르고 하는 말이다. 공자의 메시지는 인간 사회에서의 기본 질서는 「先天的 血緣인 家族」에 기초해야 함을 言明하면서, 이것이 「後天的 社會 秩序」 보다 우선 존중되고 보장되어야 함을 밝힌 것이다. 실로 부모와 자식간의 관계는 人爲的(選擇的) 관계가 아니라, 하늘이 내린 宿命的 관계이다. 따라서 이는 作爲的으로(필요에 따라) 단절하거나 부정할 수 없는, 이른바 宿命的 관계이다. 이 天倫의 絕對性을 초석으로 삼을 때만이 人倫은 바르게 구축될 수 있음을 孔子는 강조했던 것이다. 그러므로 周易에서는 이를 「正家以 天下定矣」(가정이 바로서야 천하가 제자리를 잡는다―家人卦)로 요약하고 있는 것이다.

人倫의 선천성과 후천성에 대한 명쾌한 분별은 禮記에서 더욱 뚜렷이 발견된다.

「事親 有隱而無犯…, 事君 有犯而無隱」(자식으로서 부모를 섬기는 데 있어서는, 설령 부모의 허물이 있다 해도 이를 덮어줄 수는 있는 것이지만, 이 때문에 부모와의 인연을 끊을 수는 없는 것이며… 臣下로서 人君을 섬기는 데 있어서는, 군주에게 잘못이 있으면 이를 감추어 줄 수 없고, 직접 그 폐해를 지적하고 따져야 하며, 그래도 끝까지 잘못을 깨닫지 못하면 할 수 없이 군주와의 인연을 끊을 수밖에 없는 것이다)─「禮記」 檀弓 上.

위에서 「事親」이란 「부모와 자식 간의 인간관계」를 말함인데, 「隱」이란 「잘못을 덮어주고 감춰준다」란 뜻이고, 「犯」이란 「얼굴을 붉게 물들여 침범해 간다」(顔面을 바꾼다)란 뜻으로, 이른바 「全面 부정」의 사태를 말한다. 血緣的 정서를 본질로 하는 부모와 자식 사이에는 비록 잘못한 것이 있거나 못마땅한 것이 있다 해도 이를 빌미로 삼아 그 관계를 人爲的으로 청산·단절할 수는 없다는 것이다.

바로 이러한 「인간에게 주어진 先天的 절대성」을 전제로 할 때만이 후천적 「인간 사회의 보편적 질서」는 바르게 유지·존속될 수 있음을 공자는 밝힌 것이다.

父母를 부인하는 金日成의 悖倫

「事君」이란 「임금과 신화와의 관계」, 즉 作爲的 선택으로 이루어지는 후천적 사회 현장을 말하는 것으로, 「事親」이 공동 사회의 기본질서를 대표하는 것이라면, 「事君」은 이익 사회의 윤리 모범으로 제시된 것이라 할 것이다.

사회 활동이란 그 참여 주체 각자가 나름의 뜻과 의지에 따라 상호간의 계약을 自意로 선택·변경·파기할 수 있는 것이다. 따라서 인위적 계약 사회에서는 서로의 필요성에 근거한 이익·이념·가치·공동선 등이 존립의 중심 원리가 된다. 그러므로 이익 사회에서는 애초의 설립 의미나 역할이 변질 또는 상실될 경우, 인위적으로 이를 해체 또는 부정할 수 있다.

계약 사회의 대표적 규범으로서 흔히들 「정치적 의리」를 내세우는데, 「정치적 의리」란 정치 조직원들의 공동의지, 즉 참여 당사자들 간의 정치 이념을 말하는 것이지, 당사자들 개인 간의 정서적 親疎관계를 지칭함이 아니다. 다시 말해 정치 義理는 계약적이고 조건적이기 때문에 일정한 수준과 정도의 권한과 의무가 수반되는 것으로서 이는 합리적 理性에 근거한 것이다. 반면 가정윤리는 본능적이고 무조건적이기 때문에 무한대의 사랑과 용서가 제공될 수 있는 것으로서, 이는 정서에 근거한 것이다. 이것을 마구 혼동하다 보니, 시골에 계신 자기 아버지에게는 소홀하면서도 政派의 首長에게는 무조건적 충성을 盟約하게 되는 것이다. 이것이 바로 不孝의 본질로서 人倫의 大道에 정면으로 위배되는 것이다.

북한에서 어린 아이들에게 「아버지의 잘못을 고발하여 낳아 준 아버지를 죽게 하고, 그 대가로 태어난 이후에 알게 된 金日成 어버이에게 훈장을 타는 것이 最高의 美德」이라고 가르치는 극도의 悖倫性을 우리는 근거 있게 간파해야 할 것이다.

앞에서 살펴본 人倫의 正道를 그 本末과 先後에 있어서 완전히 顚倒시킴으로써, 인류의 역사에 씻을 수 없는 상처와 원망을 남긴 主犯이 다름 아닌 공산주의 이념이며, 북한 정권의 실체 또한 그 亞流에 속한다는 점에서, 북한 정권의 탄생은 필연적으로 韓民族에게 죄를 지을 수밖에 없었던 것이며, 또한 참된 人格의 구현을 理想으로하여 살아 온 한민족의 原型을 뿌리채 부정함으로써 북한의 사회가 反전통적 모습으로 변질될 수밖에 없었던 것이다.

北에 偶像 도깨비가 판치는 이유

북한은 「인위적 사회혁명 이념」을 「인간의 本然的 정서 보존」보다 上位 가치로 설정하고 있는데, 이러한 가치의 倒錯은 필연적으로 현실적 실권자의 人爲的 의지를 최고의 권위로 받들게 되고, 따라서 하늘이 부여한 天賦 인권의 절대성을 편의에 따라 훼손·이용하게 된다. 이것이 가장 근본적인 북한 정권의 속성이며 한계이다.

인간 세계에 있어서 최고의 권위는 하늘로부터 연역할 수밖에 없다는 것이 인류역사의 기록이다. 그러나 공산주의 체제에서는 神性의 권위를 원천적으로 부정하다 보니 부득이 인위적 차원에서 조작된 대치물이 절실히 요구될 수밖에 없었던 것이다. 북한 정권은 영리하게도 이러한 공산주의 이념의 한계를 간파하고 이를 단순히 물리적 강제력으로만 강요하지 않고, 슬기롭게도 철학적 차원으로까지 심화시켜 「金日成 주체 사상」을 구축해 냈다. 지구상의 모든 공산주의 정권이 몰락하는 일대 위기 속에서 「우리 식으로 산다」면서 지탱할 수 있는 「그 나름의 효과」를 톡톡히 향유하고 있는 것이다. 이 문제에 대하여 필자는 지난 92년 8월. 北京에서 있었던 제4차 朝鮮學 국제 학술토론회에서 「檀君신화의 易哲學的 해석」이란 논문을 통하여 다음과 같이 지적한 바 있다.

〈북한은 상대적인 物性의 본질을 억지로 절대적 神性의 경지로까지 끌어 올려 고정화 시키려는 공허한 작업에만 골몰하게 됐다. 그러다 보니 神聖化될 수 없는 物性 자체를 억지로 신성화 시키려는 존재론적 矛盾을 강요하기에 이른 것이다.

형이상학적 神意가 특정 물체로 대표된다거나 神明性을 가질 수 없는 공간적 物象이 억지로 그 형상을 이상하게 꾸며서 마치도 神性을 드러내고 있는 것처럼 보이게 하는 것을 우리는 '우상 또는 도깨비'라고 말한다. 「春秋左傳」(宣公 15년)에서는 「天反時爲災, 地反物爲妖」(하늘이 그 계절의 질서－시간원리－를 어긋나게 하면 재앙이 되는 것이며, 땅이 그 물리적 形勢(공간법칙)를 어긋나게 하면 요사스러움(도깨비)이 되는 것이다)라 하였다. 여기서 妖(도깨비)라 함은 物性의 倒錯化된 神像을 말하는 것이다.

북한에서는 특정 개인을 唯一한 절대 이치로 강요하다 보니 실존적 인물의 偶像化 작업이 불가피했던 것이며, 그 결과 북한 인민의 일반 의지는 무시되고 인민은 오로지 특정 정치 이념이나 특정 정치 지도자를 장식하는 비인간적 도구로 당연시되었던 것이니, 오늘날 북한 인민의 생활상이 이를 명백하게 증거하고 있다.〉

사회주의 정권이 갖는 또 하나의 근본적인 盲点은 「사회성」을 인간의 기본 가치로 전면에 내세운 결과, 人間 생명성의 공간적 근거가 되는 보다 중요한 「국가성」을 몰각하게 되어, 「국가 해체」「역사 단절」「전통 부정」의 과오를 저지르게 된다는 점이다. 사회주의 이념에 근거한 북한은 그러므로 反전통적 사회로 전락될 수밖에 없었던 것이며, 역사 단절의 공허함을 억지로 메우려 하다 보니 엄연한 역사적 사실조차도 은폐 또는 造作하게 된 것이다.

傳統과 正統의 造作

역사란 「물리적 시간 위에 부여된 인간의 삶의 기록이며 그 의미」라고 할 수 있다. 여기서 시간이란 한 순간도 단절될 수 없는 연속성을 본질로 하고 있으며, 이것이 특정 민족의 생명성과 부합할 때, 단위 민족의 전통이 형성된다. 전통이란 그러므로 아무리 못마땅하고 불합리하게 주어졌다 하더라도 기본적으로는 이를 긍정하는 차원에서 受容·繼承할 수밖에 없는 것이며, 그러한 토대 위에서만이 새로운 전통의 創出도 비로소 가능해지는 것이다.

우리의 實存的 상황이 바로 그러한 「계속되어 온 삶의 연장선 상」에 있다는 점에서 전통의식은 인간에게 선천적 조건을 제공하는 것이며, 따라서 부모의 존재를 부정할 수 없는 것과 마찬가지로 전통 문화 역시 전면 부정이 불가하다. 그런데 북한은 韓民族의 정신적 原形質을 단절하고 외래 사조인 마르크스·레닌주의에 접붙이기를 하여 「인간의 삶의 조건」을 인위적으로 건설하고 있는 것이다.

오늘날 북한 사회에서 민족의 정서가 깃든 전통 문화가 사라지고, 그 대신 근거 없이 변용된 기형적 문화가 판치게 되는가 하면, 민족의 명절보다 김일성 부자의 생일에 더 큰 축제가 열리는 것도 사회 조작의 한 모습이다. 그들의 人共旗가 한민족의 傳統 문양과는 전연 맥을 두지 않는 단순한 作爲的 도안에 불과한 것이라든지, 그들의 「력사사전」에 수록된 인물 1백66명 중 54%에 해당하는 90명이 현대 인물이고, 그 중에서도 김일성 가족이 7명이나 되는 것은 역사 해석의 恣意性을 그대로 반증하고 있는 것이다.

그렇다면 「傳統性」의 문제와 「國家性」의 문제는 어떤 필연성을 갖고 있는 것일까?

한 마디로 말하면 전통이란 「시간의 先天性」을 갖고 있는 것이고, 국가란 「공간의 先天性」을 갖고 있는 것으로, 두 가지 개념이 모두 「인간의 삶의 先天的 地平」이 된다는 점이다.

따라서 전통 의식 부정은 곧바로 국가 의식 해체와 상통하게 되는 것이다.

북한의 金日成 집단을 하나의 政權으로는 볼 수 있으되, 진정한 의미의 「國家」로 인정받기에는 원천적으로 자격 미달일 수밖에 없는 근거가 바로 여기에 있는 것이다. 이에 대해서는 章을 달리하여 좀 더 상술하겠다.

인간의 존재근거는 세 가지로 구분 · 집약된다.

인간과 만물은 모두가 宇宙內的 존재란 점에서 宇宙性 (天道 · 神性)이 첫번째의 생명근거가 된다. 그런데 이러한 「하늘의 의지」(종교적으로 말하면 하느님의 사랑)는 형이상학적 원리로서 物形的 존재가 아니며, 따라서 신체를 갖고 있는 인간의 실존적 생명은 부모를 통하여 탄생되는 것이다. 즉 자식을 낳는 부모의 사랑 행위는 하늘이 갖는 萬物 創生의 권능을 代行하는 일인 것이다. 따라서 두 번째의 인간 존재의 근거는 두 말 할 것도 없이 자기를 낳아 준 부모인 것이다.

儒敎에서 보는 國家

주역에서는 「殷薦之上帝 以配祖考」 (하느님께 제사를 드릴 때는 자기를 낳아 준 조상님도 나란히 함께 모신다. ―周易 · 豫卦)라 하여, 인간은 하느님과 祖上神을 동격으로 받아들여야 함을 언명하고 있다. 따라서 인간은 자기의 생명 근거인 하느님과 부모님께 마땅히 예배드려야 하는 것이며, 인간에게 있어서의 신앙심과 孝心은 生得的이고 보편적인 것이다.

한편 국가란 生命 현상의 물리적 地平으로서, 태어나는 실존적 인간에게 있어서는 (선택의 여지가 주어지지 않는) 先天的 조건이 되고 있다. 이것이 바로 국가 개념이 갖는 先天性(숙명성)이며 「사회성」과 본질적으로 구분되는 개념의 차이다. 이 점에서 국가란 단순히 사회를 구성하는 여러 가지 요소들 중의 하나인 또 하나의 「單位社會」가 아닌 것이다.

따라서 사회 일반을 해설하는 시각으로 국가의 본질을 모두 설명하고자 할 때, 필연적으로 오류를 범하게 될 수밖에 없는 것이며, 그리하여 국가 개념의 정립에 실패하게 되고, 끝내는 「국가 해체 상황」을 오히려 「성숙되고 완성된 理想 사회의 모델」이라고까지 주장하게 되는 것이다.

앞에서 언급한 대로 인간은 부모를 임의로 선택할 수 없듯이, 국가 역시 선택의 대상이 될 수 없다는 점에서, 자기가 태어난 국가가 아무리 못나고 불편해도 전면 부정은 불가능한 것이다.

이렇듯 국가 의식과 부모에 대한 사랑이 본질적으로는 동격이기 때문에 「어머니 나라」(母國), 「할아버지 나라」(祖國)라고 불리우게 되는 것이며, 그러므로 진정한 애국심이란 본능적이고 자발적인 것으로, 부모에 대한 효심과 항상 脈을 같이 하는 것이다.

둘째, 인간의 생명은 하나의 「시간적 연속성」을 갖는 것인데, 국가가 人格性의 전제 조건이 될 수 있는 것은 그 국가에 「연속된 역사성」이 살아 있을 때에 한한다. 그런 점에서 대한민국이란 나라는 오천년 역사의 연속성을 꾸려 왔고, 이만한 역사적 맥락을 유지하고 있는 나라가 이 세계에는 그리 흔한 것도 아니라는 점에서 韓民族은 자부심을 가질 만한 것이다.

이러한 「인격성의 국가적 연속성」을 한 마디로 말하면 「統」이라 할 수 있으니, 단위 국가 또는 단위 민족의 「일관된 삶의 양식」(文化)이 끊이지 않고 오늘에까지 계승·전수되어 온 것을 우리는 「傳統」이라 하고, 그 전통의 내용과 형식을 훼손하지 않고 제대로 보존하고 있는 주체를 「正統」이라고 말하는 것이다.

(統이란 글자 자체가 실(糸)처럼 이어져 오는 血統을 지탱한 것이다.)

이런 점에서 국가에는 하나의 「統」이 있지만, 공간적 현상을 위주로 하는 사회 개념에는 「統」이 있을 수 없는 것이다. 그러므로 국가는 반드시 역사성을 내포하고 있어야 하고, 그 역사성을 일정한 공간에서 보장해 줄 수 있을 때, 우리는 이를 「진정한 국가」라고 인정할 수 있는 것이다.

특히 「국가」란 비록 물리적 공간을 필수 요건으로 삼고는 있지만 「사회」가 요구하는 단순한 현장과는 그 성격이 다름을 알아야 한다. 사회가 존립하는 공간에는 일정한 경계선이 없다. 그러나 국가에는 일정한 테두리, 즉 국경이 필수적으로 요구되는 것이며, 국경의 유지가 곧 국가 保衛와 상통하는 것이다. 사회주의자들이 극단적으로는 국가의 불필요(무정부 주의)를 제창하게 되는 이유도 여기에 숨어 있는 것이다.

여기까지의 논의를 진행해 놓고 보면 최근에 다시금 쟁점으로 떠오르고 있는 국가보안법 改廢문제에 대해 어떠한 시각으로 접근해야 옳은 것인지 쉽게 정리할 수가 있을 것이다.

국가 보위 의지는 존속시켜야

국가보안법 개폐를 주장하는 측이나, 이의 存置를 옹호하는 측이나 필자가 보기에 답답하고 한심하기는 마찬가지이다. 우선 대통령과 관계 장관의 방어 논리는 「한국은 南北 대치의 특수 상황 때문에 국가보안법을 가지고 있어야 한다」는 것이다. 이른바 상황논리 · 對應 전술이다. 그러나 「國家保衛」는 국가 주변의 특수 사정에 따라서 필요할 수도 또는 불필요할 수도 있는 게 아니라, 반드시 지켜야 할 「일반적이고도 보편적인 가치」인 것이다.

만약에 법률적으로 검토할 사항이 있다면 이는 어디까지나 국가적 차원에서 다룰 문제이지 정치적 흥정거리는 아닌 것이다. 「국가성의 유지·계승」은 국민이 지켜야 할 「보편 가치」이기 때문에 비록 남북이 통일되어 남북 대치 상황이 해소된다 해도 「국가보안법」(명칭은 다르다 하더라도 그 입법 취지에 부합되는 國家 수호 장치)은 여전히 소용되는 것이다.

국가보안법을 없애라고 하는 주문은 「쳐들어 올 敵도 없는데 무엇 하러 울타리를 치느냐」하는 식의 편의적 발상이다. 모든 국경에 철책이 있는 것은 아니다. 오히려 세계 여러 나라의 국경에는 울타리조차 없으며 간단한 표식이 있을 따름이다. 울타리가 없어도 국경은 존재하듯이 적이 침략한다는 현실적 징후가 없어도 국가 보위의 의지는 엄연히 존속시켜야 하는 것이다.

그런데도 왜 야당은 국가보안법을 정치적으로 들먹이게 되고, 여당은 방어 논리에 腐心해야 하는가? 그것은 다름 아닌 앞서 언급한 사회성과 국가성의 본질 개념을 혼동하기 때문이다. 「민주질서 보호」란 그 목적이 이른바 「社會 正義 구현」이며, 「국가보위」란 그러한 사회 자체의 존립을 결정짓는, 보다 상위 가치인 「國家性 수호」의 차원인 것이다. 법의 제정과 집행에도 차원과 格이 따로 있음을 알아야 할 것이다.

지금까지 필자는 「人倫의 보편적 가치」 그리고 인생살이의 공간적 터전인 「국가의 존재 의의」 등에 대해 정리해 보면서, 이러한 절대 기준 위에서 북한 정권의 속성과 한계가 무엇인지를 아울러 점검해 보았다. 그 과정에서 이미 韓民族의 역사 正統이 어디로 귀착되어야 하는지는 분명하게 제시되었다 할 것이다.

그럼에도 불구하고 현재의 남북 상황을 예의 주시해 보면, 한민족의

正統性 논쟁이 여전히 계속되고 있으며, 날이 갈수록 강도를 높이는 북의 집요한 사상 전술에 남한은 점차 말려들고 있는 게 아닌가 하는 일말의 불안을 감출 수 없다.

金日成은 당장 선택해야 한다

통일의 大業을 구체적으로 다루어야 할 시점이 눈앞에 到來하였음에 필자는 김일성 주석이 선택해야 할 「올바른 方途」에 대해 다음과 같이 제시해 주고자 한다.

첫째, 무엇보다도 먼저 「김일성 주체사상」의 근본적인 오류를 솔직히 자각·고백·극복하려는 노력이 있어야 한다. 앞서 살펴보았듯이 북한은 이를 「민족의 문제」로 전환시켜 보려고 애쓰고 있기는 하다. 그러나 출발 자체가 唯物史觀에 입각한 공산주의 철학에 두고 있기 때문에, 주체사상이란 아무리 크게 보완·수정한다 해도 성공할 수가 없는 것이다.

두 번째로 김일성은 그가 저지른 6·25의 죄 값을 스스로 자청하고 과거의 반민족적 도발 행위에 대해 反省·회개하는 고백 儀式을 반드시 거쳐야 한다. 통일이 어려운 이유는 단순히 남·북의 政權的 속성 때문만이 아니다. 회한과 원한의 6·25라는 체험적 상흔이 워낙 크기 때문에 통일 사업이 그토록 힘든 것이다.

따라서 통일 작업의 실마리는 한민족의 뼈 속 깊이 맺힌 응어리를 풀어내는 解寃 의식으로부터 시작되어야 하는 것이다.

세 번째로 환기시켜 줄 것은 김일성은 남한의 역량을 과소평가해서는 안 된다는 점이다. 김일성의 눈에는 남한 내의 혁명 조건이 나날이 성숙해 가고 있으며, 자신의 계획대로 95년 統一 元年의 축제를 서울에서 치를 수 있을 듯이 보일지도 모른다. 그도 그럴 것이 남한 내의 유력한 인사들이 모두 다 김일성 주석을 알현하고 싶어 안달이 나 있고, 더구나 유사시에 일정한 힘을 동원할 수 있는「확실한 세력」을 이미 구축해 놓았으니, 이제는 시간만 좀 더 기다리면 만사가 잘 될 것으로 낙관할 만도 하다. 그러나 그것은 커다란 착각이다. 남한의 겉모습이 만만해 보이고, 지도자도 없이 마냥 들떠 있는 듯 비치기도 하지만, 그 배면에 흐르고 있는 민족적 잠재력은 엄연히 살아 있는 것이다.

이제 金 주석이 선택할 길은 외통수 한 가지 방도 밖에 없다.

그것은 하루라도 빨리 세계 인류 문명의 보편적 흐름에 동참하는 길이다. 김일성은 그 나름의 무슨 妙手라도 있는 것 같지만 눈을 한번 들어 세상을 대범하게 鳥瞰해 보면, 開放과 改革 이외의 살 길은 없음을 알아야 한다. 북의 지도층이 세계사의 큰 흐름에 合流하기로 결단을 한다면, 김일성은 북한 인민과 더불어 함께 살아가는 길이 열리고, 또 그 나름의 흔적이 역사에도 기록될 것이지만, 끝내 자신의 고집과 억지에 도취되어 무모하게 버티다가는 김일성 부자와 그 핵심 측근만이 결국은 비극적인 최후를 맞이하게 될 것이다.

이러한 필자의 충고에 김일성은 아마도 다음과 같이 말하면서 웃을 것이다.『권력과 무기를 한 손에 쥐고 있는 내가 죽게 되면 모두가 함께 죽는 것이지, 왜 나만 죽을 것인가? 核爆彈은 심심해서 만드는 게 아니야』라고.

金日成의 한계

그러나 그것이 바로 인간 김일성의 한계이다.

역사의 神은 때로는 심술궂기도 하지만, 그렇다고 비정하지만도 않다는 것을 알아야 한다. 고생 속에서도 善하게 살아온 인민 대중들의 생명을 金주석 개인의 이기심을 충족시키기 위해 무자비하게 죽일 만큼 역사와 하늘은 무관심하지 않은 법이다.

그가 세계 인민을 상대로 마지막 도박을 정말로 감행하려 든다면, 그 순간 그 자신은 루마니아의 차우세스쿠처럼 비참한 말로를 장식하게 될 것이다.

여기 대한민국에는「김일성의 本質」과「韓民族의 장래」에 대하여 북한의 지도층보다 한 차원 더 높고 더 깊게 꿰뚫어 볼 수 있는 민족적 洞察力과 지혜가 시퍼렇게 살아 있다. 통일의 사명이 대한민국에게 주어져 있음은 이 때문이다.

지금부터라도 김일성이 진정으로 통일의 대업에 동참하여 한민족의 역사에 의미있는 지도자로 기록되고자 한다면, 한 가지 확실한 방도가 있다. 그것은 남한 내의 일부 政客이나 운동권 인사들만을 상대로 對南 전술을 구사할 게 아니라 직접 남한의 민주시민 (중산층), 건전한 일반 대중의 마음을 사로잡는 방법을 쓰는 것이다. 다시 말하면 "남한의 백성이 감동할 수 있는 사업"을 내놓으라는 것이다. 그것은 지금 입고 있는 두터운 외투를 미련 없이 벗어 던지는 데에서 비로소 가능해진다. 이 결단을 하지 못하면 김일성의 장래는 불행해질 수밖에 없다.

김일성은「역사의 섭리」까지도 전술화 할 수 있다고 오만해 있다. 김일성의 한계는 자기가 마치 큰 것도 속이고 있는 줄 착각하고 있는 데 있다.

그것이 공산주의자들의 병폐이고, 인간 김일성의 비극이다.

걱정 속에서도 한 가닥 확신과 위안이 되는 것은, 半萬年 이어온 한민족의 생명성은 결코 예서 끝나지는 않을 것이라는「이 민족의 장래에 대한 하나의 哲學的 信念」이다. 어려운 역사의 굴곡을 끈질기게 헤쳐 온 오늘의「우리들 모습 자체」가 이를 웅변하고 있기 때문이다.(1994. 7)

5

韓國 知識人의 無知와 僞善을 慨歎한다.

-"배우고(學) 가르치는(敎) 일"에 대한 동양적 규정-

우리가 기댈 중심 기둥은 있는가?

두어 달 전에 자식이 부모를 찔러서 불태워 죽인 차마 입에 담지 못할 패륜 행위가 바로 우리의 이웃에서 자행되었다. 사람들은 경악했고, 그 중에서도 이름 깨나 있는 지식인들은 일거리가 생긴 듯 이곳저곳 언론 매체를 날아다니며, 화려한 수식어와 근엄한 표정으로 사건을 분석하고 향후의 대비책 등을 쏟아 놓았다.

그렇게 한동안 법석을 떨더니 이제는 그럭저럭 알맞게 잊어가고 있다.

얼마 전에는 저쪽에서 김일성이가 조용히 저 혼자 죽었는데, 공연히 이쪽의 우리들이 들고 일어나서 이른바 조문 파동·이념 논쟁·주사파 해석 등으로 각각 패를 가르고는, 지금까지도 서로 간에 삿대질을 해대고 있다.

여기서도 내로라 하는 교수·학자들은 물을 만난 고기처럼 이 여울· 저 둠벙을 휘젓고 다니면서 빼어난 말솜씨를 자랑하고 있다. 그저 짐작 갈 만한 정도의 논평과 해석을 들먹이면서 우리사회에 더 이상은 좁힐 수 없는 「숙명적 평행선」이 상존함을 새삼 일깨워 주고는 할 일을 다 한듯

연단을 내려오고 있다.

그런 저런 「지식인들의 말씨와 몸짓」을 지켜보면서 필자는 어떤 공복감과 동시에 일종의 역겨움마저 느끼게 된다. 도대체 저기 펼쳐진 수많은 논리와 주장들은 얼마만큼의 眞實性과 正當性과 必然性을 가지고 있는 것일까? 무엇이 정답이고 어디까지가 원칙인가? 이 시대에 누가 소크라테스이고 어느 분이 소피스트인가?

왜 논설은 풍성한데 혼란은 가중되고, 목청은 높은데 권위는 찾기 어려운가?

이제는 무언가 확실하고 분명한 잣대를 마련할 때가 되었다.

어렵고 귀찮고 힘들더라도 어디서부터인가 실마리를 찾아야만 한다. 그래서인지 某 일간지에서는 시의 적절하게도 「이제 할 말은 하자」「곧은 말이 존중되는 사회를 만들자」면서 「참말 보호운동」을 벌이고 있다. 그 기사를 읽으면서 필자는 또 다시 걱정에 빠진다. 도대체가 무엇이 「할 말」이고, 어느 것이 「안할 말」인지를 알아야만, 말을 하든지 말든지 할 게 아닌가?

오늘의 지식인들은 용기가 없어서 욕먹는 것만이 아니다. 사실 더 큰 문제는 그들이야말로 「참말로 無識하기 때문에」 제 역할을 다하지 못하는 것이다.

필자는 뺨맞을 각오로 극언한다. 오늘의 韓國 知識人들은 거개가 무식하고 또 교활하다. 얼마나 무식하고, 어떻게 교활하며, 왜 僞善的인가를 이제 한번 따져 보자.

이에 學問一般, 즉 「가르치고 배우는 일」로서의 教育의 本質을 東洋的 觀點에서 정리해 보고, 이 시대 이 땅에서 「지식인 노릇 한다는 것」이 얼마만큼의 가치와 의미가 있는가를 짚어보고자 한다.

그럼으로써 우리의 삶을 지탱해 줄 굳건한 「중심 기둥」을 삼가 聖賢의 말씀으로 세워 볼까 한다.

敎育의 핵심은 人倫을 밝히는 것

禮記에서는 「玉은 다듬지 아니하면 쓰임이 될 수 없고 사람은 배우지 아니하면 道를 알지 못한다」(玉不琢不成器, 人不學不知道)라 하여, '배우는 일'의 본래적 의미는 「道(理)를 아는(知) 것」이라 규정하고 있다. 즉 배워야만 道理를 알고, 理致를 알기 위해서는 반드시 배워야 한다는 것이다.

여기서 道란 사람이 마땅히 선택해서 가야만 할 「길」이기에 「길 道」이며, 이는 인류 역사에 출현하신 聖人이 말씀으로 가르쳐 주신 것임으로 또한 「말씀 道」이다. 다시 말하자면 「성인이 하신 말씀(道)을 배워서(學) 사람으로서 응당 가야할 길(道)을 깨닫도록 하는 일체의 인간 행위」를 우리는 敎育이라고 하는 것이다.

그렇다면 인간은 왜 배우고 가르치는가?

인간만이 「인간답게 사는 길」을 문제 삼는 존재이기 때문이다. 강아지들이 모여서 「강아지답게 사는 길이 무엇인가」를 토론하지는 않는다. 天地 萬物 중에서 유독 인간만이 인간답게 살아야 하는 의미를 공부한다. 인간이란 「人格的 삶의 方式」을 통해서 만이 인간으로 태어난 의미를 만끽하고 또 만족할 수 있기 때문이다.

어떻게 하는 것이 인간답게 사는 일인가? 그것은 「하늘의 질서에 합당한 인간의 원칙」을 세우고 이에 따라 日常事를 꾸려가는 것이다. 이를 「人倫」이라고 한다.

孟子는 이에 대해 다음과 같이 말하고 있다.

「옛날 夏 · 殷 · 周 三代에는 각각 校 · 序 · 庠이라는 교육 기관이 있었다. 校에서는 가르치는 일(敎)을 위주로 하였고, 序에서는 활쏘는 일(射)에 치중하였으며, 庠에서는 기르는 일(養)을 우선하였다. 이렇듯 시대에 따라 교육의 중심 내용도 서로 특징이 달랐으나, 三代에 모두 공통된 교육 목표가 있었으니 이것이 바로 인륜을 밝히는 일(明人倫)이었다 … 사람들에게는 반드시 지켜야 할 도리가 있는 것이니, 배불리 먹고 놀기만 한대서야 짐승과 다를 바 무엇이겠는가? 그러므로 옛날 聖人은 인간들에게 무엇보다도 우선하여 人倫을 가르치게 하였던 것이다(敎以人倫).」

이상의 논지는 제대로 된 敎育이 아니고서는 (人倫이 밝혀지지 않으면) 짐승 같은 세상(깡패사회)이 될 수밖에 없음을 지적한 것이다. 우리 사회에서 커다란 걱정거리가 되고 있는 폭력 사태 · 부정 부패 · 독선과 횡포 · 主思派 횡행 등의 근본적인 원인도, 사실 깊이 새겨보면 정치적 이유나 북한의 대남 전략에만 있는 게 아니라, 人倫을 제대로 공부하지(가르치지) 못한 데에 있음을 알아야 한다.

이처럼 소중한 교육의 목적은 오늘날 학문의 전당인 「大學」에서 완성된다.

朱子는 「大學」을 「大人之學」으로 풀이 하였는데, 여기서 大人이란 키 큰 사람, 나이든 사람을 말하는 게 아니라, 이 사회에서 어른 노릇 할 수 있는 사람. 즉 지도자적 인물을 말하는 것이다. 다시 말하면 指導者 노릇 하기 위해서는 반드시 크게 배워야 하며, 큰 배움이 아니고서는 진정한 어른 노릇은 할 수 없음을 言明한 것이다.

「어른 노릇」이란 어떤 일을 스스로 판단 · 결정 · 선택하고(自律性), 그 일을 스스로의 힘으로 추진 · 집행하며(專門性), 그 일의 결과에 대해서 스스로 책임을 지는(道德性) 「主體的인 行爲」를 일컫는다.

이러한 「어른 노릇」에는 구체적으로 두 가지가 있다. 하나는 자식을 낳아 기름으로써 생명성을 이어가는 가정에서의 「父母 노릇」과, 다른 하나는 백성을 다스려 인격적 삶의 현장인 국가를 유지·보장하는 「王者 노릇」이 그것이다.

學問의 主體인 先生(스승)이 「부모적 차원」과 「지도자적 차원」에 동시적으로 참여할 수밖에 없는 숙명적 근거가 바로 여기에 있는 것이다.

부모의 心性을 버리고는 선생 노릇 할 수 없다.

오늘날 한국 사회에서 일반화 되어 있는 '대학의 비극'은 선생과 학생과의 관계를 피차에 계약 관계에서만 인식하고 규정하는 데에서 기인한다. 그러나 선생과 학생이 존립하는 근거는 「物的 利害관계」가 아니라 「道의 授受관계」에 있는 것이다.

특히 대학에는 불신감을 조성하는 두 가지의 배타적 시각이 있는데, 선생은 「요즘 애들은 학생이 아니야, 저런 애들을 가르쳐야 한다는 것 자체가 위선이야, 난 포기 했어」라고 체념하고, 학생은 「저런 따위의 관심거리가 대학의 공부 거리라면 난 집어 치우겠어. 우리들에게 진정한 스승은 없어」라고 절망한다. 그렇다면 그 둘 중에서 누가 진짜 잘못하는 것인가? 각각에게 절반씩의 책임이 있는 것인가? 그렇지 않다. 전적인 책임은 어른 노릇해야 할 선생에게 있는 것이다.

학생이 학생 노릇 하지 못한다고 해서 선생이 선생 노릇 하지 않아도 되는 것이 아니다. '배우는 자의 부족함 때문에 가르치는 자의 허물이 면책되는 것'은 더욱 아니다. 그것이 바로 선생 하겠다는 사람에게 부여된 성스러운 숙명이다. 선생 노릇하기 어렵다는 것은 이를 두고 하는 말이다. 배우는 학생은 잘못할 수도 있다. 모르기 때문에 배우는 것이다. 그러나 그것을 잘못이라고 끝까지 敎化해야 하는 것이 선생의 할 일이다. 이는 자식을 기르는 어버이의 사랑이 아니고서는 불가능하다. 부모는 자식을 먹여서(밖으로 · 신체적으로) 길러 주는 養育의 주체이지만, 선생은 학생을 가르쳐서(안으로 · 인격적으로) 길러 주는 敎育의 주체이다. 둘 다 「길러내는 일(化育)」에는 공통된 것이다. 오늘날의 선생들은 자식에게 실망하여 토라지는 경박한 어버이의 몸짓을 너무도 쉽게 내보이고 있다. 사실 자식이란 그저 받아들여야 할 사랑일 뿐, 요리조리 따져보고 필요에 따라서 취사선택 할 수 있는 조건적 대상물은 아니다. 大學生들도 그들이 학생인 이상 밖으로 덩치만 컸지 아직 안으로는 성숙되지 못한 「아이」인 것이다. 선생이 이 엄연한 교육 원리를 자각하지 못하는 한, 大學은 언제나 「知識 商店」에 그칠 뿐이다.

왜 이렇게 되었을까? 오늘의 선생들도 얼마 전에는 학생이었다. 학생 시절에 바른 교육을 받지 못했기 때문에 그렇게 된 것이다. 혼란의 시대를 겪으면서 오늘의 선생들은 제바르게 공부할 환경을 갖지 못했다. 이것이 바로 우리 시대의 비극이다. 그러한 「교육 현장의 비극성」을 상징적으로 대변해 준 우리의 뼈아픈 체험이 있었으니, 이른바 실패로 끝난 「전교조의 참교육 운동」이 그것이다.

전교조 운동의 실패에서 우리가 배워야 할 것들

출범 당시 전교조에서는 「참교육 실현」을 목표로 하고, 사회 개혁 운동 방식을 수단으로 하는 것처럼 행동하였고, 또 일부 순수한 교사들은 그것이 가능한 것이고 그렇게 해도 정당한 것인 줄 오해하여, 적극 지지하기도 하였지만, 실상은 「교육 개혁」이라는 깃발을 내걸고 「정치 투쟁」을 벌였던 것이다.

무릇 사회단체가 주도하는 「운동」과 정부 당국이 실시하는 「정책」은 그 성격과 목표가 달라야 하는 것이니, 운동이란 그 「의미와 원칙」을 밝히는 데 목적을 두어야 하는 반면, 정책은 그 「제도적 실효성」을 보장하는 데 목표를 두어야 한다. 그러나 당시의 전교조 운동은 참 교육의 뜻을 밝혀야 하는 「운동」으로서의 본래적 성격을 일탈함으로써, 「교육현실의 제도적 개선」이라는 정책적 주장으로 흘렀고, 결과적으로는 교육 운동이 아닌 정치 투쟁으로 변질되고 만 것이며, 여기에다가 일부 교사들의 은밀한 집단 이기심까지 영합하였고, 나아가 사회 변혁의 불순 세력까지 침투되어, 「교육의 본질적 의미」를 완전히 혼란시켜 놓았던 것이다.

혹자는 교육자도 노동자이며 교육적 개혁도 범사회적 운동 방식과 다를 수 없으며, 교육자에게 순교자적 명예를 씌워 敎職을 聖職으로 묶어두려는 시각 자체가 바로 「타파해야 할 구시대적 교육관」이라고 말하기도 한다. 그러나 이는 모든 가치를 재는 데 있어서, 노동(생산)가치를 숫자로 셈하는, 이른바 「계량적(산술적) 방법」만이 절대·유일·정당한 것이라고 믿는, 오늘날 통념화 된 사고방식의 평면성과 경직성에서 기인된 것이다. 교육 가치를 노동 가치로 대체해서 이해하려는 것은 마치도 줄자로써 무게를 재려는 것과 같은 발상이다. 교육의 본질이란 본디 물리적 숫자만으로는 충분히 계측할 수 없는 것임에도, 억지로 이를 고집할 때 교육의 참 뜻은 왜곡될 수밖에 없다.

필자는 강의 중에 학생들에게 이런 농담을 즐겨 한다. 「돈을 벌고 싶으면 "사랑의 체온계"를 개발하여 발명 특허를 내라. 빌 게이츠 만큼 부자가 될 것이다.」

사랑의 정도를 수치로 검증할 수 있는 체온계가 발명된다면 (요즘은 같은 불신시대에) 사랑을 확인하고 싶은 연인들 사이에서 불티나게 팔릴 것이다. 그러나 안타깝게도 사랑은 분명히 존재하지만 그것은 숫자로 재어지지 않는 것이다. 교육이란 본질적으로 「사랑의 地平」에서 꽃피는 것인 데도 전교조는 이 원리를 망각했던 것이다.

전교조의 가장 큰 오류와 착각은 최고의 이념이며 목적이 되어야 하는 「교육 행위(진리의 전수 행위) 자체」를, 그것보다 하위 개념인 현상적(제도적) 부조리를 개혁하기 위한 도구로 써먹은 데에 있었다.

운동의 내부에 이미 이러한 근원적인 결함을 내포하고 있었기에 전교조 운동은 끝내 실패하고 만 것이다. 전교조 운동이 실패하였다는 것은 이 땅의 기초 학습 환경. 즉 초·중등 교육이 아직은 건강하다는 증거를 보여주는 것이라 아니할 수 없다. 그러나 전문 학습 환경. 즉 대학에서의 교육 이념과 원칙은 참담하게도 무너지고 말았으니, 이 때문에 한국 지식인의 無知와 僞善은 고질화되기 시작한 것이다.

한국의 지식인은 伏地 眼動의 전문가

한국 사회의 본질과 대학 사회의 속성에 대해 누구보다도 근거 있게 파악하고 있는 서울의 한 元老 교수에게 필자는 「한국 지식인의 실상은 어떤 것인가」를 질문하였다. 이에 대해 그 분은 다음과 같이 서슴없이 답해 주었다.

「한국의 지식인. 특히 대학 교수들은 伏地眼動의 전문가이며 전천후 기회주의자이다. 한국의 교육은 대학에서 망친다. 고등학교 때까지 나름대로 열심히 공부해 온 것들을 대학에 들어오자마자 전면 파기해야 할 운명 앞에 신입생들은 놓이게 되는데, 지금까지 공부한 것들은 모두가 더럽고 혐오스러운 것이기에 폐기 처분하고, 우리를 이렇게 가르친 사회와 지배 계급을 타파해서 새 세상을 건설하는 것만이 참된 대학인의 사명이라고 역설하는 이른바 '의식화 학습'이 자행될 때, 이를 정면에서 꾸짖고 명쾌하게 지적해 줄 지식과 용기가 없는 대학 교수들은 그저 방관자인 동시에 공범자가 되어 대학의 학문 정신을 이렇게 오염시키고 말았다. 체계적인 지식과 학문에 대한 신념이 없다 보니 자연히 정권의 언저리를 배회하면서 세속적 출세를 지향하게 되거나, 밖으로 얼굴을 내미는 데에 요령이 적은 사람들은 학내의 파벌 형성, 보직 다툼 등으로 세월을 보내고 있는 게 실상이다.」

이러한 혹독한 비판은 사실 새로운 것은 아니다. 작년 9月 初. 강원대 교수협의회 회보에 발표된 지구 물리학과 朴昌庫 교수의 글 「대학 사회의 위기와 문제」(한 교수의 大學白書)는 대학의 실상을 너무나 적나라하게 분석·고발하여 일대 파문을 일으킨 바 있다. 필자는 언론에 소개된 박 교수의 글을 읽고는 아마도 이런 분이 어느 구석인가에 계시니까 그나마 이 나라가 버텨 나가는 모양이라고 감격한 기억이 새롭다.

朴 교수가 고마운 것은 어른으로서, 선생으로서 자기의 할 일을 제대로 알고 책임있고 용기있게 해 나갔다는 것. 즉 「주체적 행위」를 증거 했기 때문이다. 이에 반하여 박 교수로부터 꾸지람을 받아야 할 많은 지식인들은 「주변의 여러 가지 가변적 상황과 조건」에 따라 종속적으로 살아왔기 때문이다. 그렇다면 오늘의 지식인들은 어째서 무지하고 또 위선적일 수밖에 없는 것일까?

判斷을 猶豫하는 지식인은 소피스트일 뿐

東洋學의 중심처에는 周易이 있다. 주역에서 우리가 배워야 할 현실적인 효용성은 과연 무엇일까?

주역의 핵심적 의의는 괘상(卦象)의 상징성을 명쾌하게 잘라 말한 이른바 단사(彖辭)에 집약되어 있는 데, 彖辭에서의 "彖"은 判斷의 뜻을 가지고 있다. 그러므로 주역의 성격을 한마디로 말하면 「판단의 書」가 되는 것이니, 그 판결의 근거를 하늘의 뜻(神明性)으로 규정하면 『鬼神之書』가 되는 것이고, 판단의 혜택을 인간 사회로 열어 놓으면 「吉凶之書」가 되는 것이며, 그 결단의 주체를 최고 통치자에게 부여하면 「王道之書」, 「治世之經」이 되는 것이다.

우주 만물 중에서 유일하게 인간만이 경험하지 않은 미래적 삶을 위해 현재적 결단에서 고민하는 시간적(역사적) 주체이다. 여기에 보편 인류의 실존적 고뇌가 있고 지도자는 그 정점에 있는 존재이다. 무릇 판단은 분명한 근거에 따라야 그 결과가 유익하게 된다. 이 세상에서 가장 명쾌한 것이 무엇이겠는가? 그것은 두말할 것도 없이 이치(道)이다. 그러므로 지도자는 응당 道에 따라 판별해야 하며, 동양의 지혜는 바로 이 易道에 집중되어 있는 것이다.

고대 사회에서는 정치적 지도자가 곧 최고의 지식인이었다.

道를 修得한 道體를 우리는 先生(師)이라고 말하는데, 周易의 師卦에서는 「師」의 존재 의미를 「王者」와 동격에서 설명하고 있다. (師衆也…能以衆正 可以王矣) 이는 「道를 배워서 아는 者만이 統治할 수 있다(해야 한다)」는 王道 政治사상의 핵심을 언급한 것이다.

오늘날 지식인의 역할을 정치적 문제와 함께 논의해야 할 철학적 배경이 여기에 있는 것이다. 다시 말하면 지식인은 마땅히 정치 · 지도자로 하여금 옳고 바르게 (道에 따라) 국가를 경영하도록 사회 전반의 문제에 대하여 비판하고 · 조언하고 · 계도하는 역할을 담당해야 한다는 것이다. 실로 지식인의 판단 여하는 그대로 국가 장래와 운명을 같이 하는 것이다. 이 점에서 지식인은 정치 지도자와 그 명예를 같이 하는 것이기도 하다.

그런데 오늘날 대부분의 지식인들은 어떤 분명한 보편 진리에 근거하여 현실을 판단하기 보다는 자신들의 성장 배경 · 개성 · 취향 · 전공 분야 등에 더욱 크게 영향 받고 있는 형편이다. 그러다 보니 동일한 사태에 대한 상이한 평가가 나오게 되고, 그 상이한 평가 사이의 모순과 갈등이 불가피하게 되며, 이러한 진단과 분석에 근거하여 지도자는 판단 · 처방 · 결심하게 되는 것이니, 오늘날의 정치적 갈등의 배경이 바로 여기에 있는 것이다.

兩是 · 兩非論의 虛構性

지식인의 가장 反知識的 태도가 바로 兩是 · 兩非論이다. 이것은 공동 범죄자들끼리의 '서로 봐주기 논리' 이기 때문이다.

「내가 잘못한 것은 사실이라고 치자. 그렇다고 너도 잘한 것은 없지 않은가? 우리 서로 같은 처지에서 대충 넘어가자」는 식의 논리가 그동안 문제되었던 정치적 쟁점의 기조를 이루고 있다. 매사를 이런 식으로 인식하고 처리할 때, 국민의 입장에서 보면 똑 떨어진 해결이 되는 것은 하나도 없다.

정치인들의 이러한 자기 변호 논리에 보다 세련된 미사 여구를 보태 주면서, 양쪽을 짐짓 같은 무게로 혼내기도 하고, 또 다시 슬그머니 양쪽 모두가 빠져 나올 수 있는 길을 터주기도 하며, 결국은 양쪽 모두에게 일정한 권위와 필요성을 확보해 둠으로써, 둘 중 어느 쪽이 정권을 잡게 되더라도 지식인은 거기에 편승해서 출세의 티켓을 딸 수 있는 것이다. 이것이 바로 지식을 팔아먹는 장사꾼 아니고 무엇이겠는가?

여인에게 정조는 목숨과 같이 소중한 것이다.

그러나 그런 여인도 일단 매춘부가 되고 나서는 손님을 가리지 않는다. 진리란 생명을 바쳐서라도 지켜야 할 절대가치이다. 그러나 일단 지식인이 장사꾼으로 나서게 되면, 매춘부가 돈 많은 부자에게 아양을 떨듯 지식인은 권력자에게 꼬리를 치게 마련이다.

얼마 전에 온 나라가 「남북 정상회담」으로 들끓은 적이 있다. 대북 전문가이며 한때는 청와대에서 중책을 맡기도 했던 金 某 교수는 이곳저곳에 단골손님으로 바쁘게 초대되었다. 그의 해박한 지식과 유려한 말솜씨는 언뜻 들으면 평범한 우리들에게 강제적인 권위를 갖게도 할 만큼 힘이 있었다. 그는 여러 가지 정보와 그러한 현상을 해석하는 여러 학자들의 시각을 근거로 삼아, 아주 객관적인 시각에서 설명을 해주고는 그 결론을 항상 다음과 같이 내리고 있었다.

「국민 여러분! 이번의 정상 회담은 그 자체로서도 큰 의미가 있습니다. 앞으로를 전망해 볼 때, 이런 면에서는 매우 기대할 만한 점이 있고, 또 저런 면에서 매우 우려할 만한 점이 예견됩니다. 따라서 우리는 모두가 냉철한 사고와 신중한 행동으로 이번 정상 회담을 지켜 보아야 하며, 지나친 낙관도 지나친 비관도 하지 말고, 이 좋은 기회를 잘 살릴 수 있도록 국민적 슬기를 모으는 데, 한층 노력해야 할 것입니다.」

참으로 비단 같은 말씀이긴 하다. 그러나 어쩌자는 것인가? 어떻게 판단하라는 것인가? 金교수는 마치도 자기가 판단을 내려주면 그것은 지식인의 오만이니, 국민의 판단에 맡기고 자신은 그 안내 역할만 충실히 하는 것이 올바르고 겸손한 지식인의 태도인 것으로 착각하고 있는 듯하다. 그러나 국민은 본래 판단의 주체는 아닌 것이다. 전문적인 지식과 원리에 대한 開眼이 이루어진 지식인만이 그 미래적 예견을 할 수 있는 것이다. 이것은 지식인의 겸손이 아니라 가장 중요한 결론을 국민에게 떠넘기는 僞善인 것이다. 그럴 경우 국민이 할 수 있는 일은 '그렇게 말했던 지식인의 입을 마지막까지 쳐다보고 있는 게 전부'이다.

왜 마지막 결론을 회피하고 국민에게 떠넘기는가? 무식해서이다. 스스로 예단할 수 있는 근거 있는 시각(道)이 열리지 않은 채, 단지 현상 자료의 정리에만 그치고 있기 때문이다. 사실 그런 정도의 해석은 신문기사만 스크랩해도 얼마든지 할 수 있는 것이다. 그런데 한국의 정치 지도자들은 (여·야를 막론하고, 워낙 무식하니까) 그런 지식인들의 언행을 신주 단지처럼 받들고 있다. 그러니 이 나라 정치가 잘 될리 있겠는가?

지식인의 위선은 無知에서 시작된다. 일반인들이 그 최후적 결론을 기대하면서 지식인의 얼굴을 계속하여 주시하고 있는 한, 그 시선을 받고 있는 지식인은 계속해서 권위를 유지할 수 있다. 그렇게 양다리를 걸쳐 놓고 상황 진전에 따라 적절하게 해설하다 보면, 일이 저질러진 이후에 결론을 내리게 되고, 그래서 자신은 언제나 정답을 말한 것이 된다. 그 기술과 요령에 골몰하다 보면 자신도 모르게 위선자가 되어있는 것이다. 이것은 진정한 지식인이 아니다. 현대판 소피스트에 불과할 뿐이다.

「모두의 책임」이란 말은 「아무에게도 책임이 없다」는 말

또 한 가지 지식인의 자기 도피 논리는 「모두의 책임」에 떠넘기는 수법이다.

통속적 지식인들이 즐기는 지적 형태를 관찰하여 보면, 항상 자기 반성에는 인색하고 남의 잘못을 추궁하는 데는 혹독하여, 결국 '비판을 즐기고 책임은 나 몰라'라 하는 식이다. 청소년 범죄 문제, 사회 부조리 문제, 교육 개혁 문제, 정치 개혁 문제 등 온갖 현안들을 주제로 수많은 토론과 세미나가 연일 열리고 있다. 여기서 각 분야의 전문적 지식인들은 나름의 한 마디 씩을 쏟아 놓는다. 그러다가 열띤 토론이 끝나면 대개는 사회자가 정리하여 다음과 같이 결론 맺는다.

「이제까지 살펴본 바와 같이 이러한 중요한 문제는 어느 누구의 책임이라고 말할 수 없습니다. 우리 모두의 책임입니다. 우리 모두가 노력합시다.」

그러나 이것은 하나의 虛構이다. 모두에게 책임이 있다는 것은 아무에게도 책임이 없다는 말과 같기 때문이다. 말만 해놓고 책임은 지지 않는 것은 하나의 사기술이다.

「모두」는 실존적이지 못한 하나의 「어휘」일 뿐이다. 實存的이지 못한 존재는 주체적 행위를 하지 못하며, 主體性이 아니고서는 어떤 책임도 감당하지 못한다. 따라서 「모두」는 「脫主體的 知識人」들이 자신들의 책임을 공중으로 띄워 놓고 숨어버리는 은밀한 가면에 불과한 것이다.

요즘에는 朴 弘 총장의 主思派 관련 발언을 계기로 온 나라가 「주사파 잡기」에 법석을 떨고 있다. 필자의 눈에는 이것도 우습게 보인다. 아니, 주사파가 어젯 밤 갑자기 생겨난 것인가? 그 동안은 주사파가 대학가의 중심적인 반국가 세력이라는 것을 몰랐었다는 말인가? 대학 구내에 人共旗가 펄럭이는 것은 온 국민이 다 함께 보지 않았는가? 왜 새삼스럽게 호들갑인가?

대학 총장을 며칠만 해보면 주사파의 심각성을 금방 알게 될 것이라면서, 사후 약방문 격으로 20여개 대학 총장이 공동으로 흥분하고 있다. 그렇다면 거기에 참여한 대학 총장들은 총장이 된지 며칠 밖에 안 된 분들인가? 그동안은 왜 침묵했는가? 검·경찰·관련 정보기관에서는 왜 이제 와서야 자료철을 뒤적이고, 그 동안 침묵하던 지식인들 조차 어째서 지금에 와서야 그들을 준엄하게 꾸짖기 시작하는가? 말해야 할 때 말하지 못하고, 행동해야 할 때 머뭇거린 사람들이 왜 이제 와서 야단들인가?

아마도 金日成이 죽었기 때문일 것이다. 그 동안은 김일성에게도 잘 보여서 (적어도 밉보이진 않아서) 점수를 따둘 필요성이 있었을 것이다.

눈치만 보다가 상황에 따라 새치기 하는 지식인을 필자는 개탄하고 경멸한다.

지식인은 몸짓으로 진리를 증거 해야

이 나라에서 대학의 존재가 비정상적이고 불건전하다는 비판은 이제 진부한 말이 되었다. 그러나 역시 대학이 잘못되어 있음은 정말로 큰 문제가 아닐 수 없다. 韓培浩 교수(세종연구소 소장)는 「그 나라의 국민 수준이 국가의 수준을 반영하는 것이라면 그런 국민을 길러내는 교육 전반. 특히 그 나라를 운영할 각 분야의 지도급 인재들을 길러 낸다는 대학의 수준은 그 국가의 수준을 가늠하는 중요한 척도가 된다」 (조선일보 '94. 6. 12) 하였는데, 필자는 여기에 하나를 더하여 「대학의 수준을 결정짓는 것은 대학 교수들의 몸짓 자체」임을 강조하고 싶다.

그런 점에서 앞서 언급한 朴昌庫 교수의 체험을 인용해 보자.

「한번은 교내 잔디밭에서 대형 확성기를 틀고 학생들이 데모하는 데 제가 나가서 마이크로폰을 빼앗아 데모를 중지할 것을 호소한 적이 있습니다. 말을 듣지 않기에, "내가 기관총이 있다면 불법 데모하는 학생들 다 쏴 죽이고 싶다"고 고함쳤더니 한 학생이 대들었습니다. 그래서 "학생들은 대통령을 죽이겠다고 크게 써 붙여 놓는 자유가 있고, 교수인 나는 학생들을 죽이고 싶다고 말할 자유가 없느냐"고 했더니 머뭇거리더군요. 한 학생이 "교수님, 우리가 하는 일이 싫으면 미국으로 돌아가십시오."라고 했습니다. 잘됐다 싶어 "당장 나와 내 가족 이사 비용, 그리고 왕복 항공료로 1만 달러 내 놓아라. 돈이 없으면 불평 불만이 많은 학생들이나 외국으로 떠나라"라고 고함쳤더니, 학생들은 더 이상 대꾸하지 못했습니다. 그때 둘러보니 수십 명의 교수ㆍ교직원들이 그 주위에 나와서 구경만 하고 있었습니다.」(월간 조선 '94. 6월호)

朴교수는 입으로만 강의하지 않고 몸으로 강의한 것이다. 그러나 박교수 주변에 있던 많은 교수들은 그냥 말로만 강의했기 때문에 한국의 대학이 이처럼 천박해진 것이다.

88년 가을 학기로 기억되는데, 충남대학교 경상대에서 학내 문제로 수업이 중단된 적이 있었다. 당시 필자는 교양과목인 국민윤리를 강의하고 있었고, 수강생들은 1학년이 대부분이었으나, 3ㆍ4 학년도 꽤 있었다. 강의실로 올라가는 계단에서 한 학생과 마주쳤다. 그러자 그 학생은 「교수님, 오늘 강의 안하는데요」하면서 꾸벅 인사를 했다. 「자네 내 강의 듣나?」. 「네」. 「강의를 안 하다니, 자네가 강의하나?」「……」.

나는 빈 강의실에서 강의 시간 내내 교탁을 지켰다. 복도에 지나가던 몇몇 학생이 기웃거리면서 들어오지도 못하고, 그렇다고 안에 선생님이 있으니 모른 척 하고 지나가지도 못하고 불편한 표정으로 서성댔다. 그 다음 주도 필자는 빈 강의실을 수업시간 내내 지키고 있었다. 그러자 3. 4학년들 몇몇이 미안해하는 눈빛으로 들어오더니 「그냥 특강이나 해 주시죠」 하면서 앉는 것이다. 이를 계기로 그럭저럭 필자의 강의는 명맥을 이어갈 수 있었다.

흔히들 말할 것이다. 「아니, 학생 녀석들이 오지 않는 강의실에 미쳤다고 선생이 나가서 서성대나? 배우기 싫으면 그만이지.」 그러나 필자의 소견은 이렇다. 「학생들이 학생 노릇 제대로 하지 못하니까, 선생이라도 선생 노릇 끝까지 잘해야지.」 이것이 바로 孔子가 밝힌 正名思想 (제 노릇 다하기)의 한 모습이다.

필자의 짧은 경험으로 보면, 대학이야말로 선생이 노력하는 만큼 교육적 효과가 여실히 드러나는 현장이라고 믿는다. 이미 이치를 알아들을 수 있을 만큼 생리적 두뇌가 성숙해 있기 때문이다. 선생이 부모적 심정으로 학생을 敎化하지 않으면서 학생들 보고 자식된 마음으로 선생을 따르라고 주문하는 것은 망발이다.

지식인 노릇 제대로 하려면 「民衆」 개념을 바로 알아야

四書 중의 하나인 「大學」을 열어 보면, 그 첫 구절이 「대학의 이념(大學之道)은 무엇인가?」라는 데에서부터 문제를 제기하면서, 「大學에서는 첫째, 인간의 존재원리로서의 德性을 깨닫고(明明德), 둘째, 이러한 인간다움을 천하 세계의 주인인 百姓의 삶의 현장에서 실현하며(親民), 셋째, 나아가 절대 가치의 완성을 이루는 것(止於至善)」이라 설명하고 있다. 다시 말하면 학문하는 지식인은 「진리를 깨달아 이를 사회적으로 꽃 피우는 것」이 절대적 사명임을 밝힌 것이다. 이것이 바로 治國·平天下의 이념을 지향하는 동양에서의 학문정신이다.

오늘날 이 땅의 많은 지식인들이 사회 개혁과 민주화, 정치 발전과 정의 실현을 위해 분투하고 있음은 실로 당연하고도 고마운 일이라 할 것이다. 그런데 이러한 사회적 관심의 표명이 한 줄기를 이루지 못하고, 오히려 극도의 갈등과 소모적인 경쟁과 충돌로 치닫게 되는 이유는 무엇일까?

모두가 애국한다는 사람들끼리 왜 더욱 극심하게 싸워야 하는가?

필자는 그 원인 중의 하나가 이른바 百姓. 즉 民衆의 개념을 잘못 이해하고, 그 잘못된 민중 가치를 이데올로기化 시키고 신봉하는 데에서 야기된다고 생각한다.

기회에 동양에서 규정하고 있는 「民」의 정당한 개념을 간략히 살펴보자.

周易에서는 「백성이란 늘상 쓰고 살아가면서도 그 이치에 대해서는 모르고 살아가는 존재이다」(百姓 日用而不知)라 하였고, 論語에서는 「백성이란 그 선천적 본래심이 발동되어 스스로 말미암도록 해야 하는 것이지, 논리적으로 이치를 설명해 주고 이를 납득시켜서 다스릴 수 있는 게 아니다」(民 可使由之 不可使知之)라 하였으며, 詩經에서는 「百姓의 백성다움은 하루하루 먹고 사는 일이라네」(民之質矣 日用飮食)라 하였고, 書經에서는 「하늘이 보고 듣고 말하는 것은 곧 백성이 보고 듣고 말하는 것이니 하늘과 백성은 同格인 것이다」(天視自我民視 天聽自我民聽)라 하였다.

위의 내용을 상호 연결 지어 좀 더 부연 설명해 보자.

孔子가 말하는 「知」의 뜻을 지식·기술·재주의 차원에서만 보면, 백성이란 그저 알지 못하는(무식한, 전문기술이 없는, 어리석은) 존재로 규정하게 되어, 끝내는 유가의 정치사상을 「우민 정치의 표본」「전제 정치의 합리적 근거를 제공한 반민주적 사상」으로 매도하게 되는 진짜 무식한 결론을 내리게 된다. 여기서 知란 「진리를 탐구하는 학문 활동」을 말하는 것이며, 「不知」란 「모른다」라는 뜻이 아니라 「알고 모르고 하는 지식의 차원을 초월해 있다」는 뜻이다.

공자의 진의는 바로 백성이란 「日用人」임을 밝히려는 데 있었던 것이다.

日用人이란 일상적인 삶을 꾸려가고 있는 실존적 인간을 말하는 것으로, 이는 「무엇 무엇을 알기 때문에 그 이유를 따라서 살아가는 게 아니라, 그냥 사는 것이 본질로 주어져 있기 때문에, (천지 만물이 그렇게 그냥 거기에서 존재하듯이) 이미 하늘의 뜻을 증거하며 살아가는 모습」을 말한 것이다.

이러한 백성의 삶을 知의 차원에서 알아보고, 정말로 하늘의 뜻대로 백성이 德性을 발휘하면서 살아가고 있는지 요모조모 따져 보고 챙겨 보는 주체가 바로 「君子로서 대변되는 지도자」인 것이다. 그러므로 지도자의 격위에는 많이 알고 제대로 아는 자와, 적게 알고 잘못 아는 자와의 차등이 있기 마련이지만, 도대체가 따져 보지 않고도 그냥 살아갈 수 있는 백성에게는 상호간에 질적 차등이 있을 수 없는 것이다. 따라서 「不知」란 「知」보다 차원이 낮은 것이 아니고, 오히려 한 차원 높은 경지이며, 그런 이유 때문에 국민이란 지도자보다 그 의미적 차원에 있어서 더욱 고귀하고 장엄한 것이다. 백성의 삶이 있고 나서야 이를 논변하는 君子의 역할은 소용되는 것이기 때문이다. 그러기에 春秋 左傳에서는 「天生民而立之君」이라 하여, 하늘이 백성을 먼저 내려주신 이후에야 그 다음 지도자를 세워 이를 다스리게 하였다는 것이다. 실로 백성이란 개념은 그 본의에 있어서는 사회적 차원에 한정되는 게 아니라, 하늘과 직접 상통하는 것이다. 이것이 곧 「民心은 天心」이라는 우리의 전통의식의 철학적 근원이기도 하다.

오늘날 백성의 개념, 국민의 본의를 논의함에 있어서 흔히 인용하는 어휘가 바로 「民衆」이다. 그런데 민중의 개념을 설명하고 있는 오늘날의 일반적인 시각을 들여다보면, 인간 존재를 계량적이고 가시적인 현상론의 차원에서만 언급하고 있다. 언제나 지배 계급과 피지배 계급, 민중과 반민중의 도식적 대립 설정이 전제되어 있는 것이다. 이렇게 민중을 규정하고 나면 민중이 할 일은 너무나 분명해진다. 수단 방법을 가리지 않고 반민중 세력과 투쟁하여 이기는 길 뿐이다.

오늘날의 민중론자들은 한결같이 민중을 사회·경제적인 관심에서만 묻고자 한다. 그것이 전적으로 잘못되었다는 것은 아니다. 마땅히 그런 시각으로도 묻고 고뇌해야 한다. 그러나 그런 방식만이 민중 문제의 전부인양 판단하고, 그 판단을 근거로 갖가지 처방을 내리게 되면, 그 결과는 언제나 반민중적 자가당착으로 귀결되고 마는 것이다. 그동안 민중은 사실 「민중을 내세우며 밥벌이하는 사람들」 때문에 가장 많이 시달렸고 피해를 당해 온 것일 수도 있다. 그런 점에서 민중은 오히려 철학적으로 묻고 논의해야 한다. 그래야만 민중의 참된 뜻을 밝힐 수 있게 된다.

민중을 그 「뜻」으로 해석하지 않고 「물리적 多衆」으로만 고집하는 사회 비판 이론에서부터 역사 왜곡 · 남북 정통성 시비 · 평등 가치의 본질 해석 등의 사상적 혼돈은 시작되는 것이다. 무게를 달아보는 데에는 허름하더라도 저울이 적합한 것이다.

왜 줄자를 들고서 무게와 부피를 모두 잴 수 있다고 설치는가?

知識社會의 自己改革을 待望한다

그렇다면 오늘의 이 천박한 지식 사회를 내려다보면서 마냥 앉아서 울분과 개탄으로 허송세월을 보낼 참인가? 그럴 수는 없다는 데에 우리의 고민과 과제는 있다. 두말할 것 없이 우리 대학은 다시 태어나야 하고, 지식 사회는 개혁되어야 한다. 그런데 진정한 개혁이란 누가 시켜서 되는 게 아니다.

주체적 자각과 자율적 결단만이 자기 개혁을 성사시킬 수 있다.

또 다시 말하지만 지식인은 道를 추구하는 존재이다. 道에는 문제를 해결할 수 있는 방법이 이미 내포되어 있게 마련이다. 진실로 求道하고, 연마하고, 修身하면 自得의 경지를 갖게 되고, 참된 진리의 세계를 경험하게 되면 (無知의 눈꺼풀을 벗겨내면) 자연스레 위선과 허세의 가면을 내던지게 된다. 지식인이 남을 속이게 되는 것은 우선 자기 자신을 부담 없이 속이고 난 이후에 이루어지는 것이다. 이 때문에 「大學」에서는 스스로를 속이지 말라고 그토록 「毋自欺」와 「愼獨」을 강조한 것이다.

학문 자체에 정직하게 되면 지식인의 주체적 행위가 학계에서 보편화될 것이고, 이어 궤변과 억지는 점차 사라지게 될 것이다. 그러한 노력의 일단을 필자는 서울대학교 학문 체계 연구팀이 지난해 6월 발표한 제1차 보고서의 내용에서 본다.

참고로 보고서의 내용을 간략히 소개하면 다음과 같다. (1993. 6. 8 동아일보 참조)

「한국 학계는 서양 학계의 지부이고, 한국 문화는 서양 문화의 아류라는 악순환이 계속되고 있다. 이제는 철학·정치학·경제학 등 모든 학문 분야에서 우리 전통 문화에 대한 연구와 교육을 분담해야 한다」(李成珪 교수). 「서구 사회를 배경으로 성립된 사회 과학의 기본 틀로는 우리의 구체적 문제를 해결할 수 없다」(朴相燮 교수). 「해방 후 반세기 동안 한국의 대학들은 무원칙한 학과 증설 등으로 양적 팽창만을 거듭해 갈수록 대학생들의 학문적 능력이 떨어지는 추세이며, 이제는 대학의 기본 이념과 학문체계를 근본적으로 재검토할 시기이다」(蘇光熙 교수).

이러한 지적과 대책은 실로 늦은 감이 있기는 하나 다행스러운 것이다.

그동안 기성세대에서는 학생들의 잘못된 (못마땅한) 시각에 대해 부정 아니면 분노, 무시 아니면 개탄으로 일관하였을 뿐, 애정 있는 아량을 가지고 그 속성이 무엇이며 교화책이 어떠해야 하는지에 대해서는 도외시해 온 게 사실이다. 이제 한국학계는 「자식을 걱정하는 부모의 마음」을 되찾아서, 우리의 미래를 감당해 나갈 수 있는 「韓國 主體性」을 학문적으로 검증해 주어야 한다.

고양이 앞에 생선을 쌓아 두고는 (고양이에게) 「생선을 먹어서는 안 되는 이유와 근거를 설명하고 납득시키고 감시하는 일」이 얼마나 번거롭고 무모하고 또 어리석은 일이겠는가? 그것은 마치도 자식을 압구정동으로 끌고 다니면서 저런 오렌지족이 되어서는 안 된다고 가르치는 것만큼이나 허망한 일이다. 우리의 자식들에게 무엇을 보여주고 일러주어야 하며, 그러기 위해서는 우리 자신이 얼마만큼 부지런해야 하고, 또 희생적이어야 하는 것인지를 이제 한국학계는 심각히 고민하고 행동해야 한다.

한국의 지식 사회를 대표하고 있는 서울대학교의 이러한 「뿌리 찾기 운동」을 필자는 (식민지 관리 양성을 목적으로 세워진) 경성 제국대학이 그 비극적 역사의 업보로부터 스스로 벗어나고자 하는 「자기 更生의 성스러운 몸부림」으로 규정하면서, 앞으로의 움직임을 눈 크게 뜨고 지켜볼 것이다.(1994. 8)

6

歷史의 大統을 놓치면 大統領 노릇 그만 두어야 한다

-대통령의 역사관에 대한 공개질의 : 대한민국은 오천년 썩은 나라인가?-

五千年 썩은 나라의 大統領

지난 추석 때, 金泳三 대통령은 고향을 방문하여 부친께 인사를 드리면서 「오천년 썩은 나라를 고치자니 힘이 든다」는 요지의 심경을 토로하였고, 이는 육성 그대로 TV를 타고 전 국민에게 전파되었다.

"아니, 오천년 썩은 나라라니! 그럼 우리는 모두 역사의 쓰레기들이란 말인가?"

필자는 또 한 번 대통령의 어처구니 없는 歷史 認識에 경악하였다.

"그렇다면 대통령은 도대체 우리에겐 어떤 존재인가? 썩은 쓰레기장에서 장미꽃을 피워내겠다고 나선 마술사인가? 아니면 그저 재활용품이나 뒤적이면서 위로받고 사는 역사가 짐 지워준 운명의 청소부인가! 어떻게 최고 지도자의 입에서 자신의 역사와 조국을 否定하고 卑下하고 冷笑하는 발언이 아무런 생각도 없이 그리도 쉽게 튀어나올 수 있단 말인가?"

부친 앞에서 내뱉은 이 말은 적어도 김영삼 대통령의 역사에 대한 일반 의식·기본 정서를 그대로 반영하고 있다는 점에서, 매우 중대한 문제를 제기하고 있는 바, 이는 그간에 보여 준 문민정부의 역사에 대한 이해를 뒤돌아 볼 때, 더욱 그 위험성과 심각성이 분명해지고 있다.

檀君 이하 우리의 조상님들이 모두 무덤 속에서 뛰쳐나와 노기 어린 표정으로 우리를 질책하며, 매서운 회초리를 들고 있음을 필자는 지금 온몸으로 느끼고 있다.

그동안 우리가 배우고 가르쳐 온 半萬年의 전통과 찬란한 문화유산, 숱한 외침에도 굳건히 버텨온 끈질긴 생명력과 투혼, 지금 전 세계 만방에 퍼져 나가 한민족의 기백과 자존심을 꽃피우고 있는 자랑스런 한국인들은 오늘의 우리에게 무엇인가? 모두가 자기 도취에 빠져 중얼거린 단지 虛辭에 불과했단 말인가?

대한민국이 오천년 썩은 나라라면, 김일성이 죽을 때까지 정성을 다해 장식하여 아들에게 물려준 이른바 「조선민주주의 인민공화국」은 저들의 말대로 「주체 조국」으로서 깨끗하고 아름다운 나라인가? 그것은 결국 이 나라의 대통령이 자신의 역사를 부정함으로써 「조국은 하나다」라고 일관되게 선전해 온 저들의 구호에 투항한 것은 아닐까?

역사의 정통성을 스스로 포기한 이 문제의 발언은 명백히 대통령의 존재 이유를 다시 물어야 할 重大 事案으로서, 대통령의 탄핵 사유에 해당될 수 있는 사건이라 아니할 수 없다.

그럼에도 불구하고 필자를 더욱 참담하게 절망시키고 있는 것은 「대통령의 거제도 발언」 이후 여태까지 이 땅에 사는 백성들 중 그 어떤 이도 이에 대해 공개적으로 항의하거나 문제 삼고 있지 않다는 사실이다.

정말로 우리 민족은 지금 제 정신을 잃어버리고 만 것일까? 아니면 역사 정신마저도 伏地不動의 유행을 따르고 있는 것일까? 입만 열면 역사의 자주성을 소리치던 이 땅의 숱한 지식인들은 모두 어딜 갔는가? 눈만 뜨면 민족정기의 수호를 들먹이던 그 많던 애국 애족 인사들은 지금 무얼 하고 있는가? 목숨을 바쳐 나라를 살려 낸 광복회원들과 참전 용사들은 모두 가는귀를 먹었는가? 특히 통치자의 의식세계와 정서적 지평을 분석하고 평가하여, 그 한계와 속성을 지적해 주어야 할 재능과 정보와 책임이 있는 언론에서는 무슨 연고로 마냥 침묵만을 지키는가?

이래서는 안 된다. 이럴 수는 없는 것이다. 자기를 낳아 준 조상을 멸시하는 불효한 자식치고 잘된 집안은 없다. 오늘을 있게 한, 제 나라의 역사를 멸시하고서 제 노릇을 다한 지도자는 없는 법이다.

이번 기회에 대통령은 분명히 답변해야 한다. 그리고 그 대답을 마련하면서 스스로의 몸가짐과 마음가짐을 추스려야 한다. 역사의 大統을 놓치면 大統領 노릇을 할 수 없는 법이다. 왜냐하면 대통령의 가장 근본적인 책무는 국가와 민족의 생명성, 즉 역사를 계승 · 유지 · 발전시키는 일이기 때문이다.

이 점에서 필자는 대통령에게 다음과 같이 공개적으로 묻지 않을 수 없다.

대한민국은 오천년 썩은 죄악의 땅인가? 아니면 반만년 민족의 삶을 꽃피워 온 축복의 땅인가?

단군 이래 국운이 최고의 상승기를 맞았다면서 들고 나온 김 대통령의 新韓國 創造論은 조국에 대한 사랑을 전제로 한 정치적 의지의 표현인가? 아니면 과거 역사에 대한 부정을 전제로 한 전술적 구호인가?

이제부터 필자는 그렇게 물을 수밖에 없는 저간의 정황과 이유와 과정과 근거를 몇 가지 제시하고 또 따져 보고자 한다.

김대통령은 역사의 파괴를 즐기는가?

대통령의 歷史 認識 자체에 근본적인 문제가 있다는 지적은 새삼스러운 것은 아니다. 꼭 1년 전 월간 조선의 조갑제 기자는 '93년 11월호에서 「김영삼 대통령의 역사관」을 문제 삼으면서, 「그는 역사의 계승자인가, 파괴자인가?」하는 제목으로 장문의 기고를 하였으니, 그 일부를 인용해 보면 다음과 같다.

「역사를 어떻게 보느냐 하는 자세는 국가관과 인간관과 이념체계와 직접 관련된다. 더구나 대통령의 경우엔 역사관이 바로 국정의 방향잡기와 직결된다. 대통령은 본질적으로 역사의 계승자가 될 수밖에 없다. 역사의 계승자란 의미는 國基를 수호하고 역대 정권과 정부의 법통을 계승한다는 것이다. 지나간 역사를 총론적으로 긍정하되 각론적으로 비판적·선별적 계승을 해가는 자세이다.

한국의 정통성은 독립운동 - 반공 - 건국 - 6·25 동란 - 경제 개발 - 민주화로 이어진다. 金泳三 대통령은 역대 정권과 현대사를 부정적으로 보는 반면, 자신의 문민정부가 3·1운동 - 4·19의거 - 5·18 광주사태 - 6월 사태의 연장선 상에 있다고 말하고 있다. 국가 건설이 아닌 반대의 노선에 정부의 정통성을 귀착시키고 있는 듯한 말이다.

이런 시각은 야당 지도자나 재야 지도자일 때는 무리가 적을 수 있다. 그러나 대통령으로서 국가와 정부의 정통성을 그런 좁은 기반 위에 둔다면 대통령도 정권도 불안해진다. 무엇보다도 그는 자신의 역사적 역할을 스스로 축소시키고 있다.」

김 대통령과 문민정부에 참여하고 있는 정권 담당자들은 이러한 지적에 대해 겸허한 마음으로 새겨듣고, 그 즉시 방향 전환을 꾀했어야 옳았다. 그런데 김 대통령은 계속해서 「청산과 개혁」이라는 정치적 슬로건에 집착하여, 「과거의 역사 자체를 단절시키고 그 공터 위에다 자기 방식과 취향에 맞는 새 나라를 만들겠다」고 나섰던 것이다. 대통령 자신에게 투철한 역사의식과 근거 있는 통치 철학이 없다 보니, 거듭된 시행착오로 금쪽같은 집권의 전반기를 거의 소진하고는, 오늘의 이러한 국정 부재 사태, 총체적 위기를 자초하게 된 것이다. 다시 말하면 김 대통령은 과거 청산을 「잘못된 과거의 정치적 유산을 심판 · 정리 · 처벌함으로써 미래를 향한 역사의 발걸음을 가벼이 하는 것」으로 이해해야 함에도, 막연히 과거 자체, 즉 역사 자체를 단절시키는 것으로 착각하였던 것이며, 개혁을 「보편적 정치 원리에 따라 국민적 公義를 정당하게 구현하는 것」으로 이해해야 함에도, 순전히 김 대통령 개인의 정치적 취향을 국민에게 강요하는 방식으로 추진하였던 것이다.

문민정부의 과거 역사에 대한 파괴 심리는 얼마 전에 있었던 「남산 외인아파트 폭파 쇼」에서도 은밀하게 감지되고 있다. 우리의 과거사 모두가 「때려 부셔야 할 혐오스런 것들」이라는 부정적 역사 의식을 이 정부는 은연중에 국민 일반에게까지 확대, 강요하고 있는 것이다.

누가 뭐래도 우리의 지난 날에는 「남산의 환경 보전」보다 「외국과의 교류—수출을 통한 경제 발전」이 더욱 절박한 명제였던 시기가 있었다. 지금에 와서 우리가 「과거의 진실」을 애써 외면해 버리려는 「옹졸한 시각」을 가져서는 결코 미래의 세계화를 성취할 수 없다. 우리의 과거 유산에 대해 애정 있는 해석을 가하지 못한 채, 밖에 드러난 형체만을 없애 버리는 일은, 그것으로 인하여 「남산의 겉모습」은 얻을 수 있을지 몰라도 「역사의 속내」는 잃어버리고 말 것이다. 지금도 논란이 계속되고 있는 구조선총독부 건물(현 중앙박물관) 철거 문제도 이러한 시각에서 다시 한번 생각을 정리해 보아야 마땅할 것이다.

과거 청산의 상징 − 군사 문화를 다시 생각해 보자.

김 대통령은 취임 초기부터 군사문화의 청산을 들고 나왔다. 새삼스러운 얘기 같지만 군사 문화는 과연 청산의 대상이기만 한 것일까?

군사문화란 그것이 문화, 즉 「인간의 삶의 양식」으로 자리 잡아 엄연한 우리들의 삶의 내용이 되고 말았다는 점에 있어서는 이를 슬기롭게 수용 · 계승 · 극복 · 승화시켜야 하는 것이긴 해도, 결코 作爲的으로 무시 · 청산 · 단절 · 경멸 · 부정할 수만은 없는 것이다. 군사 문화의 청산을 소리 높여 주창하는 우리들 자신이 바로 30년 군사 문화의 토양에서 태어나고 성장하고 배우고 살아왔음을 직시해야만 한다. 현재의 문민 시대를 강조하기 위해서 과거로부터 엄존해 온 우리의 실상 자체를 자칫 망각하고, 막연한 「허구적 단절 논리」에 빠져 역사 계승의 어렵고도 고귀한 사업을 망쳐서는 안 된다.

한국의 역사를 지켜온 30년 이상의 군사 정권 − 누가 뭐래도 그 본질적 의미는 「내가 지금 여기 살고 있다」는 엄연한 현실 자체가 웅변으로 증거해 주고 있는 것이다. 따라서 군사 정권(군사 문화)은 더 이상 그 정권의 주류에 발을 보다 많이 담고 있던 일부 사람들에게만 주눙하고 따질 성질이 아니며, 김영삼 대통령 자신의 문제로 인식해야 마땅한 것이다.

김영삼 정권은 이 문제를 단절과 부정이 아닌 승계와 긍정의 차원에서, 청산과 멸시가 아닌 승화와 극복의 자세에서 대응해야 할 것이며, 그 길만이 군사 정권과 문민정권이 숙명적으로 갖게 되는 「정권적 차원의 갈등 구조」를 「국가적 차원의 화해 구조」로 전환시킬 수 있는 가장 군건한 기초를 마련할 수 있는 것이다.

누가 뭐래도 국체 보위의 의미를 담당한 정권은 그 나름의 역사적 정통성을 갖게 되는 것이다. 문민 정권의 담당자들이 이 문제를 제대로 인식하지 못하고서 자신들만이 「깨끗하고 멋지고 새로운 집」을 짓겠다고 두서없이 나선다면, 마치 사상 누각을 짓는 것과 같이 「자기 부정을 전제로 자기 의지를 증거하려는 자기 모순」에 빠지게 될 것이다. 그러한 자기 모순성은 문민정부 출범 이후 지금까지 끊임없이 되풀이 되어 왔고, 그 과정에서 국민은 어떻게 살아야 옳은 것인지 갈피를 잡지 못하고 있으며, 그리하여 대통령의 역사의식 부재가 국민의 정치적 방황의 배후 노릇을 해오고 있는 것이다.

작년 5월 22일. 한 일간지는 공보처에 의해 역대 정권에 대한 재평가 작업이 진행 중이라면서 다음과 같이 보도하고 있다.

『한 관계자는 "朴正熙 대통령 정부의 실체성은 인정되지만 문제는 정통성 여부"라며 "불가피하게 혁명 단계를 거쳤던 다른 나라의 例에 비추어 정통성을 인정해야 한다는 주장과 정권의 뿌리였던 5·16이 쿠데타였다는 점에서 정통성을 인정해선 안 된다는 의견이 섞여 있다"고 말했다.

또한 12·12, 5·18을 바탕으로 한 5共 정부는 실체성은 인정되지만 정통성은 문제 있는 것으로 다수 의견이 모아지고 있는 것으로 알려졌다.』

이에 필자는 반문하고자 한다

역사에 있어서 「백성이 그 때 거기에 살아 있었다」는 사실 자체(이것이 실체성이다)보다 더 의미 있는 구성 요소가 과연 무엇일까? 관념적 차원에서 규정된(역사의 필연성과 당위성을 내세우는) 어떤 조작된 역사 정신인가? 실체성은 인정하지만 정통성은 인정할 수 없다면, 어떤 형태이든 허구적 이념을 추출해 내어야만 거기에 의존해서 정통성을 확보하겠다는 말인가?

3共 · 유신 · 5共 시대에도 아이들은 태어났고, 주민등록 하였고, 근로자는 세금 냈고, 청년은 결혼했으며, 어른들은 장례 치렀다. 누가 감히 혀 끝으로 역사를 토막 내려 하는가?

불행한 시대에 있었던 작위적 정권 획득에 대한 심판은, 그것이 사법적 처리이든, 정치적 단죄이든, 역사적 평가이든 언제라도 있어야 하고 또 있게 마련이다. 그러나 그 시대를 무섭게 지켜온 국가 생명성은 그 정권적 속성을 뛰어 넘어 도도히 전승되는 것이고, 오늘의 현실이 이를 보증해 주고 있는 것이다. 그런데 우리의 역사 인식은 왜 이렇게 헝클어졌을까?

그것은 김 대통령 자신이 역사성을 망각하고 있을 뿐더러, 더 나아가 역사를 편의적이고 자의적으로 해석하고 이를 정치적으로만 이용하려 하기 때문이다.

김영삼 대통령의 편의주의적 정치 행태

김 대통령은 역사만을 자의적으로 해석하는 게 아니라 통치 방식 그 자체가 모두 일방적이고 또 편의주의적이다. 김 대통령은 무슨 일을 열심히 추진하다가 그것이 잘되지 않으면 아예 사업 자체를 뒤집어 버리는 방식으로 대처해 오고 있다. 이러한 방식은 正道가 아니면 大道는 더욱 아니다. 그의 과거 행적을 살펴보면 그 성격이 분명히 드러난다.

노태우 정권이 들어선 6공 초기에, 야당에서는 5공 청산만 되면 만사가 해결되는 것처럼 소리치면서 노 대통령을 몰아갔고, 당시 민주당의 김영삼 총재 역시 그 선봉에 서 있었다. 그런 열기가 청문회 등으로 어느 정도 발산되자 더 물고 뜯어 보아야 별무 소득이라고 판단했는지, 89년 12월 15일. 野 3당은 청와대에서 식사 한번 하고 와서는 「5공 청산 문제를 더 이상 따지지 않기」로 합의해 주었고, 12월 31일. 전두환씨의 국회 1회 증언이라는 요식 행위를 빌미로 역사의 짐을 막연히 후세로 떠 넘기고 말았다.

그러더니 얼마 후. 김영삼 총재는 소박한 국민의 상식으로는 선뜻 납득이 가지 않는 방법으로 정치적 변신, 이른바 「3당 합당」을 해 버렸고, 특별한 대안을 준비해 두지 못했던 이 나라의 선한 백성들은 별다른 도리 없이 김영삼 총재를 지도자로 선택하여, 어쨌거나 과거의 권위주의 정권을 마감하고 새로운 문민정부를 출범시키기에 이른 것이다. 취임 직후부터 김영삼 대통령은 과거의 한 맺힌 민주 투사답게 청산과 개혁을 부르짖으며 소위 사정 정국을 펼쳐 왔고, 그 내용은 과거 정권의 비리를 청산하는 일과 미래를 위해 법과 제도, 그리고 관행과 타성을 개혁하는 일이었다. 물론 청산해야 할 구체적 대상에는 두말할 것도 없이 전·노 두 전직 대통령이 중심된 5·6共의 정권적 적폐가 핵심이었다.

그런데 어느 날 갑자기, 과거 정권에 대한 시각의 전환을 보여주는 아무런 조치나 노력·과정도 없이, 세 명의 전직 대통령을 청와대로 초치하여 식사 대접을 하고는 「국제 경쟁력 강화를 위한 국민 대화합」을 역설하고 나섰던 것이다. 지난 1월 10일에 있었던 이러한 돌출 행위는 국민들이 오늘의 역사 현실을 어떻게 이해해야 하는가에 대해 극도의 혼란을 가중시켰고, 결국 10월 29일 발표된 12·12사태와 관련한 검찰의 조사 결과는 고소·고발의 양측 당사자들은 물론 국민 일반에게까지도 아무런 설득력과 위안을 주지 못하는 결정(기소유예 처분)으로 나타나고 말았던 것이다.

특히 12·12사건 처리를 둘러싼 여·야간의 갈등은 급기야 야당 대표의 의원직 사퇴, 여당의 단독 국회운영이라는 파행으로 치달아 당장의 정치 부재현상으로 나타났고, 대통령이 APEC 회의에 다녀와서 제시한 「세계화 전략」은 「국내화」에 발이 묶여 공허한 메아리로만 떠돌고 있는 것이다.

제대로 된 문민 정부라면 지난 92년 2월. 대통령 취임과 함께 「12·12, 5·18 진상조사 → 관련자에 대한 사법 처리·역사적 단죄 → 역사의 大統을 계승하는 정치적 사면 → 국민적 합의에 근거한 대화합 선언」 등의 수순을 발빠르게 거쳤어야 했다. 그러한 필수적인 통과 의례를 懈怠하면서 大道를 외면한 채 小路를 더듬어 온 결과가 오늘의 국정 혼미 사태인 것이며, 이는 앞으로도 계속해서 나라의 발전을 가로막는 역사의 장애물로 남아 우리를 괴롭히게 될 것이다.

오늘의 국가적 위기 - 과거의 탓이 아니라 문민 정부의 몫이다.

정치란 모든 국민이 그 타고난 人格性을 보장받고 인간다운 삶의 의미를 마끽하며 살아가도록 책임지는 일인데, 어찌해서 이 정권은 계속해서 국민을 죽게 하고, 불안케 하고, 무섭게 하는가?

무궁화호 열차 탈선, 아시아나 항공기 추락, 서해 훼리호 침몰, 성수대교 붕괴, 충주 유람선 화재 사건 등. 단군 이래 이토록 참혹한 몰사 사건이 연달아 터진 적이 있었던가?

지존파 등 연쇄 살인 사건으로 민심은 흉흉해 있고, 공무원의 세금 도적질은 선량한 국민의 애국심을 근본에서부터 해체시키고 있는 판에, 국민의 자존심은 아랑곳 하지 않고 국회는 政爭으로만 날밤을 새우고 있으니, 이처럼 국민에게 아무런 일도 해주지 못하는 정권에게 어떻게 우리의 장래를 떠맡길 수 있단 말인가?

오늘의 이 사태는 어떠한 변명을 하더라도 「대통령의 국가 경영능력 미달」에 있는 것이고, 국가 경영의 미숙은 통치 철학의 不在에 있는 것이며, 통치력의 방황은 역사 의식의 혼돈에서 비롯되는 것이다.

지금의 대통령은 모든 일을 다 할 수 있는 것처럼 큰소리를 쳐 놓았지만 실제로는 아무 것도 해주지 못하는 종이 호랑이가 되어버린 것이다. 이는 모든 결과가 애초부터 역사의 大統을 꽉 붙잡지 못한 데에서 연유한 것인데, 아직도 이를 깨닫지 못하고 계속해서 잘못된 과거 정권에만 핑계대고 있으니, 이러다가는 국민이 문민정부의 존재 의미를 망각하는 사태가 오게 될 것이다.

역사의 大脈을 잡지 못하면 大統領 노릇도 그만 두어야 한다. 오늘의 이 사태를 정권의 존폐와 직결된 중대 사안으로 인식하여, 이제부터라도 새로운 각오와 부지런한 몸짓을 국민 앞에 구체적으로 보여야만 할 것이다.

실로 대통령은 언제나 올바른 생각을 간직하고 있어야 한다.

생각이 없으면 사상도 없고, 사상이 없으면 이념도 없으며, 이념이 없으면 정책도 있을 수 없다. 지금의 우리가 겪고 있는 국정의 황폐화는 바로 無政策, 無理念, 無思想의 3無가 빚어낸 不安·不實·不正의 3不 현상이 그 본질이다.

그렇다면 우리가 이 정부에게 더 기대할 것은 아예 없단 말인가? 아무리 그렇다 하더라도 우리가 어떻게 마련한 문민정부인데, 이렇게 허술하게 보낼 수야 없지 않겠는가?

한민족의 역사에서 김영삼 정권의 존재 의미를 다시 생각해 본다

역사는 물리적 시간 위에 부여된 인간의 삶의 의지이다.

우주 만물 중에서 유일하게 인간만이 미래적 삶을 위해 현재적 결단 앞에서 고뇌한다. 지금 어떻게 결정하느냐에 따라 나중의 우리의 모습은 달라지기 때문이다.

역사에는 지나온 시대를 구분해 주고 새로운 방향을 가닥 잡아주는 일정한 마디(節度數)가 있다. 이 분기점을 어떻게 넘기느냐에 따라, 새 역사의 주인이 되기도 하고, 아예 역사의 무대에서 사라지기도 하는 것이다. 바로 지금, 우리 한민족은 「매듭짓기와 방향 잡기」를 요구하는 역사의 일대 전환기에 놓여 있다.

20세기를 마감하고 21세기로 넘어 가는, 全地球的 전환기와 맞물린 한민족의 역사적 소용돌이에서 과연 우리는 어떤 지혜와 노력으로 살아남을 수 있을 것인가?

이에 대한 답변을 몸짓으로 증거해야 할 민족사적 책무가 김영삼 정권에 부여된 정치적 사명이다.

필자는 김 대통령에게 더 이상의 어떤 정치적 성과를 바라지는 않는다. 단지 대통령으로서 대한민국의 正統性을 끝까지 보존 해 달라는 것뿐이다. 오늘의 우리에게 당면한 민족사적 명제는 통일 사업인데, 통일의 새 지평으로 건너갈 수 있는 다리 역할만이라도 충실히 해날라는 주문이다.

성수 대교가 무너지는 것은 역사의 다리가 부러지는 하나의 상징이며 경고임을 이 정권은 깜짝 놀라 깨달아야 한다. 서운하게 들리겠지만 민족 통일의 본격적인 사업은 다음의 정권으로 넘겨야 한다. 김 대통령은 더 이상 욕심내지 말아야 한다. 조국에 대한 신념화된 애국심과 체계적인 정치 이념이 없는 대통령은 민족 통일을 논의할 자격과 실력이 없기 때문이다.

그러므로 이제부터 우리 국민은 대통령을 바라보면서 무언가 잘 해주기를 기대하지 말아야 한다. 어떤 일이든 국민이 직접 챙겨야 한다는 각오로 하루하루를 살아내야 할 것이다.

미래를 걱정하는 민족만이 살아남는다

지금 우리는 오늘에 급급해서 어제를 되돌아보고 내일을 설계해볼 여유가 없다. 하루하루를 그럭저럭 때워 넘기기에도 벅찬 실정이다. 그러나 五千年 버텨온 이 나라가 앞으로도 五萬年 가기 위해서는, 그래도 차분히 앉아서 내일을 준비해야 한다.

내일을 걱정하는 사람이나 민족은 결코 망하지 않는다. 周易에서는 이를 憂患 의식이라고 말하는 바, 이것이 역사를 계승해 온 동양 정신의 精髓이다.

그런데 걱정과 우환은 시련 속에서 온다.

한민족에게 주어진 가장 큰 시련은 조국 분단이라는 고통과 희생이다. 왜 우리는 이토록 혹독한 시련을 겪어야만 하는가? 그것은 하늘이 우리 민족을 특별히 사랑하기 때문이다. 그런데 하늘이 주는 사랑의 시련은 감당하고 겪을 만큼 내려준다. 견딜 수 있는 훈련만이 면역 항체를 생성시켜주기 때문이다. 부모가 아이의 울음소리를 들으면서 예방 주사를 놓듯 그렇게 하늘은 우리를 단련시키며 건강하게 키우신 것이다.

하늘이 연출하는 연극에는 惡役도 등장한다. 惡行이라는 배경을 통하여 善德이라는 주제는 가장 크게 부각되기 때문이다. 金日成은 하늘이 설치한 한반도라는 무대에서 惡의 주역으로 캐스팅된 유능한 배우였다. 악역도 물론 그 나름의 주어진 역할이 있다. 그런데 김일성은 스스로의 연기력에 도취되어 그만 각본을 잊어버리고는 오버 액션을 하고 말았다. 그것은 연출자의 의도를 넘어서는 건방지고 무례한 행동이었다. 김일성이 자기 분수를 모르고 주어진 역할 이상을 맡으려 하자, 연출자는 배우를 교체할 수밖에 없었던 것이니, 이것이 바로 김일성이 남북 정상 회담 직전에 돌연 저 세상으로 불려가게 된, 보이지는 않지만 전율스런 역사의 섭리이다.

한민족의 역사 무대에서 지금 대한민국의 김영삼 대통령은 주인공으로서의 조명을 한 몸에 받고 있다. 연극의 주인공이 흔히 빠지기 쉬운 함정은 주변의 박수 소리에 도취되어 대본을 자의적으로 해석하고 연기 영역을 욕심내는 것이다.

김영삼 대통령이 진정으로 한민족의 역사에 어떤 기록으로 남고자 한다면, 하늘의 뜻을 새겨듣고, 넘치지도 않고 모자라지도 않게 자신의 연기를 조절해야 할 것이다.

남북통일의 주도권은 정통성 확보에서 판가름 난다

향후에 전개될 한반도에 있어서의 통일의 주도권은 G.N.P의 격차나, 경수로 부담금의 지분으로 결정 되는 게 아니라, 한민족 역사의 大統과 민족정기의 大脈을 어느 쪽에서 먼저 그리고 단단하게 움켜잡느냐에 따라 결판날 것이다. 김일성이 그토록 집요하게 단군을 끄집어내고 전통 문화를 앞세우는 이유가 바로 여기에 있는 것이다.

때로는 거짓 선전이 순진한 진실을 이길 때가 있다. 북한의 일관된 대남 선전 전략은 드디어 남한의 정계·학계·노동계 등 전 분야에까지 깊숙히 침투되고 말았다. 게다가 북한의 끈질긴 대외 선전 공세도 이젠 그 효과가 하나하나 나타나고 있다.

국제 사회라는 무대는 외교술을 시험하는 아마추어 경기장이 아닌 냉혹한 프로의 세계이다. 관중이 아무리 아우성 쳐도 레프리가 한번 손들어주면 그 선수가 이기게 되어 있는 것이다.

죽은 김일성 주석과 살아 있는 김영삼 대통령의 권투 시합에서 순진한 구경꾼들만 믿고 낙관하다가는 엉뚱한 주심의 판정을 받게 될지도 모른다. 그때 가서 항의해 본들 무슨 소용이 있을 것인가?

지금 세계의 열강들은 한반도라는 경기장에 모여들어 심판 노릇을 자청하고 있다. 우리가 불러들인 주심마저 엉뚱한 손을 들어줄 때, 우리는 과연 어떻게 대비할 것인가?

이제 한 해가 저물고 乙亥年 새해가 밝아오고 있다.

이 해가 다가기 전에 金泳三 대통령은 꼭 해야만 할 일이 있는데, 그것은 「오천년 썩은 이 나라」를 「반만년 찬란한 우리 조국」으로 수정하는 일이다.

그렇게 마음을 고쳐먹지 않을 경우, 정말 이 나라는 문민 정권 5년 임기 내에 썩어 없어질지도 모를 일이다.

7

周易으로 풀어 본 韓半島의 文明度數
[統一에 대한 天言]

易이란 미래의 일을 알아보는 것이다
(知來者逆…易 逆數也)

그래서인지 주역을 공부하는 필자에게 '내일의 일이 어떠할지'를 물어
오는 사람들이 종종 있다. 필자로서는 그저 '이치에 따라 살면 그 뿐'이
라는 너무나 밋밋한 대답을 내놓고 있지만, 사실 이보다 더 분명한 해답
은 따로 없다. 특정한 개인의 일상사는 그렇다 치더라도, 때로는 '한민족
의 미래도수'에 대하여 진지하게 물어오는 경우도 없지 않다.

이에 대한 필사의 '한 생각'이 없는 것은 아니로되 함부로 입을 열다
보면 공연히 실성한 사람 취급받기가 딱 알맞은 고로 그 때마다 누누이
회피해 왔다. 그러나 지금처럼 인류 전체가 세기적 격변기의 한 가운데에
서 고민하고 있는 바, 한민족의 명운과 생사를 함께 할 수밖에 없는 필자
로서는 마냥 입을 다물고 있는 것만이 능사는 아닐 성 싶기도 하다.

이에 주역에 담긴 성현의 말씀을 더듬어 그 속마음을 잠깐 엿보는 것
도 크게 책망 받을 일은 아니라고 본다. 삼가 무릎을 꿇고 오롯이 마음을

모아 이 나라의 미래도수에 대한 天言을 옮겨 볼지니, 독자들도 손을 씻고 정좌하기 바란다.

인류 문명사에서 易을 지은 주체는 東夷族

중국학자 유절의 '중국고대종족이식사론'과 한국 유승국 교수의 '유학 사상 형성의 연원적 탐구－人方문화와 관련하여 甲骨文을 중심으로－' 등의 연구 성과에 의하면, 오늘의 중국 문명은 고대 동이족이 세운 동북아 문명(白族에 의한 白文化)에 그 기원을 두고 있음이 확인되고 있다.

여기서 동이족이라 함은 지리적 혈연적으로 보아 우리 한민족의 직계 조상을 말하는 것이며, 문명의 핵심 내용은 易의 원리가 바탕을 이루고 있는 유학 사상을 일컫는 것이다.

다시 말하여 인류 역사에서 역의 원리를 처음으로 밝힌 고대 성왕들은 오늘의 한민족과 혈통 및 문화 배경을 공유하고 있는 동이족으로서, 우리는 주역 속에서 한민족의 과거 － 현재 － 미래를 일관하는 '역사의 섭리'가 내재되어 있음을 느끼게 된다. (필자는 이에 대하여 "단군 신화의 역철학적 해석"이라는 논문을 제4회 조선학 국제학술토론회에서 발표한 바 있다. 1992. 8. 중국 북경대)

실로 주역이란 고대인들의 지혜와 神明이 농축된 미래에 대한 예견이며 삶의 지침으로서 필자는 그 속에서 한민족의 역사적 전개 방향에 대한 상징과 시사가 비장되어 있음을 온 몸으로 절감한다.

주역에서는 과연 한민족의 미래를 어떻게 예단하고 있는 것일까?

36번 째. 明夷卦 － 인류사에 등장하는 한민족의 사명

"明入地中 明夷"(태양이 아직 땅 속에 있으면서 장차 떠오르려는 모습이 명이괘의 상이다.)

이는 인류의 문명사에 한민족의 역사가 그 나름의 사명을 가지고 등장하는 모습을 상징하는 것으로, 한국 역사의 태동기에 그 주체적 소임을 맡은 箕子를 주역에서 직접 언명한 의미를 새겨들어야 한다.

「內難而能正其志 箕子以之」

(안으로는 아직 어렵고 힘들지만 장차 능히 그 뜻을 바르게 펼칠 수 있게 될 것이니, 기자 성인께서는 명이괘의 원리를 받들어 그 소임을 다하신 것이다.)

「君子以 莅 衆用晦而明」

(이 때의 지도자는 모름지기 천하 백성을 그 어둠으로부터 밝은 문명 세계로 향도하고 구제하는 일에 나서야 한다.)

이는 한민족의 태초적 의지와 인류사회의 보편적 바램이 '문명적 이상 세계'라는 공동 지평에서 일치되어 있음을 짐작하게 한다.

37번 째. 家人卦 – 한민족의 국가적 정체성 정립

"男女正 天地之大義也"

(남여가 결혼하여 가정을 꾸리는 일은 그것이 곧 이 우주 안에 인류의 세계를 펼치고자 하신 하늘의 크신 뜻을 이루는 토대이다.)

"父父子子兄兄弟弟夫夫婦婦而家道正 正家而天下定矣"

(각자 자기 이름에 걸 맞는 자리에서 제 할일을 하게 되면 가정이 바르게 되고, 가정이 바르게 서면 이로 인하여 천하의 인류 세계도 제 자리를 잡게 되는 것이다.)

인격적 삶의 기본 단위인 가정의 윤리를 통하여 인류의 이상 세계를 지향하는 유학의 기본 이념을 확인한 것으로, 家人괘의 순서를 明夷괘 다음에 둠으로써 한민족의 자아 정착 과정을 시사하고 있다.

38번 째. 睽卦-6·25 전쟁으로 인한 남북의 비극적 갈등

"二女同居 其志不同行"

(남편은 하나인 데 두 여자가 한집에 살고 있으니 그 뜻이 이루어지지 않고 서로 눈을 흘기며 반목하는 모습이 규괘이다.)

"睽孤 見豕負塗 載鬼一車"

(서로 눈 흘기며 살자니 외롭고도 처량하다. 그러다가 서로를 '진흙을 뒤집어 쓴 돼지'로 보면서 싸우게 되고, 결국 수레 한 가득 시체를 치우는 비극을 맞는구나.)

북한의 조작된 혁명이념과 남한의 천박한 物神主義는 모두가 '진흙 속의 돼지'처럼 그 본질을 감추고 있는 허상이며 우상들이다. 여기에 현혹된 남북의 용렬한 지도자들이 끝내 피비린내 나는 6.25 전쟁을 일으켜 산하를 시체의 원혼으로 가득 채우는구나. 38선으로 상징되는 비극적 현실을 주역의 38번째 규괘가 설명하고 있는 것을 단지 우연한 일치라고만 할 수 있을까?

"先張之弧 後說之弧 匪寇婚媾"

(처음에는 서로를 죽이려고 활시위를 팽팽히 당겼으나, 머지않아 활을 내려놓는다. 알고 보니 쏘아 죽일 적이 아니라, 바로 나에게 시집오려는 약혼자일세.)

남북은 본질적으로 피를 나눈 동족이기 때문에 처음에는 외래 사조에 눈이 멀어 서로에게 총질을 해댔지만, 결국은 남이 아닌 혈족임을 깨닫게 되어 서로를 받아들이게 된다.

"往遇雨則 吉"

(가다가 비를 만나야 길하리라.)

남북이 서로를 받아들여 분단을 극복하고 통일의 좋은 날을 맞이하기 위해서는 돼지의 진흙을 씻어내는 소낙비를 만나야 한다. 이념의 허상과 외래사조의 질곡에서 남과 북이 벗어나기 위해서는 그 본질을 파악할 수 있는 '씻김의 기회'를 가져야 한다.

39번 째. 蹇卦 – 분단에서 통일로 가는 험한 길

"蹇 難也 險在前也 見險而能止 知矣哉"

(남북이 갈라진 절름발이 신세로 살아가려니 얼마나 힘들고 어려운가? 위험한 구덩이가 앞에 있으니 무모하게 달려가는 게 능사가 아니다. 멈출 때는 멈추고 나설 때는 나서는 것이야말로 어려움 속에서 생존하는 진정한 지혜로다.)

통일 작업이 아무리 시급하다 해도 그 앞길에는 무수한 위험이 깔려 있으니 자칫하다가는 그 뜻을 이루기도 전에 함정에 빠져 죽을 수도 있다. 통일은 함께 해야 하는 것임에도 남북이 각자의 일방적 방식만을 고집하다가는 결국 절름발이 신세를 넘어서지 못할 것이다.

"利西南 往得中也 不利東北 其道窮也"

(분단 상태에서라도 서남쪽의 노력이 이로우니 이는 그 중도를 얻었기 때문이며, 동북쪽은 갈수록 불리해지니 이는 그 이치가 이미 궁색해졌기 때문이다.)

통일의 과업은 서남쪽의 이념과 방식(자유 민주주의 이념과 제도)이 주도하게 되는데, 이는 '인간의 주체 원리'를 근거로 삼고 있기 때문이며, 따라서 동북쪽의 논리와 주장(공산 사회주의 신념과 현실)은 갈수록 불리해질 것이니, 이는 이미 그 이념적 소임과 역할에 한계가 있기 때문이다.

"君子以 反身脩德"

(통일을 준비하는 시점에서 지도자가 해야 할 일은 우선 자신의 생각과 행동이 올바르게 진행되고 있는지 반성, 점검하고, 잘못이 있으면 과감히 수정하고 상대방의 입장을 배려할 수 있도록 스스로의 인품을 닦아야 한다.)

남북의 정권 담당자들은 기존의 습관적이고 상투적인 배타적 관점에서 벗어나 새로운 발상의 전환을 모색해야 한다. 이는 어느 일방이 상대에게 강요해서 이루어지는 게 아니라, 남과 북이 공히 스스로의 역량과 노력에 따라 통일은 이루어질 것이다.

"大蹇朋來 以中節也"

(절뚝거리면서도 큰 뜻을 회피하지 않고 애써 나가다 보면 우리의 염원을 이해하고 도와주는 고마운 벗을 만나게 되는 데, 이는 우리 한민족이 스스로의 주체성을 굳게 유지하고 있어야만 가능한 일이다.)

세기적 전환점에서 우리가 주체성을 가지고 대처한다면 국제적 외교환경을 유리하게 활용할 수 있지만, 우리 민족의 인류사적 정체성을 바르게 자각하지 못하고, 주변국의 상황 변이에만 피상적으로 따르다 보면, 한민족은 자칫 강대국의 이념적 소모품이나 장식품으로 전락하고 말 것이다.

40번 째. 解卦 - 갈등을 풀고 통일을 성취함

"動而免乎險 解"

(애써 노력한 결과 다행히 위험을 벗어나 소원한 바를 이루니, 이는 解괘의 원리가 구현된 것이다.)

주역에 暌괘. 蹇괘를 지나 解괘가 예비되어 있음은 한민족에게 커다란 위안과 희망이 아닐 수 없다. 남과 북이 숱한 갈등과 험로를 슬기롭게 극복하여 드디어 한민족에게 통일의 새로운 시대가 열리는 것이다.

"利西南 往得衆也 其來復吉 乃得中也"

(서남이 이롭다 한 것은 자유 민주주의 이념이 인류 보편의 바램과 다르지 않음이 확인됨으로써, 남북한 모든 인민의 지지를 얻어 통일을 성취하게 됨을 말하며, 이로써 한민족은 본래 자리 – 역사의 태동기에 지향했던 한민족의 하나 된 본래 모습으로 돌아오게 된다.)

민족 통일의 주도권은 남한 체제에 있으며, 자유 민주의 보편 가치만이 세계 인민과 한민족의 지지를 얻을 수 있다.

"雷雨作而 百果草木皆甲坼"

(고대하던 비가 힘차게 내리니 온갖 초목이 일제히 싹터 나오는구나.)

통일의 성취와 더불어 한민족의 역사에 새로운 도약의 계기가 찾아오니, 허망한 이념의 잔재는 씻겨가고 민족의 새 기운이 발양한다.

"君子以 赦過宥罪"

(통일의 성취를 위해 지도자가 해야 할 일은 과거 우리의 선배들이 지은 허물과 과오를 사면하고, 그 죄를 오늘의 우리가 주체적으로 감당. 계승하여 회개하고, 나아가 서로를 위무하고 크게 반성하는 일이다.)

진정한 화해와 통일의 도래는 남북의 지도자들이 공히 역사의 죄업을 자기의 몫으로 고백하고 서로 흔쾌히 용서하는 데에서 시작될 것이나.

한민족사에 있어서 통일은 반드시 찾아 올 것이지만 통일이 도래했음을 알리는 사건은 북한 지도자들이 민족에 지은 죄 값에 대한 진실한 고해성사로부터 시작될 것이다. 인류 역사에 가장 큰 죄를 짓고 물러간 공산 사회주의라는 허상을 도입한 북한의 반성과 회개 없이는 결코 통일의 문은 열리지 않을 것이다.

○ 다시금 큰 눈으로 주역의 숨은 뜻을 새겨 보자

오늘날 한민족에게는 우리가 풀어내야 할 인류사적 과제가 주어져 있으니, 이것이 곧 한민족의 역사적 업보로 주어진 남북 분단이이라는 비극적 실상이다. 어쩌면 이것은 인류문명사에서 풀어내야만 하는 우주적 차원의 수수께끼일지도 모른다. 왜냐하면 남북 분단은 세계 인류가 겪어야 하는 갈등의 본질을 가장 극적으로 모형화 시켜 놓은 사건이며, 그렇기 때문에 남북의 통일 사업은 인류의 장래를 가늠해 보려는 실험실의 표본처럼 세계인의 주목을 받고 있다. 한민족이 이러한 인류사적 시선을 슬기롭게 극복하고 세계 인민의 장래에 대한 긍정적인 실험 결과를 도출해 낼 수 있다면, 이는 인류 공동의 숙제를 우리 민족이 주체적으로 해결해 냈다는 민족적 자부심으로 인정되고 또 인류사에 기록될 것이다.

易理에 비추어 볼 때 한민족에게는 인류 사회가 성장기에 필연적으로 겪게 되는 갈등 구조를 모범적으로 해결해야 할 문명사적 사명이 주어져 있다 할 수 있으니, 인류 문명의 시작과 함께 한 오천년의 장구한 역사 계승이 그러하고, 냉전시대 분쟁의 첫 실험장으로 쓰였을 뿐 아니라, 마지막 해결장으로 남아 있는 현실이 또한 그러하다.

무릇 천하의 만물은 그 씨가 뿌려진 곳에서 또한 열매를 거두게 되는 것이니, 인류 문명이 싹튼 이 곳 동방에서 끝내는 인류 역사의 성숙된 결실을 맺게 될 것이다. 동북방에서 반만년을 터 잡고 살아온 동이 한민족에게 어찌 하늘의 숨은 뜻이 없을 것인가?

주역은 이에 대하여 "萬物出乎震...東方也...艮 東北之卦也...成言乎艮"(만물은 그 진괘에서 비롯되나니 이는 동방을 말함이며...간괘는 동북방을 일컫는 것으로 이곳에서 만물은 모두 그 뜻을 이루게 되는 것이다.)라고 단정하였다.

벗들이여, 눈을 씻고 귀를 열어 성현의 말씀을 새겨 들으시게나.(1992. 5)

8

金日成 論을 마감하면서

1. 지난 94년 3월 말. 월간 조선의 L기자가 유성 연구실에 찾아왔다.

"서울의 유명 역술인들에게 물어보니 김일성이 금년 내에 죽는다고 하는데, 역학을 전공하시는 선생님의 견해는 어떠하냐?"는 질문이었다.

여러 가지 대화를 나누었지만 나의 대답은 대충 다음과 같았다.

"나도 한 때는 역술에 관심을 가져본 적이 있다. 그러나 역술은 어디까지나 잡술이지 도는 아니다. 역도는 초시공적 이치를 궁구하는 것인 바, 보이지 않는 이치를 보이는 것처럼 현상적 차원에서 말하는 것은 불가하다. 세상 일이란 언제 어느 때 어떤 모습으로 일어난다고 말할 수 있는 게 아니라, 그저 이치에 따라 전개될 뿐이다. 김일성의 운명도 그렇게 보면 된다. 역술가가 아니더라도 김일성의 운명은 얼마 남지 않았음을 금방 알수 있다. 나이도 82세이고, 머리 뒤에 큰 혹도 달렸고, 더군다나 우리 민족에게 그토록 피맺힌 죄를 지었는데, 이제 죽을 때가 되지 않았겠는가? 그를 일찍 데려가지 않은 것은 정말 하느님도 무심하신 것이다. 그는 민족과 주체라는 단어로 억지로 버텨왔다. 그러나 김일성 정권이야말로 가장 반민족적이며 가장 반주체적이다. 전쟁을 일으켰고 숱한 인민을 배고

프게 하면서도 혼자서만 즐기는 獨樂 정권을 만들어 왔다. 역사와 민족에게 너무나 큰 죄를 지은 김일성 정권은 곧 붕괴할 수밖에 없다."(월간조선. 94년 7월호. pp. 216-217참조)

2. "해석과 판단" 세 번째 소식(1994. 3. 15)에서 필자는 김일성 정권의 허구성(反人倫性. 反民族性. 反傳統性. 反歷史性. 反主體性)을 비판하면서, 이제 김일성의 선택은 "인민과 함께 사느냐? 고집 피우다 혼자 죽느냐?"의 두 가지 길 밖에 없음을 경고하였다.

이 글을 읽은 월간 조선의 C부장은 "김일성 관련 기사를 게재하고 싶다"고 요청해 왔고, 이에 그 요점을 정리하여 송고하였던 바, 이 논설은 1994년 7월호에 "김일성은 당장 선택해야 한다 - 인민과 함께 살 것인가? 혼자 죽을 것인가?"라는 제목으로 발표되었다.

3. 카터의 방북을 계기로 남북 정상회담 개최가 확정되어, 온 나라가 흥분과 기대 속에 들떠 있을 때, 월간 조선에서는 또다시 "김일성의 미래"에 대한 원고를 청탁해 왔다. 필자는 착잡한 심정으로 "이런 식으로 남북 회담을 해서는 안 되는 데......." 하면서도, 이미 결정된 사항이니만치 어쩔 수가 없어서 94년 7월 5일. 다음과 같은 글을 쓰는 것으로 자위할 수밖에 없었다.

김일성의 죄 값 - 이제 치를 때가 왔다 (94. 7. 5)

김일성이 드디어 남북 정상 회담 테이블에 나서기로 했다.

그럴 수밖에 없었을 정황이 어렵지 않게 짐작된다. 이젠 정말 끼니를 잇기도 어려울 만큼 궁색해진 모양이다. 우선 당장은 목숨이라도 부지해야 할 터이니 곳간 넉넉한 집 대문 두드리지 않을 수 있었겠는가?

그동안 김일성은 '民族'과 '主體'라는 어휘로 용케도 버텨왔다. 그러면서 그 비단 같은 선전 문구 아래서 얼마나 오랫동안 반민족적. 비주체적 삶을 북한 동포에게 강요했던가?

이제 김일성은 그 죄 값을 치르지 않고서는 건널 수 없는 역사의 마지막 나루터에 도착한 것이다.

단군 이래 반만년 동안 6. 25보다 더 참혹한 민족적 비극이 어디 있을 것인가?

이 불행한 살육 잔치를 저지른 김일성보다 더 큰 민족적 죄인이 또 어디 있을 것인가?

德은 닦은 대로 福으로 돌아오고, 罪는 지은 만큼 罰로 돌아오기 마련이다.

그러므로 주역에서는 "善을 쌓으면 반드시 경사스러운 일이 있고, 죄를 지으면 반드시 재앙이 따른다"고 말한 것이다.

사람이 한 번 지은 죄는 값을 치르기 전에는 없어지지 않는다.

더구나 역사와 민족 앞에 저지른 과오는 소멸 시효가 없다.

어차피 맞을 매라면 自請하는 게 현명하다. 그렇지 않고 회피할 경우 역사의 神이 직접 매서운 회초리를 들 것이기 때문이다.

이제 김일성에게도 그 기회는 왔다.

김일성은 자신의 선택 여하에 따라 죽을 수도 있고 살아날 수도 있다. 그러나 살아난다 해도 그가 원하는 모습으로 화려하게 일생을 마칠 수 있는 기회는 이미 상실하였다. 그는 이미 크게 실패하였음을 자인해야 한다. 백성을 굶어 죽게 하고서야 어디서 얼굴을 들 것인가? 이제 남은 것은 더 큰 죄를 짓지 않고 여생을 참회 속에서 용서받는 길 뿐이다.

이번의 정상 회담이 그가 선택할 수 있는 마지막 기회이다.

역사의 神과 호국 영령들은 그가 회담에 임하는 모습을 지켜본 然後에 결심할 것이다. 그는 보이지 않는 이 시선을 두려워해야 한다.

이번에 그가 반드시 보여 주어야 할 것이 있다.

남쪽의 민족적 애정과 우의를 감사하는 마음으로 받아들이고, 인류문명사의 거대한 흐름에 기꺼이 동참하는 몸짓이다.

지금 저자거리에는 김일성의 운명에 대하여 여러 가지 가상 시나리오가 분분하다.

그 중에는 "건강한 삶을 포기 할 수 없는 용기 있는 사나이에 의해 김일성 정권이 한 순간에 무너지는 장면"도 등장하고 있다. 소설적 상상이 가능한 일이란 현실로 전개될 가능성도 있는 법이다. 특히 오늘의 국제 상황과 역사의 진행 방향은 그런 극적인 사태를 占치게 하는 데, 풍부한 자료를 제공해 주고 있다.

유서 깊은 古都 평양에서 민족 정기를 제대로 체득한 걸출한 인물이 나오지 말라는 법은 없다. 진정한 민족주의자가 출현하여 한민족의 진운을 가로막고 있는 김일성이란 걸림돌을 일거에 제거하는, 역사의 일대 파란이 일어날 조짐이 북녘의 하늘에 비치는 것은 무엇 때문일까?

書經에는 商나라를 세운 聖王 湯이 夏나라의 폭군 桀을 정벌하기 앞서 군사들에게 내린 훈시가 다음과 같이 기록되어 있다.

"夏王은 지금 온 백성들의 기력을 다 빠지게 해놓고, 온 나라를 갈갈이 흩어 놓았다. 이제 백성들은 삶의 의욕을 잃고, 그저 게으름을 피우거나, 서로 협력하지 않으면서 '이 놈의 나라 언제나 망하려나? 이럴 바에야 차라리 임금과 같이 죽어 버리는 게 좋겠다' 하며 탄식하고 있다. 이 지경이 되었으니 내가 어찌 불쌍한 夏나라 백성들을 모른 척 할 수 있을 것인가? 내가 夏王을 정벌하러 가니 군사들은 모두 나를 따르라"

지금 북한 주민은 "이렇게 죽지 못해 사느니 김일성과 함께 차라리 망했으면......" 하는 절망감 속에서 하루하루를 보내고 있다.

탕 임금이 걸을 내쫓은 것은 '걸이 미워서라기보다는 하나라 백성을 사랑하기 때문이었음' 을 우리는 역사에서 배워야 한다. 북의 사내들 중에도 역사를 바르게 공부하는 대장부는 분명히 있을 것이다.

맹자는 이에 대해 宣王과의 대화에서 다음과 같이 말하고 있다.

"탕 임금께서 걸 임금을 내쫓아 버렸고, 武王께서는 紂 임금을 죽여 버렸다는 데 이것이 사실입니까?"

"역사에 그런 기록이 있습니다"

"그렇다면 한 나라의 신하로서 자기가 섬기던 임금을 죽인다는 것이 도대체 옳은 일입니까?"

"仁을 해치는 자를 도적이라 하고, 義를 해치는 자를 악당이라고 합니다. 仁義의 大道를 망가뜨리는 자들은 한 날 깡패에 불과할 뿐입니다.

나는 깡패 같은 紂라는 사내를 죽였다는 말은 들었어도 임금을 죽였다는 소리는 듣지 못했습니다."

지도자가 제 할 일을 하지 못하면 더 이상 지도자 될 수 없으며, 하늘과 백성은 이를 갈아 치울 수 있는 것이니, 주역의 革卦에서는 "湯武革命 順乎天而 應乎人"이라 한 것이다.

성인의 말씀을 듣는 자 – 진정 북조선에는 없단 말인가?

4. 필자는 7월 8일 오전 10시. 서울 월간 조선 편집실에 들러 위의 원고를 직접 전해주고 대전으로 내려 왔다.

그런데 다음 날인 7월 9일. 12시. 뉴스를 듣고 보니 김일성은 이미 전날 새벽에 命을 달리했다는 것이다.

그 날 저녁. 월간 조선으로부터 급히 연락 오기를 "김일성 사망으로 어제 보내준 원고는 의미가 없게 되었으니, 김일성 死後와 관련한 글을 다시 보내 달라"는 것이었다. 이에 급히 정리하여 FAX로 송고한 내용이 바로 "易經에서 살펴 본 한민족의 통일 解法 -- 김일성 死後가 아닌 김정일 崩壞 이후를 생각해야 할 때다"이다. 이 글은 월간 조선 94년 8월호에 게재되었다.

5. 김일성의 사망으로 한반도에 한차례의 회오리 바람이 지나간 이후, 월간 조선에서는 차분하게 金日成 論을 마감하는 작업으로, 두 개의 단행본을 내게 되었는 데, 이를 준비하는 과정에서 L기자는 "김일성의 사망과 관련한 역학적 의미 해석"을 요청해 왔고, 이에 대하여 필자는 94년 8. 18. 다음의 글을 보내게 되었다.

이는 94년. 9월. 조선일보사에서 발행한 '主席宮 秘史' 라는 단행본에 수록되어 있다.

한민족의 역사에서 김일성이 존재했던 의미는 무엇인가? (94. 8. 18)

역사는 물리적 시간위에 부여된 인간의 삶의 의지이다.

우주 만물 중에서 유일하게도 인간만이 미래적 삶을 위해 현재적 결단 앞에서 고뇌한다.

지금 어떻게 결정하느냐에 따라 나중의 우리의 모습은 달라지기 때문이다.

역사 창조의 실존적 주체가 인간일 수밖에 없는 숙명이 여기에 있다.

인간의 실존적 삶의 본질은 생명원리이다. 따라서 인간 실존성의 기록인 역사는 생명성을 근본 지평으로 삼을 수밖에 없다.

모든 생명적 존재는 生-長-成의 일정한 단계를 가지며, 그러한 생명적 단위는 임으로 단축. 생략. 연장할 수 없다.

하나의 마디를 채워야만 다음의 매듭으로 나아가는 것이 생명 현상의 법칙이다.

그러므로 역사에도 지나온 시대를 구분해 주고 새로운 방향을 가닥 잡아 주는 일정한 마디(節度數)가 있다.

이 분기점을 어떻게 넘기느냐에 따라 새 역사의 주인이 되기도 하고, 아예 역사의 무대에서 사라지기도 하는 것이다.

바로 지금 우리 한민족은 "매듭짓기"와 "방향잡기"를 요구하는 역사의 일대 전환기에 놓여 있다.

김일성의 사망을 계기로 한반도는 이제 거대한 민족사적 지각 변동을 일으키기 시작한 것이다.

20세기를 마감하고 21세기로 넘어가는 全地球的 전환기와 맞물린 한민족의 역사적 소용돌이에서 우리는 과연 어떤 지혜와 노력으로 살아남을 수 있을 것인가?

필자는 그동안 한민족의 운명에 대해 두 가지의 모순된(듯한) 견해를 동시에 개진해 왔다.

하나는 "이 나라는 이러다가 망할 수밖에 없다"는 현실 진난에서의 비관론이며, 다른 하나는 "한민족에게 인류의 신문명 시대를 계도해야 할 세계사적 사명이 있다"는 신념적 차원의 낙관론이다.

예를 들자면 지난 92년. 7월. 필자는 당시 指導者然하는 사람들이 온통 정권 잡는 일에만 골몰하여 정작 해야 할 국가적 사업에는 관심조차 없음을 보고, "이제 한국은 망할 수밖에 없는 외통수 길로 들어섰다"고

개탄한 바 있다.

국민의 심성은 깡패 심리로 오염되었고, 경제 환경은 천민 자본주의적 이기심으로 황폐화 되었으며, 국민 통합의 중심 기둥이 되어야 할 통치 권위는 완전히 해체되었고, 원칙과 기준을 증거 해야 할 지식인과 원로는 숨어 버렸으며, 인간의 심성을 정화시켜야 할 최후의 聖域인 종교계마저 타락하고 말았음을 혹독히 비판했던 것이다.

이런 불건전한 풍토에서 우리는 선거를 치렀고, 어쨌거나 크게 박수치며 문민정부를 출범시켰다.

그런데 김영삼 대통령은 취임하자마자 두 가지의 결정적인 統治的 오류를 범하고 말았으니, 그 첫째는 '과거 청산' 이라는 정치적 修辭에 현혹되어 '역사 계승' 이라는 민족적 책무를 망각해 버린 것이고, 둘째는 '민족의 이익은 동맹국의 이익에 앞선다' 고 선언함으로써 민족이란 어휘로 가장한 가장 반민족적인 김일성의 대남 전략을 손들고 환영한 것이다.

남한의 이러한 전략적 취약성 위에서 김일성이 마음 놓고 펼치는 현란한 對南. 對美 전술을 지켜 본 필자는 (지난 3월) "이 나라의 오천년 命運이 여기서 끝나는 게 아닌가?" 하는 두려움에 다음과 같은 독백을 남긴 바도 있다.

모든 게 예상보다 빨리 오는 것 같다.
우리는 아직 아무것도 준비한 게 없는 데.
어쩔 것인가?
거북이를 구워 점을 쳐 봐도
산통을 쪼개어 수를 놔 봐도
여전히 조짐은 불길한 것을.

차마 이일을 어쩔 것인가?

그래도 손 씻고 옷깃 여미어

향 사르며 노래해야 하는 건지.

눈 들어 보니 저만치에

풀은 자라고 그 위로 소리개는 나르네.

허기사 때가 봄인데

산 너머에 물 한 모금 고여는 있겠지.

어느 구석에라도 들어주는 이 있으려니 하여

막상 입은 열었지만

이게 무슨 업보란 말인가?

홀로 등불 앞에 무릎 꿇고

땀 내리는 꼴이란...

그래도 어쩌겠나.

제 몸 제 맘대로 못하는 게

學易 小子인 것을.

이는 물론 김일성의 집요한 통일 전략이 결국은 성공하는게 아닌가 하는 본능적 긴장감의 표출이었던 것이다.

또한 이보다 앞선 지난 1월에는 김 대통령의 통치 방식에 대하여 "김 대통령은 무슨 일을 추진하다가 그것이 잘 되지 않으면 아예 사업 자체를 뒤집어 버리는 방식, 이른바 편의주의적 발상 전환을 습관적으로 쓰고 있다. 앞으로의 대북 정책에서도 이것이 재판될까 우려된다. 어느 날 갑자기 통일 환경이 조성되기 시작하면 '민족 화해' 등의 구호를 앞세워, 김일성과 악수하고. 식사하고. 사진 찍는 방식으로 모든 문제를 일거에 해결하려 들 것이기 때문이다. 실로 김일성과의 성급한 악수가 한민족의 역사 正統을 반민족적 대역 죄인의 손아귀에 넘겨주는 새로운 비극의 서곡이 될 수 있음을 심히 경계한다"고 비판 한 적도 있었다.

그런데 이러한 김 대통령의 통일 철학의 부재와 대북 인식의 혼란은 결국 불을 쥐고 섶으로 뛰어드는 "역사적 불장난"을 저지르고 말았으니, "조건 없는 남북 정상 회담"이 바로 그것이었다.

이에 필자는 "이 나라의 역사가 이렇게 끝날 수는 없는 것인데...... 어쩌자고 ....." 하면서 하루하루 회담 날짜를 셈하고 있었다.

그런데, 아! 이게 웬 일인가?

하늘은 김영삼 대통령의 부족함을 꾸짖기에 앞서 김일성의 죄 값을 먼저 혼내셨으니, 이것을 어찌 하늘의 뜻이라고 아니할 수 있으리오. 김일성의 급작스런 사망 소식을 듣고 필자는 하늘을 우러러 "하늘이, 역사가, 조상의 陰德이 우리를 기어이 살려 주시는 구려!" 하면서 감격하였다.

한편으로 필자는 앞서 인용한 92년 7월의 같은 글에서 "지도자들이 그렇게 잘 못하는 데도 우리는 왜 망하지 않고 그 나름으로 성장하면서 버텨 가는가?"라고 自問하고는 "국가적 위난이 있을 때마다 애국 선열들의 혼령이 우리를 수호해 주고 있으니, 이는 하늘이 우리 한민족으로 하여금 무언가 일을 시키고자 함이다"라고 自答한 바 있다.

이는 앞서의 비관적 관점과는 시각을 달리한, 우리 민족의 미래에 대한 신뢰와 기대감의 표현이었다.

이러한 신념은 그 해 8월. 중국 북경에서 열린 '제4차 조선학 국제학술 토론회'에서 "단군 신화의 易철학적 해석"이라는 논문으로 발표되었는데, 그 핵심적 논지를 소개하면 다음과 같다.

한국인의 정신적 원형질이 녹아 있는 단군 신화를 철학적으로 분석.
정리해 보면, 한국인의 본질은 존재 근거로서의 神明性. 존재 방식으로서
의 妙合性. 존재 실현으로서의 理化性. 정서적 본질로서의 宗敎 意識. 자
아 실현의 공간적 규정으로서의 國家 意識이라는 다섯 가지 定型으로 추
출된다. 이러한 한국적 잣대로 김일성 정권을 재(尺)보면, 그 반민족성과
반역사성이 극명하게 드러난다. 특히 외래 사상인 맑스–레닌주의에 기
초한 김일성 주체 사상은 하나의 정치적 구호에 불과한 반주체적 허구로
서, 여기에 물리적 권위를 부여하고 이를 맹신토록 강요하는 데서 김일성
의 우상화 작업이 불가피하게 되었고, 이 과정에서 필연적으로 북한 동포
의 인권은 유린되었던 것이다. 따라서 북한의 지도층과 지식인은 하루 빨
리 스스로의 모순성을 자각하여 인류 역사의 보편적 흐름에 동참해야 할
것이다.

  아울러 향후의 통일 사업에 있어서는 한국의 정체성과 한국의 전통 문
화(전통의식)가 보존되어 있고, 또 이를 존중하면서 계승하려는 민족적
의지가 살아있는 남한이 그 주도적 역할을 담당하게 될 것이다

○ 이 논문이 발표되자 북측에서는 예상보다 훨씬 강력하게 반발하였는
   데, 북한 학자들은 벌떼같이 나서서 "북·남 합의서가 발표되고 서로
   좋은 얘기하자고 만난 것인데, 우리 체제를 부정하는 그런 발언은 도
   저히 묵과 할 수 없다"라면서 흥분하였다. 필자는 물러서지 않고 "학
   술 토론회는 현실적 사안을 염두에 두고 이를 서로 옹호. 홍보하기 위
   한 장소가 아니라, 보편 원리를 논증하는 자리여야 한다. 본인은 우리
   의 숙명적 유산인 냉전적 사고와 대응논리를 극복하고 민족 본래의 정
   신을 복원하고자 이 논문을 쓴 것이다."라고 맞섰다.

논쟁이 있은 후, 북한 철학계의 최고 권위자인 정성철 박사(조선 사회과학원 철학연구소장)로부터 "숙소에서 만나자"는 거듭된 요청이 있었고, 그날 밤(92. 8. 21) 11시부터 다음날 새벽까지 정 박사의 호텔 방에서 '심야의 자유토론'이 있었다.

필자의 발언은 대체로 "김일성 주체사상의 허구를 극복해야 한다. 진정한 인간 주체 사상으로 전환하여 보편성을 확보해야 하고, 나아가 민족 주체사상으로 승화되어 생명력을 가져야 한다. 한민족의 본질성을 회복하지 못하는 한, 통일은 단순한 구호에 그칠 뿐이다"라는 논조였고, 그들은 주로 "송 선생은 우리 사회와 주체 사상의 본질을 잘 모르고 있어서 그런 말을 하는 것이다. 우리는 남한이 생각하는 것과는 다르다. 앞으로 우리 공화국은 잘 될 것이다"라는 등의 해명성 발언이 많았다.

그로부터 일년 후, 북한은 93년 10월 3일. 개천절을 기하여, 이른바 '단군릉 발굴'이라는 조작극을 연출하면서, 주체 사상의 이념적 뿌리를 단군이라는 민족의 보편 정서에 직접 연계하기 시작하였고, 나아가 그해 12월. 10일. 폐막된 최고인민회의에서는 "민족 자주노선과 관련된 중대한 정치적 문제"라는 전제 하에 "민족 문화 계승 발전을 위한 9개항 결의문"을 채택하였다.

이는 김일성의 정치적 이념 조작에 단군으로 상징되는 민족의 보편 가치를 이용하지 않으면 안 될 어떤 사태를 반증하는 것으로, 앞서 소개한 필자의 논문은 그러한 사태를 가져오는 데 있어서 어떠한 형태로든 영향을 주었을 것이라고 필자는 믿고 있다.

당시 북한의 학자들이 가장 민감한 반응을 보인 것은 "남북통일 사업을 주도해야 할 책임이 남한에 있다"는 대목이었는데, 이에 대해서는 작년 6월에도 易經의 말씀을 인용하여 다음과 같이 밝힌 바 있다.

"오늘날 한민족에게 운명 지워진 남북 분단이라는 비극적 실상은 세계 인류가 겪어야 하는 갈등의 본질을 가장 극적으로 모형화 시켜 놓은 것으로 볼 수 있으며, 인류의 장래를 가늠해 보려는 실험실의 표본처럼 주목 받고 있다. 이러한 세계사적 시선 속에서 우리가 이 실험을 성공시킬 수 있다면, 이는 인류 공동의 숙제를 우리가 당당하게 해결했다는 민족적 자부심으로 공증 받게 될 것이다.

易理에 비추어 볼 때, 한반도에는 인류 사회의 갈등구조를 해결해야 할 문명사적 사명이 숨겨져 있다 할 수 있으니, 냉전 시대에 분쟁의 첫 실험장으로 쓰였을 뿐만 아니라, 마지막 해결장으로 남아있는 현실이 그러하다.

주역의 38번째 睽卦에서는 "한 집에 두 여자가 함께 사니 서로 뜻이 맞지 않아 눈 흘기며 싸운다"(二女同居 其志不同行)라 하여, 38선으로 나뉘어 갈등하는 남북 분단을 상징하고 있으며, "처음에는 상대를 죽이려고 활시위를 당겼으나, 나중에는 결혼할 사람인 줄을 알고 활을 내려 놓는다"(先張之弧 後說之弧 匪寇婚媾) 하여 처음에는 분단으로 인한 무모한 싸움이 있었으나, 곧 동족임을 깨달아 한 식구가 된다고 예언하고 있다. 곧 이은 39번째 蹇卦에서는 "통일 작업은 서남쪽의 이념과 방식(자유민주주의 체제)이 주도하게 되는 데, 이는 인간의 보편원리를 중심 가치로 삼고 있기 때문이며, 동북쪽의 논리와 주장(공산 사회주의 체제)은 점차 불리해질 것이니, 이는 그 이념이 한계에 달했기 때문이다."(利西南 往得中也 不利東北 其道窮也)라 하여 남한 주도의 통일 실현을 예견하고 있다.

앞서 필자는 우리의 현실을 비관적으로 예단한 바도 있었다. 그러나 이는 체념이나 부정이 아닌 절실한 걱정의 표현이며, 이는 오히려 미래에 대한 끝없는 신뢰에서만이 가능한 것이었다.

내일을 걱정하는 개인이나 민족은 망하지 않는다. 한민족의 고통과 희생은 조국 분단이라는 시련의 내용물이다. 우리는 왜 이토록 혹독한 시련을 겪어야만 하는가?

그것은 사랑 때문이다. 인간의 시련은 하늘이 주는 사랑이다. 왜 하늘은 우리에게 사랑의 고난을 경험하게 하는가?

그것은 우리를 "쓰고자 하심"이다. 몸으로 겪은 체험과 실증으로 터득한 지혜만이 하늘의 뜻을 대행할 수 있다. 우리 한민족은 분단과 전쟁이라는 지독한 열병을 "앓고 나음"으로써, 인류의 분열과 투쟁을 화해와 용서로 인도할 수 있는 자격과 용기를 연마하고 숙련한 것이다.

시련이 클수록 은혜도 크다.

하늘이 주시는 사랑의 시련은 감당해서 이겨낼 만큼 내려 준다. 견딜 수 있는 훈련만이 면역 항체를 생성시켜 주기 때문이다.

부모가 아이의 울음소리를 들으면서 예방주사를 놓아 주듯 그렇게 하늘은 우리 한민족을 단련시키며 건강하게 키워주신 것이다.

하늘이 연출하는 연극에는 惡役도 등장한다. 惡行이라는 배경을 통하여 善德이라는 주제는 가장 크게 부각되기 때문이다.

김일성은 하늘이 설계한 한반도라는 무대에서 악의 주역으로 캐스팅된 유능한 배우였다. 악역도 물론 그 나름의 주어진 역할이 있기 마련이다. 그런데 김일성은 스스로의 연기력에 도취되어 그만 각본을 잊어버리고는 오버액션을 하고 말았다. 그것은 연출자의 의도를 넘어서는 건방지고 무례한 행동이었다.

"김일성은 神의 攝理까지도 戰術化 할 수 있다고 오만해 있다"는 필자의 지적은 (월간 조선. 94년 7월호) 이를 두고 한 말이다.

김일성이 자기 분수를 모르고 주어진 역할 이상을 맡으려 하자, 연출자는 배우를 교체할 수밖에 없었을 것이니, 이것이 바로 김일성이 남북 정상회담 직전에 돌연 저 세상으로 불려가게 된, 보이지는 않지만 엄존하는 전율스런 역사의 섭리이다.

권력을 승계한 김정일이 이 무서운 하늘의 뜻을 모르고 계속해서 아비가 하던 악역을 아비 방식대로 연기하려 한다면, 연출자는 또다시 배우를 교체하거나 대본을 수정하게 될 것이다.

월간 조선 (94년 8월호)에서 필자가 "이제 우리는 김일성 死後가 아닌, 김정일 崩壞 이후를 생각해야 한다. 북한은 자신들의 내적 고뇌와 시행착오를 통해서 스스로의 살 길을 찾게 될 것이다. 우리는 그 때까지 그들을 그냥 놔두어야 한다. 그것은 북한 동포에 대한 무관심이 아니라 지혜로운 관심의 표현이다"라고 언급한 이유도 여기에 있다.

필자는 지난 4월. "김영삼 대통령은 자신의 대북관을 지금 수정하지 않을 경우 머지않아 반민족주의자. 반통일론자로 전락될 수 있다"고 경계하면서, "대북 인식에 있어서 북한의 '정권가치'와 북한 동포의 '인권가치'를 상호 구분하고, 그 둘 중에서 인민의 생존 의미를 우선해야 할 것과 갑작스런 북한의 붕괴에 대비하여 흡수 통일의 상황이 도래하더라도 이를 감당할 각오와 준비가 되있어야 한다"고 촉구한 바 있다.

다행스러운 것은 금년 광복 49주년 경축사에서 만족스럽지는 못하더라도 과거의 대북 혼란상을 어느 정도 극복하고, 나름대로는 성리된 동일 원칙을 세우려 애쓴 점이다. 이런 정도나마 통일의 방향을 가닥 잡게 된 것은 김일성의 사망이 가져다 준 선물이라는 점에서, 우리는 이제야 비로소 통일 사업의 중심 주제를 자각하기 시작했다고 말할 수 있는 것이다.

한민족의 역사 무대에서 대한민국의 김영삼 대통령은 주인공으로서의 조명을 한 몸에 받고 있다. 연극의 주인공이 흔히 빠지기 쉬운 함정은 관객의 박수 소리에 도취되어 대본을 자의적으로 해석하고 연기 영역을 욕심내는 것이다.

김영삼 대통령이 진정으로 한민족의 역사에 어떤 기록으로 남고자 한다면, 하늘의 뜻을 새겨듣고, 넘치지도 모자라지도 않게 자신의 연기를 조절해야 할 것이다.

하늘은 주인공도 얼마든지 교체할 수 있음을 명심해야 한다.